谨将本书献给

《股市操练大全》全国300万读者

向你们致以最真挚的敬意

感谢你们对《股市操练大全》的支持和厚爱

——黎 航

黎 航

著名畅销书作家。曾在大学任教，擅长图书策划。自1990年以来，经他策划、主编的图书绝大部分成了市场上炙手可热的畅销书，单本销量超过30万册的有10多个品种。《新民晚报》曾撰文称他为"畅销书怪杰"。

黎航先生知识渊博，对股市深有研究，他1986年就涉足股市，是新中国股市的最早投资者之一。由他策划、主编的《股市操练大全》系列丛书因"紧扣实战、悬念不断、方法实用、效果显著"而深受投资者青睐。现在该丛书各册累计重印数已超过300多次，总销量超过300万册，创造了国内证券图书市场的销售奇迹。

股市操练大全

特　辑

——360° 选股技巧深度解析

主　编　黎　航

执行主编　理　应　任　惠

上海三联书店

《股市操练大全》特辑编写组名单

主　　编：黎　航

执行主编：理　应　任　惠

编　　委：凤　珠　杭　婧　晶　瑗　建　林
　　　　　沈　敏　文　沛　炳　仪　丽　娟
　　　　　红　莹　粉　红　厚　华　栋　卿
　　　　　正　天　闻　晋　桂　芹　蓓　琳
　　　　　黎　航　任　惠　理　应　晓　莹
　　　　　李　峻　王　蓓　北　英　建　伟
　　　　　海　源　仁　杰　爱　珍　大　路
　　　　　秬　翔　常　琳　炳　乾　三　因
　　　　　金　花　李　琳　晓　鸣

卷 首 语

　　股灾、暴跌……在如此恶劣的股市环境中，前方传来的信息显示，购买《股市操练大全》的读者不减反增，这使我们感到十分欣慰。读者一如既往地支持、关注《股市操练大全》，这不仅是对作者的高度信任，也是一种鞭策。它促使我们要以更大的担当，将最好、最实用的炒股方法、技巧与我们最擅长的主题训练结合起来，奉献给厚爱我们的广大读者。

　　对投资者来说什么最重要？第一是选股，第二仍然是选股。君不见，一流选股高手选中一个股票，往往能赚上几倍，甚至几十倍的利润（注：本书中有大量实例将向读者展示），即使遇上股灾、熊市，最后仍然是一个赢家，甚至是一个大赢家。但一旦有谁成为三流、四流的选股人，那情况就大不一样，在熊市中会输得很惨，即使遇到大牛市也可能无所作为，甚至会沦为"赚了指数赔了钱"的输家。由此可见，选对股票对投资者来说是多么重要。

　　迄今为止，全国购买《股市操练大全》的读者已超过300万，我们真诚希望，在这几百万《股市操练大全》读者中，能涌现出一批视野独特、技巧娴熟的一流选股高手。为实现这个目的，在上海三联书店出版社的大力支持下，我们集中了各方面力量，运用大数据，精心编著了这本数据齐全、资料翔实，荟萃了各路高手最实用的选股经验，能帮助读者拓展思路，启发心智的选股训练专集。事实将证明，我们的努力不会白费，该书一定会继续得到《股市操练大全》广大读者的支持，也一定会给你们带来福音。

内 容 提 要

炒股什么最重要，选股最重要。选对股票，即使在熊市中也能赚钱，在牛市中能大赚，选错股票，即使在牛市，也会沦为"赚了指数赔了钱"的输家。

本书最大看点是：它通过《股市操练大全》的强大社会影响力与人脉关系（注：一般的股票书只能印上几千册，多的也就一万多册，能销售5万册以上的股票书，市场上已凤毛麟角，而《股市操练大全》总销量已超过300万册，市场销量遥遥领先），收集到了国内外各路股市高手的选股绝招、选股秘诀，然后按照A股市场实战需要，经过严格筛选后，挑选出一批安全系数高、胜算率高的选股方法，并通过其最擅长的主题训练方法，将它们设计成一道道生动、形象，富有悬念的选股练习题，让读者通过这些饶有兴趣并能给自己带来深刻启发的训练，将这些顶尖、实用的选股方法印刻在自己的脑海中。

全书共分为上、中、下三篇与命题考核四大部分。上篇是技术面选股技巧深度练习；中篇是基本面选股技巧深度练习；下篇是市场面、心理面选股技巧深度练习。上、中、下三篇，每篇都有N个不为外界所知的选股独门秘笈向大家展示，读者可通过阅读与练习，分享到股市大师、股市高手的选股经验与独门秘笈带来的超额投资收益（本书选股技巧涵盖基本面、技术面、市场面、心理面等各个方面，故而本书副标题起名为360°选股技巧深度练习）。

命题考核是本书又一大亮点。它以实用化、精准化为指向，要求学员用命题作文形式撰写出选股中正反两方面的典型案例，说出其中原委，以此来考核学员所学的选股知识与选股能力。这确实是一种别开生面的创举，特别是精选出来的几篇命题考核范文，更是"不同凡响"，读之让人震撼、惊诧、深思……受益匪浅。

本书资料翔实，图文并茂，集启发性、操作性、实用性于一体，它无论对新股民或老股民的选股及股市实战，都具有重要的参考价值。

编 写 说 明

一、本书有许多你在其他地方看不到的、鲜为人知的选股方法（妙招），这是作者为了报答广大读者对《股市操练大全》的厚爱，千方百计从各路股市高手那里"挖掘"过来的，因为在挖掘过程中付出太多，里面的艰辛困顿，外人很难理解体会到，所以它弥足珍贵。我们真诚地希望这些来之不易的选股方法（妙招）能得到《股市操练大全》300多万读者，以及更多新读者的重视，真正成为大家手中的选股利器。

二、本书案例特别多。这些案例有两个作用：一是用它来作为论据，以此证明某一选股方法的有效性（案例越多就越能证明该方法的实用价值）。二是股市历史会不断重演。这些案例中的事实、图形特征，会在日后的股市中再次重现。投资者若能记住这些案例中的事实、图形特征，并经常与股市中的现实情况进行对照，就会发现其中的许多投资机会或隐藏的风险，进而可以采取相应措施积极应对。这对提高投资者的操作水平与实际收益无疑会有很大的帮助。

三、本书副标题是"360°选股技巧深度练习"，意即本书选股方法涵盖技术面、市场面、心理面等各个方面。方法多是为了满足不同层次投资者的需求。读者在阅读时可从中选择一些适合自己的选股方法（妙招）进行操作。经验证明，股市中的方法不在于多而在于精。投资者只要静下心来，找到适合自己的选股方法（妙招）后，认真研究，反复实践，就一定能摸索出其中的规律，抓住投资机会，实现股市致富的梦想。

四、投资者在学习股市高手的选股方法（妙招）时，应该琢磨一下股市高手的投资理念，选股思路，想一想高手为什么要这样做？他们的选股方法有什么与众不同之处？其优势表现在什么地方？这个方法是否适合我？如果适合我，怎样更好地让这个方法为己所用？总之，大家在做本书练习时要多问几个为什么，多作一些深入思考。这样才能知其然知其所以然，这对提高自己的选股能力将会产生重大影响。

五、股市操作是一个系统工程。投资者在低位选对股票，是做好股票的第一步，尔后还有很多工作要做。比如，股票在上升途中如何才能避免被主力洗盘出局，股票进入高位顶部区域如何才能安全逃脱。投资者只有把这些工作都做好了，才能成为股市赢家。这里要向大家说明的是，因为每本书都有自己的主题，本书主题是如何挑选股票，它只是帮助读者了解做好股票的第一步工作。至于选好股票后的工作，还需要通过《股市操练大全》其他书籍去了解。比如，若要避免在上升途中被主力洗盘出局，可重点关注《股市操练大全》第10册，若要在高位顺利逃顶，可重点关注《股市操练大全》第7册，如此等等。因为《股市操练大全》每册书都设立了一个专题，里面有相关知识与技巧的详细介绍。

六、本书为了证明某种选股方法的有效性，举了大量实例予以佐证。但这些实例仅仅是作为某方面的证据使用的，并不能作为日后选股的样板或依据。因为股市永远处于动态的变化中，今年的牛股或许到了明年就会变成熊股，而今年的熊股或许到了明年就会变成牛股。股市历史证明，一个股票后面究竟是走牛还是走熊，一切都以天时、地利、人和等各种条件变化而变化。

七、投资者学习、运用本书时，重要的是掌握选股的方法。比如，这个选股方法有何特点、核心要素是什么、使用它要注意哪几点。投资者若把这些问题都弄清楚了，方法也就掌握了。通常，掌握了这些方法就能选对股票，在股市中即可大展宏图，从而早日把自己做强做大；反之，就会选错股票，使自己的投资造成亏损。投资者一定要记住，"方法是股市中的最大财富"。股市如战场，好方法就是战场上的杀手锏。投资者有了杀手锏才能在波诡云谲的股市大战场中赢得胜利。

要　目

说明：本书以悬念贯穿始终，题题有悬念、处处有悬念。为了对悬念"保密"，增加本书的可读性；同时更重要的是，通过悬念可加深读者对选股关键技巧的印象，有助于这些关键技巧在实战中发挥出积极作用，为投资者带来赢利。故而，本书在目录安排上作了改进，除大的篇章外，每节小标题不再列出（因为小标题中的关键词可能将悬念外泄），此事敬请读者谅解。当然，读者在阅读与做题后，本书悬念的谜底会向读者一一揭晓，届时会给读者带来恍然大悟的惊喜感觉。

上 篇

技术面选股技巧深度练习

导 言

主讲人：陆老师

普通投资者选股与主力选股有很大不同。主力会根据国家产业政策，企业的经营状况、发展前景，以及市场的热点、股票的股性等要素，并结合对上市公司深入考察后进行选股。普通投资者按理也应该这样做（后面几篇，我们会向大家介绍这方面的内容），但因为中小投资者缺乏这方面的专业知识，以及信息获取上的弱势，加上也没有充分的时间与能力深入到上市公司进行调研，这样就很难在这方面有所作为。另外，更重要的是，一个股票能否涨起来，大资金的介入往往是决定因素。也就是说，选股就要选主力积极做多的股票。但主力是非常狡猾的，普通投资者要掌握主力的动向，不被主力忽悠，就要通过技术面选股来克服自身的一些缺陷。说白了，技术面选股就是通过各种图形技术，发现主力究竟选择了何种股票在做多，是真做多还是假做多，做多的力度有多大。如果从图形中发现，主力对某个股票介入程度很深，做多力度很大，我们就可以积极跟进，往后获胜的概率就很大；反之，我们就应该放弃。

技术面选股内容很多。本篇将选择一些主要的内容，如股市高手的选股经验，以及投资者必须掌握的均线技术选股、图形技术选股的方法，设计成一些生动有趣、富有悬念的训练题让大家练习。最后大家还会看到由《股市操练大全》培训班辅导老师向大家重点推荐的——当今最实用、最有效的选股方法，更会让大家眼睛一亮，受益匪浅。

某天，《股市操练大全》培训班请来一位在选股上很有成就的高手向大家传授炒股经验。

高手说，最佳的选股方法，莫过于既适合进行左侧交易的投资者，又适合进行右侧交易的投资者，且风险很小，但机会却很大的方法。当然这种方法很难找，不过，经过我多年摸索，现在已找到了一种基本上与其很相似的方法。今天我把它介绍给大家。

那么，这是一种什么方法呢？我称它为"XXXX线"选股法。其要点是，挑选一些在低位经过长期盘整，被"XXXX线"锁定的个股。如果你是崇尚左侧交易的投资者，可在股价未启动前先埋伏在里面；如果你是崇尚右侧交易的投资者，可在股价向上突破时积极跟进。这种方法最大的优点是：因为股价在低位已被主力锁定，日后向下的概率极小，而向上的空间很大。说白了，这是一种能赚大钱的选股方法。我本人就用这种方法挖掘到一些大牛股，带来了超额投资回报。

高手开场白说完，接着就以图1、图2两个股票为例，向大家详细地介绍了他的选股秘笈，同学们听得津津有味，感到启发很大。

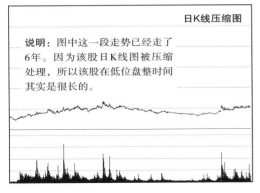

说明：图中这一段走势已经走了6年。因为该股日K线图被压缩处理，所以该股在低位盘整时间其实是很长的。

东方网络（002175）2008年8月28日~2014年6月6日的
日K线压缩图　图1

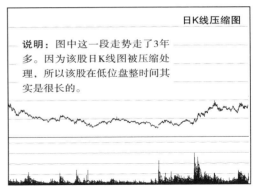

说明：图中这一段走势走了3年多。因为该股日K线图被压缩处理，所以该股在低位盘整时间其实是很长的。

恒生电子（600570）2010年12月13日~2014年3月14日
的日K线压缩图　图2

现在请你以上面图1、图2为例，猜猜高手究竟用了什么招数，看出图中的股价已被主力锁定？具体应该怎么操作？

高手是怎么看出图1、图2中的个股，其股价已被主力锁定的呢？诀窍就是在图中加上一条"主力操盘线"。只要把主力操盘线加上，相信大家也能看出其中的奥秘。

下面两张图（见图3、图4）已经加上了主力操盘线，大家可以清楚地看出，这两个股票都是按照主力操盘线的意志在运行的。

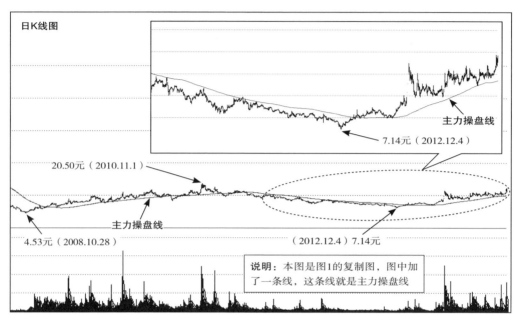

东方网络（002175）2008年8月28日~2014年6月6日的日K线压缩图　图3

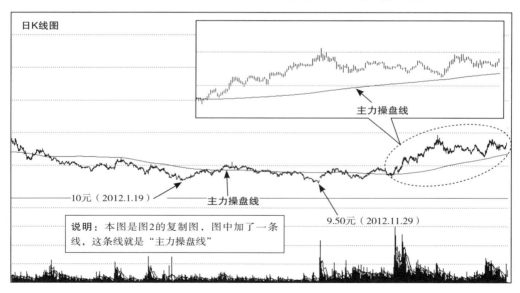

恒生电子（600570）2010年12月13日~2014年3月14日的日K线压缩图　图4

比如图3中的个股，从图形的前半段来看，该股在2008年10月跌至4.53元后，出现了一波上升行情，2010年11月股价最高涨至20.50元，该股这段升势基本上是沿着主力操盘线往上攀升的。后来当主力操盘线往下时，股价就跟着往下走了，下跌途中，每次股价反弹，一旦触及至主力操盘线就马上掉头向下，多方毫无还手之力。但是，2012年12月，当股价在7.14元见底，再次站上主力操盘线后，情况就发生了变化。尔后，股价每次向上反弹时，只要回落至主力操盘线处就止跌了（见图3中放大图形）。

又如图4中的个股，从图形的前半段看，该股向下时，跌破主力操盘线后，股价就一直被主力操盘线压着抬不起头来。2012年1月，当股价跌到10元后，出现了一轮反弹，不过这个反弹很弱，反弹至主力操盘线处就明显地受阻。但是，2012年11月，该股再次回落至9.50元后，情况就发生了变化，股价先是围绕着主力操盘线进行小幅的上下波动，尔后，在该股站上主力操盘线后，股价回落就明显地受到了主力操盘线的支撑，此时股价已跌不下去了（见图4中放大图形）

高手说，从图3、图4与它们图中的放大图形看，股价就是跟着"主力操盘线"的指挥棒走的。在主力操盘线向下倾斜时，股价会越走越低，即使出现反弹，碰到主力操盘线就只能掉头向下；在主力操盘线平走时，股价就会围着它进行小幅上下波动；在主力操盘线向上倾斜时，股价就会向上走，即使出现冲高回落，回落到主力操盘线处就止跌了。可见，投资者若根据主力操盘线选股就不会犯方向性错误。

高手认为，这种选股方法的最大优点是，为普通投资者挑选潜力股指出了一条明确的方向。众所周知，如果在低位选择到一个潜力股拿着，将来的获利空间是很大的。有大量数据可以证明，中国A股市场中有很多大黑马、大牛股都是从潜力股中诞生的。正因为这样，所以选股首先就要选潜力股，但潜力股很难找。现在好了，投资者只要在低位找到被主力操盘线锁定的个股（它们多半都是潜力股），这个问题就能得到很好的解决。

那么，为什么在低位找到被主力操盘线锁定的个股，就能找到未来上涨空间很大的潜力股呢？因为一个股票是不是潜力股散户很难知晓，特别是一些个股有潜在的利好，特殊题材，散户更是蒙在鼓里。而主力可以凭借信息优势、资金优势，很早就会知道什么股票是潜力股。对潜力股主力一定会重点关注、重点参与，而对散户来说，只有找到了在低位被主力重点关注、重点参与的股票，才能找到潜力股。

高手说，作为普通投资者，怎样才能在低位找到被主力重点关注、重点参与的股票呢？这确实是一件很难的事。虽然我们可以通过成交量指标、MACD指标等方法来分析某个股票是否被主力重点关注、重点参与了。但我认为，最清晰、最准确的路径就是在低位寻找有没有被主力操盘线锁定的个股。如果某个股票被主力操盘线锁定了，说明该股已被主力重点关注、重点参与。从某种意义上说，主力操盘线最能反映出主力整个战略意图——主力何时开始打压建仓了，何时开始让股价震荡筑底、何时在清洗浮筹，夯实股价了。也就是说，一旦在低位找准被主力操盘线锁定的股票，就能把主力运作一个股票的整个过程看得清清楚楚。这样一来，对普通投资者而言，要不要选这个股票？什么时候可以买进这个股票？这些问题心里大致就有一个底了。

高手说，有人问什么是主力操盘线？简单地说，**主力操盘线就是最能反映主力操作意图的一条均线**。投资者通过这条均线就能及时地发现主力排兵布阵的情况，并能从战略上、战役上知道主力当时在想什么、做什么。当然，这条均线不会是短期均线，如5日、10日、30日均线，而是一条时间比较长的均线。因为短期均线反映的是短期趋势，而主力重点运作一个股票着眼于长远，自然就不会选择短期均线作为操盘的依据。从我们了解的情况看，一般来说，能被主力选为"主力操盘线"的均线，一般就在100日均线~300日均线这个范围内，但具体到底是哪一条均线，并没有一个定数，而是要根据个股情况来定。比如，图1中的主力操盘线是144日均线，图2中的主力操盘线就换成了200日均线。

有人形容主力操盘线为**"通吃线"**。意思是主力从头至尾都在用这根线进行操盘。比如，图1的"主力操盘线"是144日均线。主力在打压建仓时，就一直用144日均线压住股价，即使股价出现反弹，也不允许它冲过144日均线；而到股价在7.14元见底，回到144日均线上方后，主力开始进行震荡洗盘时，又把144日均线作为托住股价的底线。即无论股价如何上下折腾，但每次回落的低点都在触及144日均线时止跌，主力是不会让股价跌穿144日均线的。

高手说，主力操盘线设置好以后，操作就简单了。如果你是价值型投资者，崇尚左侧交易，就可以在主力震荡洗盘期间，逢低吸纳，事先埋伏在那里。一般来说，在股价回落接近主力操盘线时，就是一个很好的买点；如果你是趋势型投资者，崇尚右侧交易，在主力震荡洗盘结束，股价向上发出明确突破信号时，就可以积极跟进。

高手强调指出，依据他多年的操盘体会，他发现了一个重要规律：只要股价在低位经过长期盘整，并被主力操盘线锁定的个股，一旦行情向上突破，股价往往有很大的上涨空间（见图5、图6）。因此，他认为他介绍的选股方法，是一个谋大局、赚大钱的方法，希望大家格外重视它、珍惜它。

最后，高手语重心长地对《股市操练大全》培训班学员说，我这个选股技巧还从来没有对外讲过，这是我第一次向外公开。之所以我将此炒股秘笈介绍给大家，因为我也是《股市操练大全》的忠实读者，我从这套书中学到了不少投资决窍，作为知恩图报，我很愿意与《股市操练大全》读者一起分享我的炒股经验。

瞧！该股在低位被主力操盘线锁定，在行情向上突破后，股价出现了连续飚升的走势。2012年12月4日，该股最低价是7.14元，2015年6月4日，该股最高价是148.80元。仅仅两年多时间，股价最大涨幅就超过19倍。可见，当时若有谁按照主力操盘线选择该股，那真是赚得钵满盆满

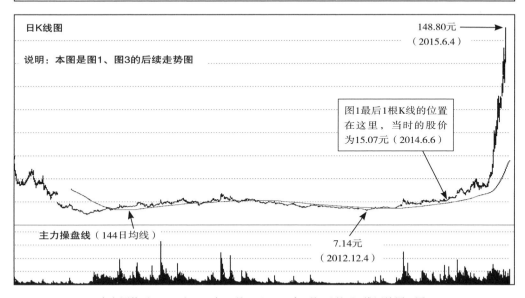

日K线图

说明：本图是图1、图3的后续走势图

148.80元
（2015.6.4）

图1最后1根K线的位置在这里，当时的股价为15.07元（2014.6.6）

主力操盘线（144日均线）

7.14元
（2012.12.4）

东方网络（002175）2007年10月12日~2015年6月4日的日K线压缩图 图5

该股在低位也是被主力操盘线锁定的个股。从图中看，在股价突破前期高点后，股价就出现了大涨走势，股价最高冲至179.80元才见顶回落。若有谁在低位选择该股买进，后面的收益是十分惊人的

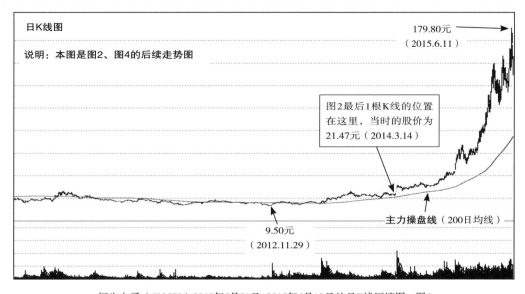

日K线图

说明：本图是图2、图4的后续走势图

179.80元
（2015.6.11）

图2最后1根K线的位置在这里，当时的股价为21.47元（2014.3.14）

主力操盘线（200日均线）

9.50元
（2012.11.29）

恒生电子（600570）2010年5月21日~2015年6月12日的日K线压缩图 图6

又及：本书完稿后，向读者征求意见时，很多人对本题练习甚感兴趣，认为练习中介绍的技巧有很高的实用价值，这将给他们选股带来很大帮助。同时大家觉得本题练习介绍的例子太少，希望多举一些实例，这样可以看得更明白一些。另外，就这一技巧也提了一些问题，希望我们予以解答。

收到读者信息反馈，经研究后，答复如下：

第一，读者希望多举一些这方面的实例。我们将这个意见转告了股市高手。高手又为我们提供了一组实例，在此介绍给大家。

实例一：久其软件（002279）。图7这张日K线压缩图，时间跨度超过3年。据了解，该股曾在2012年6月送股，送股前就被主力操盘线压着，送股除权后又有半年时间在主力操盘线下方运行，后来股价慢慢贴近主力操盘线，在其上下作小幅波动。但自从2013年7月18日站上主力操盘线后，就一直沿着主力操盘线震荡上行，股价回调时从来没有跌破过主力操盘线。该股主力操盘线是120日均线。股价在最后1次触及120日均线后（见图7中的放大图形），接着就出现了一轮暴涨行情。

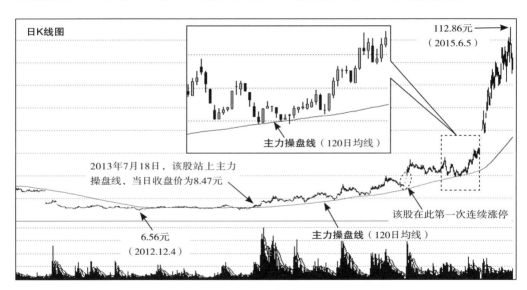

久其软件（002279）2012年4月13日~2015年6月8日的日K线压缩图　图7

实例二：银润投资（000526）。图8这张日K线压缩图，时间跨度超过5年。在这5年多中，主力一直用一根200日均线来锁定该股走势。这根200日均线就是主力设置的操盘线。从图中可以看出，主力在震荡吸筹阶段，股价一直被主力操盘线压着，即使偶尔抬头，也很快被打回主力操盘线之下。该股第一次连续涨停后，出现冲高回落的走势，股价再次被打至主力操盘线之下。但当股价重新站上主力操盘线上方后，主力没有再打压股价（见图8中放大图形），尔后该股就出现了暴涨走势。

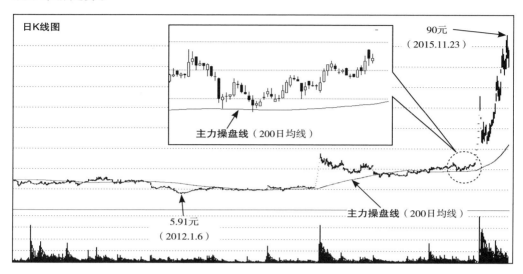

银润投资（000526）2010年6月26日~2015年11月26日的日K线压缩图　图8

实例三：金利科技（002464）。图9这涨日K线压缩图，时间跨度超过3年。在这3年多里，主力就用1根均线，即250日均线（注：250日均线是一年成本线，俗称年线）锁定了该股走势。在其建仓时，就用250日均线压着股价，而在其建仓任务完成后，股价上了一个台阶。此时主力的目的是想通过股价低位横向震荡，来消化浮筹，夯实股价，在这个阶段250日均线就成为股价横向震荡的底线（见图9中放大图形），等浮筹清洗完毕，股价就出现了连续涨停。显然，250日均线就是该股的"主力操盘线"。投资者只要根据它操作，就能轻松地逮住这匹大黑马。

金利科技（002464）2012年3月5日~2015年12月2日的日K线压缩图　图9

9

实例四：利欧股份（002131）。图10这张日K线压缩图，时间跨度超过5年。从图中看，这5年中，该股主力是用170日均线来操作的。因此，170日均线就是该股的主力操盘线。如大家还有什么怀疑的话，只要看看图中的一张放大图形，疑虑就会烟消云散。因为股价回调至170日均线处就马上止跌，可谓"丝毫不差"。该股主力若不是用170日均线托底，就不会出现这样的现象。可见，挖掘出170日均线为该股的"主力操盘线"，实际上就是获得了主力操盘的最核心的机密。主力一举一动昭然若揭，抓住这匹黑马就不在话下了。

利欧股份（002131）2010年5月18日~2015年6月25日的日K线压缩图　图10

实例五：康强电子（002119）。图11这张日K线压缩图，时间跨度超过4年。图中的主力操盘线是120日均线。那么，如何证明该股主力是选择120日均线进行操盘的呢？图11中左右两边的两张放大图形，能让大家清楚地看到，主

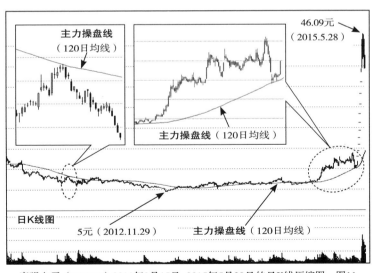

康强电子（002119）2011年3月15日~2015年5月29日的日K线压缩图　图11

力打压股价时，股价触及到120日均线就掉头向下，主力震荡洗盘时，股价洗到120日均线处就掉头向上。我们相信，投资者只要找准该股主力操盘线是120日均线，接下来操作就有了明确方向，就能踏准该股的涨跌节拍。

实例六：宋城演艺（300144）。图12显示，该股前期曾送过股，送股除权后，股价一直在144[注]日均线下方运行，但是该股在冲上144日均线后，就一直依

托144日均线震荡上行，股价无论怎样冲高回落，回落至144日均线处就会止跌。很显然，该股主力是用144日均线来操盘的，144日均线就是该股的"主力操盘线"。投资者只要看着144日均线顺势操作，就能抓住这匹大黑马。

宋城演艺（300144）2012年1月17日~2015年6月3日的日K线压缩图　图12

实例七：广东鸿图（002101）。图13这张日K线压缩图，时间跨度将近3年。在这3年中，主力用233[注]日均线作为他们的操盘线，这个意图是非常明显的。主力先是用233日均线压住股价，在股价站上233日均线后，就用它托着股价一路震荡上行。

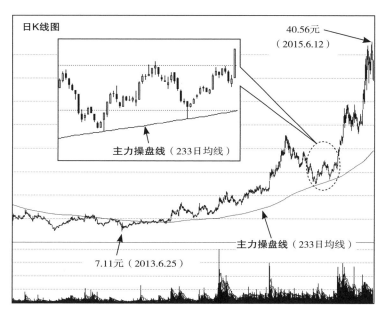

广东鸿图（002101）20012年8月3日~2015年6月15日的日K线压缩图　图13

【注】　144、233，是"费波纳希数列"中的"神秘数字"。据了解，一些主力很喜欢用神秘数字操盘。因此，144日均线、233日均线就成了这两个股票的"主力操盘线"。

实例八：金陵饭店（601007）。图14这张日K线压缩图，时间跨度超过4年。据了解，主力是用200日均线来控盘的。200日均线就是该股的"主力操盘线"。

比如，主力打压建仓期间，200日均线一直压着股价往下走，但当股价回到200日均线上方，主力又将200日均线作为托住该股价格的底线。股价几次冲高回落，都在200日均线处止跌回升。最后股价出现了一轮持续向上的走势，给低位持有者带来了丰厚的投资回报。

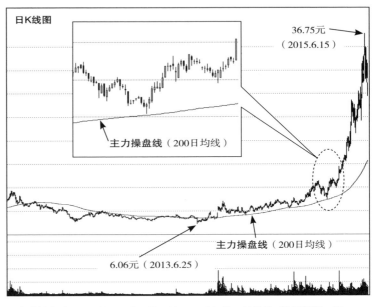

金陵饭店（601007）2011年3月10日~2015年6月17日的日K线压缩图　图14

实例九：科陆电子（002121）。图15这张日K线压缩图，时间跨度接近4年。在这4年中，主力操盘线是155日均线。主力打压建仓时，先是用155日均线压着股价往下走，待股价在6.15元见底后，155日均线又逐渐转变为该股的支撑线，几次股价

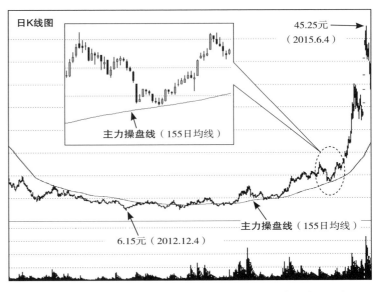

科陆电子（002121）2011年8月31日~2015年6月16日的日K线压缩图　图15

回落到155日均线处就止跌了。可见，主力的用心良苦，该股震荡洗盘结束后，就出现了连续拉升行情。

实例十：浪莎股份（600137）。 图16这张日K线压缩图，时间跨度超过3年。从图中可以看到，在这3年多的时间里，股价先是被1条主力操盘线（注：该股主力操盘线为200日均线）压着抬不起头，后来股价在7.24元见底后，情况慢慢有了改变，等到股价

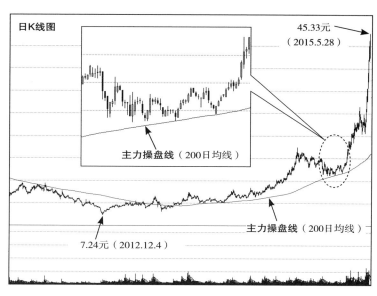

浪莎股份（600137）2008年8月28日~2014年6月6日的日K线压缩图　图16

站上主力操盘线后，主力操盘线就托着股价一路震荡上行，股价冲高回落时，只要触及主力操盘线，马上就被一只无形之手托起。该股经过一番震荡洗盘后，股价出现了暴涨。

第二，读者就本题练习提出一些问题，我们挑选了其中一部分，下面予以解答。

问： "主力操盘线"这个概念，以前没听说过？它是怎么来的？有无得到市场公认？

答： 不要说大家没有听说过，我们在以前也没有听说过。"主力操盘线"概念是某些高手在操盘中对其使用的技巧所起的名称。其名称仅仅是一种形象化的说法而已。致于这个名称或概念是否科学、正确，可能是仁者见仁，智者见智，或许很难得到市场公认。

其实，在股市中得到市场公认的技巧，用的人多了，效果反而不佳。因为主力看到大家都在使用这种技巧，就会反其道而行之，让这种技巧失效。所以，我们在评论股市中某个技巧能不能给投资者带来好的效果时，关键不是看它能不能得到市场公认，而是看它能否帮助使用者踏准市场涨跌节拍。从某种意义上说，一种技巧越是没有得到市场公认，知道的人越少，其实际效果反而越好。股市中这方面的例子非常多。

可以说，"主力操盘线"是某些高手操盘、选股的独门秘笈。我们在此介绍给大家，目的就是想给那些钟爱《股市操练大全》的读者，带来一些实质性的帮助，让他们尽快在股市中圆上大赢家的梦想。对我们来说，尽可能地把隐藏在民间的炒股绝招介绍给大家，是作者对热爱本书的读者必须承担的一种责任与担当。这是我们应该做的，而且一定要把它做好，才能对得起信任我们的广大读者。

问：被"主力操盘线"锁定的个股，今后上涨概率有多大？

答：据有关资料统计，上涨的概率至少在七成以上。另外，值得注意的是，一旦这些股票涨势形成，往往上涨的空间会非常大。据了解，股市中一些大牛股、大黑马就是从中诞生的。可以说，早期就被"主力操盘线"锁定的个股，其中有很大一部分是上涨空间很大的潜力股。

为什么被主力操盘线锁定的个股上涨空间比较大呢？我们分析，其主要原因是，被主力操盘线锁定的个股，都是主力重点关注的股票，主力操作这样的股票都是有备而来的。主力这个行为决不是短期行为，而是有着长期目标的战略行为。比如，从我们向大家介绍的几个实例中可以发现，每一个股票主力都运作很长时间了（注：这从"主力操盘线"的时间长度上可以看出，这些主力操盘线设置的时间，少则3年以上，多则已经5、6年了）。试想，主力花了这么长时间运作一个股票，难道只是为了赚点蝇头小利吗？这样投资成本也太高了，主力不会这么傻吧！可以肯定，主力重磅投入，一定是志存高远，为赚大钱而这样做的。既然主力敢于重磅投入，精心运作某个股票，那就表明该股一定隐藏着局外人不知道的潜在利好。主力重点参与后，随着潜在的利好发酵，未来股价的上涨空间是很大的。

这里要提醒投资者的是，虽然高手这一选股绝招是一个好方法，不过话要说回来，好方法用了后也有栽跟头的时候。比如，被主力操盘线锁定的个股，突然出现了严重的黑天鹅事件，或者整个股市突然暴发了股灾，或者是主力的资金链突然发生了断裂，等等，都可以改变股价运行的趋势，出现不涨反跌，甚至大跌的走势。当然，这样的事情很少发生。但是，作为一个成熟的投资者，要有防范于未然的意识，事先就要想到这方面的风险，并且作好积极的应对准备。

大家一定要明白一个道理：股市里不会有绝对成功的事，也没有什么绝对的好方法。所以，我们在运用主力操盘线的方法选股时，一定要预防意外的情况发生。从操作层面上说，为了预防风险：一是不要把资金都押在这些股票上面，要控制好仓位；二是要注意关键技术点位的变化。比如，某天突然出现了股价跌破主力操盘线的现象，此时就应该先退出观望。总之，作为成熟的投资者，头脑里始终要绷紧"预防风险"这根弦。不怕一万，只怕万一；事先就想好退路，就不会临时抱佛脚。唯有如此，才能在高风险的股票市场上立于不败之地。

问：怎样判断主力操盘线的设置是否正确，是否能真正反映出主力的操作意图，其判断的标准或依据是什么？

答：这个判断的标准或依据很难定。说句玩笑的话，该问题最好由主力自己来回答，因为他们最清楚自己是不是这样操作的。但是，这个可能性几乎为零。试想，有哪一个主力会把自己操盘的核心机密向外泄露呢？因此，判断主力操盘线的设置是否正确，能不能真正反映出主力的操作意图，最终只能通过股价走势来验证。

一般来说，符合要求的主力操盘线有两种形式。第一种形式是：股价下行时明显地受到该均线的压制，股价上行时又会明显地受到该均线的支持（见图 17）。

主力操盘线设置示意图（一）

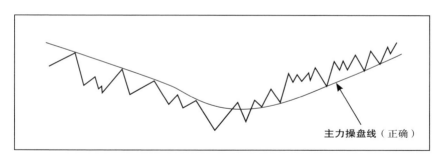

图17

第二种形式是：股价下行时围绕该均线作上下波动，但股价上行时明显地受到该均线的支持（见图18）

主力操盘线设置示意图（二）

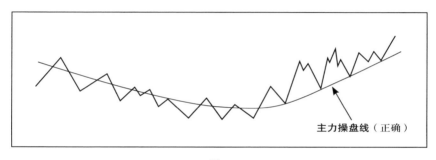

图18

但不符合要求的主力操盘线，常常表现为以下两种形式：一是设置的主力操盘线穿梭于股价中，看不出它对股价有什么压制或支持作用（见图19）；二是设置的主力操盘线，无论在股价下行或上行时，都与股价保持着相当的距离（见图20）。

主力操盘线设置示意图（三）

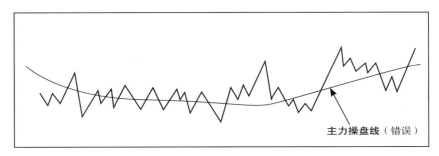

图19

主力操盘线设置示意图（四）

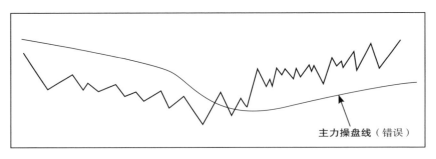

图20

高手反复强调，主力操盘线的设置正确与否非常重要。主力操盘线若设置错了会带来严重后果，这样非但选不好股，还会给投资带来很大的损失。所以大家对这个问题必须高度重视。设置的主力操盘线，如果是正确的，它会与股价下行时反弹的高点，特别是股价上行时回落的低点有着亲密接触。接触的点越多，主力操盘线发出的信号就越可靠。

从我们上面举的10个例子中，大家可以仔细看看在股价站上主力操盘线后，股价出现震荡时，每次冲高回落的低点是不是贴近主力操盘线了（注：上面实例的每张图中都有一幅局部放大图形，以方便大家鉴别）。如果鉴别下来，确认主力在震荡洗盘时，每次股价冲高回落的低点都被主力操盘线锁定，说明这根主力操盘线的设置是正确的。因为我们已经猜中了主力的操盘意图，知道主力打压股价的底线设定在何处。反之，主力操盘线的设置就是错误的。错了，必须重新设置。如果试下来，根本无法设置主力操盘线，那就应该放弃。因为这不是主力重点关注的股票，只能再找其他股票去试。

问：怎么知道主力操盘线是由哪一根均线担当的？

答：只能用一根根均线进行测试，一根不行再换一根，直到找到符合要求的主力操盘线为止。

但是大家要记住，主力操盘线一般不会由短期均线担当，如5日、10日、20日均线，基本上都是由长期均线，如100日、120日、144日、200日、233日、250日均线担当。

不同的个股，主力操盘线选取的均线是不一样的。另外要注意的是，一只股票只能有一根均线担当主力操盘线，如有几根均线出现，那就不是主力操盘线了。

问：如何依据主力操盘线操作，能不能再详细说说？

答：在跟进时，首先要看主力操盘线的设置是否正确。只有在确定主力操盘线的设置符合要求的前提下，才能重仓这只股票。

选择这样的股票买进有两种方式

一是在行情尚无启动前就买进埋伏在里面，这在股市里称之为左侧交易。左侧交易一般适合于价值型投资者；二是在看到向上突破信号出现后再积极跟进，这在股市里称之为右侧交易，右侧交易一般适合于趋势型投资者。

有人问，到底是左侧交易好还是右侧交易好？我们认为，各有利弊，很难作一个定论。

投资者若对被主力操盘线锁定的个股实施左侧交易，优点是：能确保当事者在较低价位买进。缺点是：因为不知道行情何时启动，买进后可能要被主力折磨很长时间。另外，万一出现突发情况，导致主力撤庄，要承担股价破位下跌的风险。

投资者若对被主力操盘线锁定的个股实施右侧交易，优点是：股价出现向上突破信号后买进，这样跟进做多更安全，这就基本上排除了股价盘整后因为突发情况出现破位下跌的风险，这无疑为投资者做多增加了一道保险。另外一个优点是，资金不会像左侧交易那样被搁置在里面，甚至还要长时间受股价盘整的折磨。缺点是：一是进行右侧交易，买进的成本要比左侧交易要高；二是如遇行情突然启动，出现逼空走势，特别是连续涨停的情况，则可能买不到股票，从而出现踏空的风险。

有鉴于此，为了减少风险，提高资金利用效率，我们建议投资者可以这样操作：

若你是进行左侧交易，不要一开始在股价站上主力操盘线时就买进。因为主力此时主要任务就是清洗浮筹，只有将浮筹清洗得差不多的时候，即等股价夯实后，才会发动行情，而这个时间往往是比较长的。从上面一些实例看，这样清洗浮筹的时间至少也要在半年以上，所以不用过早买进。当然具体什么时候股价结束盘整，行情启动向上，谁也不知道，只有主力自己心里清楚。为了防止主力突然启动行情，左侧交易投资者可隔一段时间先买一点在里面。另外，有经验的投资者还可以从成交量指标、MACD指标的变化中，察觉盘整行情可能会在什么时候结束，一旦发现有盘整结束的苗头出现，可先买进埋伏在里面。

若你是进行右侧交易的投资者，不要完全等到向上突破信号出现后再考虑买进，可在盘整行情进行到后期时先买一点垫底，这样万一行情突然启动，出现逼空，特别是连续涨停时，不致于买不进而踏空。另外，要注意的是，到盘整后期，不能光盯着日K线操作，而应该看30分钟、60分钟K线，一旦发现30分钟K线、60分钟K线出现向上突破信号就马上跟进，这样或许就能在向上突破第一时间抢进一些筹码，即使日K线上出现逼空走势，因为行动果断、跟进及时，一般也不会出现踏空风险。

投资者在操作时还要注意一个问题，无论你是进行左侧交易还是进行右侧交易，一旦股价向上突破后，要捂好手里的股票，不要随意去做短线差价，谨防手中筹码丢失。因为这类股票向上突破后上涨空间会很大。根据高手的操作经验，向上突破的初期、中期的策略都应该是持股待涨，只有到向上突破的后期才可考虑获利了结。

当然，捂股、持股待涨的意思，并不是不管发生什么情况一直把股票捂在手里，若是遇到大的黑天鹅事件出现或是重要的头部信号出现，该卖出时应该果断卖出。比如，在股票上涨时，冲高回落时跌破了兜底线（注：关于兜底线的知识与技巧，详见《股市操练大全》第10册第268页~第306页）或上升趋势线被有效击穿，出现这种现象就应该及时止损离场。

问：看到被主力操盘线锁定的个股，其图形都是日K线的压缩图，一张图横跨都有好几年时间。请问，这种压缩图怎么截取？

答：先把屏幕调到日K线图形处，然后按键盘上的向下箭头，只要连按几下，就能截取一幅日K线压缩图形。

一位高手说：选股、买卖股票一定要学会如何来设置买点、卖点。比如，下面这张图（见图21）中的个股，在横盘了很长时间后出现了一波强势上涨行情。如当时要选择这个股票进行操作的话，你就要知道图中箭头①所指处是最安全的买点，之后箭头②、③所指处都是上涨途中的买点，而箭头④、⑤、⑥都是上涨途中的短期卖点，箭头⑦为本轮行情第一卖点，箭头⑧为本轮行情的第二卖点。其实，要弄清楚为什么在这些地方设置买点、卖点，此事并不难。投资者操作时只要在图中加上几条直线与一条均线就行了，一切都可以通过这几条线的掌控，踏准股价涨跌节拍。

现在请你在下图中准确地加上这几条线，然后说明设置这些买点、卖点的理由。

抚顺特钢（600399）2014年1月7日～2014年11月13日的日K线图　图21

根据题目要求，我们在图21中加上3条直线与一条20日均线（见图22）。这几条线加好后，我们就可以分析了，为什么高手要把买点、卖点设置在这些地方，其理由是什么？

高手把箭头①所指处列为最安全的买点，理由是：股价已成功突破该股横盘时上方的一根颈线，突破后有一次小的回踩（连续出现5根小阴线），但回踩的最后落脚点仍在颈线上方，这说明前面的突破是有效的，所以此处可作为多方的一个买点，而且箭头①所指的地方，股价受到20日均线支持，前面股价走势已证明，股价跌到20日均线处就不再下跌了，这

19

说明主力很有可能把20日均线作为打压股价的心里底线。从成交量方面看，股价横盘筑底时成交量在放大，股价突破颈线回踩时成交量骤减，说明多方已掌控局势。几种因素综合下来，箭头①的地方应该是一个比较安全的买点。

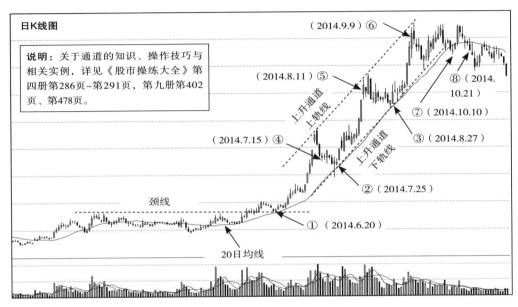

抚顺特钢（600399）2014年1月6日~2014年11月11日的日K线图　图22

高手把箭头②、③作为上涨途中的买点，是因为该股上涨是依托20日均线展开的，股价每次回落到20日均线处就跌不下去了（编注：箭头②所指处的前一日，盘中曾出现过击穿20日均线的现象，但最后收盘价仍站在20日均线之上。这说明20日均线对该股的支撑仍然是有效的）。显然主力在该股上涨途中的洗盘，股价洗到20日均线处就收手了，故而把箭头②、③设为上涨途中的买点，在逻辑上是站得住脚的。另外，从通道看，②、③处都触及了通道的下轨线，在技术上也是一个买点。所以，综合起来考量，将②、③设置为上升途中的阶段性买点理由是很充分的。

高手把箭头④、⑤、⑥作为短线卖点，是因为该股上涨途中，这些地方都触及了通道的上轨线。按照通道理论，股价冲到通道上轨处就有一个回拉动作，故而可以把这些地方作为阶段性高点看待，进行短线卖出。但要注意的是，当股价处于上行趋势时，如果在通道上轨处短线卖出后，一定要在股价回落至通道下轨处再把它买回来。否则，在股价上涨时短线卖出，如果后面不把股票买回来就会出现踏空的风险，这样就得不偿失了（因此，我们建议：若无把握，短线卖点可以放弃。投资者只要记住，上涨时把股票紧紧拿在手里就是了，等股价跌破20日均线时再把股票卖出）。

高手把箭头⑦作为第一卖点，是因为此处股价已跌破了20日均线，跌破20日均线，说明主力此时不再想把股价继续做上去了。那么，这里究竟是主力在出货呢？还是进行一次力度更大的洗盘呢？当时还很难确定。但从投资安全角度考虑，应该在此处卖出一部分筹码。

高手把箭头⑧作为第二卖点，是因为该股第一次跌破20日均线后出现了一个反抽动作，股价又重新回到20日均线上方，但好景不长，很快股价就连连收阴，再次击破20日均线。这说明后面股价将有进一步调整的要求，或许这里也有可能是股价见顶了，所以大家应尽快地把手中的筹码全部卖出。

通过上面的分析，我们可以清楚地看出这几条线的作用。只要你会设置这几条线，买点、卖点就一目了然，操作起来也能像高手那样得心应手，胜券在握。其实，股市中类似这样的图形很多，我们可以从该案例中举一反三，学习高手的操作经验，将操作的主动权紧紧掌握在自己手里。

又及：本书完稿后向读者征求意见时，有读者对本题答案提出了质疑，因为在图22中按跌破20日均线的提示卖出股票后，不久股价又继续创了新高。这说明前面跌破20日均线是假摔，高手的操作存在明显的错误。既然有明显的错误，将它作为范例介绍给大家，会误导读者。

收到读者的信息反馈后，我们作了认真研究，现就读者提出的问题作一些解释：

①此题是根据一位高手实盘操作记录设计的。高手在该股跌破20日均线时将该股全部卖出。这说明当时高手确实并不知道主力在此玩弄了"假出货，真洗盘"的花招。但高手在该股跌至89日均线止跌回稳时，弄明白了主力的操作意图，然后又把前面抛出去的筹码买了回来。这样高手在主力这次大洗盘中成功地做了一次短期差价，筹码仍在，并没有踏空后面的行情。高手说，前面该股跌破20日均线时我必须卖出，因为我不知道主力是在出货还是在洗盘，但就是洗盘我也不怕，我在此卖出，后面还有机会把抛出的筹码在低位买回来，我这样卖出并不吃亏。但如果主力在此出货，我把股票卖了就逃过一劫，今后该股一直跌下去，就与我无关了。

高手解释说，那么为什么我在这儿要设置89日均线呢？因为我发现该股主力前面一直用89日均线操盘的（见图23）。89是一个神秘数字[注]，89日均线就是该股

【**注**】89，以及8、13、21、34、55、144、233等都是神秘数字，主力操盘时经常会用神秘数字设置均线。有关神秘数字的知识，详见《股市操练大全》第4册第299页"注"中的内容。

这轮上升行情的兜底线[注]。所以我猜测，如果股价跌至89日均线处就不再跌了，说明前面跌破20日均线的下跌是主力在进行一次大的洗盘，洗盘的终极目标位就是89日均线。因此我判断股价跌至89日均线处止跌企稳后，又将开启新一波上升行情，所以我在这个地方将前面卖出的筹码重新买了回来（见图23方框说明）。事后证明，我这个判断是正确的。

> 从图中可以清楚地看出，该股从低位上来后，一直依托89日均线在进行整理，89日均线托着股价慢慢向上抬升。因此可以判断89日均线就是该股的生命线。若主力是洗盘，股价回调至89日均线处就是极限，主力是不会让股价跌破89日均线的。故而股价回调时，一旦在89日均线附近企稳，即可买进做多

抚顺特钢（600399）2014年1月7日~2015年3月23日的日K线压缩图　图23

②主力是很难缠的对手，他们是相当狡猾的。即使是股市高手也不可能对主力的战略、战术了如指掌。一般来说，高手也只能知晓主力行为的六七成，而普通投资者对主力行为的知晓率就更低。就拿本题中的高手来说，一开始他发现该股跌破20日均线时怀疑主力在此出货了，而直到该股跌至89日均线处企稳后，才弄清楚主力的真正意图，这说明高手也没有一眼看穿主力的本领。因此，普通投资者对付主力这样狡猾的对手，更要多想、多学习，不断研究主力的战略、战术，只有这样，才能提高股市操作的成功率。

③某种操作方法胜算概率大小，可以通过日常操作次数的输赢比例统计出来。客观上说，我们认为图22介绍的高手操作方法，是一种比较实用，胜算率较

【注】关于什么是兜底线，兜底线的特征与作用，详见《股市操练大全》第10册第268页~第306页。

22

高的方法。我们不能因为高手卖出后该股创出了新高就此否定这个方法。况且高手在卖出清仓后，发现该股跌至89日均线处企稳后，又及时改变了自己原来的想法，顺时做多，修正了"错误"。因此，高手的操作经验还是值得大家学习的。

④为什么图22中抚顺特钢第一波行情结束，盘整后又会出现了第二波上升行情呢？我们分析可能有两个原因：第一，主力操作这个股票本来就有这个打算，在股价上升到一定高度后，利用假出货真洗盘的方式，清洗了浮筹，把股价夯实之后，再继续把行情做上去。第二，该股第二波上升行情启动时间是在2014年11月下旬，此时正是大盘指数发力向上，钢铁股集体大涨的时间。主力在做完该股第一波行情后本来打算结账出局，但看到大势突变就顺势再做一波行情，于是才有了该股盘整后向上突破的现象。这两个原因，局外人在事前是无法猜测到的（包括高手）。其实，猜测到了也没有多大意思。因为对当事人来说，最有意义的就是看着盘面情况进行操作，这样才能踏准股市涨跌的节拍。

⑤股市里有一个很有名的理论，叫"波段操作理论"，意思是说股市行情无论是上涨趋势还是下跌趋势，它不可能一步到位，或是呈现波浪式的上升态势，或是呈现波浪式的下跌态势。面对这种情况，普通投资者只能顺势而为，进行波段性操作。比如，一波上升行情结束了，该卖出就卖出，后面的盘整行情就不必参与（从这个意义上说，本题高手前面的操作并没有出现什么错误）。因为盘整行情，盘到最后，股价是向上突破还是向下突破，你并不了解，不参与盘整行情就会主动得多。如果盘整后股价向上走，你可以再次参与；如果盘整后股价向下走，你可以持币观望。就以图22中抚顺特钢当时的情况来说，在抚顺特钢第一波上升行情结束后先应该卖出，然后就观望。只有等到盘中再次发出买进信号（如出现跌至89日均线处企稳，或MACD重新回到0轴之上，红柱状线放大等买进信号），此时才可以买进，进行第二波操作。

⑥其实，第一波行情结束卖出后，有两种操作方法可供选择。一种方法是，不必等该股盘整结果出来，就将资金移师别的股票上，这是有效提高资金利用率的方法，若用得好效果会相当不错；另一种方法就是等洗盘结束后重新杀进去。这两种方法各有利弊，谁优谁劣，一切因人因时而异。

⑦投资者一定要明白一个道理：股市中任何一种操作方法都不能做到尽善尽美。关键的问题是，这种操作方法运用起来成功概率大还是失败概率大，如果成功概率远大于失败概率，这种方法就值得我们学习、借鉴，反之，我们就要抛弃它。因为做股票是做概率，只有牢牢抓住大概率事件进行有针对性操作的投资者，最终才能成为股市赢家。

专项练习 ③

陆老师说：前面我们向大家介绍了两位高手独特的技术选股经验与操作方法，同学们听了很感兴趣，觉得收获很大。现在我们要把讨论的重点，从高手怎样用技术选股，转移到自己应该如何用技术选股上来，这样更有利于提高每一个人自身的实战水平。

那么，作为普通投资者应该怎么进行技术选股呢？

我和培训班其他辅导老师研究后认为，普通投资者进行技术选股，首先要学会如何运用均线技术进行选股。因为用均线技术选股，已被实践证明是一种行之有效，并且是安全系数较高的一种选股方法。可以说，用均线技术选股是每一个成熟的投资者必须掌握的基本功。

当然，均线技术门类有很多。有用单根均线的，也有将几根均线组合起来使用的；有用日均线的，也有用周均线、月均线的。现在我们讨论研究的重点放在日均线组合使用技巧上。因为它是均线技术最核心的内容，这个弄明白了，其他均线技术的问题，就能一通百通，迎刃而解。

用日均线组合使用技巧选股主要涉及3个方面内容：①银山谷、金山谷；②均线向上发散；③均线多头排列。今天这堂课我们就围绕这3个内容进行讨论。

3个学习小组，每个小组集中讨论一个问题，最后再由各小组派代表上台进行交流。这次讨论的要求是：抓住重点，举例充分，分析到位。交流时能够做到大家互有启发。

陆老师布置完后，各小组就展开了热烈讨论（讨论的结果，我们在答案中会向大家公布，最后还会向大家介绍陆老师的精彩点评）。

亲爱的读者，我们想问，你知道用日均线组合技巧选股究竟应该怎么选，你能说出一个A、B、C吗？各小组会怎么讨论？他们会有什么新鲜的东西能让大家眼睛一亮？

解答

（一）

各小组讨论结束后，第一小组派代表杨小姐到台上进行交流。杨小姐说，他们小组讨论的主题是：如何利用均线中的银山谷、金山谷技巧进行选股。经过深入讨论，他们小组在用日均线组合技巧选股时，提出了"**首选出现金山谷的股票，次选出现银山谷的股票**"的选股策略。

杨小姐接着说，首先向大家介绍一下，什么是银山谷？什么是金山谷？下面先请大家看两张示意图。

银山谷、金山谷示意图

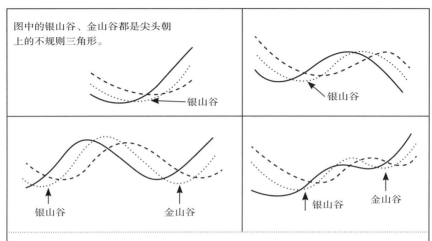

图中的银山谷、金山谷都是尖头朝上的不规则三角形。

说明：①短期移动平均线用"———"表示，中期移动平均线用"……"表示，长期移动平均线用"----"表示。②有时几根均线向上发散并无三角形形状出现，而是交叉或粘合后直接向上发散。因为两者的技术意义相同，故可以视为银山谷、金山谷的变化图形。

图24

看了上面这张图，大家有了对银山谷、金山谷的直观印象后，下面我们就来说说它们的特征。其基本特征是：短期均线由下往上穿过中期均线和长期均线，中期均线由下往上穿过长期均线，从而形成了一个尖头朝上的不规则三角形（见图24中银山谷、金山谷示意图）。图中出现尖头朝上的不规则三角形，表明多方已积聚了相当大的上攻能量，这是一个比较典型的买进信号，所以人们形象地把它称为银山谷、金山谷。

那么，银山谷和金山谷又有什么区别呢？从图形特征上来说，它们没有什么区别，其不同在于出现时间有先有后。我们把在均线上先出现的尖头朝上的不规则三角形称为银山谷，后出现的尖头朝上的不规则三角形称为金山谷。通常，金山谷的位置要高于银山谷，但有时也可略低于银山谷。从时间上来说，两个"谷"之间相隔时间越长，金山谷的含金量就越高。就技术上而言，金山谷买进信号的可靠信要比银山谷强。其原因是，金山谷的出现既是对银山谷做多信号的再一次确认，又说明多方在有了前一次上攻经验后，这次准备更加充分了，这样成功概率自然会更大些。因此，稳健型的投资者应把买进点设在金山谷处，这样投资风险要小得多。从统计资料来看，在银山谷处买进股票，日后成功与失败之比为7：3，而在金山谷处买进股票，日后成功与失败之比为8：2。可见，在银山谷处买进，与在金山谷处买进，所冒的风险是不一样的。正因为如此，我们在讨论如何用银山谷、金山谷技巧选股时，总体上认为，为了提高选股的成功率，投资者在同等条件下，应该首选出现金山谷的股票，次选出现银山谷的股票。

下面请大家先来看一些用金山谷技巧选股的实例。

实例一：扬杰科技低位出现金山谷时的初始图形（见图中画圈处）

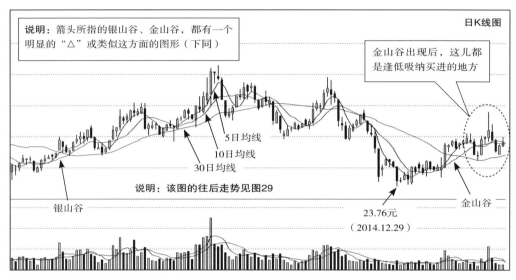

扬杰科技（300373）2014年7月24日~2015年2月11日的日K线图　图25

实例二：科华生物低位出现金山谷时的初始图形（见图中画圈处）

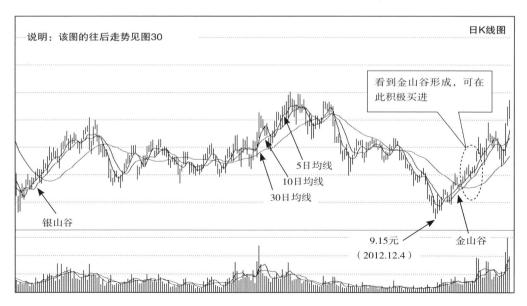

科华生物（002022）2012年1月13日~2013年1月31日的日K线压缩图　图26

实例三：泰格医药低位出现金山谷时的初始图形（见图中画圈处）

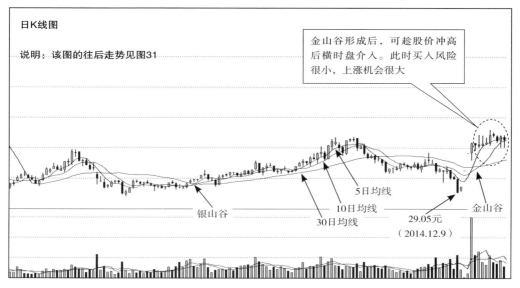

日K线图

说明：该图的往后走势见图31

金山谷形成后，可趁股价冲高后横时盘介入。此时买入风险很小，上涨机会很大

银山谷

5日均线

10日均线

30日均线

金山谷

29.05元（2014.12.9）

泰格医药（300347）2014年6月10日~2015年2月6日的日K线图 图27

实例四：安硕信息低位出现金山谷时的初始图形

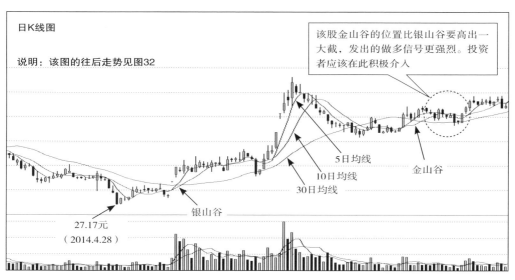

日K线图

说明：该图的往后走势见图32

该股金山谷的位置比银山谷要高出一大截，发出的做多信号更强烈。投资者应该在此积极介入

5日均线

10日均线

30日均线

金山谷

银山谷

27.17元（2014.4.28）

安硕信息（300380）2014年3月19日~2014年9月17日的日K线图 图28

上面4个股票，其中一个是中小板的股票，3个是创业板的股票。这些股票有一个共同特点，它们股价见底时先是出现一个银山谷，尔后冲高回落，再经过一番调整后，又出现了一个金山谷。但金山谷出现后，股价并没有马上涨上去，

而是在金山谷附近进行整理。如果投资者知道金山谷的技术意义，知道它是一个重要的看多做多信号，此时可以笃悠悠地买进，然后就耐心地持股待涨。一般来说，按照这个方法选股，日后都会有很好的收益（见图29～图32）。

实例一：扬杰科技出现金山谷的后续图形

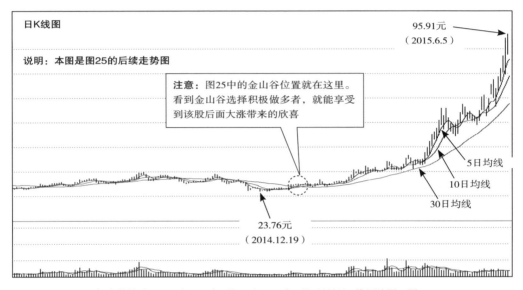

扬杰科技（300373）2014年7月24日～2015年6月5日的日K线压缩图　图29

实例二：科华生物出现金山谷的后续图形

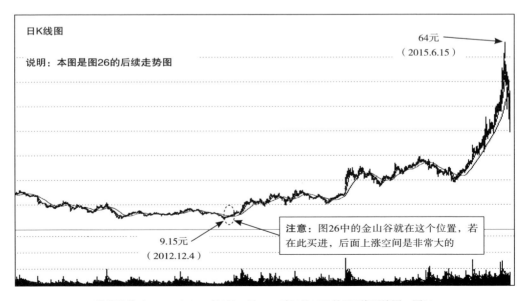

科华生物（002022）2011年2月11日～2015年6月15日的日K线压缩图　图30

实例三：泰格医药出现金山谷的后续图形

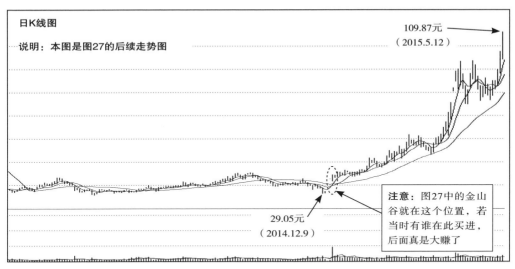

泰格医药（300347）2014年6月5日~2015年5月12日的日K线压缩图　图31

实例四：安硕信息出现金山谷的后续图形

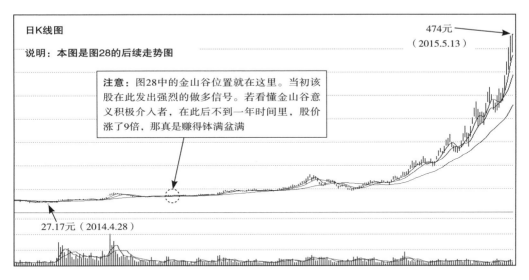

安硕信息（300380）2014年4月11日~2015年5月13日的日K线压缩图　图32

从实例一至实例四出现金山谷的后续图形中可以发现，当这些个股在低位出现金山谷，上涨趋势确立后，股价都出现了非常好的表现。这说明用金山谷技巧选股确实是非常有效的。

接下来再请大家来看一些用银山谷技巧进行选股的实例。

实例五：民生银行低位出现银山谷时的初始图形（见图中画圈处）

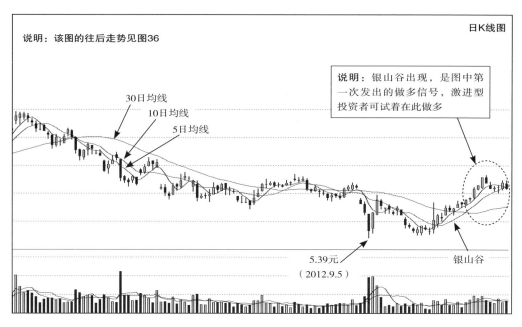

说明：该图的往后走势见图36

日K线图

说明：银山谷出现，是图中第一次发出的做多信号，激进型投资者可试着在此做多

30日均线

10日均线

5日均线

5.39元
（2012.9.5）

银山谷

民生银行（600016）2012年5月2日~2012年10月30日的日K线图　图33

实例六：日机密封低位出现银山谷时的初始图形（见图中画圈处）

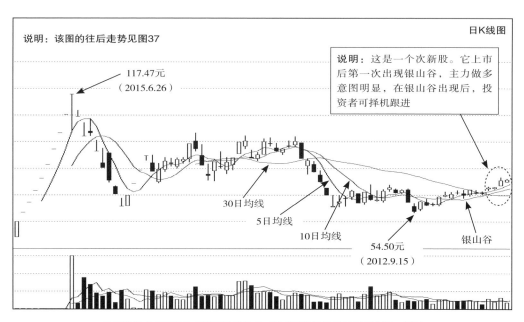

说明：该图的往后走势见图37

日K线图

说明：这是一个次新股。它上市后第一次出现银山谷，主力做多意图明显，在银山谷出现后，投资者可择机跟进

117.47元
（2015.6.26）

30日均线

5日均线

10日均线

54.50元
（2012.9.15）

银山谷

日机密封（300470）2015年6月12日~2015年10月13日的日K线图　图34

实例七：华通医药低位出现银山谷时的初始图形（见图中画圈处）

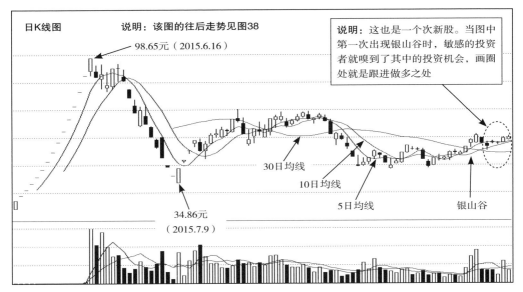

日K线图　　　说明：该图的往后走势见图38

98.65元（2015.6.16）

说明：这也是一个次新股。当图中第一次出现银山谷时，敏感的投资者就嗅到了其中的投资机会，画圈处就是跟进做多之处

30日均线

10日均线

5日均线

银山谷

34.86元
（2015.7.9）

华通医药（002758）2015年5月27日~2015年10月13日的日K线图　图35

上面3个股票，其中一个是主板市场的股票，一个是创业板市场的股票，一个是中小板市场的股票。这些股票有一个共同特点，它们股价见底时都出现了一个银山谷，尔后股价就一路涨上去了，直到股价翻倍后才见顶回落。因此，当时如果有谁在这些股票出现银山谷时买入，后面的收益还是非常不错的（见图36~图38）。

实例五：民生银行出现银山谷的后续图形

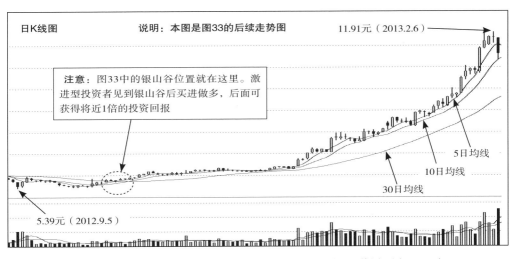

日K线图　　　说明：本图是图33的后续走势图

11.91元（2013.2.6）

注意：图33中的银山谷位置就在这里。激进型投资者见到银山谷后买进做多，后面可获得将近1倍的投资回报

5日均线

10日均线

30日均线

5.39元（2012.9.5）

民生银行（600016）2012年9月3日~2013年2月7日的日K线图　图36

实例六：日机密封出现银山谷的后续图形

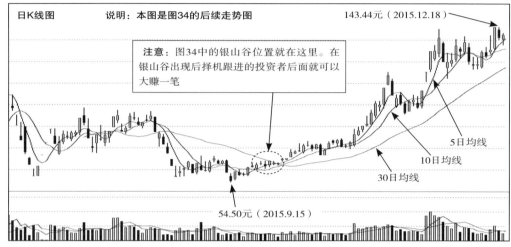

日K线图　　　　说明：**本图是图34的后续走势图**

注意：图34中的银山谷位置就在这里。在银山谷出现后择机跟进的投资者后面就可以大赚一笔

143.44元（2015.12.18）

5日均线
10日均线
30日均线

54.50元（2015.9.15）

日机密封（300470）2015年7月1日~2015年12月21日的日K线图　图37

实例七：华通医药出现银山谷的后续图形

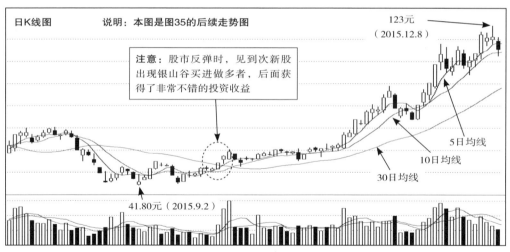

日K线图　　　　说明：**本图是图35的后续走势图**

注意：股市反弹时，见到次新股出现银山谷买进做多者，后面获得了非常不错的投资收益

123元
（2015.12.8）

5日均线
10日均线
30日均线

41.80元（2015.9.2）

华通医药（002758）2015年7月31日~2015年12月9日的日K线图　图38

从实例五~实例七出现银山谷的后续图形中可以看出，当这些个股在低位出现银山谷，上涨趋势确立后，股价都出现了大涨。这说明用银山谷技巧选股是有一定作用的。

我们经过仔细调查后发现，在中国A股市场中，个股出现银山谷后，股价一路上涨的情况并不多见，大多数只是小涨，即涨了一段时间后就会出现冲高回落的现象。如果主力还想把股价做上去，在股价回落后不久，会在图中再构造一个金山谷的图形，一旦金山谷形成后，股价大涨的概率就比较大。所以，从稳健的投资角度看，选股时应首选出现金山谷的股票。

一般而言，用银山谷技巧选股，只适合激进型投资者。激进型投资者对出现银山谷的股票投资时，需要注意一个问题。若出现实例五~实例七的情况，可以一路持股待涨，但若发现银山谷出现后，股价只是冲高一下就回落了，应及时止损离场。大家特别要当心的是，银山谷出现后，主力并没有打算把股价做上去，此时银山谷就成了诱多的陷阱。投资者若见到银山谷买进，就很有可能被套在半山腰，下面我们来看两个实例。

实例八：阳泉煤业低位出现银山谷时的初始图形（见图中画圈处）

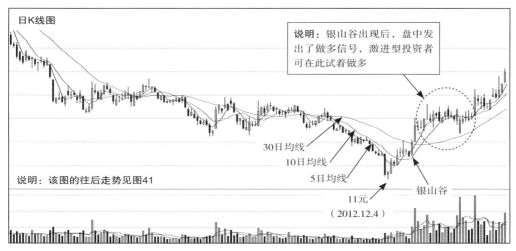

阳泉煤业（600348）2012年6月4日~2013年2月4日的日K线图　图39

实例九：艾华集团低位出现银山谷时的初始图形（见图中画圈处）

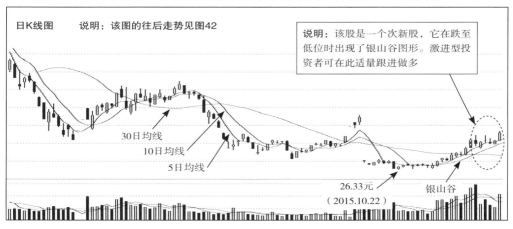

艾华集团（603989）2015年6月17日~2015年11月20日的日K线图　图40

从实例八、实例九走势图看，当初这两个股票出现银山谷时，股价走势形成了多头排列。理论上可以买进，可以看高一线。但买进后，结果又怎样呢？我们看看下面它们出现银山谷后的后续图形就清楚了（见图41、图42）。

实例八：阳泉煤业出现银山谷的后续图形。

　　图形说明：图41出现银山谷后，股价不久就出现了大跌，股价从17.30元一路跌至5.33元，跌幅为69.19%。可见，当时图中出现的银山谷，是主力设置的一个诱多陷阱。

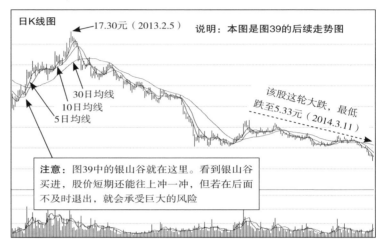

阳泉煤业（600348）2012年12月3日~2013年12月26日的日K线压缩图　图41

实例九：艾华集团出现银山谷的后续图形。

　　图形说明：次新股在低位出现银山谷后，一般都会有一个较好表现。但该股的走势却让人大跌眼镜，这说明，即使看见次新股中出现银山谷，盲目跟进也会面临很大风险。

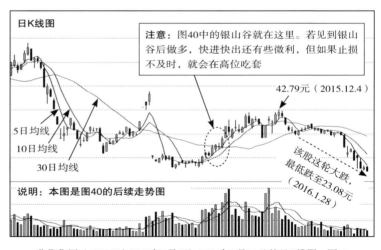

艾华集团（603989）2015年8月5日~2016年1月13日的日K线图　图42

　　看了实例八、实例九出现银山谷的后续图形，让人有一种不寒而栗的感觉。那些当初看到这些个股在"低位"出现银山谷跟着买进的投资者都被套在半山腰了。由此可见，银山谷发出的看多信号是不可靠的。虽然某些个股在低位出现银山谷后，股价会大涨，看到银山谷后跟着买进的投资者会喜获丰收，但是，某些个股在低位出现银山谷后，股价也会大跌，看到银山谷后盲目跟着买进的投资者就会亏大钱。

所以我们认为，见到银山谷看多做多是要冒很大风险的。它是不适合稳健型投资者进行操作的。即使一些激进型投资者愿意冒这样的风险，看到银山谷去做多，也要多留一个心眼，在买进时先要设置好止损位。一旦发现买进后，股价掉头向下，特别是5日均线与10日均线出现死亡交叉现象时，就应该马上止损离场，避免后面大跌的风险。

（二）

第二小组的杨先生到台上交流时说，他们小组研究、讨论的主题是：如何用均线向上发散的技巧来选股。经过深入讨论，他们确定的选股策略是：首选粘合向上发散的股票，次选交叉向上发散的股票。

杨先生说，下面我先简单介绍一下什么是均线向上发散。所谓均线向上发散，是指在某种因素促动下，使短期、中期、长期均线呈现向上并有一定弧度的分离状态。均线向上发散分为两种形式：一是均线在向上发散前，短期、中期、长期均线处于粘合状态，然后均线突然掉头向上。这种形式的向上发散，称为均线粘合向上发散形（见图43）；二是均线在向上发散前，短期、中期、长期均线处于逐渐收敛状态，然后均线突然掉头向上。这种形式的向上发散，称为均线交叉向上发散形（见图44）。

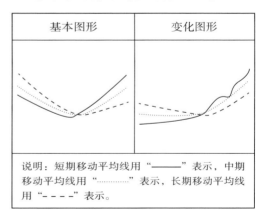

移动平均线粘合向上发散形示意图　　**移动平均线交叉向上发散形示意图**

图43　　　　　　　　　图44

杨先生说，均线向上发散，表明股价趋势向上，因此无论粘合向上发散，还是交叉向上发散，都是看多做多的信号。我们认为，选股就要选均线向上发散的股票。经过比较，我们发现均线粘合向上发散的做多信号要强于均线交叉向上发散。所以我们提出了"首选粘合向上发散的股票，次选交叉向上发散的股票"的选股策略。

下面我先请大家看几个均线粘合向上发散的实例。

实例十：深科技低位出现均线粘合向上发散时的初始图形（见图中画圈处）

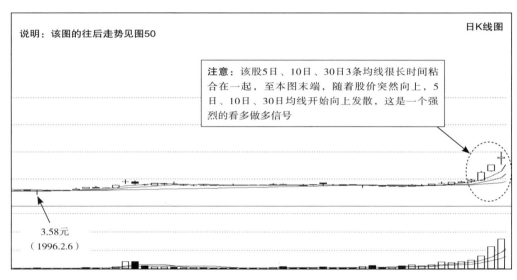

说明：该图的往后走势见图50

日K线图

注意：该股5日、10日、30日3条均线很长时间粘合在一起，至本图末端，随着股价突然向上，5日、10日、30日均线开始向上发散，这是一个强烈的看多做多信号

3.58元
（1996.2.6）

深科技（000021）1996年2月2日~1996年4月25日的日K线图　图45

实例十一：中粮地产低位出现均线粘合向上发散时的初始图形（见图中画圈处）

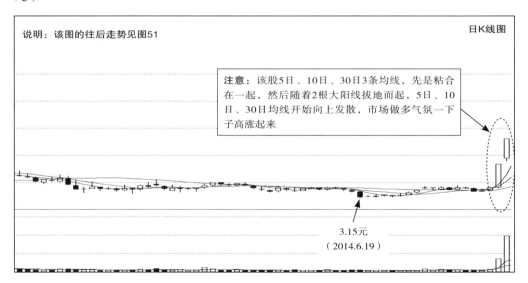

说明：该图的往后走势见图51

日K线图

注意：该股5日、10日、30日3条均线，先是粘合在一起，然后随着2根大阳线拔地而起，5日、10日、30日均线开始向上发散，市场做多气氛一下子高涨起来

3.15元
（2014.6.19）

中粮地产（000031）2014年4月17日~2014年7月15日的日K线图　图46

实例十二：新宁物流低位出现均线粘合向上发散时的初始图形（见图中画圈处）

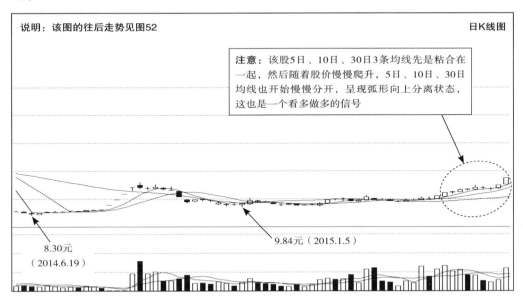

说明：该图的往后走势见图52

日K线图

注意：该股5日、10日、30日3条均线先是粘合在一起，然后随着股价慢慢爬升，5日、10日、30日均线也开始慢慢分开，呈现弧形向上分离状态，这也是一个看多做多的信号

8.30元
（2014.6.19）

9.84元（2015.1.5）

新宁物流（300013）2014年6月17日~2015年2月27日的日K线图　图47

实例十三：中科金财低位出现均线粘合向上发散时的初始图形（见图中画圈处）

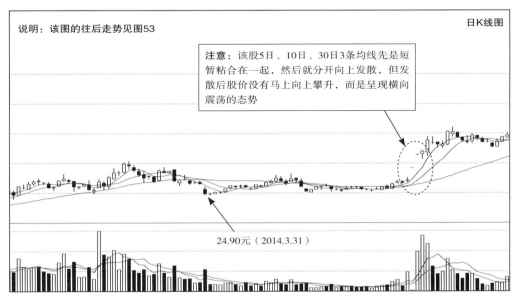

说明：该图的往后走势见图53

日K线图

注意：该股5日、10日、30日3条均线先是短暂粘合在一起，然后就分开向上发散，但发散后股价没有马上向上攀升，而是呈现横向震荡的态势

24.90元（2014.3.31）

中科金财（002657）2014年1月28日~2014年9月2日的日K线图　图48

实例十四：华谊嘉信低位出现均线粘合向上发散时的初始图形（见图中画圈处）

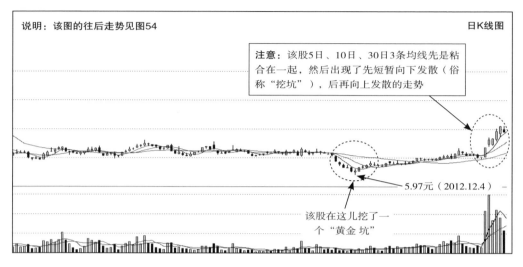

说明：该图的往后走势见图54

日K线图

注意：该股5日、10日、30日3条均线先是粘合在一起，然后出现了先短暂向下发散（俗称"挖坑"），后再向上发散的走势

5.97元（2012.12.4）

该股在这儿挖了一个"黄金坑"

华谊嘉信（300071）2012年7月25日~2013年1月31日的日K线图 图49

杨先生说，上面5个实例都出现了均线粘合向上发散的图形。实例十~实例十四的均线粘合向上发散形态很清晰，大家一看就能明白。实例十四的均线粘合向上发散形态有些怪异，开始先是5日、10日、30日均线粘合在一起，然后突然往下挖了一个坑（这个坑在技术上称为"黄金坑"），尔后5日、10日、30日均线再向上发散的。从技术上说，当时该股的挖坑属于一种假摔动作，是主力为了骗取投资者的筹码而玩弄的一种障眼法，所以我们仍把这种图形归属于均线粘合后向上发散的图形。

接下来，我们再来观察实例十~实例十四出现均线粘合向上发散的后续图形（见图50~图54），看看它们的股价在均线粘合向上发散之后，究竟发生了哪些变化。

汇集海内外各路高手的选股经验、绝招，涵盖基本面、技术面、市场面、心理面等各层面。

360°选股技巧，助君早日成功

实例十：深科技出现均线粘合向上发散的后续图形

图形解说： 该股当初出现均线粘合向上发散时，股价仅为6元左右，1年后，股价最高涨至70元，股价涨了10倍有余。若当初在均线粘合向上发散处买进，无疑是个大赢家。

日K线图

70元（1997.5.6）

注意： 图45中，5日、10日、30日均线粘合向上发散的位置就在这里。在此买进做多绝对是聪明之举

说明： 本图是图45的后续走势图

3.58元（1996.2.6）

深科技（000021）1995年6月2日~1997年6月10日的日K线压缩图　图50

实例十一：中粮地产出现均线粘合向上发散的后续图形

图形解说： 该股当初出现均线粘合向上发散时，股价不到4元，11个月后，股价就涨了5倍。这个涨幅是相当可观的。

日K线图

23.98元（2015.6.25）

注意： 图46中，5日、10日、30日均线粘合向上发散的位置就在这里。在此选择做多是完全正确的

说明： 本图是图46的后续走势图

3.15元（2014.6.19）

中粮地产（000031）2014年4月30日~2015年6月26日的日K线压缩图　图51

实例十二：新宁物流出现均线粘合向上发散的后续图形

图形解说： 该股当时出现均线粘合向上发散时，均线向上发散状态并不明显，股价也只是碎步上行。但此时正是买入的良机，随后股价就出现了大涨。

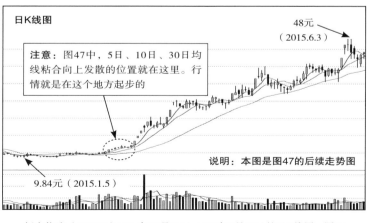

日K线图

48元（2015.6.3）

注意： 图47中，5日、10日、30日均线粘合向上发散的位置就在这里。行情就是在这个地方起步的

说明： 本图是图47的后续走势图

9.84元（2015.1.5）

新宁物流（300013）2014年12月23日~2015年6月10日的日K线图　图52

实例十三：中科金财出现均线粘合向上发散的后续图形

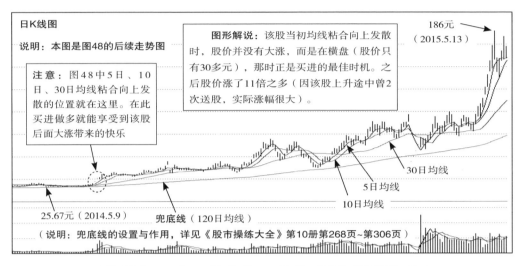

日K线图

说明：本图是图48的后续走势图

注意：图48中5日、10日、30日均线粘合向上发散的位置就在这里。在此买进做多就能享受到该股后面大涨带来的快乐

图形解说：该股当初均线粘合向上发散时，股价并没有大涨，而是在横盘（股价只有30多元），那时正是买进的最佳时机。之后股价涨了11倍之多（因该股上升途中曾2次送股，实际涨幅很大）。

186元（2015.5.13）

30日均线

5日均线

10日均线

25.67元（2014.5.9）

兜底线（120日均线）

（说明：兜底线的设置与作用，详见《股市操练大全》第10册第268页~第306页）

中科金财（002657）2014年4月9日~2015年5月20日的日K线压缩图　图53

实例十四：华谊嘉信出现均线粘合向上发散的后续图形

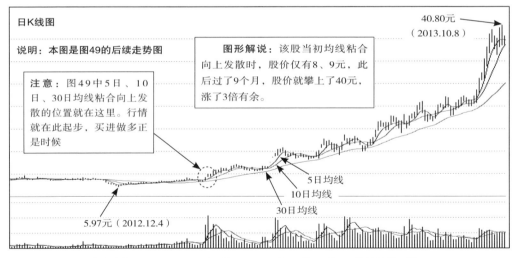

日K线图

说明：本图是图49的后续走势图

注意：图49中5日、10日、30日均线粘合向上发散的位置就在这里。行情就在此起步，买进做多正是时候

图形解说：该股当初均线粘合向上发散时，股价仅有8、9元，此后过了9个月，股价就攀上了40元，涨了3倍有余。

40.80元（2013.10.8）

5日均线

10日均线

30日均线

5.97元（2012.12.4）

华谊嘉信（300071）2012年9月28日~2013年10月9日的日K线压缩图　图54

　　从实例十~实例十四出现均线粘合向上发散的后续图形可以发现，一旦均线长期粘合后向上发散，就会走出一波力度很大的上升行情。所以我们认为运用均线粘合向上发散技巧进行选股，是一种很有效、很实用的选股方法。它既适合稳健型投资者，也适合激进型投资者。故而，希望大家能重视这个选股方法。

　　下面我们再来看一些均线交叉向上发散的实例。

实例十五：信息发展低位出现均线交叉向上发散时的初始图形（见图中画圈处）

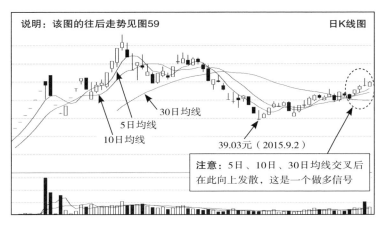

信息发展（300469）2015年6月25日~2015年10月13日的日K线图　图55

实例十六：南威软件低位出现均线交叉向上发散时的初始图形（见图中画圈处）

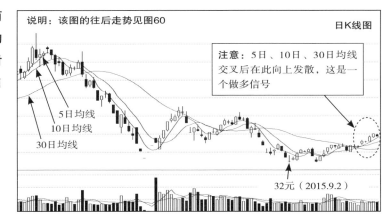

南威软件（603636）2015年5月22日~2015年10月14日的日K线图　图56

实例十七：易联众低位出现均线交叉向上发散时的初始图形（见图中画圈处）

易联众（300096）2014年7月25日~2015年1月27日的日K线图　图57

实例十八：启明信息低位出现均线交叉向上发散时的初始图形

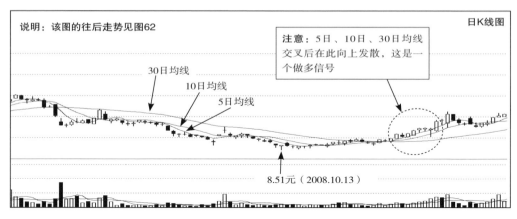

说明：该图的往后走势见图62

日K线图

注意：5日、10日、30日均线交叉后在此向上发散，这是一个做多信号

30日均线

10日均线

5日均线

8.51元（2008.10.13）

启明信息（002232）2008年7月30日~2008年12月5日的日K线图　图58

那么，这些出现均线交叉向上发散的个股，后续走势又会怎样发展呢？我们不妨再仔细看下去（见图59~图62）

实例十五：信息发展出现均线交叉向上发散的后续图形

图形解说： 该股均线出现交叉向上发散后，股价一路向上，不仅完全填补了股灾后下跌空间，还创了历史新高。

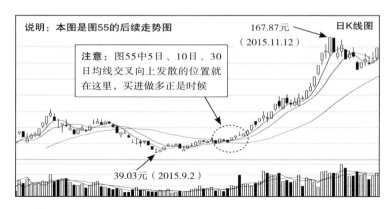

说明：**本图是图55的后续走势图**

167.87元（2015.11.12）

日K线图

注意：图55中5日、10日、30日均线交叉向上发散的位置就在这里，买进做多正是时候

39.03元（2015.9.2）

信息发展（300469）2015年7月14日~2015年11月30日的日K线图　图59

实例十六：南威软件出现均线交叉向上发散的后续图形

图形解说： 该股均线交叉向上发散后，短短两个月，股价就大涨了2倍，这让做多者乐开了花。

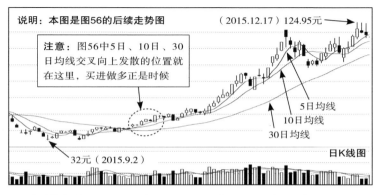

说明：**本图是图56的后续走势图**

（2015.12.17）124.95元

注意：图56中5日、10日、30日均线交叉向上发散的位置就在这里，买进做多正是时候

5日均线

10日均线

30日均线

日K线图

32元（2015.9.2）

南威软件（603636）2015年8月21日~2015年12月21日的日K线图　图60

实例十七：易联众出现均线交叉向上发散的后续图形

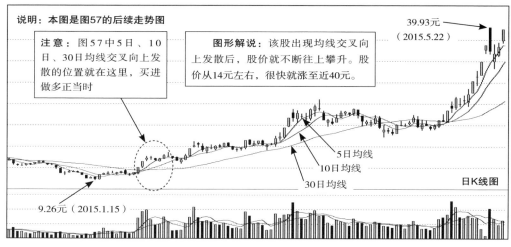

说明：本图是图57的后续走势图

注意：图57中5日、10日、30日均线交叉向上发散的位置就在这里，买进做多正当时

图形解说：该股出现均线交叉向上发散后，股价就不断往上攀升。股价从14元左右，很快就涨至近40元。

39.93元（2015.5.22）

5日均线
10日均线
30日均线

日K线图

9.26元（2015.1.15）

易联众（300096）2014年12月4日~2015年5月27日的日K线图　图61

实例十八：启明信息出现均线交叉向上发散的后续图形

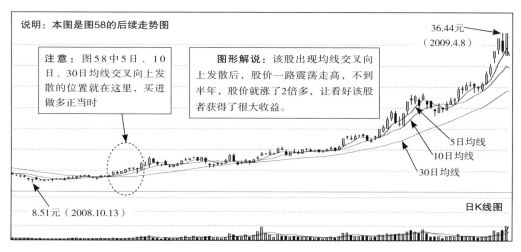

说明：本图是图58的后续走势图

注意：图58中5日、10日、30日均线交叉向上发散的位置就在这里，买进做多正当时

图形解说：该股出现均线交叉向上发散后，股价一路震荡走高，不到半年，股价就涨了2倍多，让看好该股者获得了很大收益。

36.44元（2009.4.8）

5日均线
10日均线
30日均线

日K线图

8.51元（2008.10.13）

启明信息（002232）2008年10月6日~2009年4月9日的日K线图　图62

　　毫无疑问，这些个股在出现均线交叉向上发散后，股价都出现了不同程度的上涨，跟着买进的投资者都得到了很好的投资回报。

　　前面我们向大家介绍了用均线向上发散技巧选股成功的案例，但我们也要提醒大家，虽然用均线向上发散技巧选股有很多成功案例，但也有不少失败的案例，尤其是均线交叉向上发散的案例居多。这就需要我们选股时谨慎对待。

　　下面我们来看一些均线低位出现向上发散现象后股价下行的案例。

实例十九：京东方A（000725）

（一）京东方A低位出现均线粘合向上发散时的初始图形（见图中画圈处）

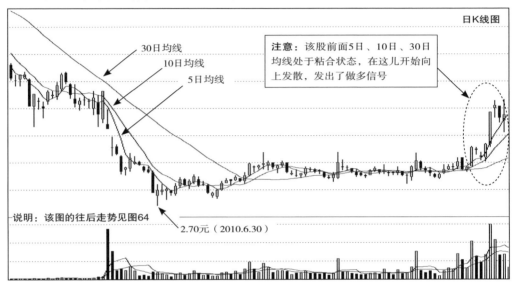

30日均线
10日均线
5日均线

注意：该股前面5日、10日、30日均线处于粘合状态，在这儿开始向上发散，发出了做多信号

说明：该图的往后走势见图64

2.70元（2010.6.30）

日K线图

京东方A（000725）2010年5月11日~2010年10月27日的日K线图　图63

（二）京东方出现均线粘合向上发散的后续图形

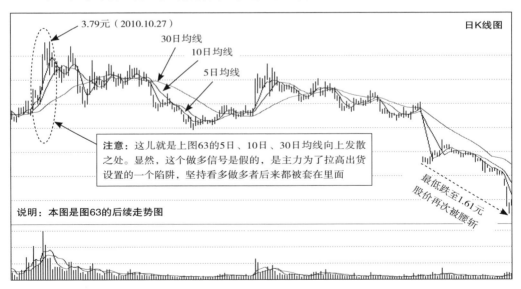

3.79元（2010.10.27）

30日均线
10日均线
5日均线

注意：这儿就是上图63的5日、10日、30日均线向上发散之处。显然，这个做多信号是假的，是主力为了拉高出货设置的一个陷阱，坚持看多做多者后来都被套在里面

说明：本图是图63的后续走势图

最低跌至1.61元
股价再次被腰斩

日K线图

京东方A（000725）2010年9月28日~2011年8月10日的日K线压缩图　图64

实例二十：山东钢铁（600022）

（一）山东钢铁低位出现均线交叉向上发散时的初始图形（见图中画圈处）

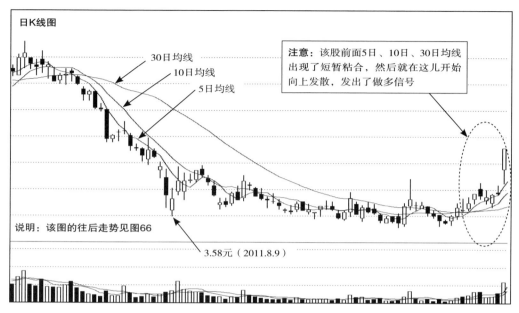

日K线图

30日均线

10日均线

5日均线

注意：该股前面5日、10日、30日均线出现了短暂粘合，然后就在这儿开始向上发散，发出了做多信号

说明：该图的往后走势见图66

3.58元（2011.8.9）

山东钢铁（600022）2011年7月1日~2011年11月10日的日K线图　图65

（二）山东钢铁出现均线粘合向上发散的后续图形

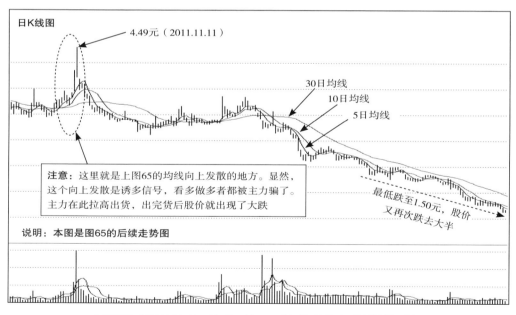

日K线图

4.49元（2011.11.11）

30日均线

10日均线

5日均线

注意：这里就是上图65的均线向上发散的地方。显然，这个向上发散是诱多信号，看多做多者都被主力骗了。主力在此拉高出货，出完货后股价就出现了大跌

最低跌至1.50元，股价又再次跌去大半

说明：本图是图65的后续走势图

山东钢铁（600022）2011年9月22日~2012年8月1日的日K线压缩图　图66

实例二十一：中国电建（601669）

（一）中国电建低位出现均线交叉向上发散时的初始图形（见图中画圈处）

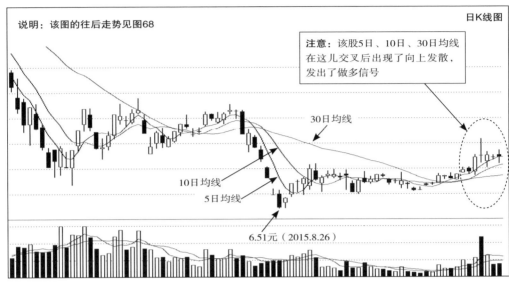

说明：该图的往后走势见图68

日K线图

注意：该股5日、10日、30日均线在这儿交叉后出现了向上发散，发出了做多信号

30日均线

10日均线

5日均线

6.51元（2015.8.26）

中国电建（601669）2015年6月25日~2015年10月26日的日K线图　图67

（二）中国电建出现均线交叉向上发散的后续图形

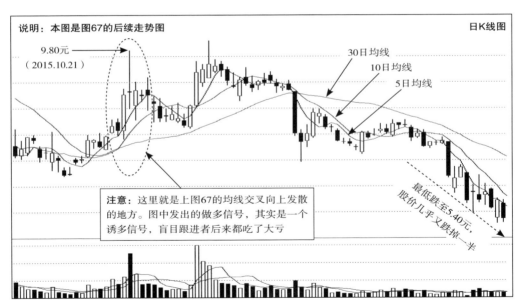

说明：本图是图67的后续走势图

日K线图

9.80元
（2015.10.21）

30日均线

10日均线

5日均线

注意：这里就是上图67的均线交叉向上发散的地方。图中发出的做多信号，其实是一个诱多信号，盲目跟进者后来都吃了大亏

最低跌至5.40元，股价几乎又跌掉一半

中国电建（601669）2015年6月25日~2015年10月26日的日K线图　图68

从上面3个实例（每个实例有两张图）中可以看出，前一张图是当时它们低位出现均线粘合或交叉向上发散的图形，后一张图则是这些股票向上发散的后续图形。从后续图形可以明显地看出，股价是往下走的。有鉴于此，我们认为，对

一些均线向上发散后，股价重心不是向上移动，而是向下移动的股票，要特别当心。如果投资者发现这些股票的股价重心在向下移动，应马上卖出为宜。这一点大家一定要当纪律来执行，唯有如此，才能规避用均线发散技巧选股时所遇到的风险。

（三）

第三小组代表汪先生到台上交流时说，我们小组讨论后认为，选股就要挑选均线进入明显多头排列状态的股票，这样的股票下跌的概率小，上涨的空间大，它会给投资者带来可观的投资回报。这应该是普通投资者的选股方向，我们的选股策略是：**首选次低位多头排列的股票，次选创新高后多头排列的股票。**

汪先生说，首先向大家介绍一下什么是均线多头排列。简单地说，均线多头排列是指短期移动平均线（简称短期均线）在上，中期移动平均线（简称中期均线）居中，长期移动平均线（简称长期均线）在下，几根均线同时向上移动的一种排列方式（见图69）。一般来说，无论是大盘还是个股，均线出现多头排列表明多头（买盘）力量较强，做多主力在控制局势，这是一种比较典型的做多信号，投资者见此图形应以持股为主。

移动平均线多头排列示意图

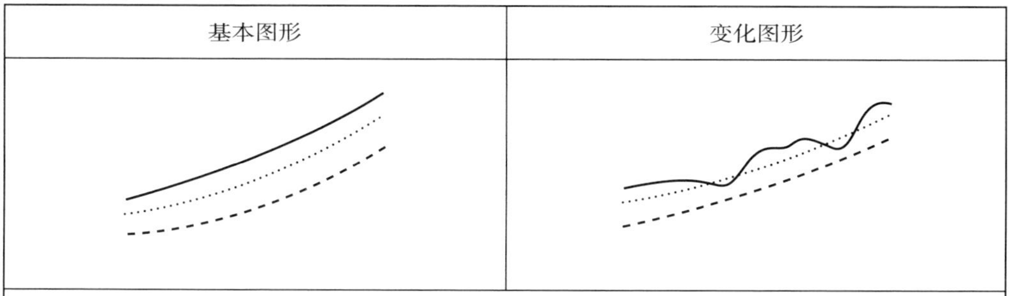

基本图形	变化图形

说明：短期移动平均线用"———"表示，中期移动平均线用"…………"表示，长期移动平均线用"－－－－"表示。

图69

汪先生说，我们提出"首选次低位多头排列的股票，次选创新高后多头排列的股票"，这个选股策略不是拍脑袋想出来的，而是根据股市实际情况制定的。

有人会觉得奇怪，为什么不选最低位多头排列的股票，而是选次低位多头排列的股票呢？当然，从投资收益上讲，如果能选到最低位多头排列的股票，股价便宜，买进的成本自然比在次低位多头排列时购入的股票成本要低很多。但问题是，股价何处是底，只有回过头来才能看清楚。若回到当时，一般人是很难对现场的走势作出正确的判断。如果判断错了，误把阶段性底当成股价谷底，看见在阶段性底出现的多头排列而盲目买入，日后很可能就被套在半山腰。下面我们来看一个实例。

实例二十二：歌华有线（600037）。该股从高位跌下来，跌至下面图70中最低点时，股价早已被腰斩，跌幅远超大盘指数，跌得也够厉害。从图中看，该股在跌至8.65元处出现了一轮见底回升行情，随着股价回升，成交量也跟着放大，可谓是价升量增，且5日、10日、30日均线呈现多头排列。有人认为该股上涨行情已开启，此时低位出现的多头排列就是买入信号。于是一些投资者就积极跟了进去。

（一）歌华有线出现多头排列时的初始图形（见图中画圈处）

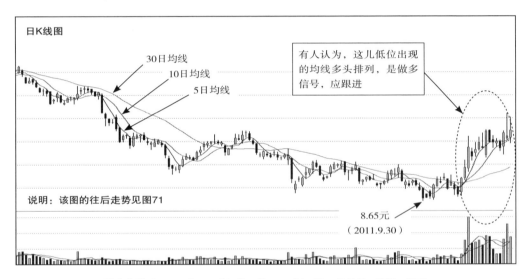

歌华有线（600037）2011年4月15日~2011年11月11日的日K线图　图70

但结果呢？当时积极跟进者都被套在半山腰了。后来事实证明，图70中出现的8.65元低点，只是阶段性低点。图70中出现的多头排列走势，也不是买入信号，而是诱多套人的信号。当时一些看见盘中"做多"信号，而没有对盘面"做多"信号鉴别其真伪，没有对盘面做深入分析，就盲目选择该股跟进的投资者都上当受骗了。后来，该股反弹夭折后又出现了一轮很大的跌势（见图71）。

（二）歌华有线出现多头排列的后续图形

真是不看不知道，均线多头排列竟然有这么多名堂，确实应该好好研究研究。

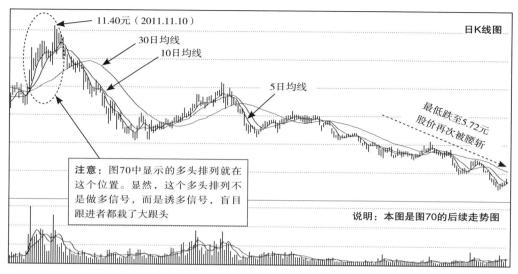

11.40元（2011.11.10）

日K线图

30日均线

10日均线

5日均线

最低跌至5.72元
股价再次被腰斩

注意：图70中显示的多头排列就在这个位置。显然，这个多头排列不是做多信号，而是诱多信号，盲目跟进者都栽了大跟头

说明：**本图是图70的后续走势图**

歌华有线（600037）2011年10月12日~2012年10月9日的日K线压缩图　图71

有鉴于此，为了避免上面这样的风险，我们认为，普通投资者在选股时，就不能看见在某个低位出现了多头排列，马上贸然看多做多，而只有等到比它更高一点位置上，再出现多头排列时，才能确定股价可能在前面已经见底，此时才可以开始对它看多做多。因此，在更高一点位置上出现的多头排列，才是真正意义上的看涨信号，跟进买入就有了一定的把握。

为了说明这个问题，我先请大家看两张最低位多头排列、次低位多头排列示意图。

均线最低位多头排列、次低位多头排列示意图

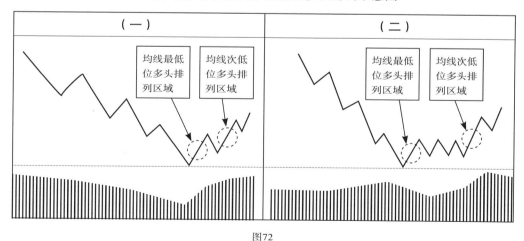

（一）

均线最低位多头排列区域

均线次低位多头排列区域

（二）

均线最低位多头排列区域

均线次低位多头排列区域

图72

然后，我再请大家看次低位多头排列的一些实例。

实例二十三：久其软件出现次低位多头排列的初始图形（见图中画圈处）

图形说明：图的尾端有一个向上缺口。缺口下方是最低位的多头排列区域，缺口上方的是次低位多头排列区域。

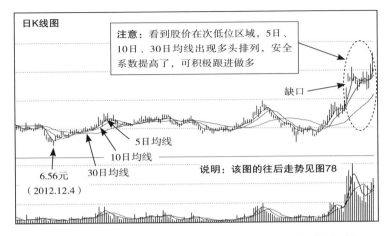

日K线图

注意：看到股价在次低位区域，5日、10日、30日均线出现多头排列，安全系数提高了，可积极跟进做多

缺口

5日均线

10日均线

30日均线

6.56元（2012.12.4）

说明：该图的往后走势见图78

久其软件（002279）2012年11月6日~2013年8月21日的日K线压缩图　图73

实例二十四：任子行出现次低位多头排列的初始图形（见图中画圈处）

图形说明：该股在20.57元见底后，均线先是在最低位出现多头排列，然后股价横盘，之后再在次低位区域出现均线多头排列。

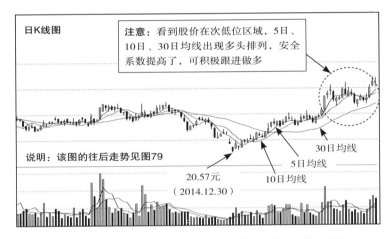

日K线图

注意：看到股价在次低位区域，5日、10日、30日均线出现多头排列，安全系数提高了，可积极跟进做多

说明：该图的往后走势见图79

30日均线

5日均线

10日均线

20.57元（2014.12.30）

任子行（300311）2014年9月12日~2015年3月17日的日K线图　图74

实例二十五：光电股份出现次低位多头排列的初始图形（见图中画圈处）

图形说明：该股在3.50元见底后，均线在最低位出现多头排列，股价第1波上涨后经过一番调整，在画圈处均线又再次出现多头排列。

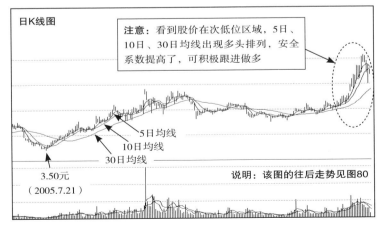

日K线图

注意：看到股价在次低位区域，5日、10日、30日均线出现多头排列，安全系数提高了，可积极跟进做多

5日均线

10日均线

30日均线

3.50元（2005.7.21）

说明：该图的往后走势见图80

光电股份（600184）2005年6月22日~2006年5月25日的日K线压缩图　图75

实例二十六：全通教育出现次低位多头排列的初始图形（见图中画圈处）

图形说明：该股在见到34.80元低点后出现了上涨行情。均线出现多头排列后股价回调，在画圈处均线再次出现多头排列。

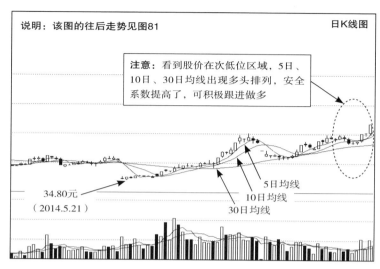

说明：该图的往后走势见图81

日K线图

注意：看到股价在次低位区域、5日、10日、30日均线出现多头排列，安全系数提高了，可积极跟进做多

34.80元
（2014.5.21）

5日均线
10日均线
30日均线

全通教育（300359）2014年4月11日~2014年8月21日的日K线图　图76

实例二十七：博晖创新出现次低位多头排列的初始图形（见图中画圈处）

图形说明：将次低位均线多头排列定格在本图末端，是考虑前面股价在构筑一个"双头"，股价只有站在"双头"之上，买进做多才是安全的。

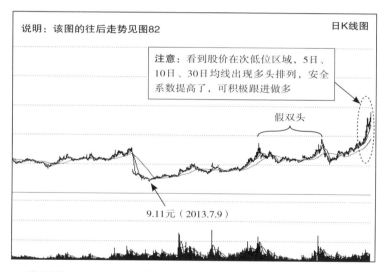

说明：该图的往后走势见图82

日K线图

注意：看到股价在次低位区域、5日、10日、30日均线出现多头排列，安全系数提高了，可积极跟进做多

假双头

9.11元（2013.7.9）

博晖创新（300318）2012年9月20日~2015年4月1日的日K线压缩图　图77

上面几个实例，看多做多的位置就在图中画圈处，而画圈处就是次低位的多头排列之处。但是，每个股票的次低位多头排列是不一样的，有的选择在比最低位多头排列略高一点的地方，有的位置就更高一些，这个位置是根据各个股票的具体情况确定的，并没有明显的规律。

那么，投资者在次低位多头排列处买进这些股票后，结果又会怎样呢？下面我请大家来看这些个股均线出现次低位多头排列的后续走势图形（见图78~图82）。

实例二十三：
久其软件出现次低
位多头排列的后续
图形

图形解说：该股这轮
行情，从6.56元一直涨至
112.86元，这个涨幅十分
惊人。据测算，若在该股
次低位出现均线多头排列
时买进，至该股高位卖出
可以有7倍以上的收益。

久其软件（002279）2012年9月18日~2015年6月9日的日K线压缩图　图78

实例二十四：
任子行出现次低位
多头排列的后续图
形

图形解说：该股这轮
行情，从20.57元一直攀
至102.85元，短短半年，
股价就涨了4倍。股价上
涨时，5日、10日、30日
均线始终处于多头排列状
态，因此，看到多头排列
做多者，均是赢家。

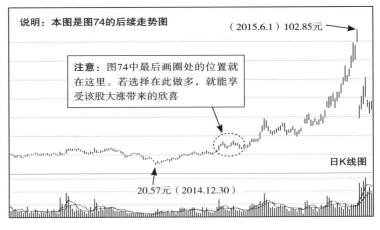

任子行（300311）2014年9月15日~2015年6月10日的日K线压缩图　图79

实例二十五：
光电股份出现次低
位多头排列的后续
图形

图形解说：该股在
均线次低位出现多头排列
时，股价大约8元左右。
若在此买进，耐心持股，
不到1年时间，股价最高
升至39.50元。投资该股最
大可达到4倍的收益。

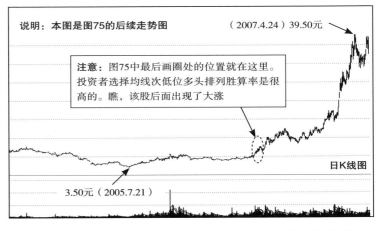

光电股份（600184）2004年10月26日~2007年5月30日的日K线压缩图　图80

实例二十六：全通教育出现次低位多头排列的后续图形

图形解说：该股最高涨至400元以上，创出国内最高股价。当时若在次低位均线多头排列处买进（当时均价不到80元），后面就能享受到该股大涨带来的快乐。

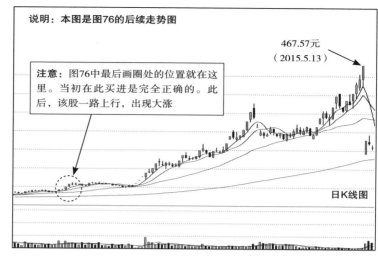

说明：**本图是图76的后续走势图**

注意：图76中最后画圈处的位置就在这里。当初在此买进是完全正确的。此后，该股一路上行，出现大涨

467.57元
（2015.5.13）

日K线图

全通教育（300359）2014年7月31日~2015年5月19日的日K线图　图81

实例二十七：博晖创新出现次低位多头排列的后续图形

图形解说：当初该股出现次低位均线多头排列之处，就是一个极佳买点。买进后，股价一路上涨，不到2个月，股价就涨了2倍，让做多者心花怒放。

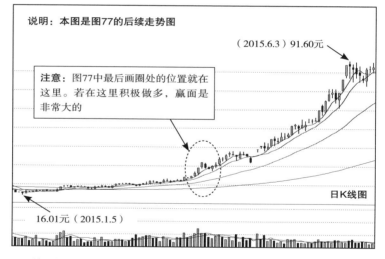

说明：**本图是图77的后续走势图**

注意：图77中最后画圈处的位置就在这里。若在这里积极做多，赢面是非常大的

（2015.6.3）91.60元

日K线图

16.01元（2015.1.5）

博晖创新（300318）2014年12月30日~2015年6月12日的日K线图　图82

接下来我们再来分析如何挑选创新高后多头排列的股票。从理论上说，股价创新高后，意味着新的上涨空间打开了。投资者选择这类股票，做得好的话也会有很高的收益。但是，创新高后股价毕竟已经涨了很多，股价到底能走多远是个未知数，追高买进风险要比"次低位出现多头排列"时买进大很多。另外，创新高还要预防主力玩弄花招，以假创新高进行高位派发。有鉴于此，创新高买入存在着较大的风险。所以，我们把挑选"创新高后多头排列"的股票，列为次选股的方案。

下面我请大家来看一些实例。

实例二十八：格力地产创新高时的初始图形（见图中画圈处）

图形说明：该股前期高点是15.68元，到本图末端已创出新高——18.84元，同时5日、10日、30日均线都是多头排列（见放大图形）。该股符合"创新高后的多头排列"的模式，可考虑跟进。

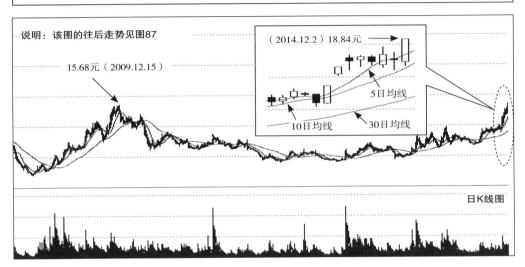

格力地产（600185）2008年8月14日~2014年12月2日的日K线压缩图　图83

实例二十九：东吴证券创新高时的初始图形（见图中画圈处）

图形说明：该股前期高点是10.51元，到本图末端已创出新高——11.31元，同时5日、10日、30日均线都是多头排列（见放大图形）。该股符合"创新高后的多头排列"的模式，可考虑跟进。

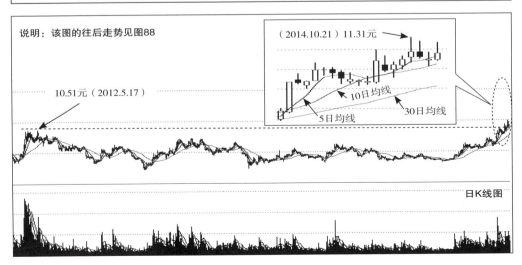

东吴证券（601555）2012年3月27日~2014年10月24日的日K线压缩图　图84

实例三十：同有科技创新高时的初始图形（见图中画圈处）

图形说明： 该股前期高点是42.19元，到本图末端已创出新高——49.07元，同时5日、10日、30日均线都是多头排列（见放大图形）。该股符合"创新高后的多头排列"的模式，可考虑跟进。

同有科技（300302）2013年1月18日~2015年4月21日的日K线压缩图　图85

实例三十一：道氏技术创新高时的初始图形（见图中画圈处）

图形说明： 该股前期高点是59.90元，到本图末端已创出新高——74.33元，同时5日、10日、30日均线都是多头排列，该股符合"创新高后的多头排列"的模式，可考虑跟进。

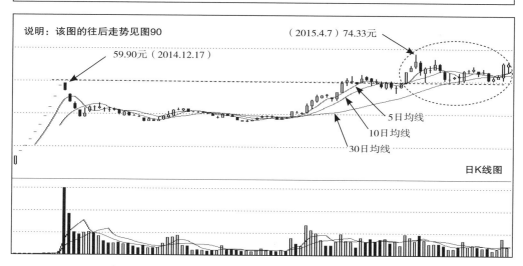

道氏技术（300409）2014年12月3日~2015年5月5日的日K线图　图86

上面几个实例，图中最后都创出了新高，且创新高后5日、10日、30日均线仍然呈现着多头排列的状态。从技术信号上说，这些创新高后的个股，上涨空间已经打开，股价继续上涨的概率很大。因此，投资者在控制好风险的前提下，仍可适量跟进。那么跟进后的结果又会怎么样呢？下面我们再来看这些个股创新高的后续图形（见图87~图90）。

实例二十八：格力地产创新高的后续图形

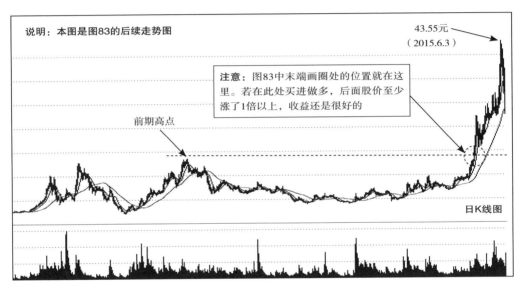

说明：本图是图83的后续走势图

43.55元
（2015.6.3）

注意：图83中末端画圈处的位置就在这里。若在此处买进做多，后面股价至少涨了1倍以上，收益还是很好的

前期高点

日K线图

格力地产（600185）2006年9月26日~2015年6月15日的日K线压缩图　图87

实例二十九：东吴证券创新高的后续图形

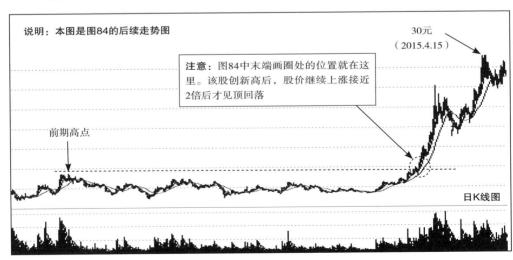

说明：本图是图84的后续走势图

30元
（2015.4.15）

注意：图84中末端画圈处的位置就在这里。该股创新高后，股价继续上涨接近2倍后才见顶回落

前期高点

日K线图

东吴证券（601555）2011年12月12日~2015年6月4日的日K线压缩图　图88

实例三十：同有科技创新高的后续图形

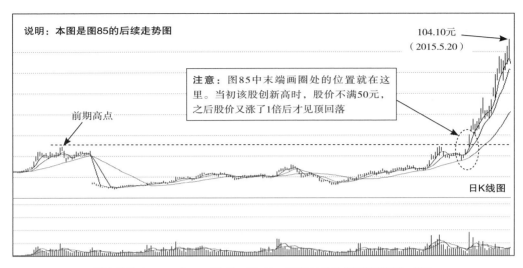

说明：本图是图85的后续走势图

104.10元
（2015.5.20）

注意：图85中末端画圈处的位置就在这里。当初该股创新高时，股价不满50元，之后股价又涨了1倍后才见顶回落

前期高点

日K线图

同有科技（300302）2014年5月14日~2015年5月20日的日K线压缩图　图89

实例三十一：道氏技术创新高的后续图形

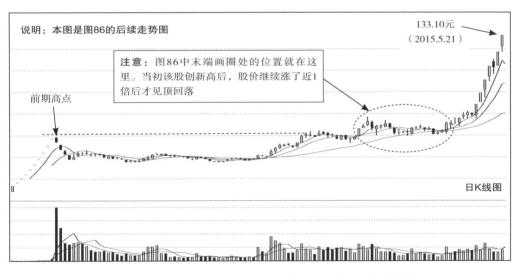

说明：本图是图86的后续走势图

133.10元
（2015.5.21）

注意：图86中末端画圈处的位置就在这里。当初该股创新高后，股价继续涨了近1倍后才见顶回落

前期高点

日K线图

道氏技术（300409）2014年12月3日~2015年5月21日的日K线图　图90

看了上面这些个股创新高后的后续走势图形，大家会发现，有的个股创新高后股价出现了大幅上涨，有的个股创新高后，涨幅相对有限；有的个股在创新高后，5日、10日、30日均线仍保持多头排列状态，股价或是依托30日均线，或是依托5日均线向上攀升。总之，这些个股在创新高后上涨空间确实打开了。因此，只要把握得好，挑选创新高后继续呈现多头排列的个股做多，将是一个不错

的选择，所以我们把它列为选股的次选方案。

汪先生说，虽然股价出现多头排列是看多做多的信号，但是因为一些未知的或意外因素，投资者在选择次低位多头排列，或创新高后多头排列的股票跟进做多时，仍然会遭到失败的风险。下面请大家看关于这方面的几个实例。

实例三十二：徐工机械（000425）

（一）徐工机械次低位出现多头排列时的初始图形（见图中画圈处）

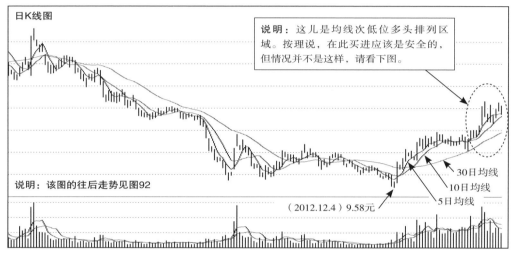

说明：这儿是均线次低位多头排列区域。按理说，在此买进应该是安全的，但情况并不是这样，请看下图。

30日均线
10日均线
5日均线

（2012.12.4）9.58元

说明：该图的往后走势见图92

日K线图

徐工机械（000425）2012年5月16日~2013年1月30日的日K线压缩图　图91

（二）徐工机械出现次低位多头排列的后续图形

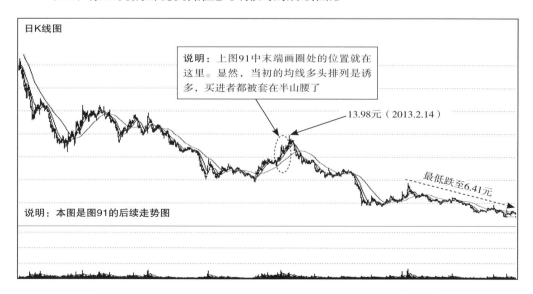

说明：上图91中末端画圈处的位置就在这里。显然，当初的均线多头排列是诱多，买进者都被套在半山腰了

13.98元（2013.2.14）

最低跌至6.41元

说明：本图是图91的后续走势图

日K线图

徐工机械（000425）2011年9月14日~2014年4月1日的日K线压缩图　图92

实例三十三：华通医药（002758）

（一）华通医药创新高时均线多头排列时的初始图形（见图中画圈处）

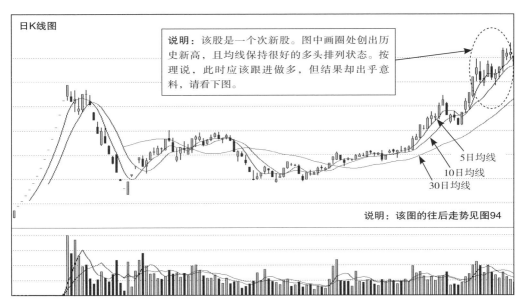

说明：该股是一个次新股。图中画圈处创出历史新高，且均线保持很好的多头排列状态。按理说，此时应该跟进做多，但结果却出乎意料，请看下图。

5日均线
10日均线
30日均线

说明：该图的往后走势见图94

华通医药（002758）2015年5月27日~2015年12月8日的日K线图　图93

（二）华通医药创新高的后续图形

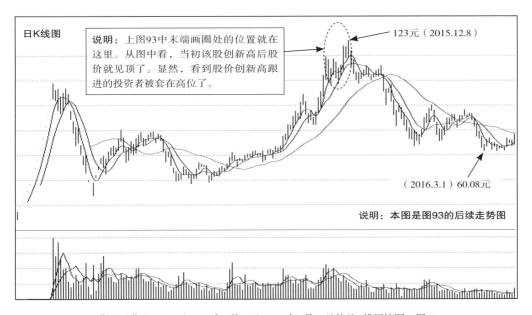

说明：上图93中末端画圈处的位置就在这里。从图中看，当初该股创新高后股价就见顶了。显然，看到股价创新高跟进的投资者被套在高位了。

123元（2015.12.8）

（2016.3.1）60.08元

说明：本图是图93的后续走势图

华通医药（002758）2015年5月27日~2016年3月17日的日K线压缩图　图94

实例三十四：深深宝A（000019）

（一）深深宝A创新高时均线多头排列时的初始图形（见图中画圈处）

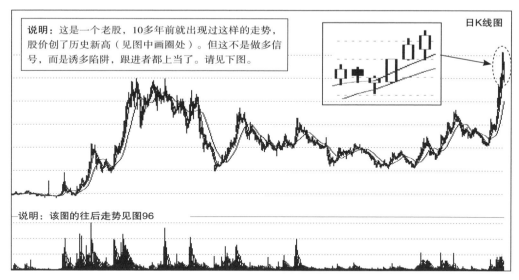

说明：这是一个老股，10多年前就出现过这样的走势，股价创了历史新高（见图中画圈处）。但这不是做多信号，而是诱多陷阱，跟进者都上当了。请见下图。

日K线图

说明：该图的往后走势见图96

深深宝A（000019）1995年11月7日~2000年2月28日的日K线压缩图　图95

（二）深深宝A创新高的后续图形

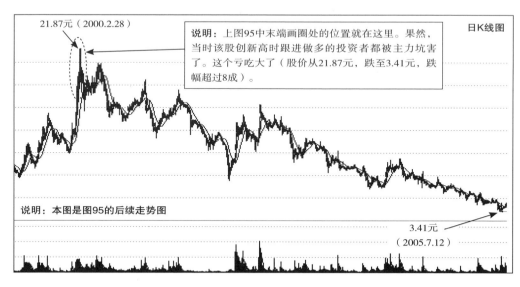

21.87元（2000.2.28）

说明：上图95中末端画圈处的位置就在这里。果然，当时该股创新高时跟进做多的投资者都被主力坑害了。这个亏吃大了（股价从21.87元，跌至3.41元，跌幅超过8成）。

日K线图

说明：本图是图95的后续走势图

3.41元

（2005.7.12）

深深宝A（000019）1999年4月19日~2005年7月29日的日K线压缩图　图96

汪先生说，投资者在碰到实例三十二~实例三十四情况时应该怎么办呢？我们认为按均线技巧选股，买进后要有一个观察期，以此进行鉴定，是否买错了。

一旦盘中出现股价重心下移的现象就要警惕了，若发现股价跌破30日均线就应该及时止损离场。此时千万不要拖，不要把股票捂在手里舍不得卖出，以致一错再错，造成更大的损失。

（四）

汪先生发言结束后，陆老师走上讲台对大家说，听了3个小组代表发言后，感觉很好。我对他们发言的总体评价是：言之有理、言之有物，举例充分，交流的内容很实在，听了很受启发。特别是每个小组提出的选股策略，这个内容非常好，对怎样选股有很大帮助。如第一小组提出的"**首选金山谷的股票，次选银山谷的股票**"；第二小组提出的"**首选均线粘合向上发散的股票，次选均线交叉向上发散的股票**"；第三小组提出的"**首选次低位多头排列的股票，次选创新高后多头排列的股票**"。这些策略的提出很有针对性、实用性，如果不是经过深入研究，没有深刻的体会是总结不出来的。

陆老师说，我们认为这次用均线选股的讨论是很成功的，我给各小组的评分都打了4颗星，它离最高的5颗星只差一步，希望大家继续努力。

陆老师继续说，大家好的地方我都说了，下面重点谈谈这次讨论不足的地方。

第一，各小组在讨论用均线选股技巧时，没有提到选个股要结合大盘走势，这是这次讨论的第一个不足之处。其实，有经验的投资者都知道，选股一定要看大盘。如果大盘走势没有企稳，整个股市处于跌跌不休状态，那么个股是无戏可唱的。因此，业内有一句俗话，"只有大盘搭好台，个股才能唱好戏"。

有人问，大盘指数处于什么状态时，投资者可以开始选股了，关于这个问题，《股市操练大全》1~10册书中，已向大家作了一些介绍。但比较系统的、完整的介绍，请大家看一看《股市操练大全》的一个新成员——《股市操练大全（大礼包）》【注】。这对选股很有帮助，因为它详细解析了中国A股市场20多年的历史，特别是对大盘趋势的分析，有其独到、精辟的见解，方法很实用。

第二，各小组在讨论用均线技巧选股时，选择了5日、10日、30日均线作为一组短期均线组合进行使用，这是对的。但是，为什么要这样选择，没有交代清楚，这是一个疏忽，也可以说是一个缺点。我认为做任何事情都必须把它的来龙去

【注】 2015年春，因受上海财经大学出版社的特别邀请，黎航先生带领其团队，为上海财经大学出版社精心设计、制作了《股市操练大全（大礼包）》这个新产品（在国内无同类产品，属于首创）。该产品包装大气、精美，不仅是一个值得收藏与送礼的佳品。更重要的是，它是帮助投资者开展炒股自助培训的一个新型训练工具。其实用性、针对性、有效性，可与当今最优秀的股市培训班媲美。该产品面市后就深受读者青睐。

脉弄清楚，这样大家才知道应该怎么做，为什么要这样做。这个问题就由我来给大家作一些解释。比如，为什么不用1根均线、2根均线，或4根均线呢？因为这是特定的技术决定的。它只能用3根均线，多了、少了都不行，如银山谷、金山谷，用1根均线、2根均线就构不成什么"谷"，"谷"要3根均线。不过均线多了也不行，多余的均线就不好处理，反而会影响观图效果。

有人问，即便选3条均线，也可以选择60日、90日、120日均线，为什么不选呢？因为60日、90日、120日均线组合属于长期的均线组合。从操作层面来说，长期均线组合主要用于研判大的趋势，短期均线组合主要用于研判短期趋势与选股。当然，短期均线组合中的3条均线，也并非一定是5日、10日、30日均线，如有人选用5日、10日、20日均线，或5日、8日、13日均线，这就要看各人使用习惯了。但依据大数据分析，短期均线组合中采用5日、10日、30日均线，准确率相对高一些，它比较真实地反映了市场运转的客观情况。所以我们建议投资者在用均线组合技巧选股时，选用5日、10日、30日3条均线。

第三，我今天要重点与大家讨论一个问题。因为这个问题与选股成败有着非常紧密的联系。那么这是什么问题呢？我先不说，在这里卖一个关子，留给大家一个悬念。现在先请大家做一个练习。

请看练习。下面两张图（见图97、图98）来自同一个股票，图中都出现了多头排列的走势，但一张图的后续走势是继续上涨的，另一张图的后续走势是下跌的。你能看出哪张图后续走势是涨的，或是跌的吗？

实例三十五：神火股份（000933）

神火股份低位出现均线交叉向上发散初始图形（见图中画圈处）之一

神火股份（000933）2013年2月25日~2013年8月19日的日K线图　图97

神火股份低位出现均线交叉向上发散初始图形（见图中画圈处）之二

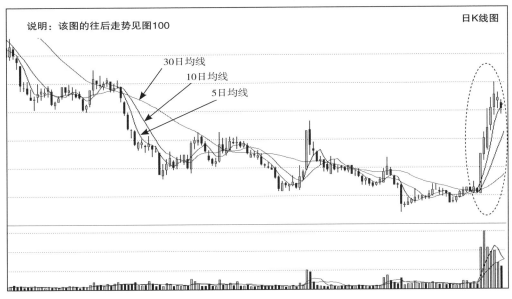

神火股份（000933）2013年12月31日~2014年7月30日的日K线图　图98

　　答案出来了。实例三十五中第一张图的后续走势是跌的（见图99），实例三十五中第二张图的后续走势是涨的（见图100）。

神火股份低位出现均线交叉向上发散图形之一的后续图形

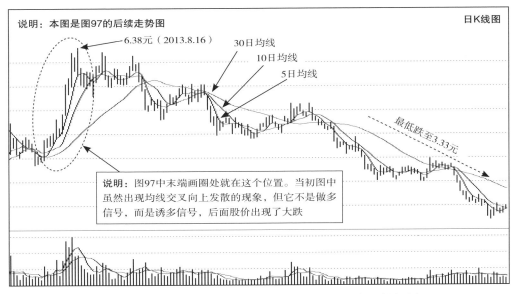

神火股份（000933）2013年7月17日~2014年3月18日的日K线压缩图　图99

神火股份低位出现均线交叉向上发散图形之二的后续图形

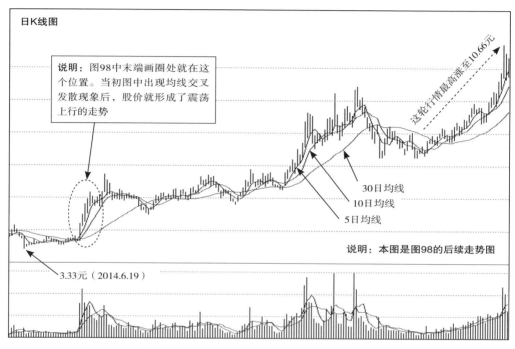

日K线图

说明：图98中末端画圈处就在这个位置。当初图中出现均线交叉发散现象后，股价就形成了震荡上行的走势

这轮行情最高涨至10.66元

30日均线
10日均线
5日均线

说明：本图是图98的后续走势图

3.33元（2014.6.19）

神火股份（000933）2014年6月11日~2015年4月9日的日K线压缩图　图100

有人会说，看了结果当然知道谁涨谁跌，但是，在结果没有出来前如何进行判断呢？其实，光看上面两张图（见图97、图98），要判断其后市确实是很难的。因为它们在出现均线交叉向上发散时，走势都很强劲，而且都出现了成交量放大的现象。这就给投资者出了一道难题。很多人看了图97、图98后会有一种雾里看花的感觉，很难作出正确判断。但是，我们只要在它们的走势图中再加上一条半年线（即120日均线），雾里看花的感觉就会马上消失。因为半年线给实例三十五中的图形之一、图形之二的后续走势作出了明确的指向（见图101中画框处）。大家看了后，就知道应该怎么去做了。

以前我也用均线指导炒股，但效果不佳，一开始还以为均线作用不大。现在认真做了练习后才明白，均线作用可大着呢！关键是要静下心来，把均线技巧学深学透才行。

从本图中可以清楚地看出，图97中出现5日、10日、30日均线交叉向上发散图形时，半年线（120日均线）正朝下面走，所以其后续走势是向下的；而图98中出现5日、10日、30日均线交叉向上发散图形时，半年线（120日均线）开始拐头向上，所以其后续走势也是向上的

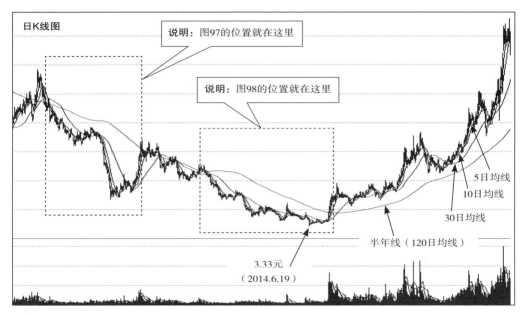

日K线图

说明：图97的位置就在这里

说明：图98的位置就在这里

5日均线
10日均线
30日均线

半年线（120日均线）

3.33元
（2014.6.19）

神火股份（000933）2012年12月19日~2015年6月23日的日K线压缩图　　图101

　　陆老师说，这么重要的问题，3个小组讨论时都把它忽略了。比如，3个小组在讨论用均线组合技巧选股时，都提到了一些失败案例，但这些出现金山谷、银山谷，均线向上发散、均线多头排列状况时，后来为什么不涨反跌呢？大家只是把现象罗列了出来，但其中的内在原因是什么没有揭示出来。这是3个小组讨论用均线选股技巧时出现的一个重大疏忽，这也是我不能给大家讨论打上5颗星，而只能打上4颗星的最主要的理由。

　　其实，我们在用均线组合技巧选股时，除了要研究当时5日、10日、30日均线的状况外，还要研究个股的中长期趋势如何。从日K线角度而言，能看出一个股票中长期趋势的，主要有季线、半年线、年线3条均线。季线就是60日均线、半年线就是120日均线、年线就是250日均线。从实践经验看，判断中长期趋势，选用半年线最恰当。因为虽然季线很重要，它对判断股价短期走势强弱起着非常重要的作用，但用它来判断股价中长期趋势，其作用就要弱于半年线、年线。而年线在判断中长期趋势中指向最明确，它要优于季线、半年线，但因为年线时间跨度大，它在防范股市中短期风险，或寻找中短期投资机会上，灵敏度不如季线、半年线。因此，从如何提高中长期趋势判断准确性与市场反应的灵敏度两方

面因素考虑，"短期均线组合 + 半年线"是一个较理想的选股模式。

另外，半年线是准牛熊分界线（注：技术上，一般把年线定为牛熊分界线，半年线定为准牛熊分界线）。若半年线被向下击穿，形势就非常危险了，日后十有八九年线难保，所以半年线被打穿，或股价被半年线压制时，投资者要将预防风险放在第一位；反之，若半年线被向上突破，形势就会好起来，则日后攻克年线是大概率事件，所以半年线被向上突破，或股价站在半年线之上运行时，投资者应以持股做多为主，抓住投资机会，扩大赢利面。

陆老师继续说，这就告诉我们，投资者在用银山谷、金山谷，以及均线向上发散、均线多头排列的技巧选股时，一定要再做一件事，即在图中加上一条半年线（120日均线）。当发现半年线朝下走，特别是股价触及半年线时就掉头向下时，即使5日、10日、30日均线走势再好都不能选择它；反之，当发现半年线朝上走，特别是股价已站在半年线之上，这时5日、10日、30日均线走势向好就是积极的看涨信号。此时对它看多、做多，风险就很小，日后上涨的概率就很大。为了说明半年线在用均线技巧选股时的重要作用，我这里再举一些实例。

下面先让大家看一组因受半年线压制向下走的案例。

实例三十六：恒生电子出现均线交叉向上发散后的下跌图形

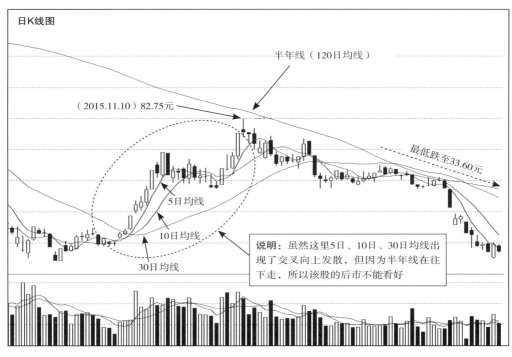

恒生电子（600570）2015年9月1日~2016年1月15日的日K线图　图102

实例三十七：
长江投资出现银山谷后的下跌图形

图形解说：该股当时虽然在"低位"出现了银山谷，但其上方的半年线还在持续向下，故而其后市仍会继续向下寻底。

长江投资（600119）2003年12月22日~2004年10月25日的日K线压缩图　图103

实例三十八：
华西股份出现金山谷后的下跌图形

图形解说：即使图中出现金山谷，若半年线仍在向下，其后市就堪忧。金山谷也只是给多方提供了一次逃命机会。

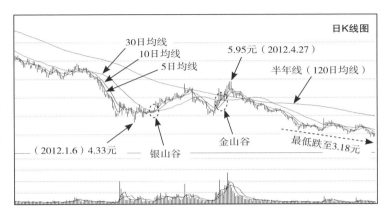

华西股份（000936）2011年8月26日~2012年9月27日的日K线压缩图　图104

接下来，我再请大家看一组因受半年线支持向上走的案例。

实例三十九：
恒顺众昇出现均线粘合向上发散后的上涨图形

图形解说：该股在图中画圈处出现5日、10日、30日均线粘合向上发散后，下面1根半年线也在朝上移动，从而支持该股股价持续上行。

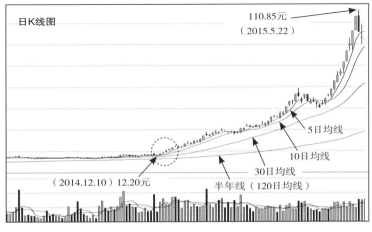

恒顺众昇（300208）2014年10月23日~2015年5月25日的日K线图　图105

实例四十：联明股份出现均线交叉向上发散后的上涨图形

图形解说：该股5日、10日、30日均线出现交叉向上发散后，其半年线也开始慢慢向上倾斜，从而支持该股股价不断上涨。

联明股份（603006）2015年7月1日~2015年12月28日的日K线图　图106

实例四十一：隆鑫通用出现均线交叉向上发散后的上涨图形

图形解说：该股均线交叉向上发散，冲上半年线后，半年线开始微微上翘，从而支持股价一路走高。

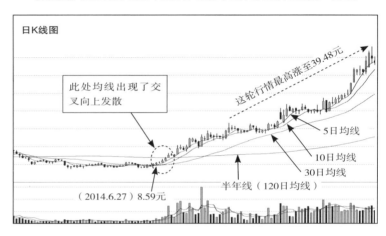

隆鑫通用（603766）2014年4月21日~2014年10月14日的日K线图　图107

实例四十二：浙报传媒出现金山谷后的上涨图形

图形解说：该股出现金山谷时，下面半年线在托着该股往上移动，故而其股价能不断震荡往上攀升。

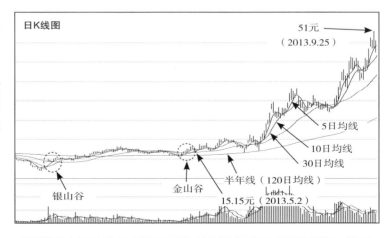

浙报传媒（600633）2012年11月15日~2013年9月26日的日K线压缩图　图108

实例四十三：万盛股份出现银山谷后的上涨图形

图形解说： 该股出现银山谷后，很快就站上了半年线，尔后，半年线就一直微微上行，支持该股股价不断走高。

日K线图

62元（2015.12.18）

5日均线

10日均线

30日均线

半年线（120日均线）

银山谷

32.77元（2015.10.21）

万盛股份（603010）2015年8月7日~2015年12月25日的日K线图　图109

陆老师说，从上面一些实例中，我们可以清楚地看出，投资者在用5日、10日、30日短期均线组合技巧选股时，再加上一条半年线，一些雾里看花的问题就能得到圆满解决，什么股该选，什么股不该选，什么时候买入，什么时候卖出，心里就有底了。

但是，话要说回来，在股市里任何事情都不是绝对的，投资者在用5日、10日、30日短期均线组合技巧选股时，即使加上半年线，并且股价已站在半年线之上，且半年线是向上移动的，但选股最终仍然归于失败的情况仍时有发生。

虽然出现这种现象的概率不高，但谁碰到了就是100%。所以，投资者在选股时对这种现象还是要提高警惕，以防万一。

下面我请大家看两个实例。

实例四十四：河钢股份依托半年线上行最后失败的图形

图形解说： 该股当初5日、10日、30日均线向上发散时，下面有半年线托着，且半年线微微朝上移动。但没想到，股价运行到中途竟跌破了半年线，之后就险象环生，股价出现大跌。

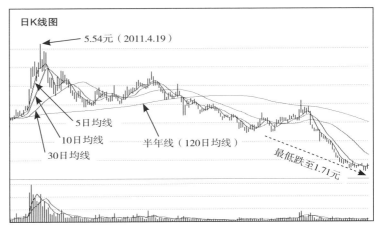

日K线图

5.54元（2011.4.19）

5日均线

10日均线

30日均线

半年线（120日均线）

最低跌至1.71元

河钢股份（000709）2011年3月24日~2012年1月9日的日K线压缩图　图110

实例四十五:
广东甘化出现半年
线得而复失的图形

图形解说:该股5日、10日、30日均线出现多头排列时已站上半年线,半年线也开始走平,并略有上翘。形势似乎对多方有利,但好景不长,股价后来却跌破了半年线,从而出现了大跌走势。

日K线图

5.75元(2004.3.16)

半年线(120日均线)

5日均线

10日均线

30日均线

最低跌至1.76元

广东甘化(000576)2003年12月12日~2004年11月5日的日K线压缩图　图111

陆老师说,上面两个实例中,图中除了有5日、10日、30日均线外,另外还加上了一条半年线(120日均线)。投资者即使用了"双保险"方式选股,最后还是出了问题。

从图110中看,实例四十四中的个股,一开始股价上涨时,不仅5日、10日、30日均线呈现向上发散态势,下面的半年线也跟着向上发散。也就是说,该股当时上涨除了有短期均线多头排列的支持外,还得到了半年线的支持。在股市中出现这种情况上涨的概率是很大的,但出乎很多人意料的是,该股很不争气,不涨反跌,最后把半年线也跌破了,并且股价在跌穿半年线后呈现了加速下跌的现象。

从图111中看,实例四十五中的个股,在低位出现触底反弹时,不仅5日、10日、30日均线形成了多头排列,股价还突破了半年线,并且出现了放量上涨的态势。另外,半年线也开始上翘。通常,这种图形在往常是很容易继续上涨的。但不幸的是,当时对该股看多做多的投资者都被套在半山腰。因为该股在突破半年线后不久就掉头向下,并且重新回到半年线下方。半年线的得而复失,重创了该股,致使该股在跌破半年线后出现了一路下泻的走势。

陆老师说,鉴于上面这种现象,投资者选股时一定要作好成功与失败的两手准备,即要想到选股后股价继续上涨应该采取什么对策,也要想到选股后股价不涨反跌应该采取什么对策。预先想好对策,后面无论发生什么情况都能积极应对了。

陆老师强调指出,选股,对每一个投资者来说都非常重要,它直接决定了炒股者的命运。因此,投资者选股一定要小心谨慎,要尽力朝好的方面努力。做10次至少成功5次以上才能成为赢家,否则就成了输家。若要想成为中赢家,甚至是大赢家，做10次就要成功7次，甚至7次以上。那么，如何才能实现这个多赢少输的目标呢？采用金山谷，向上发散等均线技巧选股，就是一个很有效的手段。但是光这一个手段还不保险，还必须再加上其他一些保驾护航的手段才能提高胜算率，真正实现多赢少输的目标。

陆老师说，我认为大家在用5日、10日、30日均线组合技巧选股时，还必须加上另外两道保险，一道是"大盘搭台"的保险，另一道就是用半年线引航的保险。有了这两道保险，再加上原来大家选股时用的均线技巧组合这道保险，这样就有了3道保险。在3道保险的保护下，选股的成功率就会显著提高。据了解，在中国股市20多年的历史中，一些投资者就是坚持了3保险的选股原则，在股市中获得了不菲的收益，最后成为了股市的大赢家。

最后，陆老师说，不过，这里还是要提醒大家，股市是很复杂的，即使用了3道保险选股也不能保证选股绝对成功。失败的情况也时有发生。面对这种残酷的现实，我们在选股时要坚持两个原则。第一，无论买什么股票，就事先要考虑好，只有加上3道保险的股票，才能对它跟进做多。第二，买进后要作好两手准备：若股价涨上去了，下一步应该怎么操作；若股价不涨反跌，下一步又该如何处理。比如，买进后发现股价不涨反跌，并且又重新跌穿了半年线，此时就必须马上止损离场，以避免风险进一步扩大，从而将亏损降到最低限度。

总之，凡事预则立，不预则废。投资者选股时一定要抱有"一颗红心（精心选好每一个股票），两种准备（做好两种预案）"，这样就能多打胜仗，少打败仗，尽快地实现炒股致富的梦想。

编后说明： 本书因篇幅有限，有关均线技巧的使用方法与注意问题，不能过多阐述。读者有什么疑问，可阅读《股市操练大全》第2册第一章的有关内容，里面有较详细的解释。

陆老师说，上一节课我们重点讨论了技术选股的一个重要环节——均线选股。除此之外，技术选股还有一个重要环节——图形选股。所谓图形选股就是根据K线与技术图形的技巧来选股。用图形技巧选股的内容很多，也很复杂。我和培训班的几位辅导老师商量后决定，对《股市操练大全》培训班的3个学习小组的讨论内容作一些分工。第一小组重点从日K线角度谈图形选股技巧，第二小组重点从周K线角度谈图形选股技巧，第三小组重点从月K线角度谈图形选股技巧。我们希望各小组讨论时要抓住重点，深入讨论，做到言之有物，据之有理，但方法要简明实用，在操作上能给大家有一定的启发与指导性。

陆老师将本堂课学习与讨论的内容布置后，各小组按照规定，进行了认真实施。这堂课的讨论时间特别长，延续了2天。据了解，这堂课的讨论是《股市操练大全》培训班举办以来，争辩最激烈、气氛最热烈的一次讨论。

讨论结束后，各小组派代表上台进行交流，最后陆老师作了总结发言。

（一）

第一小组派代表汤先生上台进行交流。汤先生说，他们小组根据预先的约定，是依据日K线图形寻找投资机会的。经过深入讨论，他们提出的选股策略是：**关注趋势逆转向上的个股，优先选择低位出现"标志性K线＋缺口"的股票积极做多。**

首先，汤先生向大家介绍了为什么要关注趋势逆转向上的个股。汤先生说，因为股市里"趋势为王"。选股选处于下降趋势的个股，结果就是一路吃套，越套越深。选股也不能选处于横向运行趋势的个股，因为你不知道它要横走多时才能向上，如果横走后不是你预料的向上而是向下，那就会套在半山腰，这就得不偿失了。所以选股一定要选趋势逆转向上的个股，这样才有获胜的机会。

从趋势逆转情况来看，又分为两种形式。第一种形式是，由明显的下降趋势到最后触底，再改变为上升趋势；第二种形式是，由横向震荡趋势，然后突然崛起，再转变为上升趋势。

下面我们就分别来阐述这两种形式的趋势转变。

一、由下降趋势转为上升趋势的个股实例

我先让大家看两张示意图（其中一张图显示股价下降趋势很陡峭，另一张图显示股价下降趋势较平缓），然后再来看一些实例。

股价由下行趋势逆转示意图

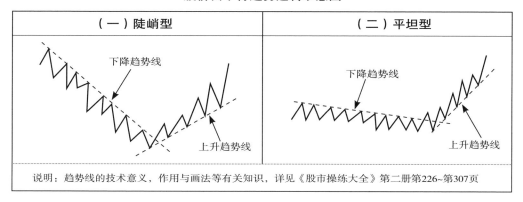

（一）陡峭型	（二）平坦型
下降趋势线 上升趋势线	下降趋势线 上升趋势线

说明：趋势线的技术意义，作用与画法等有关知识，详见《股市操练大全》第二册第226~第307页

图112

1. 由陡峭的下降趋势转变为上升趋势的个股实例

实例一：长春高新由陡峭的下降趋势转为上升趋势的初始图形（见图中画圈处）

图形说明：该股当初从23元一路跌至4.88元，最大跌幅近8成。尔后下行趋势再逆转为上升趋势。

日K线图

下降趋势线

此处股价由下降趋势转变为上升趋势

说明：该图的往后走势见图117

4.88元（2008.11.3）

长春高新（000661）2008年5月6日~2008年12月19日的日K线压缩图　图113

实例二：华东医药由陡峭的下降趋势转为上升趋势的初始图形（见图中画圈处）

图形说明：该股当初从18.50元一路跌至6.45元，最大跌幅近7成。尔后下降趋势再逆转为上升趋势。

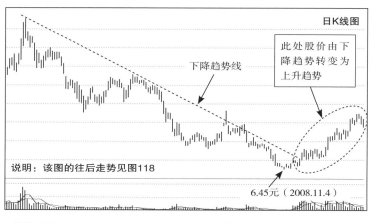

日K线图

下降趋势线

此处股价由下降趋势转变为上升趋势

说明：该图的往后走势见图118

6.45元（2008.11.4）

华东医药（000963）2008年4月30日~2008年12月24日的日K线压缩图　图114

2. 由平缓的下行趋势转变为上升趋势的个股实例

实例三：宝信软件由平缓的下降趋势转为上升趋势的初始图形（见图中画圈处）

图形说明： 该股在很长时间处于缓慢的下跌趋势中，股价从20.48元跌至12.58元。尔后在低位震荡一段时间后，再逐渐形成了上升趋势。

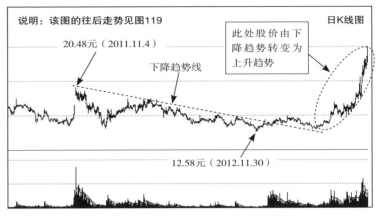

宝信软件（600845）2011年6月10日~2013年8月19日的日K线压缩图　图115

实例四：皖通科技由平缓的下降趋势转为上升趋势的初始图形（见图中画圈处）

图形说明： 该股在很长时间内处于缓慢的下跌趋势中，股价从14.06元跌至10.40元。尔后股价开始缓慢上升，至图中末端，上升趋势已逐渐形成。

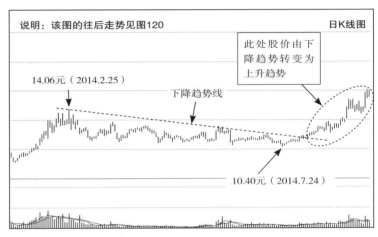

皖通科技（002331）2014年1月8日~2014年9月23日的日K线压缩图　图116

汤先生说，上面向大家展示4个实例。其中2个，股价下行趋势是很陡峭的，另外2个股价下行趋势相对比较平缓。从图中看，图中末端都出现了明显的上行趋势。那么，这些个股在摆脱下行趋势，出现上行趋势后，它们的将来情况又如何呢？答案是，股价下行趋势被逆转拐头向上后，股价在上行趋势中不断被推高，走出了一波可观的上涨行情（见图117~图120）。这就告诉我们，投资者在选股票时，对股价处于下行趋势的个股，不要随意看多做多，盲目买入就会被套在里面，遭受折磨，而只有等到股价下行趋势得到逆转时（注：会画趋势线的投资者画一根下降趋势线，就能更加清晰地显示，股价何时在下降趋势线压制下不断下行，股价何时已走出下降趋势线开始掉头向上），看多做多才是安全的。

下面我们就来看看实例一至实例四的后续走势。

实例一：长春高新由下降趋势转为上升趋势的后续图形

图形说明：该股在跌至4.88元，下行趋势逆转为上行趋势后，股价一路震荡走高。这一轮行情最高涨至182元，最大涨幅为3630%。

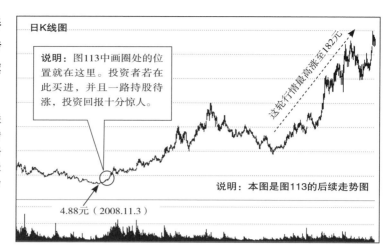

长春高新（000661）2007年4月17日~2014年1月27日的日K线压缩图　图117

实例二：华东医药由下降趋势转为上升趋势的后续图形

图形说明：该股在跌至6.45元，下行趋势逆转为上行趋势后，股价一路大涨。这一轮行情最高涨至88元，最大涨幅为1264.34%。

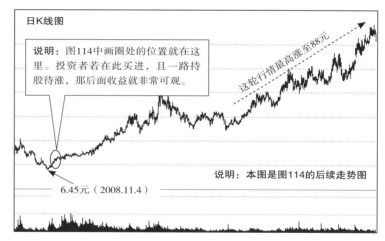

华东医药（000963）2008年3月31日~2014年10月27日的日K线压缩图　图118

实例三：宝信软件由下降趋势转为上升趋势的后续图形

图形说明：该股在跌至12.58元后，经过一番震荡筑底才形成上行趋势的。该股这轮行情最高涨至90.74元，最大涨幅为621.30%。

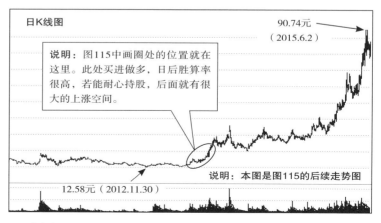

宝信软件（600845）2011年6月29日~2015年6月15日的日K线压缩图　图119

实例四：皖通科技由下降趋势转为上升趋势的后续图形

> **图形说明**：该股在跌至10.40元后，趋势开始逆转，上升趋势形成后，股价一路震荡上行，最高摸至56.20元见顶回落，期间最大涨幅为440.38%。

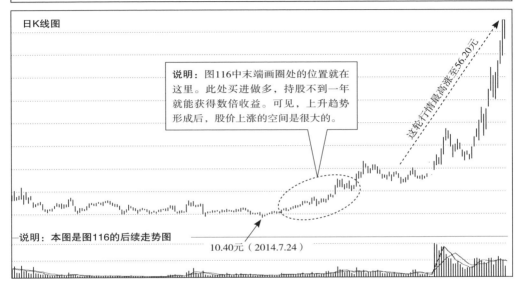

日K线图

> **说明**：图116中末端画圈处的位置就在这里。此处买进做多，持股不到一年就能获得数倍收益。可见，上升趋势形成后，股价上涨的空间是很大的。

这轮行情最高涨至56.20元

——说明：本图是图116的后续走势图

10.40元（2014.7.24）

皖通科技（002331）2014年2月19日~2015年5月12日的日K线压缩图　图120

二、由横向震荡趋势转为上升趋势的个股实例

汤先生说，这里我也请大家看两张示意图（其中一张图显示，股价横向上下震荡很厉害，另一张图股价横向上下震荡幅度较小，显得相对平和一些），然后再来分析一些相关的实例，这样问题就能说得更加清楚了。

股价由横向震荡趋势转为上升趋势示意图

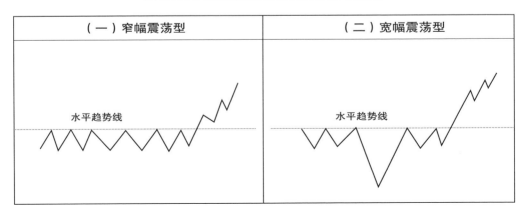

（一）窄幅震荡型	（二）宽幅震荡型
水平趋势线	水平趋势线

图121

实例五：成发科技由横向震荡趋势转为上升趋势的初始图形（见图中画圈处）

图形说明：该股在低位出现了窄幅横向震荡的走势。至图中尾部开始震荡走高，初步构架成一段上涨趋势。

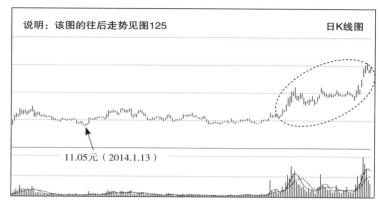

说明：该图的往后走势见图125　日K线图

11.05元（2014.1.13）

成发科技（600391）2013年11月15日~2014年9月5日的日K线压缩图　图122

实例六：久其软件由横向震荡趋势转为上升趋势的初始图形（见图中画圈处）

图形说明：该股在较长时间内，股价处于横向震荡状态，图中尾端随着股价上涨，出现了一个明显的上升趋势。

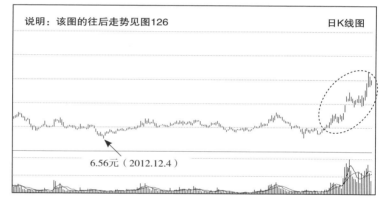

说明：该图的往后走势见图126　日K线图

6.56元（2012.12.4）

久其软件（002279）2012年9月7日~2013年8月26日的日K线压缩图　图123

实例七：海康威视由横向震荡趋势转为上升趋势的初始图形（见图中画圈处）

图形说明：该股在低位出现了宽幅震荡，先是挖了一个坑，然后股价回升上来后，进入横盘状态，到图中末端处，上涨趋势初见端倪。

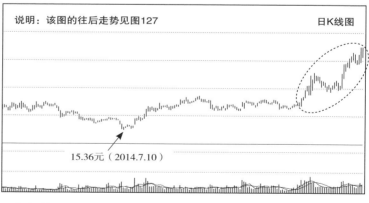

说明：该图的往后走势见图127　日K线图

15.36元（2014.7.10）

海康威视（002415）2014年4月8日~2015年1月20日的日K线压缩图　图124

　　从中国A股历史上看，当股价在低位由横向震荡趋势转为上升趋势，后面上涨的前景往往是很可观的。投资者就要敢于在趋势逆转时跟进。以此方法选股，很可能就会获得丰厚的回报（见图125~图127）。

实例五：成发科技由横向震荡趋势转为上升趋势的后续图形

图形说明：该股是一个典型的低位横盘后转入上升趋势的个股，股价从11.05元涨至85.16元，最大涨幅达到670.68%。

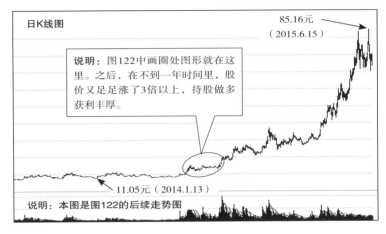

日K线图

85.16元（2015.6.15）

说明：图122中画圈处图形就在这里。之后，在不到一年时间里，股价又足足涨了3倍以上，持股做多获利丰厚。

11.05元（2014.1.13）

说明：本图是图122的后续走势图

成发科技（600391）2013年8月12日~2015年6月24日的日K线压缩图　图125

实例六：久其软件由横向震荡趋势转为上升趋势的后续图形

图形说明：该股长时间处于低位横盘状态，但上升趋势形成后，股价就开始震荡走高，2年内，股价从6.70元涨至112.86元，最大涨幅为1584.48%。

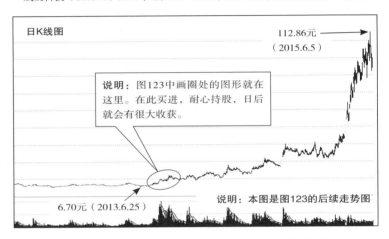

日K线图

112.86元（2015.6.5）

说明：图123中画圈处的图形就在这里。在此买进，耐心持股，日后就会有很大收获。

6.70元（2013.6.25）

说明：本图是图123的后续走势图

久其软件（002279）2012年9月3日~2015年6月10日的日K线压缩图　图126

实例七：海康威视由横向震荡趋势转为上升趋势的后续图形

图形说明：该股在低位出现了宽幅震荡，股价最低打到15.36元，然后就开始缓慢上行。上升趋势形成后，股价一路震荡走高，在不到1年时间，从15.36元涨至56.48元，最大涨幅为267.70%。

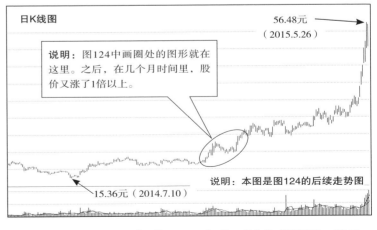

日K线图

56.48元（2015.5.26）

说明：图124中画圈处的图形就在这里。之后，在几个月时间里，股价又涨了1倍以上。

15.36元（2014.7.10）

说明：本图是图124的后续走势图

海康威视（002415）2014年5月8日~2015年5月27日的日K线压缩图　图127

接着，汤先生又向大家介绍了优先选择低位出现"标志性K线（指大阳线或大阴线）＋缺口"的股票做多的选股策略。

汤先生说，我们通过深入调查研究后，发现了一个规律性现象，即只要在低位出现"标志性K线（指跌幅达−10%，或接近跌停的大阴线，以及涨幅达10%，或接近涨停的大阳线）＋缺口"的现象，以后股价上涨是大概率事件。因为出现这一现象，十有八九是有实力的大资金故意在行情启动前制造的一个"杰作"。

汤先生说，大家可以想一想，在股价跌至低位，能让盘中突然拉出1根大阴线或1根大阳线，然后再在图中留下一个缺口，这样的"杰作"是何人所为呢？答案只有一个，即只有手握重金的大主力才能做出这样的"杰作"，一般的投资者是没有这个资金实力，也没有这个能耐做这件事的。另外，普通投资者也完全没有必要去这样做。因为这样做对他们没有任何好处。那么，主力为什么要这样做，这种现象与选股又能扯上什么关系呢？下面我们从两个方面进行分析。

第一，在股价大幅下跌后，当盘中出现"大阴线＋向下缺口"的现象时，说明市场已到了极端恐慌的时候，但同时也是股价快要见底的时候。这个现象为一些敏感的投资者选股、抄底提供了一个非常重要的参考指标。

大家可以想象一下，在股价大幅下跌后，盘中又突然出现一根大阴线，让股价一下子再跌去9%、10%，然后，第二天股价再向下跳空低开。出现这样的场面会让多少人吓个半死。主力在这个时候制造如此恐怖的场面，目的就是要市场形成一个极端恐慌的气氛，以此逼迫深套的投资者割肉离场，交出筹码；同时主力在收集廉价筹码时，场外的投资者也会因恐惧不敢过来与主力争抢低位筹码。主力这样做可谓一箭双雕。过后不久，我们就可以看到主力在低位捡了大量廉价筹码后即反手做多，那些在低位割肉的投资者将后悔不及。下面我们来看一些实例。

实例八：云投生态"大阴线＋向下缺口"的图形（见图中画圈处）

图形说明：箭头A是1根跌幅为−9.64%的大阴线，箭头B是1根跌幅为−5.73%的中阴线，在箭头A、B之间有一个向下跳空缺口。

日K线图

说明：该图的往后走势见图123

18元（2010.7.6）

云投生态（002200）2010年1月18日~2010年7月21日的日K线图　图128

79

实例九：华谊兄弟"大阴线+向下缺口"的图形（见图中画圈处）

图形说明： 箭头A是1根光头光脚大阴线，当日是跌停的，箭头B是1根跌幅为-6.02%的中阴线，它们之间有一个向下跳空缺口。

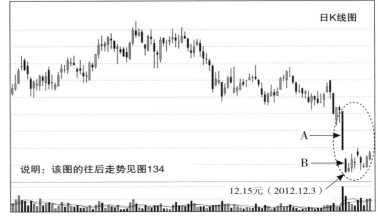

说明：该图的往后走势见图134

A

B

12.15元（2012.12.3）

华谊兄弟（300027）2012年6月27日~2012年12月17日的日K线图　图129

实例十：联创电子"大阴线+向下缺口"的图形（见图中画圈处）

图形说明： 箭头A是1根光头光脚大阴线，当日是跌停的；箭头B是1根跌幅为-8.22%的大阴线；在箭头A、B之间有一个向下跳空缺口。

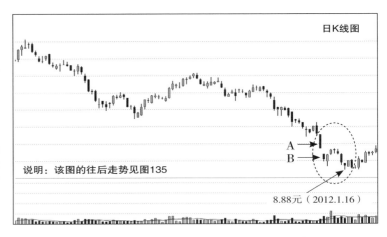

说明：该图的往后走势见图135

A

B

8.88元（2012.1.16）

联创电子（002036）2011年8月26日~2012年2月3日的日K线图　图130

实例十一：美欣达"大阴线+向下缺口"的图形（见图中画圈处）

图形说明： 箭头A、B指的K线，当日都是跌停的阴线。在箭头A、B之间有一个向下跳空缺口。

说明：该图的往后走势见图136

A

B

19.53元（2015.9.16）

美欣达（002034）2015年6月1日~2015年9月23日的日K线图　图131

实例十二：登海种业"大阴线+向下缺口"的图形（见图中画圈处）

图形说明：箭头A是跌幅为-9.35%的大阴线，箭头B是跌停大阴线；在它们中间有一个向下跳空缺口。

登海种业（002041）2006年6月26日~2006年11月28日的日K线图　图132

股市中有一句名言：行情在绝望中诞生。股价大幅下跌后，主力用"大阴线+向下缺口"的双杀凶器，将投资者的持股信心彻底打垮，逼使他们低位割肉离场，也使持币的投资者不敢进来捡筹。总之，主力的目的就是要制造极端的恐慌气氛，使中小散户三观尽毁【注】陷入绝望境地。但出乎大多数人意料的是，主力在凶狠砸盘后不久就会反手做多，新的上升行情就此启程，后面股价就会出现大涨（见图133~图137）。有鉴于此，投资者在股价大幅下跌的情况下，若图中再出现"大阴线+向下缺口"的现象，千万不能慌了阵脚，要反其道而行之，将其作为选股的利器，逢低吸纳，使主力的阴谋破产。下面我们就来看实例八~实例十二低位出现"大阴线+向下缺口"的后续图形。

实例八：云投生态"大阴线+向下缺口"的后续图形

图形说明：该股出现"大阴线+缺口"时，股价最低跌至18元，4个月后，股价最高涨至44.86元，这轮行情最大涨幅为149.22%。

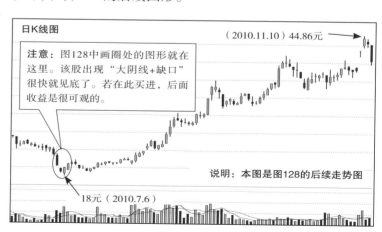

云投生态（002200）2010年6月11日~2010年11月12日的日K线图　图133

【注】三观指人的世界观、人生观和价值观。三观尽毁，意即以往人的一切正常思维、对事物的正常认识都被彻底颠复了，变得无法理解与接受了。

实例九：华谊兄弟"大阴线+向下缺口"的后续图形

图形说明：当时，该股出现"大阴线+缺口"，拉出1根中阴线就见底了，随后就出现了一轮力度很大的牛市行情，10个月后，股价最高涨至81.80元，最大涨幅为573.25%。

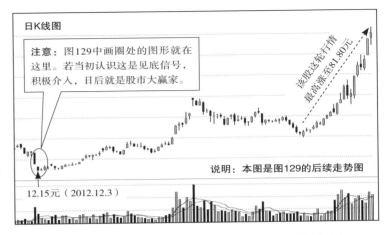

日K线图

注意：图129中画圈处的图形就在这里。若当初认识这是见底信号，积极介入，日后就是股市大赢家。

该股这轮行情最高涨至81.80元

说明：**本图是图129的后续走势图**

12.15元（2012.12.3）

华谊兄弟（300027）2012年11月23日~2013年5月9日的日K线图　图134

实例十：联创电子"大阴线+向下缺口"的后续图形

图形说明：当时该股处于熊市反弹中，在出现"大阴线+缺口"后就形成了阶段性底部，随后就出现了一波力度较大的熊市反弹行情，股价反弹至17.73元见顶回落。

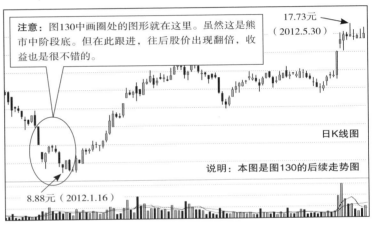

注意：图130中画圈处的图形就在这里。虽然这是熊市中阶段底。但在此跟进，往后股价出现翻倍，收益也是很不错的。

17.73元（2012.5.30）

日K线图

说明：**本图是图130的后续走势图**

8.88元（2012.1.16）

联创电子（002036）2011年12月21日~2012年6月5日的日K线图　图135

实例十一：美欣达"大阴线+向下缺口"的后续图形

图形说明：当时该股在2015年6月的股灾中出现连续下跌。其见底形式就是"大阴线+向下缺口"。随后该股就出现了涨幅为150%的反弹行情。

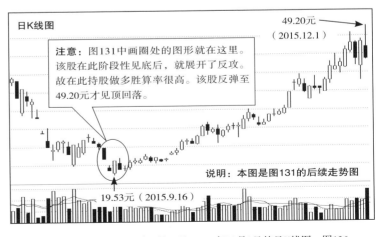

日K线图

注意：图131中画圈处的图形就在这里。该股在此阶段性见底后，就展开了反攻。故在此持股做多胜算率很高。该股反弹至49.20元才见顶回落。

49.20元（2015.12.1）

说明：**本图是图131的后续走势图**

19.53元（2015.9.16）

美欣达（002034）2015年8月17日~2015年12月1日的日K线图　图136

实例十二：登海种业"大阴线 + 向下缺口"的后续图形

瞧！该股在出现"大阴线+向下缺口"后，很快就见底了。之后该股就展开了一轮波澜壮阔的大行情，股价从7.15元起步，一直涨至78.87元才见顶。该股这轮行情最大涨幅为1003.07%

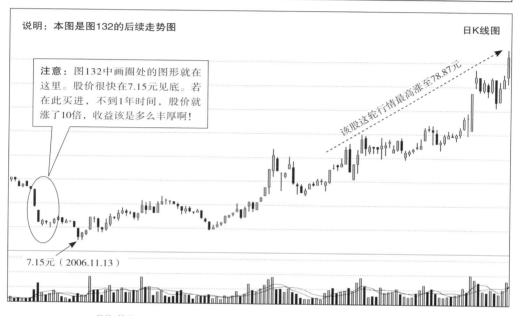

说明：本图是图132的后续走势图

日K线图

注意：图132中画圈处的图形就在这里。股价很快在7.15元见底。若在此买进，不到1年时间，股价就涨了10倍，收益该是多么丰厚啊！

该股这轮行情最高涨至78.87元

7.15元（2006.11.13）

登海种业（002041）2006年10月19日~2007年4月24日的日K线图　图137

从上面几个实例可以看出，当股价在低位出现"大阴线 + 向下缺口"的现象，市场陷入一片恐慌，散户忙着割肉时，但股价却很快见底了，随后股价就出现了大幅上涨。后来，这些股票少则涨了1倍，多则涨了5、6倍，甚至10倍以上。可见，"大阴线 + 向下跳空缺口"的双杀，原来是主力用它来吓唬中小散户，制造极端恐慌的一个重要手段。但主力使用这个恶毒手段，反过来也成为一些有经验的投资者研判股价何时见底（当然，这个底并不都是熊市的大底，也可能是熊市中阶段性底部。但即使是熊市的阶段性底部，股价见底后至少也有1倍以上的涨幅。这说明参与价值是很高的），以及选择黑马、牛股的一个重要参考指标。历史数据证明，这是一个很实用、很有效果的选股方法。那么，我们是不是应该重视它，认真研究它呢？答案是不言自明的。

第二，在股价大幅下跌后，当低位突然出现"大阳线 + 向上缺口"的现象时，说明股价跌势已尽，新的上升行情即将开始。这为投资者抄底、选股提供了一个非常明确的进场信号。投资者应抓紧这个有利时机，积极做多。

下面请大家看一些实例。

实例十三：方正电机低位出现"大阳线+向上缺口"的图形（见图中画圈处）

图形说明：箭头A是1根涨停大阳线，箭头B是1根涨幅为8.58%的大阳线。在箭头A、B之间有一个向上跳空缺口。

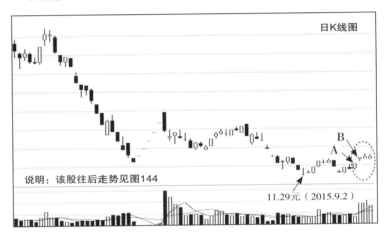

方正电机（002196）2008年7月23日~2008年11月12日的日K线图　图138

实例十四：鸿博股份低位出现"大阳线+向上缺口"的图形（见图中画圈处）

图形说明：箭头A是1根涨停大阳线，箭头B也是涨停的阳线。在箭头A、B之间有一个向上跳空缺口。

鸿博股份（002229）2015年6月3日~2015年9月23日的日K线图　图139

实例十五：联创股份低位出现"大阳线+向上缺口"的图形（见图中画圈处）

图形说明：箭头A是1根光头光脚的涨停大阳线，箭头B是1根带有上影线的小阳线，在箭头A、B之间有一个向上跳空缺口。

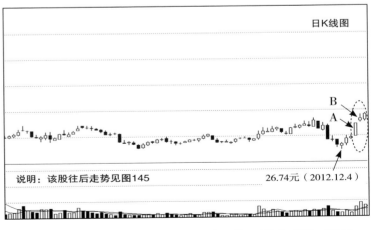

联创股份（300343）2012年8月17日~2012年12月11日的日K线图　图140

实例十六：凯利泰低位出现"大阳线+向上缺口"的图形（见图中画圈处）

图形说明：箭头A是1根涨停大阳线，箭头B是1根阳十字线。在箭头A、B之间有1个向上跳空缺口。

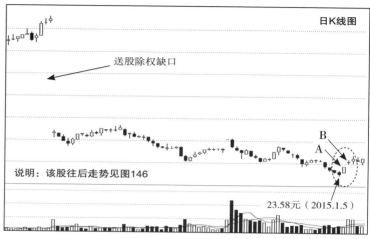

凯利泰（300326）2014年5月30日~2015年1月12日的日K线图　图141

实例十七：华谊嘉信"大阳线+向上缺口"的图形（见图中画圈处）

图形说明：箭头A是1根光头光脚的涨停大阳线，箭头B是1根涨幅为7.35%的中阳线。在箭头A、B之间有一个向上跳空缺口。

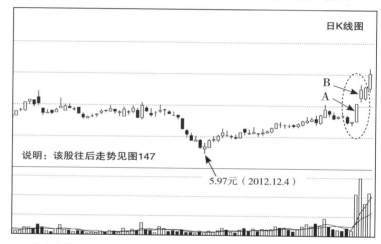

华谊嘉信（300071）2012年9月28日~2013年1月29日的日K线图　图142

　　K线理论告诉我们，低位出现大阳线是重要的看多做多信号，若此时再来一个向上跳空缺口，这个看多做多的信号就更加强烈了。可以这样说，在低位出现"大阳线＋向上缺口"现象后只要后面的股价重心在向上移动，股价上涨，甚至大涨就是一个大概率的事件。这是市场为投资者提供的一个选股做多的机会。当然，在低位敢于拉出大阳线与向上跳空缺口，非主力莫为，既然主力在低位坚决做多，那么我们为何不顺势而为，跟着主力一起做多，分享股价上涨带来的快乐呢？以上几个实例的后续走势证明，在低位出现"大阳线＋向上缺口"后，跟着做多，后面的投资回报是十分惊人的（见图143~图147）。

实例十三：方正电机低位出现"大阳线+向上缺口"的后续图形

图形说明： 当时该股在低位出现"大阳线+向上缺口"后，股价就一路震荡上行，至33.88元见顶回落，这轮行情最大涨幅为576.25%。

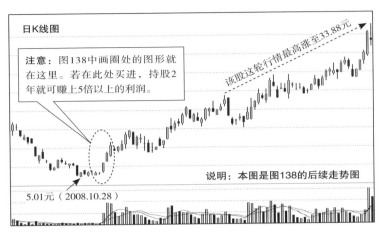

方正电机（002196）2008年9月25日~2009年2月25日的日K线图　图143

实例十四：鸿博股份低位出现"大阳线+向上缺口"的后续图形

图形说明： 该股在2015年6月的股灾中暴跌，后来出现一轮反弹，"大阳线+向上缺口"就是反弹行情启动信号。这轮反弹行情从11.29元涨至32.62元，最大涨幅为188.93%。

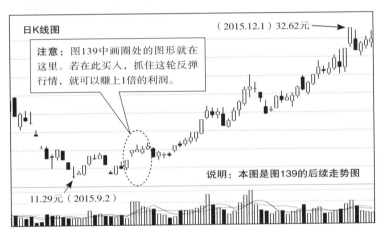

鸿博股份（002229）2015年8月18日~2015年12月7日的日K线图　图144

实例十五：联创股份低位出现"大阳线+向上缺口"的后续图形

图形说明： 该股在横盘时挖了一个"黄金坑"，股价回升时出现了"大阳线+向上缺口"的图形，之后股价就连续上涨，不到1个月，股价就涨至73.15元，大涨173.56%。

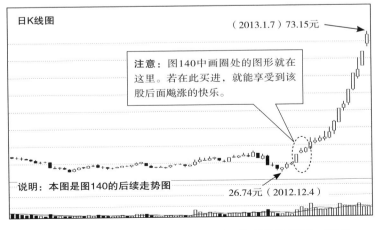

联创股份（300343）2012年9月10日~2013年1月7日的日K线图　图145

实例十六：凯利泰低位出现"大阳线+向上缺口"的后续图形

图形说明：该股自从在画圈处出现"大阳线+向上缺口"图形后，做多力量就越来越强，仅仅5个月时间，股价就从22.58元攀升至98.23元，最大涨幅为335.03%。可见，发现低位出现"大阳线+向上缺口"的个股，积极做多，绝对是一个聪明之举。

凯利泰（300326）2014年12月16日~2015年6月2日的日K线图　图146

实例十七：华谊嘉信"大阳线+向上缺口"的后续图形

图形说明：该股在低位盘整时，先挖了一个"黄金坑"，然后股价回上来时又进行了一段时间横盘。在向上突破时出现了"大阳线+向上缺口"的图形。之后行情就开始启动，10个月后股价最高涨至40.80元。该股这轮行情最大涨幅为583.42%。可见，在股价向上突破时，见到"大阳线+向上缺口"选择积极做多，后面往往会有好果子吃。

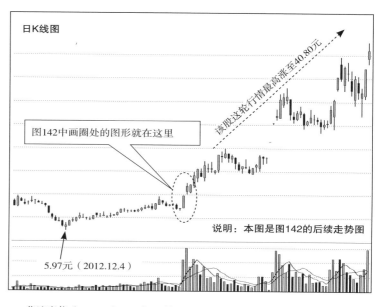

华谊嘉信（300071）2012年11月13日~2013年6月27日的日K线图　图147

　　以上几个实例显示，股价在低位出现"大阳线＋向上缺口"图形后，股价都出现了大涨，股价少则涨幅在1倍以上，多则涨了5倍。故而，低位出现"大阳线＋向上缺口"的个股，往往就是一个潜力股，往后向上的概率很大，所以投资者选择这样的股票做多胜算率是很高的。

<h1 align="center">（二）</h1>

第二小组派代表许先生上台来交流。许先生说，他们小组是讨论如何运用周K线技术图形来选股的。众所周知，作为底部形态的技术图形有头肩底、双底、圆底、潜伏底等。这些技术图形既可以用于日K线，也可以用于周K线、月K线。经过比较，我们认为，选股时选择周K线底部形态的技术图形作依据是最理想的。因为周K线图形走势清晰、信号可靠，参考价值较大。而日K线中底部形态的技术图形就不及周K线那样理想。虽然日K线技术图形的走势清晰度要优于周K线，但日K线中每一个交易日就是一根K线，反映的时间短，主力很容易做手脚，信号的可靠程度就较差。

比如，我们经常会看到这种现象，当某股日K线在低位构筑了一个头肩底、双底或矩形后，某一天股价突然向上突破了颈线或上边线，很多人以为行情开始启动，纷纷跟进。但没过几天，股价又跌了回来。原来股价往上是一个假突破。投资者若看到股价往上突破而跟进就会陷入假突破的陷阱中，被套在高位。

但是，周K线的情况与日K线相比就有很大的不同了。若日K线中出现假突破，周K线就不太可能收阳。这个道理很简单，因为1周有5个交易日，假如前2个交易日收了阳线往上假突破，后面3个交易日股价又跌了回来，那么，周K线就会收阴，至少也会收出一根带有长上影线的小阳线，这样从周K线上一看就知道是假突破，投资者盲目跟进做多的现象就会大幅减少。若图形显示，某股往上突破收出了2根周阳线，这个向上突破的真实性就比日K线中收出2根阳线的信号可靠得多。

有人会说，以信号可靠性而论，月K线要比周K线强，那么为什么不用月K线技术图形选股呢？当然，月K线中的K线信号可靠性比周K线强。但因为1个月20多天交易的结果只用1根K线来表示，半年只有6根K线，而构筑一个头肩底、双底的图形，最起码要几十根K线。K线太少，无法形成清晰的图形。比如，当周K线、日K线已出现头肩底图形，可为投资者运用技术图形选股提供一个重要参考时，而在月K线图中却怎么也看不出来，这样就会失去许多宝贵的投资机会。

所以经过综合考虑，我们认为，通过周K线中的技术图形进行选股是一条有效途径。下面我向大家汇报我们小组的选股策略。我们的口号是：**精选周K线中底部形态扎实的个股买入，首选时间跨度大，长期蛰伏不动的股票，在其向上突破时积极跟进做多。**

下面先向大家汇报第一个问题——精选周K线中底部形态扎实的个股买入

那么，如何精选周K线中底部形态扎实的个股做多呢？我这里暂时给大家留下一个悬念。现在先请大家看几个实例的图形，每个图形都代表着一种底部形态。比如，头肩底、双底、潜伏底，等等。下面10张图就代表了10种不同形式的底部形态。待大家看完了这些图后，我再来解释它们各自到底是什么底部技术图形，以及为什么这些底部形态是扎实的，买进这些个股做多，胜算率有多大。

朋友，请仔细辨别。如果不看答案，就能识别出下面10张图各属于什么底部图形，那表明你看图已看出门道，很有功力了。

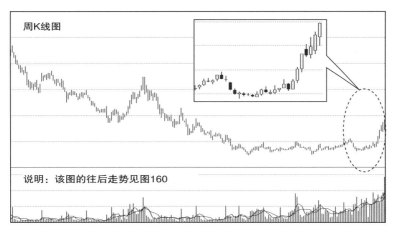

广晟有色（600259）2002年8月30日~2007年3月30日的周K线压缩图　图148

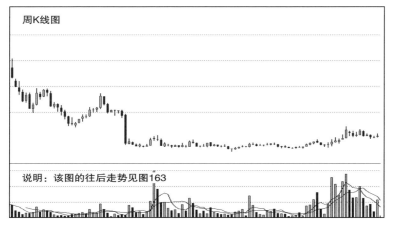

初灵信息（300250）2011年9月9日~2013年9月27日的周K线图　图149

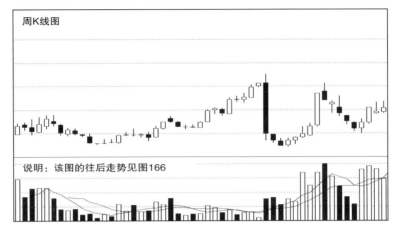

赢时胜（300377）2014年2月14日~2015年1月30日的周K线图　图150

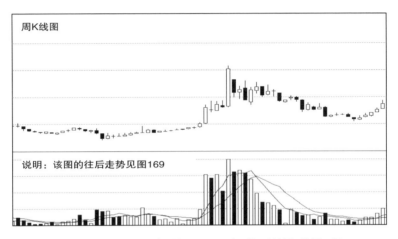

同大股份（300321）2013年3月15日~2014年6月6日的周K线图　图151

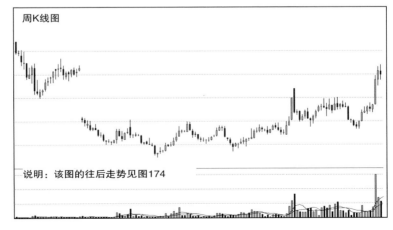

奥普光电（002338）2011年11月18日~2014年7月18日的周K线图　图152

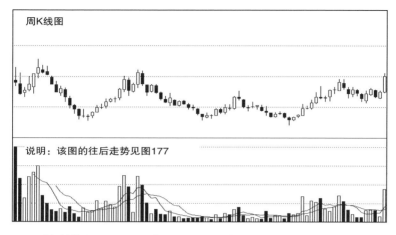

周K线图

说明：该图的往后走势见图177

丹邦科技（002618）2011年9月23日~2013年5月10日的周K线图　　图153

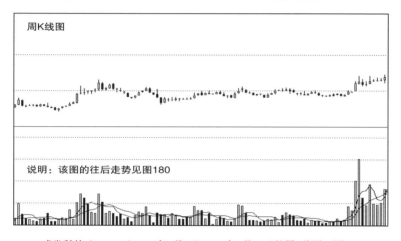

周K线图

说明：该图的往后走势见图180

成发科技（600391）2011年9月7日~2014年8月29日的周K线图　　图154

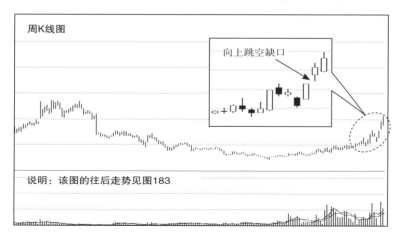

周K线图

向上跳空缺口

说明：该图的往后走势见图183

立思辰（300010）2010年7月2日~2014年3月12日的周K线压缩图　　图155

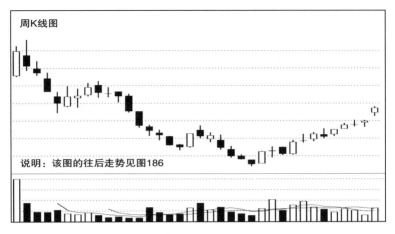

周K线图

说明：该图的往后走势见图186

恒邦股份（002237）2008年5月23日~2009年2月6日的周K线图　图156

周K线图

说明：该图的往后走势见图190

中通客车（000957）2012年11月6日~2013年11月1日的周K线图　图157

朋友，看完这些图后可以给自己打分了。上面10张图，每看对一张图得10分。你认出了多少张图，能给自己打多少分呢？

有人问，怎么看出这些个股的底部究竟是头肩底、双底还是什么底呢？这个问题很容易解决。我们只要在上述图形中加上一些直线、曲线，大家就能看清楚它们在底部究竟构造了什么样的技术图形。

许先生说，下面我就按前面图形的顺序，为大家解析这些图形究竟构造了什么样的底部技术图形，其性质、特点是什么，投资者应该怎么操作。

接着，许先生揭晓了第一张图的谜底，他说该股当时在低位构造了一个三重底。许先生请我们看下面一张图。

实例十八：广晟有色低位出现三重底的图形

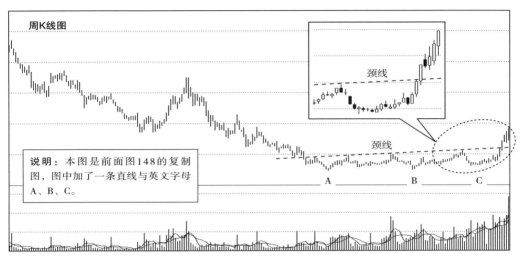

广晟有色（600259）2002年8月30日~2007年3月30日的周K线压缩图　图158

许先生说，大家看了上面这张图后会发现，它比原图多了一根直线。这根加上去的直线，在技术上称之为"颈线"。加上这根颈线后，下面的A、B、C的三重底就清晰地显示了出来。在该图尾端，股价已突破三重底的颈线。并且向上突破的时间已超过3周，股价离开颈线距离也已超过3%的涨幅，这两个条件都达标后，在技术上就属于有效突破。此时投资者可积极加入，持股待涨。

许先生说，为了深刻理解、认识三重底的性质与作用，充分利用三重底的技巧选好股票，我们不妨在此重温一下三重底的有关知识。

一、三重底的图形特征

三重底示意图

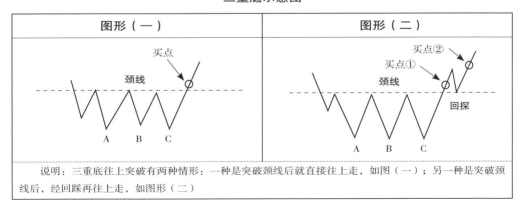

图159

三重底是三重顶形态的倒影，它在下跌趋势中形成。三重底由三个相近点位的低点形成，股价在构筑第3个低点后向上运动，冲破颈线即会发出重大转势信号。与三重顶相比，三重底图形会拖延很长的时间才能构筑成功。从技术上说，当股价穿越颈线时，成交量激增，且股价有效站上颈线后，三重底图形才能被最终确认成功。

二、三重底形成的机理

一般来说，三重底是在市场出现下面情况时形成的：股价连绵下挫，持股者普遍亏损严重，抛盘很轻，当股价跌至很低位置时，一些试探性买盘介入，推动股价回升。在股价反弹一段时间后，遭遇前期套牢的止损盘和短线抄底获利盘的抛压，致使股价快速回落。但在跌到前次低点时，看好后市而错过在上次低点买入者，开始买进，股价再次返身向上。在股价回升到前次高点附近时，又会遇到减仓盘的抛售，股价再度走软。由于两次在相近低点买入者都获利，这样就会使一些投资者信心增强，在股价第三次接近前两次低点时踊跃买进，促使股价逐级上升，随后越来越多的投资者意识到涨势已成，开始加码买入，股价就会带量向上突破颈线，于是整个三重底形态便宣告成立。

三、三重底的技术特征

1. 三重底的三个底部与颈线的距离大致相当就可以，稍有一点落差无关紧要。

2. 三重底向上突破后的最小涨幅，相当于底部至颈线的距离。

3. 三重底的三个低点形成时间越长，信号越可靠。如果低点之间的间隔时间过短，底部形态构筑不牢，后市上攻力度就有限，甚至会导致三重底的流产。

4. 三重底中成交量要呈现出逐次放大的态势，尤其在形成第三个底时的成交量要明显放大。股价须带量突破颈线位才能最终确认形态成立，尔后才能向上展开新一轮的升势，否则极有可能导致整个三重底的构筑失败。

5. 三重底的低点到颈线的距离越宽，向上突破颈线后的上攻力度就越强。

四、操作策略

1. 三重底的理论涨幅，将大于或等于最小涨幅。即使在形态确立后介入，仍有较大的获利空间。因此，投资者看到三重底放量向上突破颈线且最终被确认为有效突破后，可采取积极的买进策略。

2. 在实际操作中不能仅仅看到有三次探底动作，就认定是三重底而盲目买入。有时即使在走势上完成了形态的构造，但如果不能最终放量突破其颈线位，三重底仍有攻败垂成的可能。过早介入虽有可能获取超额利润，但从风险和收益比衡量，反而得不偿失。

3. 在股价有效突破颈线位后，如有回抽确认动作，可果断买入。

4. 如股价往上突破后，因某种因素又导致股价重新跌回颈线下方，应马上止损离场。

许先生说，在重温了三重底的有关知识后，我们再来看实例十八广晟有色在成功构筑三重底以后的未来走势是怎样发展的。请看图：

实例十八：广晟有色构成三重底后的后续图形

图形说明： 大图表示的是，股价突破三重底颈线后的第一波升势情况；小图表示的是，该股这轮牛市的全过程。从小图中可以看出，该股第一波升势结束，经过一番横盘整理，尔后出现的主升浪，涨幅更为惊人。

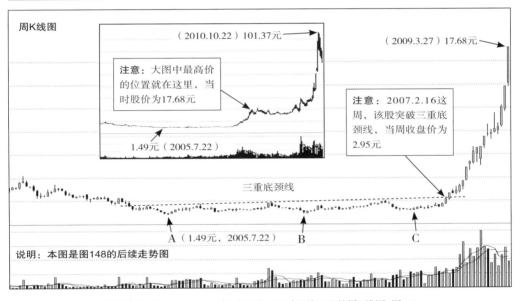

广晟有色（600259）2004年9月3日~2009年3月27日的周K线图　图160

许先生说，从上面的图形中我们可以发现，该股在低位成功构筑三重底后，股价就呈现一路上涨势头。尽管图中最高价与颈线之间已有了4倍以上的涨幅，但这个上涨还只是开了一个头，后面还有一波更大的涨幅（见图160中的小图）。据了解，该股这轮涨幅最高涨到101.37元才见顶。也就是说，若从该股成功向上突破三重底颈线后，选择它做多至最高价卖出，将有30多倍赢利。当然在最高价卖出是很难做到的，但即使打个7折，也有20多倍赢利可以收获。可见，该股在低位成功构筑三重底后，未来的升幅有多么大。

接着，许先生揭晓了第2张图的答案。他说，当时该股在低位构筑了一个潜伏底，许先生请大家先看下面1张图（见图161）。

实例十九：初灵信息低位出现潜伏底的图形

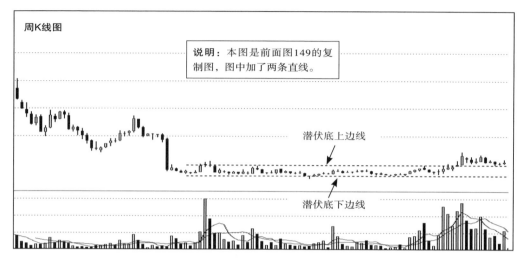

周K线图

说明：本图是前面图149的复制图，图中加了两条直线。

潜伏底上边线

潜伏底下边线

初灵信息（300250）2011年9月9日~2013年9月27日的周K线图 图161

许先生说，大家看了上面这张图后就会发现，该图比原图多了两条直线。正是这2条直线揭示了当时该股正在构造一个潜伏底的底部形态。这2根线分别称为潜伏底的上边线、潜伏底的下边线。目前，该股已站上潜伏底的上边线，股价在潜伏底上边线的上方进行横向盘整。从技术上说，后面的股价只要能在潜伏底上边线的上方运行，后市就能看好。此时投资者介入正当时，介入后就应该耐心持股待涨。

许先生说，为了深刻地理解、认识潜伏底的性质与作用，充分利用潜伏底技巧选好股票，我们不妨在此重温一下潜伏底的有关知识。

一、潜伏底的图形特征

潜伏底示意图

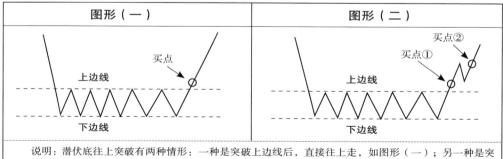

图162

96

所谓潜伏底就是股价经过一段跌势后，长期在一个狭窄的区间内波动，交易十分清淡，在图形上，股价和成交量各自形成一条带状的图形。潜伏底是一种反转形态，可以出现在大、中、小行情的局部低点，形成短期或长期底部，图形大小决定其作用大小。潜伏底的成交量很少。由于股价长期在一个狭窄的范围内波动，表现令人感到沉闷，以致市场渐渐将它遗忘。但是，一旦潜伏底构筑成功，股价往上有效突破后，潜伏底的股票就会爆发出极大的做多能量，股价往往会有很大的上涨空间。

二、潜伏底形成的机理

潜伏底大多出现在市场弱势之时，并多半出现在一些总市值小的冷门股上。由于这些股票流通量少，公司前景模糊，很容易被市场忽视，稀少的买卖使股票的交易十分清淡。此时持有股票的人因为没有获利，但股价也没大跌，因而不愿卖出，而场外人因为看到股价不死不活地躺在那里也不急于买入。于是，股价就在一个狭窄的区域里一天天地移动，既没有上升的趋势，也没有下跌的迹象，表现令人感到沉闷，就像处于冬眠时的蛇虫，潜伏不动，潜伏底就是这样形成的。

三、潜伏底的技术特征

1. 潜伏底形成，有2个基本条件：一是股价从高位下跌，跌幅已经很深，跌到某一个区域跌不动了，股价就在此长期筑底；二是潜伏底形成时间要足够地长（时间至少在半年以上，多的要几年），潜伏的时间越长，信号就越可靠。

2. 股价潜伏时成交量很小，但往上突破时成交量很大。若往上突破时成交量不能放出，则要怀疑其突破可能是一种假突破。

3. 股谚云，横过来有多长竖起来就有多高。这条股谚主要就是针对潜伏底说的。因此对长时间潜伏的个股，特别是潜伏时间已有几年的股票来说，一旦正式往上突破，股价往往就会有非常大的涨幅。正可谓"不鸣则已，一鸣惊人"。

四、操作策略

1. 对潜伏底的股票，选择买进时机非常重要。虽然潜伏底具有巨大的上升潜能，但是真正炒到潜伏底，享受潜伏底往上飚升带来丰厚投资回报的人却很少。其中一个重要原因是，入市的时间选择不当。潜伏底的主要特征是股价长时间处于不死不活状态。在中外股市中，耗时几年的潜伏底屡见不鲜。如过早买进，就会一直套在里面，外面有行情也无法参与，这是最让投资者难受的，所以很多人，在过早买入后，因为无法忍受长时间的折磨，后面又会被迫卖出。一般来说，选择潜伏底的买进时机，必须注意两点：一是应该等到潜伏接近尾声时买入。比如，该股已经经历了很长时间盘整，在最近一段时间，虽然股价不涨，但下面的成交量却在明显增加。成交量暗流涌动，往往是潜伏快要终结的一个特征，此时可考虑适量买进；二是在潜伏底股价出现往上突破时买入。总之，投资者买入的时机选择是否恰当，是操作潜伏底能否成功的一个关键因素。

2. 潜伏底时常会与股价下跌趋势中出现的中途横盘现象混淆在一起。在技术上，中途横盘是下跌趋势中的一个中继形态，中途横盘的最后结果就是继续向下，而且一旦选择向下突破就会跌得很厉害。因此，投资者若无法辨别潜伏底真伪时，一定要等潜伏底往上有效突破，发出明确的买入信号后才可跟进做多。

3. 潜伏底往上突破后，往往往会有一个较大的上升空间。因此低位买进者，一定要学会捂股，少做短线差价，把筹码紧紧握在手里，不到大的头部信号出现，不要轻易卖出。

4. 潜伏底往上突破后，不论何种原因，若后面股价又重新跌破潜伏底的上边线，此时要及时止损离场。

许先生说，在重温了潜伏底的有关知识后，我们再来看实例十九初灵信息在成功构筑潜伏底后的未来走势是如何发展的。请看图：

实例十九：初灵信息构成潜伏底后的后续图形

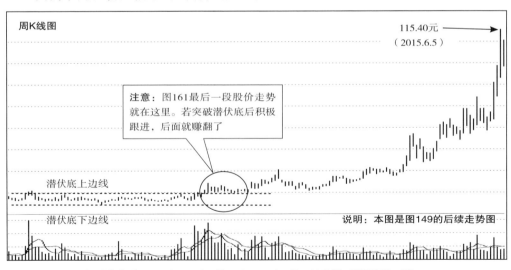

初灵信息（300250）2012年5月18日~2015年6月12日的周K线压缩图　图163

许先生说，从上面的图形中我们可以发现，该股在低位成功构筑潜伏底后，后面涨得非常厉害，当时，股价往上突破时还不到20元，但在不到2年的时间里，股价最高涨至115.40元，股价涨幅接近5倍。若投资者知道潜伏底的意义，在潜伏底向上突破后积极跟进，耐心持股待涨，短短2年就能获得很大收益。

接着，许先生揭晓了第三张图的答案。他说，当时该股在低位构筑了一个

"上升旗形"的图形。许先生请大家看一张图（见图164）。

实例二十：赢时胜低位出现上升旗形的图形

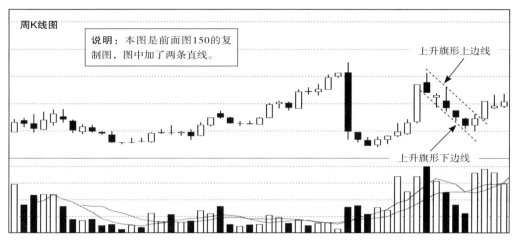

周K线图

说明：本图是前面图150的复制图，图中加了两条直线。

上升旗形上边线

上升旗形下边线

赢时胜（300377）2014年2月14日~2015年1月30日的周K线图　图164

许先生说，大家看了上面这张图后会发现，这张图比原图多了两根斜线。而这两根斜线勾画出了一种技术图形——上升旗形，2根斜线分别为上升旗形的上边线与下边线。目前，股价已突破了上升旗形的上边线，无论从上涨的幅度与上涨的时间看，这个突破都达到了有效突破的要求。因此，既然是有效突破就应该看高一线，积极跟进做多是上策。

许先生说，为了深刻理解、认识上升旗形的性质与作用，充分利用上升旗形的技巧选好股票，我们不妨在此重温一下关于上升旗形的有关知识。

一、上升旗形的图形与技术特征

上升旗形示意图

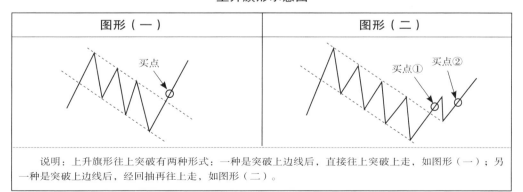

图形（一）	图形（二）
买点	买点① 买点②

说明：上升旗形往上突破有两种形式：一种是突破上边线后，直接往上突破上走，如图形（一）；另一种是突破上边线后，经回抽再往上走，如图形（二）。

图165

上升旗形，顾名思义就像一面旗子。如果将下跌走势中反弹的高点用直线连起来，再将下跌走势中的低点也用直线连起来，就可发现该图形像一面挂在旗竿上迎风飘扬的旗帜。这种走势就称为"上升旗形"。

上升旗形的形成过程是：股价经过陡峭的飙升后，接着形成一个紧密、狭窄向下倾斜的价格密集区域，把这密集区域的高点和低点分别连接起来，就可以划出两条平行而又下倾的直线，这就是上升旗形。

上升旗形经常出现于股价上升的过程中。在股价上升时，成交量逐渐增加，最后达到一个短期最高纪录，早先持有股票者，因获利或解套而大量卖出，上升趋势遇到大的阻力，股价开始小幅下跌，从而形成旗形走势。不过大部分投资者对后市依然充满信心，所以回落的速度不快，下跌幅度不会很深，一般回落至升幅的0.5~0.618处就会止跌。回落时成交量会不断减少，反映出盘中卖出力量在不断地减轻。经过一段时间整理，到了旗形末端，股价突然拐头向上，同时成交量亦大增，股价往往会出现快速上升的势头。这是上升旗形的一个重要特点。

二、操作策略

1. 上升旗形是一个整理形态。股价迟早要寻找突破方向，而这种突破方向以向上突破居多（只有少数会选择向下突破）。故投资者见到此图形千万不要因为其股价重心不断下移而作出做空的错误抉择，要知道上升旗形是主力为中小散户设置的一个空头陷阱。如果此时盲目看空，不弄清楚原因就卖出股票，割肉离场，那正好中了主力的圈套。

2. 在上升旗形整理的后期，有筹码的要捂住股票，密切留意事态变化，只要调整时间不是太长，就不应卖出股票；持币的要时刻关心它的突破方向，一旦发现股价整理后往上突破，特别是确定为有效突破，应积极跟进，不可错失投资良机。

3. 密切注意成交量变化，在上升旗形整理期间，成交量要小，如果成交量不断放大，则要当心主力出货，日后旗形有可能选择向下突破。而旗形整理尾声阶段，特别股价向上突破时，成交量要大。如果向上突破时成交量放不出，应警惕是假突破。

4. 不论何种原因，股价突破上升旗形上边线后，股价回踩时不应该再跌破旗形上边线，若发现跌破了，就应该及时止损离场。

许先生说，在重温了上升旗形的有关知识后，我们再来看实例二十赢时胜在低位构筑上升旗形并成功向上突破后的未来走势是如何发展的。请看图：

实例二十：赢时胜构成上升旗形向上突破后的后续图形

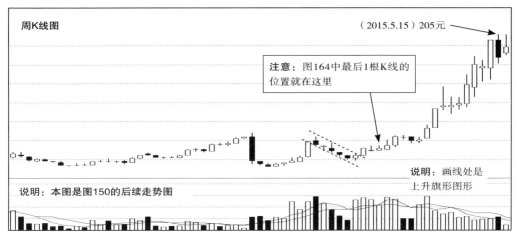

周K线图

（2015.5.15）205元

注意：图164中最后1根K线的位置就在这里

说明：画线处是上升旗形图形

说明：本图是图150的后续走势图

赢时胜（300377）2014年3月14日~2015年5月19日的周K线图　图166

许先生说，从上面的图形中，我们可以发现，该股在低位构筑上升旗形并成功向上突破后，股价就呈现一路上涨的走势。若以图164最后1根K线的收盘价买进（当时股价为54元），之后持股3个月，最大涨幅就可达到3倍（该股这轮行情见顶价格为205元）。可见，上升旗形向上突破后，及时跟进收益是非常大的。其实，该股当时的上升旗形是很容易辨认的——快速上升，然后连续下跌，下跌是明显缩量的，再后面股价突破上升旗形上边线时放出大量，多方开始发力。投资者只要对照上升旗形的图形与技术特征，就能选好买点，抓住这个投资良机。

接着，许先生揭晓了第4张图的答案。他说，当时该股在低位构筑了一个"下降楔形"的图形。许先生请大家看一张图（见图167）。

实例二十一：同大股份低位出现下降楔形的图形

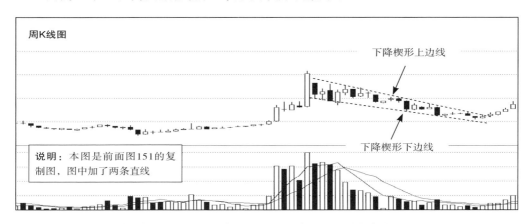

周K线图

下降楔形上边线

下降楔形下边线

说明：本图是前面图151的复制图，图中加了两条直线

同大股份（300321）2013年3月15日~2014年6月6日的周K线图　图167

许先生说，大家看了上面这张图后会发现，它比原图多了2根斜线。而正是这2根斜线为我们清晰地勾画出了一个"下降楔形"的图形。在图167的尾端部分，股价已拐头向上，并突破了上升楔形的上边线。目前，该股已连续5周收出阳线，并且成交量呈现稳步放大态势，证明这是一次有效的往上突破。投资者看到这样的图形，应该意识到这是一个很好的做多良机，应当机立断，积极跟进。

许先生说，为了深刻理解、认识下降楔形的性质与作用，充分利用下降楔形的技巧选好股票，我们在此不妨重温一下下降楔形的有关知识。

一、下降楔形的图形与技术特征

下降楔形示意图

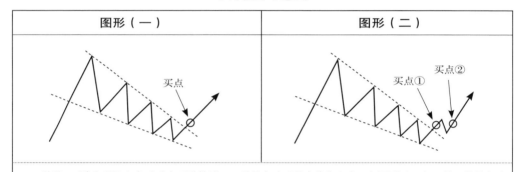

图168

下降楔形的图形特征是：股价在经历了大幅上升之后，从高处回落，跌至某一低点后回升，但未能回升到上次的高位，甚至相距还比较远，便又再次回落。第二次下跌时跌破了上回的低点，但很快又回了上来，之后高点与低点的距离成收敛之势。此时若把两个低点与两个高点分别用直线连起来，就会形成一个下倾的楔形图形。楔形内的成交量，由左向右递减，而且股价越接近尖端，则成交量越小，最后，当股价上升突破下降楔形的上边线时，成交量明显放大，则一轮新的升势又开始了。

为什么有很多在底部买进该股的投资者，在上升震荡回落之中会被主力淘汰出局呢？道理在于，当一支平静无波的股票，突然平地一声惊雷，无端掀起一股巨浪，会使那些拿着这些股票的投资者心情异常激动，正当这些投资者期盼股价连连飙升为他们带来丰厚利润时，又是一个巨浪将刚刚飙升的股价劈头盖脑地打下来，把这些投资者打晕了。而且途中每一次反弹，都会遭到控盘主力的无情打压，以至盘中反弹高点越来越低，回落的低点也越来越低，这使得前期还信心十足持有该股的投资者心情一下子冷到极点，很多投资者因为受不了这样的打压，纷纷抛股离场。而当控盘主力通过打压达到洗盘目的后，就开始重新发力上攻，股价再次出现了回升上扬的态势。

可见，下降楔形是主力制造的一个空头陷阱。其目的不是为了把股价重新纳入下降轨道，而是通过震荡来洗去浮筹，为日后股价的上扬打下扎实的基础。

二、操作策略

1. 当我们了解了下降楔形的特征、技术含义，以及主力利用下降楔形进行洗盘的目的后，日后碰到下降楔形就用不着惊慌了，知道用什么方法来对付它。如持筹的投资者，在主力进行打压时，可按楔形的上边线和下边线进行高抛低吸。比如，当股价接近下降楔形的上边线时就卖出，回落到下降楔形的下边线时就买进。但这里要注意的是，当下降楔形走到后阶段时，就不能再这样做了，因为上下落差已很小。二是干脆捂股不动，任你主力怎样震荡洗盘，我就是不出来。

2. 持币的投资者在下降楔形形态没有完成之前，股价上下波动时，要坚持持币观望。日后一旦发觉股价放量突破下降楔形的上边线，就可大胆买进。这样做既可避免因过早买进陷入股价上下波动的旋涡把心情搞坏，又可避免因下降楔形整理失败往下突破（这种可能性虽小，但也要提防），使过早买进而被套牢。

3. 下降楔形的出现告诉我们升市尚未见顶，这仅是股价上涨途中的一次正常调整现象。一般来说，下降楔形到最后大多会选择向上突破，当其上档阻力（上边线）被突破时，就是一个买入信号。但下降楔形，在意外情况下，也会选择向下突破，若股价跌破下降楔形的下边线，就是卖出信号。此时要及时卖出，规避风险。

4. 股价突破下降楔形的上边压力线后，往往会出现回抽，正常的回抽可在上边压力线附近止跌，若重新跌破上边压力线，特别是放量跌破上边压力线，说明情况发生了变化，投资者要学会反手做空，及时止损离场。

许先生说，在重温了下降楔形的有关知识后，我们再来看同大股份在低位构筑下降楔形并成功向上突破后的未来走势是如何发展的。请看图：

实例二十一：同大股份构成下降楔形向上突破后的后续图形

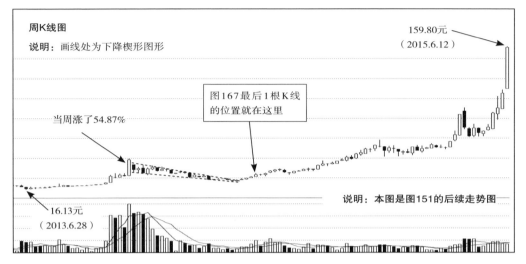

周K线图

说明：画线处为下降楔形图形

159.80元
（2015.6.12）

当周涨了54.87%

图167最后1根K线的位置就在这里

16.13元
（2013.6.28）

说明：本图是图151的后续走势图

同大股份（300321）2013年6月14日~2015年6月12日的周K线图　图169

　　许先生说，从上面的图形中，我们可以发现，该股在低位构筑下降楔形并成功向上突破后，股价就呈现一路往上攀升的走势。若从下降楔形的末端价格（当时收盘价是24.67元）算起，至这轮行情的最高价（158.98元），股价大涨了544.43%。若从有效突破下降楔形这周股价算起（图167中倒数第2根K线），当时该股收盘价为28.86元，至这轮行情的见顶价格，也足足有4倍多的涨幅。更何况，有这么大的涨幅，持股时间仅为13个月。可见，在周K线图中，一旦低位出现下降楔形，它带来的投资机会是巨大的，我们一定要予以高度重视。

　　有人以为用下降楔形选股很神秘，其实一点也不神秘，我们只要充分了解下降楔形的图形与技术特征，就能抓住这样的机会。我们以图169为例，大家就会发现，该股在16.13元见底后，先是小幅回升，后来就急速上涨，特别是拉出了1根周巨阳线（当周股价涨了54.87%）后，股价开始出现了长达5个月的向下调整，调整的形式就是走了一个下降楔形的图形。再看看下面的成交量，大家就会发现，该股拉出周巨阳线前后一段时期成交量呈现急剧放大态势。股价在低位出现如此大的成交量，一是说明主力介入很深，二是说明当时跟风盘蜂涌而入。正因为如此，主力开始利用下降楔形的图形进行长时间的洗盘，洗到最后，成交量已经萎缩到前面的地量水平，此时主力感觉到获利盘、短线客的筹码已经清洗得差不多了，然后就反手做多，连拉阳线，成交量开始呈现温和放大态势。之后股价一路往上攀升时，成交量都没有出现过巨量，这说明当时主力利用下降楔形进行洗盘是洗得很干净的，盘中的浮筹洗得越干净，日后上升的步伐就越轻松。而这一切，通过图形与K线走势，以及下方成交量变化的情况，都能分析得出。所以，我们只要熟悉下降楔形的图形与技术特征，就不会感到它有什么神秘之处，就能踏准股市涨跌节拍，选好股票，赢得大利。

接着，许先生揭晓了第5张图的答案。他说，当时该股在低位构筑了一个复合形头肩底的图形。许先生请大家看一张图（见图170）

实例二十二：奥普光电低位出现头肩底的图形

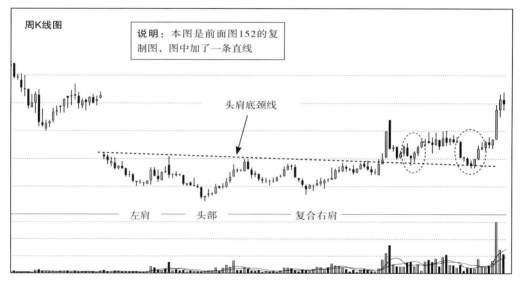

说明：本图是前面图152的复制图，图中加了一条直线

周K线图

头肩底颈线

左肩 —— 头部 —— 复合右肩

奥普光电（002338）2011年11月18日~2014年7月18日的周K线图 图170

许先生说，我们在原图中加了一条直线（技术上称为"颈线"），马上就显示出它是一个头肩底的图形。该股在低位先是构筑了一个左肩，尔后再构筑了一个头部，右肩则比较复杂，有几个小的肩合成，这在技术上称为复合形右肩。该股冲过颈线出现了两次冲高回落，但每一次回落都打至颈线附近就止跌了（见图中两个画圈处）。这在技术上称之为"回踩"。经过回踩，到图中最后之处，股价已经明显地开始上翘。这说明该股头肩底向上突破是有效的。此时投资者可积极买入，持股待涨。

许先生说，为了深刻理解、认识头肩底的性质与作用，充分利用头肩底技巧选好股票，我们在此不妨重温一下头肩底的有关知识。

哈哈！这么多选股技巧，总有一款适合我。

一、头肩底的图形特征

头肩底示意图之一

图形（一）	图形（二）
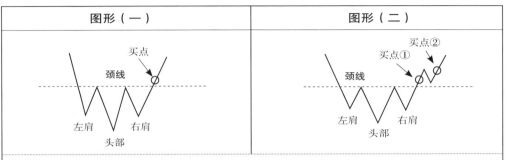	

说明：头肩底往上突破有两种形式：一种是突破后就直接往上走，如图形（一）；另一种是往上突破经回踩后再往上走，如图形（二）。

图171

头肩底示意图之二

图形（一）	图形（二）
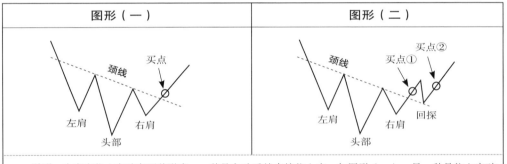	

说明：头肩底往上突破有两种形式：一种是突破后就直接往上走，如图形（一）；另一种是往上突破经回踩后再往上走，如图形（二）。

图172

头肩底示意图之三

图形（一）	图形（二）
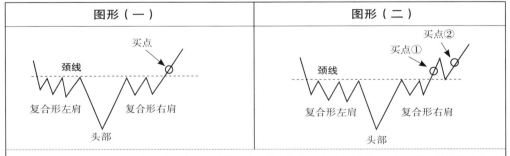	

说明：头肩底往上突破有两种形式：一种是突破后就直接往上走，如图形（一）；另一种是往上突破经回踩后再往上走，如图形（二）。

图173

头肩底是股市中最重要的见底形态之一。该图形犹如倒置的两个肩膀扛着一个头。它由左肩、头部、右肩及颈线几个部分组成。通常，中间的谷底（头）最深，左边与右边的谷底（分别为左、右肩）较浅且接近对称，因而形成头肩底形态。日后一旦股价往上突破阻力线（颈线）则会出现大幅上升行情。

从图形上看，头肩底可以分为简单型（见图171、图172）与复杂型（见图173）两大类型。所谓简单型的头肩底，是指一个头肩底的图形中，只有一个头、一个左肩、一个右肩；所谓复杂型的头肩底，是指一个头肩底的图形中，左肩或右肩，不只是一个肩，可能有几个肩合成一个肩，这种肩称为复合形肩部，更复杂的是，左肩、右肩都是复合型肩，甚至头部也是由2个或3个"头"组成。

另外，还有一种情况，无论是简单型还是复杂型的头肩底，其整个图形的位置也会呈现两种方式，一种为水平形状（如图171、图173所示），颈线是一条水平线；另一种是倾斜形态（如图172所示），颈线则是一条斜线。

二、头肩底的技术特征

1. 股价从高位回落，出现急速下跌，随后在某低点止跌反弹，形成第一个波谷，这就是通常说的"左肩"。形成左肩部分时，成交量在下跌过程中出现放大迹象，而在左肩最低点回升时则有减少的倾向。

2. 第一次反弹受阻，股价会再次下跌，并会跌破前一低点，之后股价再次止跌反弹形成了第二个波谷。第二次反弹会在第一次反弹高点处受阻，股价又会开始出现第三次下跌，但股价跌到与第一个波谷相近的位置后就不下去了，成交量出现极度萎缩，此后股价再次反弹形成第三个波谷。

3. 第一次反弹高点和第二次反弹高点，用直线连起来就是一根阻碍股价上涨的颈线，但当第三次反弹时会在成交量配合下，将这根颈线冲破，使股价站在其上方。

4. 股价冲破颈线时，成交量会明显增加，并且会出现有力度的大阳线，甚至会留下向上跳空缺口。

5. 头肩底向上突破时会出现以下现象，冲破颈线后会有回踩颈线的动作，但股价下跌触及颈线时就会戛然而止，然后股价会再次发力向上。

三、操作策略

1. 在股价形成第一个波谷即左肩时，持股的投资者可趁股价回抽颈线时先卖出（若无把握就一直持股不动）；持币的投资者应坚持持币观望。

2. 在股价形成第二个波谷，即头部时，在左肩处将股票卖出的投资者应该重新将股票买回，不要把筹码丢失。持币的投资者，如果是按照左侧交易方式操作的，可逢低吸纳，如果是按照右侧交易方式操作的，则仍应持币观望。

3. 在股价形成第三个波谷，即右肩时，持股的投资者应该握紧筹码，持股观望，持币的投资者应该持币观望。

4. 第一次反弹高点和第二次反弹高点，用直线连起来就是一根阻碍股价上涨的颈线，但当第三次反弹，即右肩形成时会在成交量配合下，将这根颈线冲破，使股价站在其上方。持币的投资者见到头肩底图形，应该想到这是个底部回升的信号，此时不能再继续看空，而要随时做好进场抢筹的准备。一旦股价放量冲破颈线，就可考虑买进一些股票，这通常称为第一买点。如果股价冲破颈线出现回抽，并在颈线位附近止跌回升再度上扬，可加码买进，这通常称为第二买点。

5. 股价放量突破头肩底颈线时，持股的投资者此时最要紧的是握紧筹码，不要因为贪图小利把筹码卖出。要知道头肩底一旦构筑成功，后面股价就会有较大的上升空间，那些低位卖出的筹码，后面就很难再从低位把它买回来。历史经验证明，在这个时候做短线差价是得不偿失的，很有可能出现踏空风险。

6. 并不是所有的头肩底在构造右肩后都会向上突破的，这里有两种情况必须注意。第一种情况是，股价构筑右肩后，但最后股价在触及颈线时就掉头向下，使得头肩底流产。此时投资者应及时止损离场。第二种情况是股价向上突破颈线时成交量并无显著增加，很可能是一个假突破，这时投资者应逢高卖出，考虑暂时退出观望。

7. 上述操作原则主要是针对简单型头肩底，如遇到复杂型头肩底，考虑问题，就应该更加周密些。比如，复杂型的头肩底有2个或3个左肩，持筹的投资者就不能在第一次反弹时卖出后，就急于等第二次触底反弹时马上买回，因为第2次反弹并不是在构筑头部，仍旧是在构筑左肩。此时投资者要记住，第三次反弹的波谷，要明显地低于第一次反弹的波谷，这样的波谷才能称为头肩底的头部。又如，持币的投资者，按照右侧交易寻找买点，就需要有更长时间的观察期，耐心持币观望就非常重要，只有等到右肩真正构筑完成，股价向上突破颈线时，才能考虑跟进做多。若选时不当，操作就会相当被动，甚至会给投资带来很大损失。

许先生说，重温了头肩底的有关知识后，我们再来看实例二十二奥普光电头肩底向上突破后的未来走势是怎样发展的。请看图：

实例二十二：奥普光电头肩底完成后的图形

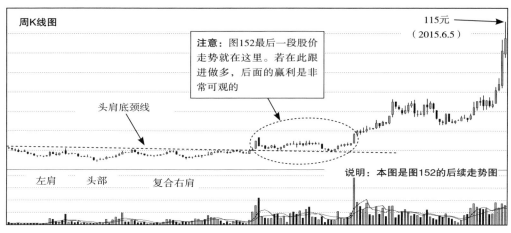

奥普光电（002338）2012年5月18日~2015年6月5日的周K线图　图174

许先生说，从上面的图形中我们可以发现，该股当时在构筑头肩底获得成功后，就展开了一轮力度很大的向上行情。若从该股头肩底谷底价14.36元算起，直至这轮行情的最高价115元，最大涨幅为700.84%，若从该股头肩底的颈线价位21.35元算起，至最高价也有438.64%涨幅。可见，头肩底出现能为投资者带来巨大的赢利机会。投资者对这个技术图形要引起高度重视。

接着，许先生揭晓了第6张图的谜底。他说，该股当时正在构筑一个底部三角形的图形。许先生请大家看一张图（见图175）。

实例二十三：丹邦科技低位出现底部三角形的图形

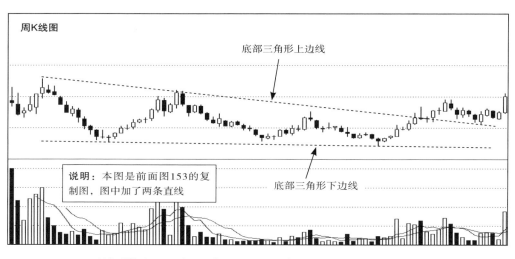

丹邦科技（002618）2011年9月23日~2013年5月10日的周K线图　图175

许先生说：在丹邦科技原图（见图175）中，加上2条直线后就能发现，当时该股在低位构筑了一个底部三角形图形。底部三角形是沪深股市中常见的一个底部形态图形。目前，该股已有效突破底部三角形的上边线，图中发出了明显的做多信号。此时选择该股做多，赢利机会是很大的。

许先生说，为了深刻理解、认识底部三角形的性质与作用，充分利用底部三角形技巧选好股票，我们在这里不妨重温一下有关底部三角形的知识。

一、底部三角形的图形特征

底部三角形示意图

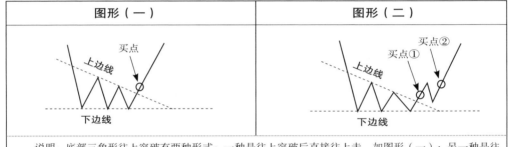

图形（一）	图形（二）

说明：底部三角形往上突破有两种形式：一种是往上突破后直接往上走，如图形（一）；另一种是往上突破经回踩后再往上走，如图形（二）。

图176

底部三角形就像一座大山屹立在大地上，股价几次打到其下边线都打不下去，而它每次反弹的高点却在下降。若将下面的低点连成一条直线，再将上面的高点连成一条直线，就能勾画出一个底部三角形图形来。底部三角形是沪深股市中最常见的一种底部图形，无论是大盘或个股都能找到其踪影。如果股价能成功地向上突破，后面的上涨空间是很大的，因此投资者对这种图形应高度重视。

二、底部三角形的技术特征

1. 股价大幅下跌之后几次探底，几乎都在同一低点获得支撑，形成三角形的下边线；股价每次反弹高点逐渐下移，反弹力度越来越弱，形成三角形的上边线。

2. 整个形态形成过程成交量逐步萎缩，到三角形的尖端附近时缩至最小。

3. 当股价向上突破底部三角形上边线时成交量开始放大。

4. 股价放量突破底部三角形上边线后，即使冲高回落，都很难再次触及上边线，股价重心有明显的向上抬升的现象。

三、操作策略

1. 一般来说，只要满足底部三角形技术特征中的第一、第二两个条件，向上突破的可能性就很大。据测算，向上突破和向下突破的概率大约为4比1。因此，面对初具底部三角形图形的个股，投资者就不应再盲目看空，尤其不能在其图形出现的后期卖出股票，相反要随时作好入市的准备（先不要马上买进，以防万一向下突破）。如果日后发现股价向上突破，并且成交量随之放大，就应该想到底部三角形正式成立，得赶快先买一些股票。

2. 因为底部三角形刚开始构建时，上下落差大，也就是说高点与低点有很大距离。因此，一些善于看盘的投资者可在其上边线与下边线之间进行高抛低吸。也就是说，当股价接近上边线时卖出，回落到下边线时买进。但需要注意的是，当底部三角形走到后阶段时，就不能再这样做了，因为上下落差已很小。

3. 当股价向上突破后经回抽再创新高时，空仓者应加紧买入，持股者应坚定持股信心。

4. 为什么底部三角形向上突破的可能性极大呢？这是因为股价经过连续几次大幅下挫，反弹力度越来越弱，绝大多数投资者对该股的前景已失去信心，想跑的基本跑光了，剩下的已是"死猪不怕开水烫"，铁了心的"死多头"。此时做空的能量得到了充分释放，市场上如果有新的多头力量加入，空方就无力打压，这样就很容易引起股价上扬。所以"底部三角形"的出现为投资者提供了一个"选股"、"抄底"的良机。而这种技术图形经常发生在一些冷门股上，历史上很多大黑马、大牛股就是这样产生的。故而，大家对底部三角形图形要引起高度重视。

许先生说，在重温了底部三角形的有关知识后，我们再来看实例二十三丹邦科技在成功构筑底部三角形图形后的未来走势。请看图：

实例二十三：丹邦科技底部三角形完成后的后续图形

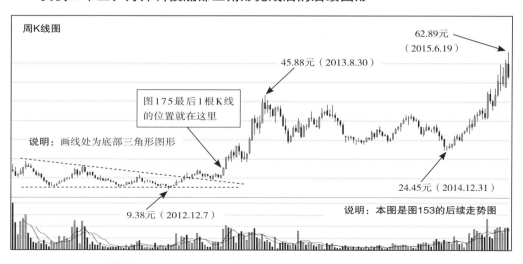

丹邦科技（002618）2011年9月23日~2015年6月19日的周K线图　图177

许先生说，从上面图形中我们可以发现，该股在突破底部三角形上边线后走了上升3浪，第1浪从9.38元升至45.88元，然后经历了第2浪调整，从45.88元最低跌至24.45元，之后又出现了第3浪上涨，股价从24.45元攀升至62.89元。可见，该股的底部三角形成功向上突破后上升空间是很大的。投资者在底部三角形向上突破时跟进，耐心持股待涨，就能获得很好的收益。

接着，许先生揭晓了第7张图形的谜底。他说，该股当时正在构筑一个收敛三角形图形。许先生请大家看一张图（见图178）。

实例二十四：成发科技低位出现收敛三角形的图形

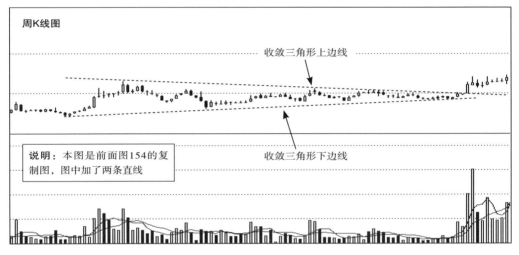

成发科技（600391）2012年9月7日~2014年8月29日的周K线图　图178

许先生说，上面这张图只是在成发科技原图（见图154）中加了2条直线。这时候大家就能发现，当时该股在低位构筑了一个收敛三角形图形。目前，股价已成功地突破了收敛三角形的上边线，并且突破的幅度与突破的时间都符合有效突破的要求。因此，这个向上突破可以确定为有效突破。既然是有效突破，后市当然能看好。此时对该股积极做多是一个明智之举，后面的投资回报会非常大。

许先生说，为了深刻理解、认识收敛三角形的性质与作用，充分利用收敛三角形技巧选好股票，我们这在里不妨重温一下收敛三角形的有关知识。

汇集海内外各路高手的选股经验、绝招，涵盖基本面、技术面、市场面、心理面等各层面。

360°选股技巧，助君早日成功

一、收敛三角形的图形特征

收敛三角形示意图

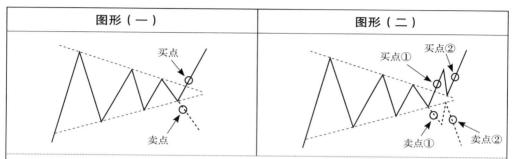

图形（一）	图形（二）
买点 卖点	买点①　买点② 卖点①　卖点②

说明：收敛三角形往上突破有两种形式：一种是往上突破后直接往上走，如图形（一）；另一种是往上突破经回踩后再往上走，如图形（二）。

图179

收敛三角形也叫对称三角形，是比较常见的整理形态，有时也会出现趋势递转突破的情况，但出现的次数相对较少。通过一系列市场不完全统计，收敛三角形中大约3/4属整理形态，1/4则属股价顶部或股价底部出现的转势形态。整理形态是指股价经过一段时间的变动后，不再前进，而在一定区域内上下窄幅波动，等时机成熟后再继续以往的趋势向前发展。

收敛三角形是由一段时期的价格波动所形成的，其在一定区域的波动幅度逐渐缩小，即每轮波动的最高价都比前次低，而最低价都比前次高，呈现出收敛压缩图形，将这些短期高点和低点分别以直线连接起来，就形成了一个相当对称的三角形，并且这个收敛三角形的成交量，会随着股价的波动出现递减，收敛三角形的顶点区域往往是敏感的最后变盘时机。

收敛三角形是因为多空双方的力量在该段价格区域内势均力敌，暂时达到平衡状态所形成的。股价从第一个短期性高点回落后，很快便被买方所推动，促使价格回升，但多方的力量对后市没有太大的信心，或是对前景有点犹豫，因此股价未能回升至上次高点已开始走软，再一次出现下跌；在下跌过程中，一些投资者不愿意以太低价格卖出，并对该股的前景仍存有希望，所以回落时的主动性卖压不强，股价未跌到上次的低点便告回升，多空双方在犹豫中进行较量，使得股价的上下波动范围日渐缩窄。正是上面这些因素，致使盘中出现了收敛三角形的形态。

二、收敛三角形的技术特征

1. 收敛三角形运行到最后必定会选择一个突破方向。从理论上说，运行的结果选择向上突破或向下突破都是可以的。不过，在下跌趋势中出现，它最终选择往下的可能性略大些；在上涨趋势中出现，它最终选择往上的可能性略大些。

2. 收敛三角形向上突破的时间往往选择在收敛三角形的中后端，而收敛三角形向下突破的时间往往选择在三角形的顶端附近。

3. 收敛三角形随着股价波动幅度不断收敛，成交量也随之递减。如果它最后选择向上突破需要确定它的有效性，就必须有大的成交量放出，否则就有假突破嫌疑，但向下突破可以放量也可以不放量。

4. 向上突破之前成交量的配合可提前看出端倪，股价越是接近收敛三角形顶点突破，攻击力度也越小，通常在底边1/2或3/4处突破为最标准的图形，最佳的突破时机是在两次下跌之后第三次上升之时。

5. 股价跌至低位，出现收敛三角形表明市场观望气氛较浓，因为多数投资者认为应等事态明朗以后再介入。所以交易越来越清淡，股价波动幅度越来越窄，成收敛之势。但值得注意的是，股价大跌后形成的收敛三角形，最终选择向上突破的居多；反之，如果股价大涨后出现收敛三角形，则要小心形成头部形态，因为其最终结果向下突破居多。

6. 收敛三角形突破后，可能会出现短暂的反抽，往上突破后的反抽止于高点相连而成的三角形上边线，往下突破后的反抽则受阻于低点相连的三角形下边线。但是，无论向上突破还是向下突破，倘若股价反抽时又重新回到收敛三角形的上边线或下边线之内，则收敛三角形形态就可能不成立。

三、操作策略

1. 收敛三角形在形成期间，最好是退出观望，因为收敛三角形到最后股价选择向上突破或向下突破均有可能。此时持币比持股更具有主动性。

2. 观察收敛三角形是否真的往上突破，关键在于观察三角形顶端往上突破时的成交量。如果成交量有效放大，说明向上突破是真实可信的；如果是缩量向上，则往上突破大多是假突破。此时，持币的投资者不能跟进，继续持币观望；持股的投资者应逢高减仓，千万不要盲目追涨。

3. 收敛三角形选择向下突破，持股的投资者应及时止损离场，持币的投资者继续持币观望。

4. 一般情况下，收敛三角形形成的时间长、构成的规模大，向上突破后理论上的上涨空间也较大。因此，聪明的投资者应选择收敛三角形形成时间长的，然后往上有效突破的个股积极做多，而对收敛三角形形成时间短的，然后往上有效突破的个股，则应采取谨慎做多的策略。

5. 收敛三角形在向上突破后常有回抽动作，如果在短时间内能快速完成回抽，并重新恢复升势，投资者可以积极介入。

许先生说，在重温了收敛三角形的有关知识后，我们再来看实例二十四成发科技在成功突破收敛三角形上边线后的未来走势。请看图：

实例二十四：成发科技收敛三角形往上突破后的后续图形

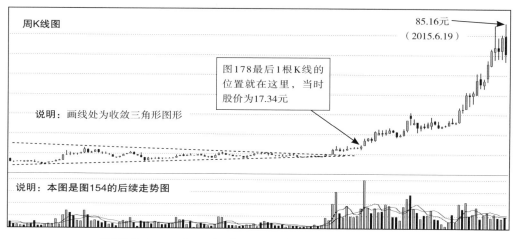

成发科技（600391）2012年9月21日~2015年6月19日的周K线图　图180

许先生说，从上面的图形中，我们可以发现，该股在突破收敛三角形的上边线后，走出了一轮上涨幅度很大的上升行情。若在图中最后1根K线处买进（当时周末的收盘价是17.34元），然后就持股待涨，10个月后，股价最高涨至85.16元，最大涨幅达到391.11%。当然，一般是不可能在最高价处卖出的。但即使股价从最高处跌掉20%后卖出，也有3倍以上的利润可得。可见，在该股收敛三角形往上突破后积极跟进，绝对是一个赚大钱的买卖。

接着，许先生揭晓了第8张图的谜底。他说，该股当时正在构筑一个大圆底，许先生请大家看一张图（见图181）。

实例二十五：立思辰低位出现圆底的图形

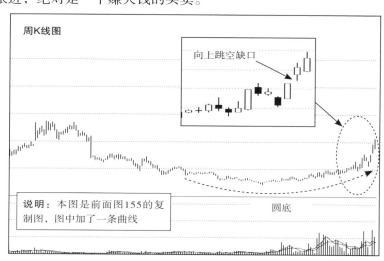

立思辰（300010）2010年7月2日~2014年3月21日的周K线压缩图　图181

许先生说，在立思辰的原图（见图155）中加上一条弧线后就会发现，当时该股在低位构筑了一个圆底。从图中尾端部分（见放大图形）的走势中可以看出，圆底已经构筑成功，因为股价在这里出现了明显的放量向上突破之势（一是出现了向上跳空缺口，二是股价已突破了前期高点）。鉴于该股圆底已经形成，并且这个圆底构筑了一年多时间，它如成功向上突破，后市上升空间应该是很大的，所以投资者见此情景应及时介入，抓住这个难得的投资机会。

为了能深刻理解、认识圆底的性质与作用，充分利用圆底技巧选好股票，我们在这里不妨重温一下圆底的有关知识。

一、圆底的图形特征

圆底示意图

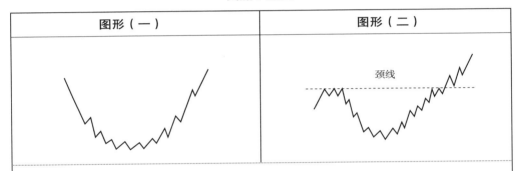

图形（一）	图形（二）

说明：圆底往上突破有两种形式：一种圆底形成整个过程中看不出何处是颈线，它就在人们不知不觉之中把圆底构筑成功了，如图形（一）；二是可以看出股价明显的受阻区域，能够画出一条颈线，如图形（二）。

图182

圆底，又称为圆弧底。大盘或个股在构筑圆底时，股价呈弧形上升态势。股价先是缓缓下滑，虽不断创出新低，但下跌的速度很慢，在回落到圆底附近时，出现了多空平衡，低点走平后股价稍有上移的现象。如果把这些短期低点都连接起来，就形成了圆弧状的一个底部。成交量方面，下跌时成交量先是逐渐减少，随后伴随股价回升，成交量会呈现明显增加态势。由于圆底形成耗时较长，多空换手充分，所以当股价向上有效突破后，日后股价会有一个较大的上升空间。有时会出现迅速上扬连续逼空的走势。

二、圆弧底的技术特征

1. 圆弧底清晰显示了多空双方力量此长彼消，平缓变化及主力吸纳的全过程。股价先是从高位一路缓慢下跌并持续一段时间，空头力量逐渐减弱，主动性抛盘减少，但此时多头也畏缩不前，于是出现了成交量随着股价下跌而持续下降，多空双方都已接近精疲力竭，股价跌幅越来越小，直至向水平方向拓展，成交极度萎缩。

2. 当股价跌至圆弧底的谷底时，开始有主力机构或先知先觉者入场悄悄收集筹码。由于股价低廉，会不断吸引买盘跟进，使股价形成碗形上移的走势。

3. 最后当主力在低位筹码收集完成时，股价就会出现快速上涨的势头，成效量也呈现明显放大的现象。

4. 圆底的成交量曲线常常会呈现圆弧状的现象，即在底部成交量最小，在股价上升时成交量会逐步增加，这种形态一般意味着其后一个较大的升势即将开始。

三、操作策略

1. 按照左侧交易的投资者可等到成交量极度萎缩，股价跌不动的时候介入。因为几乎所有的圆底都会出现这样的现象：股价先是在成交量逐渐减少的情况下，下跌速度越来越缓慢，直到成交量出现极度萎缩，股价才停止下跌。然后，在多方主力有计划的推动下，成交量开始温和放大，股价出现缓慢上升态势。故而，成交量极度萎缩时，股价跌不动时，往往就是圆底的谷底价。此时买进，对左侧交易投资者来说是最合算的。

2. 按照右侧交易的投资者，不应该过早介入，可在圆底出现明显向上信号时介入。因为在圆底形成过程中，由于多空双方皆不愿意积极参与，成交量极小，价格显得异常沉闷，这段时间显得很漫长，若过早介入，一方面要忍受股价长期停滞不前的折磨，另一方面更重要的是，圆底也有构筑失败时，若圆底构筑失败，就会套在里面。

3. 圆底有两种形式，一种是能画出颈线的，一种是无法画出颈线的。对右侧交易投资者来说，能画出颈线的，应该在股价有效突破颈线后才可买入；对无法画出颈线的圆底来说，可以在股价小幅回升，成交量温和放大时，整个形态在构筑圆底的右半部时分批买入，特别是股价回升时出现向上跳空缺口，或出现大阳线时更应积极介入，这可能是右侧交易买入圆底股票的最佳时机。

4. 在所有的底部技术形态中，圆底形成条件最为严格。首先它要求股价处于低价区，其次低价区的平均价格应该至少低于最高价的50%以上，距离前期成交密集区要尽可能远。最后在形成圆底之前，股价应该是处于连续下跌状态。若这些条件都不具备，即使图形上像圆底这也并非是真正的圆底，很可能是主力设置的一个多头陷阱，盲目介入就会深套其中。比如，像某些个股除权后在获利丰厚的情况下，主力就是利用漂亮的圆底来吸引投资者，因此，如果图形上出现漂亮的圆底，但股价久攻不能往上突破或突破后很快走弱，特别是股价跌破圆底的最低价时，就应该认识到这是一个假的圆底，是主力为出货制造的骗线。此时，就应该坚决止损出局。

5. 真正大的圆底一旦形成，上涨空间是很大的。所以，介入圆底的投资者要学会捂股，少做短线，争取利益最大化。据了解，圆底的最终上涨高度往往是圆底最低点到颈线距离的3~4倍。但是，圆底如果距离前期的成交密集区太近，尽管底部形成的时间足够长了，后市上涨的高度也有限，因为原有的股票持有者没有经历一个极度绝望的过程，导致底部的换手率不高，从而限制了未来的涨升空间。所以，投资者在操作圆底形股票时，方法一定要因股而异，不能一成不变。

6. 在同等条件下，应选择圆底构筑时间长，圆底右半部弧形出现时成交量放大明显的个股做多。这样的个股获利机会更大，更适合中线布局。

许先生说，在重温了圆底的有关知识后，我们再来看实例二十五立思辰在圆底构筑成功后的走势。请看图：

实例二十五：立思辰圆底向上突破后的后续图形

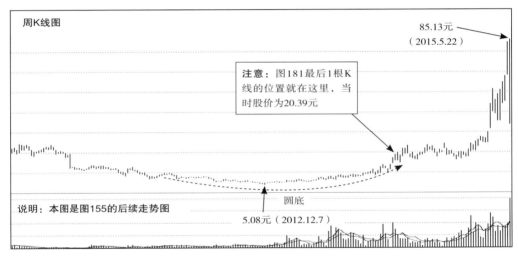

周K线图

85.13元
（2015.5.22）

注意：图181最后1根K线的位置就在这里，当时股价为20.39元

说明：本图是图155的后续走势图

圆底

5.08元（2012.12.7）

立思辰（300010）2010年11月26日~2015年5月22日的周K线压缩图　图183

许先生说，从上面的图形中我们可以发现，该股构筑圆底后升幅是很大的。若从圆底的谷底价5.08元算起，至最高价85.13元，最大升幅为1575.79%。如此大的获利，持股时间只需要2年半，这对从事左侧的交易投资者来说，是非常合算的一笔投资。若从出现明确的向上突破信号算起，即从图181最后1根K线的收盘价20.39元算起，仅仅持股1年零2个月，最大的获利空间可达到317.51%，这对从事右侧交易的投资者来说，这样的投资回报也是很可观的。总之，无论是从事左侧交易，还是从事右侧交易的投资者，只要看准是圆底进行投资，都能获得不菲的投资收益。

接着，许先生揭晓了第9张图的谜底。他说，该股当时正在构筑一个V形底。许先生请大家看一张图（见图184）。

实例二十六：恒邦股份低位出现V形反转的图形

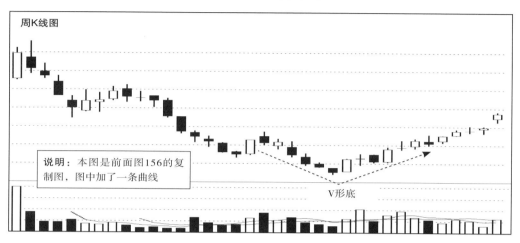

恒邦股份（002237）2008年5月23日~2009年2月6日的周K线图　图184

许先生说，我们在恒邦股份原图（见图156）中加上了1根V形的虚线，让大家看清楚这就是一个V形底。该股V形底已非常清晰，最后1根K线，是在跳空向上时出现的，股价疑有加速上涨的态势。投资者若在此跟进，后面可能还有很大一段利润可以分享。

许先生说，为了深刻理解、认识V形底的性质与作用，充分利用V形底技巧选好股票，我们在此不妨重温一下V形底的有关知识。

一、V形底的图形特征

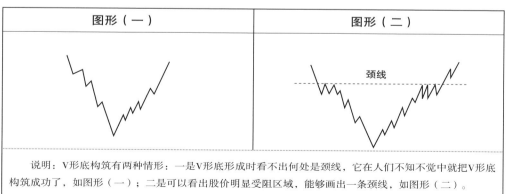

图185

V形底也称尖底。所谓V形走势，就是股价先是一路下跌，然后再一路攀升，反映在图形上就像一个英文字母V。V形底的出现，通常是由于恐慌性抛售引起的。这个恐慌性抛售，除了市场情况不佳外，多半是主力刻意打压所致，在恐慌性抛售时，股价会跌得非常厉害。但当股价跌到了严重偏离股票内在价值的低位时，主力又开始反手做多，出现了报复性上涨。这种报复性上涨，或是有重大利好消息来临，或是在严重的超卖情况下产生，从而形成短期内价格的剧烈波动。虽然V形底的形成时间较短，研判较困难，参与风险相对较大，但是这种形态的爆发力却很强，如果把握得好，可以在短期内赢得暴利。

二、V形底的技术特征

1. 在下跌趋势中，市场卖方力量很强，加上主力刻意打压，股价会持续挫落，看空气氛使得股价下挫的速度越来越快，最后出现恐慌性杀跌，股价会非理性的跌到一个非常低的位置。

2. 股价快速下跌，空头能量极度宣泄时，主力会趁投资者恐慌之际，吸取筹码。但当市场上没有人或很少有人愿意在更低的价位卖出股票时，主力又会改变策略，开始反手做多。而场内一些被套的投资者看见股价反弹，会纷纷抛售。此时股价走势就会出现戏剧性变化——越抛越涨，越涨越抛。股价就在散户一路看空做空的氛围下触底反弹，出现一路扬升的走势。

3. 上涨趋势形成后，市场看好氛围加强，一些短线客、投机者，以及高位卖出的投资者积极逢低回补，会使买盘强劲增多，股价上涨的速度会越来越快，引发抢购高潮，出现暴涨，比下跌时以更快的速度向上推进，最后，几乎能收复所有失地，并创出新高。

三、操作策略

1. V形底明显地分为左边区与右边区。左边区，股价会出现快速下跌，股价会因为恐慌性抛售跌到非常低的位置。因此，投资者在这阶段应坚定地持币观望，切忌盲目抄底买进。从技术上来说，一是可以看均线，如设置1根5周均线，只要股价没有站上5周均线就不买股票；二是可以画一条下降趋势线，只要股价不冲破下降趋势线就不看多做多。

2. 鉴别股价是否进入V形反转的右边区很重要。其方法为：一是看5周均线是否拐头向上；二是看能否划出1根上升趋势线；三是看下面的成交量是否明显增加，并保持价升量增、价跌量减的良性态势。如这些条件都具备了，可大胆、积极地介入。

3. V形走势的底部十分尖锐，可在几个交易日之内形成，而且转势点的成交量特别大。从理论上说，V形底最佳买点就是股价见到最低位放量跌不下去的回升初期，或是出现放量大阳线转势之时。投资者能否抓住V形底的低位买入，盘面感觉是关键。缺乏实战经验与盘面感觉的投资者，可等V形反转趋势明朗后再介入。

4. 对V形走势，在股价触底反弹时，为了控制风险，投资者应采取分批买入的原则。虽然从理论上说，V形见底时，K线上会出现十字线、带长下影线的阳线或大阳线等形态，出现这些信号，投资者可以择机介入。但主力是很狡猾的，比如，拉出的大阳线仅是一日游大阳线，放量后马上缩量等等，这样V形反转就可能是假的，贸然全仓杀入风险就很大。正确的做法是，在盘中发出触底买入信号后，可先试探性买入一些股票，然后再静心观察，看看上升趋势能否延续，确定能延续时再加仓不迟。

5. V形底不易在图形完成前被确认，在遇到疑似V形底的情况下，已经买进的投资者则应随时留意股价发展方向，保守投资者则可等到以大成交量确认V形底反转形态时，再跟进做多。一旦V形底形成，要敢于进场抄底，前期下跌的幅度越大，则后市上涨的空间就越大，不要错失这个获利的良机。

6. V形底有颈线与无颈线的区分。对有颈线的V形底来说，投资者要观察股价能否站上颈线，站上颈线可继续看多做多，遇颈线受阻回落就先退出观望；对没有颈线的V形底来说，主要看5周或10周均线，股价站在5周均线或10周均线上运行，就看多做多，跌破5周或10周均线就退出观望。

许先生说，在重温了V形底的有关知识后，我们再来看实例恒邦股份在V形底构成功后的未来走势。请看图：

实例二十六：恒邦股份低位出现V形反转后的后续图形

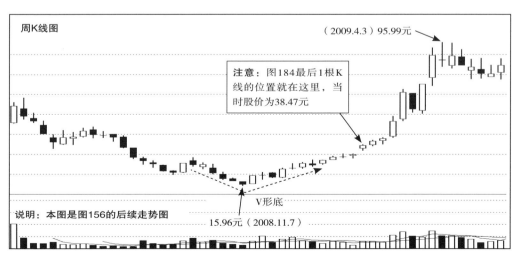

恒邦股份（002237）2008年5月23日~2009年5月15日的周K线图　图186

许先生说，从上面的图形中，我们可以发现，该股构筑V形底后，股价从15.96元一路上扬到95.99元见顶回落，不仅完全收复了前期下跌的失地，而且创了历史新高，最大涨幅达到501.44%。即使在图184中最后1根K线处买进（当时收盘价为38.47元），持股仅为8周，股价就会有1倍多的涨幅。据了解，当时股市还处于熊市环境中，短时期内有如此大的升势也实属不易。可见，V形反转确实能带来暴利机会，投资者如能熟悉V形底的特征与操作策略，进行顺势操作，说不定就能抓住这样的暴利机会，圆上股市致富的梦想。

接着，许先生揭晓了第10张图的谜底。他说，当时该股正在构筑一个大双底的图形。许先生请大家看一张图（见图187）。

实例二十七：中通客车低位出现双底的图形

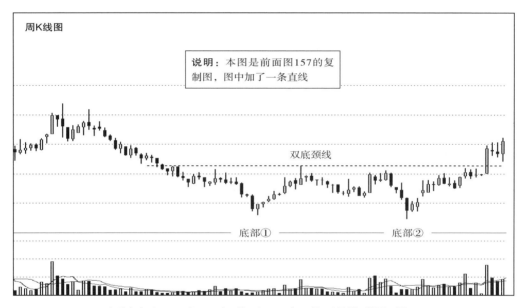

中通客车（000957）2012年1月6日~2013年11月1日的周K线图　图187

许先生说，在实例二十七中通客车的原图（见图157）中加上一条直线后就会发现，当时该股在低位构筑了一个大双底的图形，图中最后的几根K线已成功站上了双底颈线。这在技术上称为有效突破（注：有效突破的要求是：①上涨幅度离开颈线已超过3%；②时间超过3周）。投资者看到该股的双底已有效突破，此时可积极做多。

许先生说，为了深刻理解、认识双底的性质与作用，充分利用双底技巧选好股票，我们在这里不妨重温一下双底的有关知识。

一、双底的图形特征

双底示意图之一

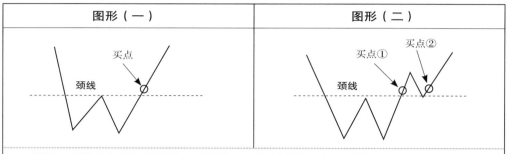

图形（一）	图形（二）

说明：双底往上突破有两种情形：一种是往上突破后直接往上走，如图形（一）；另一种是往上突破经回踩后再往上走，如图形（二）。

图188

双底示意图之二

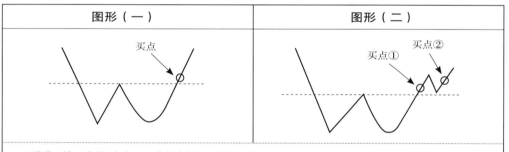

图形（一）	图形（二）

说明：该双底的2个底，一个是尖的，一个是圆的。它在往上突破时也有两种情形：一种是往上突破后直接往上走，如图形（一）；另一种是往上突破经回踩后再往上走，如图形（二）。

图189

双底，由于它的形状像英文字母"W"，因此，又被称为"W"底。一般来说，双底出现在股价经过一段时期下跌之后的低位区域，或者阶段性的低位区域。它的形成过程是这样的：当股价经过一波下跌行情之后就会慢慢筑底，随后股价就会逐步回升，有的甚至会出现快速回升，从而形成了股价此轮下跌行情的一个底部。但是在股价经过一定幅度的回升之后遇阻回落，在回落时跌到前一个低点附近就不再下跌，从而形成了第二个底部。此底形成提振了多方信心，随后股价再次向上反弹，成交量也随之放大，最后冲破前期高点，展开了一轮新的升势。这种走势在技术上称为"双底"形态。

二、双底的技术特征

1. 双底多数发生在股价跌势（包括阶段性跌势）的末期，很少出现在下跌行情的中途。

2. 在它形成第一个底部后的反弹，幅度一般在10%左右。

3. 在第二个底部形成时，成交量经常较少，因此底部很容易出现圆形的形状（见图189）。但上破颈线时成交量必须迅速放大，若成交量不能有效放大，多半是假突破。

4. 一般来说，第二个低点比第一个低点位置要高，但也有可能比第一个低点更低。因为对主力而言，探底必须要彻底，必须要跌到令多头害怕，不敢持股，这样才能达到低位建仓的目的。

5. 第一个低点与第二个低点之间，时间跨度应在3个月以上。如果形成双底的时间很短，其触底回升的信号就不太可靠，要随时注意它什么时候回落，因为主力常用这种假双底实为多头陷阱的手法来诱骗散户，对此大家要引起警觉。

三、操作策略

1. 据了解，双底是底部形态中失败概率较大的一种图形。因此，通过双底选股做多，总体上要保持一种相对谨慎的态度，切忌冲动性地重仓买入。

2. 从理论上来说，双底形成突破，冲上颈线就是一个买入点（通常称第一买点），但实际上投资者还是要冒比较大的风险，一旦双底上冲失败，在这个点位买进者就会被套牢。因此，在突破颈线处买进的投资者要随时作好停损离场的准备。当然话得说回来，也不是说在突破颈线的地方，就不能买进股票，因为毕竟这个点位还是一个买入信号。从趋势上来说，继续上涨要大于重新下跌（有人估计其比例为6：4），可见机会还是存在的。对于双底，比较安全而又稳健的做法是，可在股价突破颈线后，冲高回落，股价回抽试探颈线支撑有效，再次放量上攻时买进（这个点位通常称为第二买点），这样赢利的把握就更大一些。

3. 从统计数字来说，绝大多数双底走势都会有一个回抽过程，因此一般不必担心股价冲破颈线后一路不回头而使资金踏空。即使在操盘中万一真的遇到股价冲破颈线后一路飙升的情况，那也不要紧，可在股价上升趋势明朗后适量加入，因为股价涨势一旦形成就不会轻易改变，这个时候买进胜率是比较大的。

4. 在双底形成时，MACD、KDJ、RSI等技术指标与股价走势常出现底背离。双底是一个底部转势信号，但它的可靠程度比头肩底差，因为双底形形态只经历了两次探底，对盘面的清理不如头肩底那样来得彻底干净，这也是有很多双底冲破颈线后又重新探底的一个重要原因。所以，使用双底进行选股做多，在事前就要多考虑一些风险，设好停损点。一旦发现股价重新跌回颈线下方，就应马上止损离场，此时切不可犹豫。

许先生说，重温了双底的有关知识后，我们再来看实例二十七中通客车构筑双底后的走势。请看图：

实例二十七：中通客车构筑双底后的后续图形

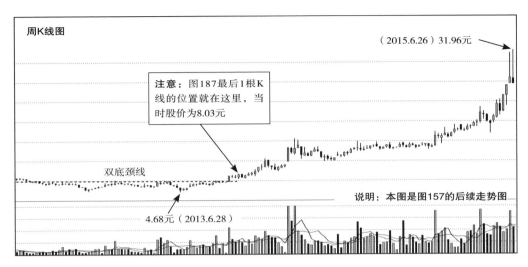

注意：图187最后1根K线的位置就在这里，当时股价为8.03元

周K线图

（2015.6.26）31.96元

双底颈线

说明：本图是图157的后续走势图

4.68元（2013.6.28）

中通客车（000957）2012年6月29日~2015年6月26日的周K线图　图190

许先生说，从上面的图形中，我们可以发现，该股成功构筑双底后，升幅是很大的。若从双底的最低价4.68元算起，至31.96元最高价，这轮行情的最大升幅为582.91%。若从图187中最后1根K线的收盘价8.03元算起，升幅也达到了298%。如此大的升幅，发生时间也只有2年。可见，周K线的双底一旦构筑成功，给投资者带来的赢利机会确实很可观。

在剖解了上面的10个实例后，许先生说，我们小组对如何运用技术图形选股非常重视。在讨论时，大家几乎将常见的属于底部的技术图形翻了个底朝天，并对其图形特征、技术特征、操作策略作了一一梳理。因为受篇幅限制，在向大家介绍时，每一个底部图形只能举一个例子。但即便如此，大家从这些不多的例子中也可以看出，只要这些底部的技术图形最后选择向上突破，涨幅都十分惊人。可见，从周K线中精心选择底部形态扎实的个股做多，决不是我们拍脑袋想出来的，而是根据股市实际情况总结出来的一条很有用的经验。我们愿意将这条经验与大家一起分享。

许先生说，我们小组认为，运用头肩底、双底、潜伏底等技术图形选股做多，既要看到它们给我们带来的投资机会，更要考虑投资的安全性。经过深入讨论，我们小组达成一个共识，认为只有底部形态扎实的股票，才能给投资者带来安全的感觉。我们选择它们做多，才会买得放心。比如，同样是双底，运用日K线图中的双底选股，失败的概率就比较高，而运用周K线图中的双底进行选股，成功的概率就会显著提高。原因就是日K线图中的双底远不如周K线图中的双底来得扎实。就像我们前面举的实例二十七的双底例子，这个双底看上去与日K线图中的双底没有什么差别，但时间长度就大不一样。这个双底在颈线之下运行的时间超过一年，2个底相距的时间也超过了半年。若换成日K线，同样的图形，时间就要缩短4/5，时间短，换手不充分，底部形态自然就不扎实。这个道理不言自明，大家都会懂的。

许先生说，有人曾经问我们，底部形态扎实的股票具体到底有哪些表现呢？我们总结了几条供大家参考。

第一，前期股价出现过大幅下跌。比如，我们上面举的实例中，有很多股票都跌得非常厉害，有的股票跌幅甚至超过了8成。随着股价大幅下跌，盘中主动做空动能逐渐衰减，甚至消失，这为日后股价上涨创造了有利条件。

第二，股价筑底的时间都很长。最短的半年，一般都在一年以上。时间长，说明底部换手、洗盘都很充分，这样底部就会打造得比较结实。

第三，股价往上突破时放出大量。比如，在我们上面举的实例中，股价冲上颈线、压力线时，都拉出了带量的大阳线。这说明盘中做多的力量很积极。

第四，股价上涨时出现价升量增、价跌量减的状态。价量配合良好是股价走强的重要因素。

第五，如果加上MACD指标（注：因版面关系，实例十八~实例二十七中的图形都未加上MACD图形），大家就会发现我们上面举的几个实例，随着股价上升，MACD指标都已走好，比如，上涨时红柱状线在放大，MACD已走到0轴上方运行。

当然，判断一个股票的底部形态是否扎实，并不是说5个条件都要百分之百符合，如稍有一些差异还是可以的，但大部分条件一定要对得上号。否则就很难说底部形态扎实了。

许先生说，底部形态构造扎实了，股价上涨是完全可以预期的。投资者若跟进做多，往后获胜的概率就非常大。从我们上面举的实例中大家可以看出，这些个股在底部形态做扎实后，一旦向上突破，股价都出现了大涨，涨幅至少在2倍以上，多的最大涨幅已经超过了20倍（如实例十八中的广晟有色）。可见，精选底部形态扎实的股票做多，应该是投资者在选股时要重点考虑的一个问题。

许先生说，下面我向大家汇报第二个问题——**"首选时间跨度大，长期蛰伏不动的股票，在其向上突破时积极跟进做多"**。

许先生解释说，虽然我们认为精选底部形态扎实的股票买入，获胜的概率是很高的。但我们更看好时间跨度大，长期蛰伏不动，在某个时刻突然向上突破的股票。因为长期蛰伏的股票不动则已，一动往往就会出现连续大涨的现象，这是由于盘中长期积聚的做多能量会一下子喷发出来，股价短时期内有望形成一飞冲天的态势。这样的投资机会很难得，要尽可能地抓住，这对大幅提高投资收益将起到决定性的作用。

下面我们来看一些实例。

实例二十八：三七互娱长期蛰伏后向上突破时的初始图形

图形说明：该股低位横盘时间超过2年，箭头A、B所指的K线，周涨幅分别为21%、61%。

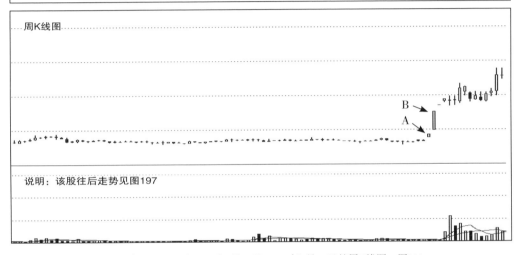

三七互娱（002555）2012年1月13日~2014年1月17日的周K线图　图191

实例二十九：雷科防务长期蛰伏后向上突破时的初始图形

图形说明：该股低位横盘时间超过2年，箭头A、B所指的K线，周涨幅分别为61%、33%。

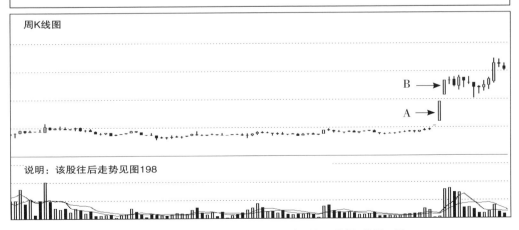

雷科防务（002413）2012年12月7日~2015年2月6日的周K线图　图192

实例三十：金刚玻璃长期蛰伏后向上突破时的初始图形

图形说明：该股低位横向震荡时间超过2年。箭头A指的K线周涨幅为46%，箭头B指的成交量，周换手率为63%。

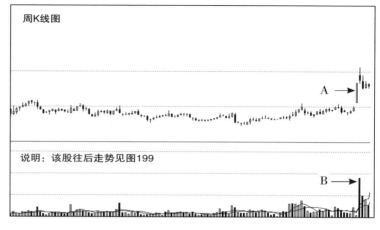

金刚玻璃（300093）2012年1月13日~2014年8月18日的周K线图　图193

实例三十一：沙钢股份长期蛰伏后向上突破时的初始图形

图形说明：该股低位横向震荡时间超过3年。箭头A、B、C所指的K线周涨幅分别为17%、9%、33%。

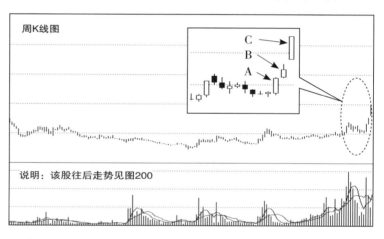

沙钢股份（002075）2011年11月25日~2015年2月27日的周K线压缩图　图194

实例三十二：深圳能源长期蛰伏后向上突破时的初始图形

图形说明：该股低位横向震荡时间超过3年。箭头A、B所指的K线周涨幅分别为8%、27%。

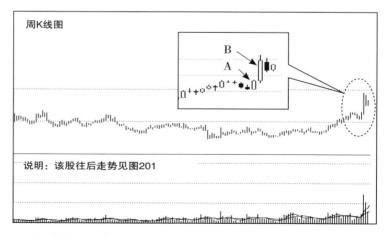

深圳能源（000027）2011年8月12日~2014年11月21日的周K线压缩图　图195

图形说明：该股低位
横向震荡时间超过2年。箭
头A、B所指的K线周涨幅
分别为32%、12%。

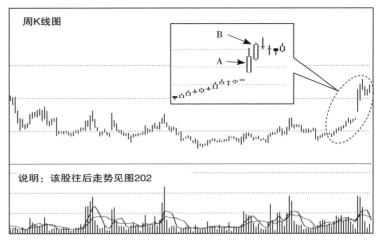

周K线图

说明：该股往后走势见图202

艾迪西（002468）2011年12月9日~2015年1月9日的周K线压缩图　图196

许先生说：上面几个实例，都是长期在低位蛰伏不动的个股，即使股价有所波动，也只有在很小的范围里波动。从大的视野看，这些股票都是躺在"地下"，股价几年停滞不动的"僵尸股"，买进这些股票只有吃套的份，没有什么获利的机会。

其实，依据中国股市20多年的经验，对"僵尸股"也应该一分为二。其中，有一部分"僵尸股"因上市公司的基本面恶化，或存在重大的潜在利空，致使股价无人问津，对这部分"僵尸股"投资者应保持高度警惕，不能因股价"便宜"而盲目买入。因为这些"僵尸股"随着上市公司的基本面不断恶化，股价会越走越弱，说不定哪天彻底破产，终止上市也不得而知。而另一部分"僵尸股"并非是上市公司基本面恶化，致使股价长期卧地不动。有时情况恰恰相反，这些股票表面看上去业绩很差，也无什么可挖掘的概念题材，但事实上，这些股票的上市公司基本面正在出现积极变化，甚至蕴含了重大资产重组的机会，或核心技术研发即将获得成功等重大潜在利好，一些"先知先觉"的主力已驻扎其中。股价卧地不动就是因为这些主力施展底部折磨的伎俩，压着股价不让它涨，以此来逼迫中小投资者割肉离场，他们则可以收集到大量廉价筹码。

从历史经验看，在主力低位收集廉价筹码的目的未达到之前，这些股票是不会涨的。

可见，对卧地不动的"僵尸股"，一部分是不能看好的，而另一部分是可以看好的。问题是，普通投资者缺乏信息、人脉等方面的优势，无法辨别其真伪。谁又能知道这些长期在低位躺着不动的股票，究竟是因为基本面恶化，致使股价无人问津，还是因为有潜在重大利好，但只是主力不断打压，致使股价始终抬不起头呢？投资者在无法弄清真相之前，贸然加入是有很大风险的。除非一些善于深入调查研究，或有所谓的内幕消息的人，能在这些股票横卧不动时知其真相，能对有潜在重大利好的股票捷足先登预先埋伏在里面。这就另当别论了。俗话说，天无绝人之路。虽然我们无法预先知道是什么原因造成一些股票长期蛰伏不动，但我们可以在其长期蛰伏不动的最后阶段，在股价作出向下或向上选择时，判断出其长期蛰伏不动的原因是什么。若股价最后选择了向下突破，那就说明是前面股价卧地不动是因为基本面恶化所致；若股价最后选择了向上突破，那就说明前面股价卧地不动是因为基本面有潜在重大利好，但只是在主力不断打压下，才造成"僵尸"这种现象的。

经验告诉我们，对长期蛰伏不动的股票，一旦性质看清楚后，就可以作出正确的投资决策。比如，对股价横卧后向下的股票要坚决看空做空，对股价横卧后向上的股票则要积极看多做多。

从操作层面上说，长期蛰伏不动的股票，若向上突破，周K线图上会出现以前几年都没有见到过的大阳线、巨阳线、跳空缺口，或会连续拉出一些中阳线、小阳线。图中出现这些现象，就是买入信号。此时投资者就应积极跟进，可以这样说，只要不是出现连续涨停，买进还是很容易的。就如上面几个实例，只要你愿意买，在当时就能随便买到。买进后耐心持股待涨，一般日后都会有非常好的收益。下面我们就来看前面几个实例向上突破后的后续走势究竟会怎么样（见图197~图202），以此佐证这种选股方法的实用性、有效性，希望能引起大家的重视。

实例二十八：三七互娱向上突破后的后续图形

图形解说：该股长期蛰伏，最后选择往上突破，股价出现了大涨。不到2年，股价就涨了10倍以上。可见，当时该股往上突破时，积极跟进是完全正确的。

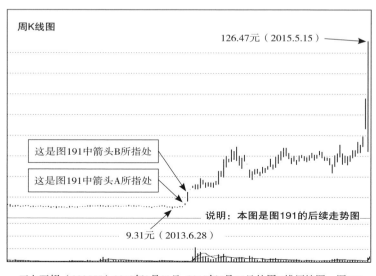

周K线图

126.47元（2015.5.15）

这是图191中箭头B所指处

这是图191中箭头A所指处

说明：**本图是图191的后续走势图**

9.31元（2013.6.28）

三七互娱（002555）2012年3月23日~2015年5月15日的周K线压缩图　图197

实例二十九：雷科防务向上突破后的后续图形

图形解说：该股长期蛰伏选择往上突破后，股价大涨了9倍。当时，即使一开始没买进，在其回调至15.65元处跟进，后面收益也是相当不错的。

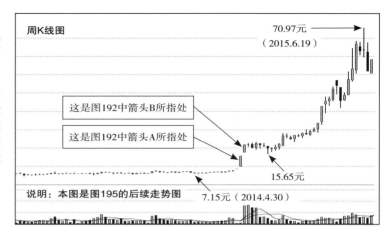

雷科防务（002413）2013年6月14日~2015年11月20日的周K线图　图198

实例三十：金刚玻璃向上突破后的后续图形

图形解说：该股长期蛰伏选择往上突破后，股价走势并不顺畅，途中出现较长时间的回调整理。若有谁在回调低点9.91元处买进，仅一年就可获3倍以上的收益。

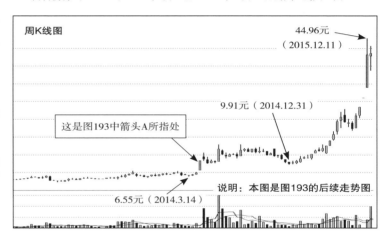

金刚玻璃（300093）2013年4月26日~2015年12月18日的周K线图　图199

实例三十一：沙钢股份向上突破后的后续图形

图形解说：该股半年中股价涨了6倍多，主要是得益于长期蛰伏中积累的多头能量。可见，该股长期蛰伏后选择向上突破，及时跟进做多是非常明智的。

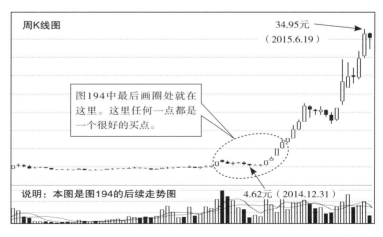

沙钢股份（002075）2014年3月7日~2015年6月24日的周K线图　图200

实例三十二：
深圳能源向上突破
后的后续图形

图形解说：该股在2014年6月~2015年6月的一年中，股价涨了4倍，涨幅远超过大盘指数涨幅。其原因就是该股前期有一个长期蛰伏过程。可见，选择长期蛰伏后往上突破的股票做多，风险小，机会大。

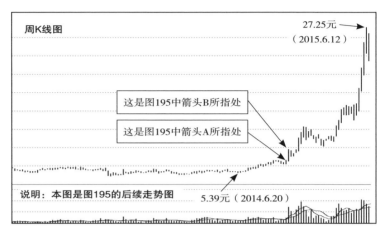

深圳能源（000027）2012年9月28日~2015年6月19日的周K线压缩图　图201

实例三十三：
艾迪西向上突破后
的后续图形

图形解说：该股长期蛰伏后选择向上突破，股价并没有出现连续大涨，当时逢低吸纳的机会很多。投资者只要低位买进后耐心持股，后面都可获得非常好的收益。

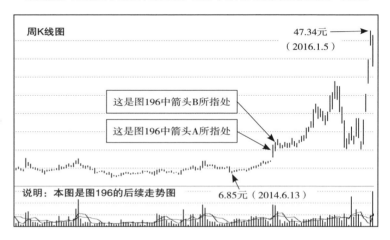

艾迪西（002468）2012年9月7日~2016年1月15日的周K线压缩图　图202

许先生说，大家看了实例二十八~实例三十三的后续图形后，就会对长期蛰伏不动的股票，一旦选择了向上突破后的走势留下深刻的印象。从而使大家认识到"**首选时间跨度大，长期蛰伏不动的股票，在其向上突破时积极做多**"的策略，是一个非常实用、效果非常好的选股策略。

（三）

第三小组派钟小姐代表他们小组到台上交流。钟小姐说，他们小组讨论的主题是：如何从月K线图形中选择有潜力的股票。他们的选股策略是："**抓住投资大机会，瞄准月K线中出现平底、低位向上缺口的股票积极做多**"。

钟小姐说，K线中的平底是一个重要的见底信号。其特征是在下跌行情中，当某根K线的最低价位（包括下影线在内），与后1根或几根邻近的K线的最低价位处在同一水平位置上时，就构成了平底。一般来说，平底如果出现在较大跌势之后，所提示的股价见底的可能性就很大，投资者见到平底信号后可考虑适时做多。

钟小姐说，虽然平底是一个见底信号，但从以往投资经验看，日K线、周K线中出现平底信号（特别是日K线中的平底），因K线本身反映的时间短，主力容易做手脚，信号的真实性、可靠性，远逊色于月K线中的平底信号。月K线出现平底，主力从中做手脚的可能很小，它是市场交易的一种自然反映，因此在实战中具有很高的参考价值。

我们小组在讨论时，对中国股市2000多只股票，运用大数据分析作了筛选，发现月K线图中有5种形式的平底现象最为常见，值得我们重视。下面我们就通过一些实例，对这5种形式的平底现象进行分别说明。

一、双针探底，或2根K线并排式平底图形

实例三十四：

东方通月K线平底初始图形

图形说明：箭头A、B所指的2根月K线，它们的下影线末端都处于同一水平位置，从而构筑了一个双针探底式平底。

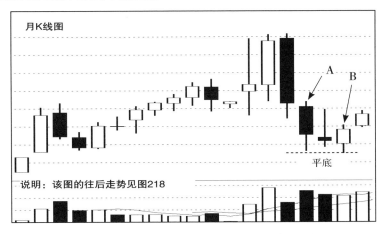

东方通（300379）2014年1月~2015年10月的月K线图　图203

实例三十五：

姚记扑克月K线平底初始图形

图形说明：箭头A、B所指的2根月K线，它们的下影线末端都处于同一水平位置，从而构筑了一个双针探底式平底。

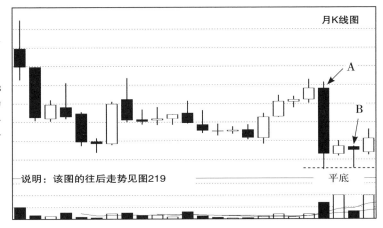

姚记扑克（002605）2011年8月~2013年7月的月K线图　图204

实例三十六：
易联众月K线平底初
始图形

图形说明：箭头A、B所指的2根月K线，它们的最低价几乎相等，从而构筑了一个2根K线并排式平底。

易联众（300096）2012年4月~2015年2月的月K线图 图205

二、低位多根小十字线或小阴小阳并排式平底图形

实例三十七：
卫宁健康月K线平底
初始图形

图形说明：该股在低位连续几个月都收出了小十字线，这些小十字线几乎处于同一水平位置，从而构成了多根小十字线并排式平底。

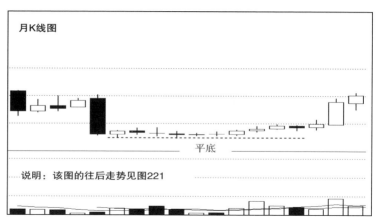

卫宁健康（300253）2012年1月~2013年6月的月K线图 图206

实例三十八：
皖通科技月K线平底
初始图形

图形说明：该股跌至低位，出现了多根小阴小阳与小十字线，其水平位置都差不多，从而构成了多根小阴小阳并排式平底。

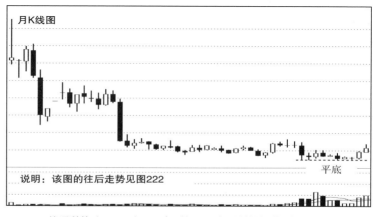

皖通科技（002331）2010年1月~2014年2月的月K线图 图207

实例三十九：东港股份月K线平底初始图形

图形说明：该股跌至低位时，月K线出现时阴时阳的小K线，其最低价几乎在同一位置，从而构成了多根小阴小阳并排式平底。

东港股份（002117）2010年5月~2013年2月的月K线图　图208

三、小山丘式平底图形

实例四十：千山药机月K线平底初始图形

图形说明：该股跌至低位时，出现了小幅冲高回落走势，左右两边低点的股价处在同一水平线位置上，从而构成了小山丘式的平底。

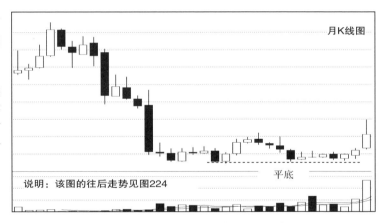

千山药机（300216）2011年5月~2014年4月的月K线图　图209

实例四十一：小天鹅A月K线平底初始图形

图形说明：该股跌至低位时，出现了小幅冲高回落走势，左右两边低点的股价处在同一水平线位置上，从而构成了小山丘式的平底。

小天鹅A（000418）2010年7月~2013年12月的月K线图　图210

实例四十二：
神雾环保月K线平底
初始图形

　　图形说明：该股跌至低位时，出现了小幅波动，但每次波动回落的低点位置都差不多，从而构成了小山丘式的平底。

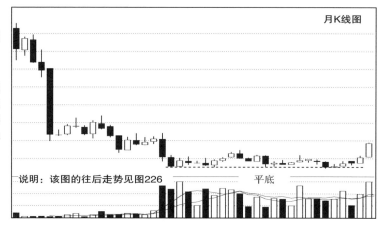

神雾环保（300156）2011年1月~2014年7月的月K线图　图211

四、过山车式平底图形

实例四十三：
中洲控股月K线平底
初始图形

　　图形说明：可以说，该股的股价从哪里来又跌回到哪里去，箭头A与箭头B的最低价几乎是同一个价，从而构成了过山车式的平底。

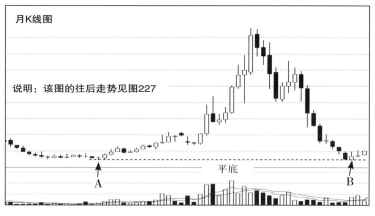

中洲控股（000042）2004年4月~2009年1月的月K线图　图212

实例四十四：
刚泰控股月K线平底
初始图形

　　图形说明：该股兜了一个大圈子，股价从终点又回到原点。箭头A与箭头B的股价处于同一水平位置，从而构成了一个过山车式的平底。

刚泰控股（600687）2002年4月~2009年1月的月K线图　图213

实例四十五：海王生物月K线平底初始图形

图形说明： 该股呈现的也是一个大起大落的走势。箭头A、B的最低价几乎相同，从而在月K线级别上构筑了一个过山车式的平底。

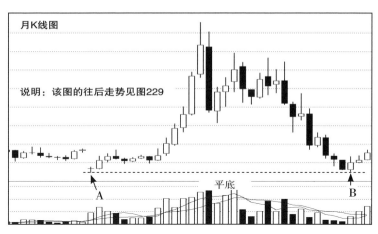

月K线图

说明：该图的往后走势见图229

平底

A

B

海王生物（000078）2005年7月~2009年1月的月K线图　图214

五、大平台式平底图形

实例四十六：海思科月K线平底初始图形

图形说明： 该股几次冲高回落的低点，几乎都处于同一个位置。只要画一条直线就可看出，该股在构筑一个大平台式的平底。

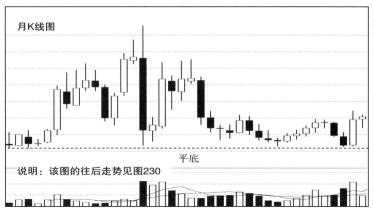

月K线图

平底

说明：该图的往后走势见图230

海思科（002653）2012年1月~2015年2月的月K线图　图215

实例四十七：国瓷材料月K线平底初始图形

图形说明： 该股的几个低点都处于同一水平位置上，构筑的是一个月K线级别的大平台式的平底。

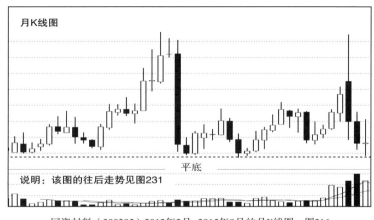

月K线图

平底

说明：该图的往后走势见图231

国瓷材料（300285）2012年2月~2015年8月的月K线图　图216

实例四十八：易华录月K线平底初始图形

图形说明：该股走势有一规律，只要跌到某一位置就跌不动了。该股大平台式的平底似乎很经得起考验。

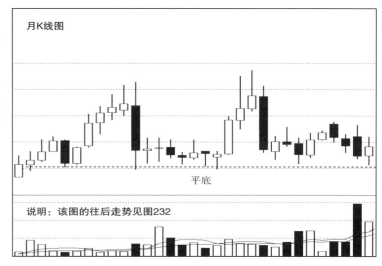

易华录（300212）2012年7月~2015年1月的月K线图　图217

钟小姐说，上面我们对月K线图中这5种形式的平底，都举了一些例子（如果不是受篇幅限制，可以举更多的例子），以此说明这不是偶然发生的现象，而是带有一定规律性的现象。历史数据证明，月K线中的平底是股价转势的最重要信号之一。投资者只要在股价见到平底后，积极跟进，一般都会有一个很好的投资回报。下面我们就来看看这些构筑月K线平底个股的后续走势（见图218~图232）。

一、双针探底，或2根K线并排式平底的后续图形

实例三十四：东方通出现双针探底式平底的后续图形

图形解说：该股用2根长下影线构筑了平底，然后就一路向上，仅4个月，股价就涨了2倍有余，让及时跟进者大获丰收。

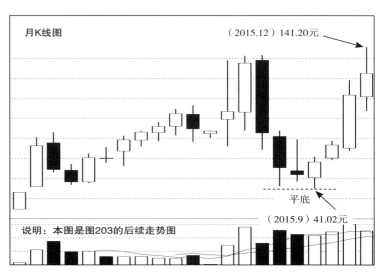

东方通（300379）2014年1月~2015年12月的月K线图　图218

实例三十五：
姚记扑克出现双针探底式平底的后续图形

图形解说：该股构筑平底时，拉出了带长下影线的锤头线，第2个月出现了带长上影线的中阳线。这都是积极买入信号，及时跟进者，后面获利很大。

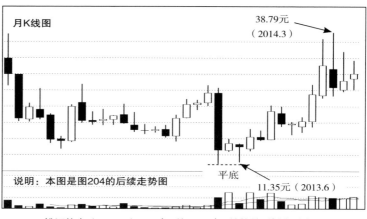

姚记扑克（002605）2011年8月~2014年5月的月K线图　图219

实例三十六：
易联众出现2根K线并排式平底的后续图形

图形解说：该股是以1阴1阳2根K线的最低价处在同一水平位置构成平底的。之后就出现了快速上涨势头。其实，第2根阳线就是强烈看涨信号，应积极跟进。

易联众（300096）2011年10月~2015年5月的月K线图　图220

二、低位出现多根小十字线或小阴小阳并排式平底的后续图形

实例三十七：
卫宁健康出现多根小十字线并排式平底的后续图形

图形解说：该股构筑平底时间很长，箭头A指的K线，就是强烈买进信号。买进后耐心持股待涨，必获丰收。

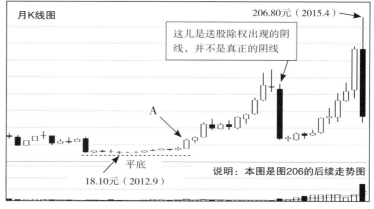

卫宁健康（300253）2011年8月~2015年4月的月K线图　图221

实例三十八：皖通科技出现小阴小阳并排式平底的后续图形

图形解说：该股构筑平底后，股价并没有马上涨上去，若逢低买进，耐心持股待涨，后面就能享受到大涨的机会。

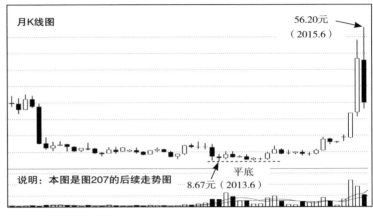

皖通科技（002331）2010年12月~2015年6月的月K线图　图222

实例三十九：东港股份出现小阴小阳并排式平底的后续图形

图形解说：该股构筑平底后，股价走势仍十分疲弱，这说明主力还在不断洗盘，但这正是逢低买入的机会。之后该股大涨了11倍多（注：按照该股送股后的复权价计算）。

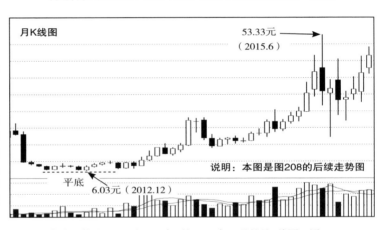

东港股份（002117）2012年3月~2015年12月的月K线图　图223

三、小山丘式平底的后续图形

实例四十：千山药机出现小山丘式平底的后续图形

图形解说：该股构筑时间很长，箭头A指的K线，股价明显"上抬头"，这说明了市场已认可前面平底，买入正当时。后面股价果然出现大涨。

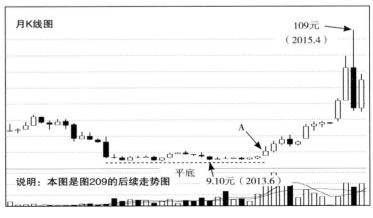

千山药机（300216）2011年5月~2015年5月的月K线图　图224

实例四十一：
小天鹅A出现小山丘式平底的后续图形

图形解说：该股构筑平底后，有2个明显买点。箭头A为第一买点，箭头B为第二买点（此处股价已创了新高）。买入持有均可获利。

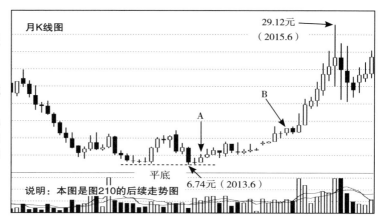

小天鹅A（000418）2011年2月~2015年12月的月K线图　图225

实例四十二：
神雾环保出现小山丘式平底的后续图形

图形解说：该股构筑平底后，一开始股价涨得很慢，逢低买进很容易。但只要买进后耐心持有，后面都能有数倍的赢利。

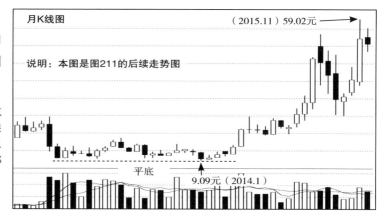

神雾环保（300156）2012年2月~2015年12月的月K线图　图226

四、过山式平底的后续图形

实例四十三：
中洲控股出现过山车式平底的后续图形

图形解说：股价从山脚→山顶→山脚（止跌），以此方式构成的平底，极为常见。若熟悉此规律，见4.81元处止跌即可跟进做多，后面赢利可期。

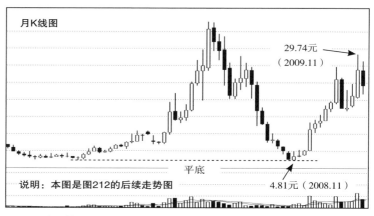

中洲控股（000042）2004年5月~2009年12月的月K线图　图227

实例四十四：
刚泰控股出现过山式平底的后续图形

图形解说：该股构筑平底后，股价不知不觉地竟涨了20倍（复权价）。可见，见到月K线平底耐心持股做多，往往有惊人的回报。

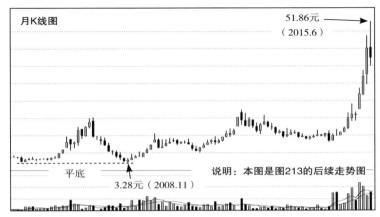

刚泰控股（600687）2006年2月~2015年6月的月K线图　图228

实例四十五：
海王生物出现过山式平底的后续图形

图形解说：股价从高处跌回起涨点，只要不再创新低，就是买点。该股在起涨点构成平底后，一路上行，股价竟大涨了9倍，令人惊叹不已。

海王生物（000078）2005年3月~2009年12月的月K线图　图229

五、大平台式平底的后续图形

实例四十六：
海思科出现大平台式平底的后续图形

图形解说：该股低位处的直线，就是其股价落地的平台。每到这个平台，股价就会触底反弹。掌握此规律，高抛低吸，可做得不亦乐乎。

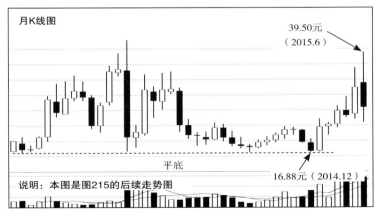

海思科（002653）2012年2月~2015年6月的月K线图　图230

实例四十七：国瓷材料出现大平台式平底的后续图形

图形解说： 该股构筑大平台平底后，股价每次都会有一番表现，多的时候股价涨了2倍，少的时候也涨了1倍。可见，发现大平台做多，胜算率很高。

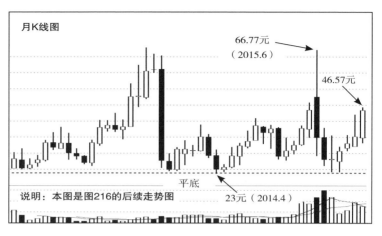

国瓷材料（300285）2012年2月~2015年12月的月K线图　图231

实例四十八：易华录出现大平台式平底的后续图形

图形解说： 该股这几年都在大平台平底上运行。因此，见到股价触及平台就做多，日后赢利是肯定的，每次则是赢多赢少而已。

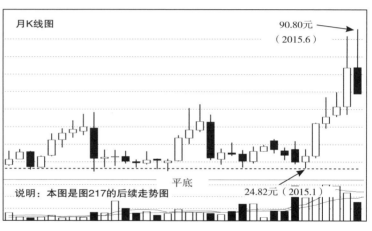

易华录（300212）2012年9月~2015年6月的月K线图　图232

钟小姐说，从实例三十四~实例四十八的后续图形中，我们可以清楚地看到，股价在月K线中构筑平底后都出现了向上回升行情，股价因此而涨上几倍是很常见的现象，多的可以涨上20多倍。

钟小姐接着分析了上面几个板块中个股的上涨情况，与其平底构造的特点。

钟小姐说，第一个块板3个股票筑底后的情况是：实例三十四东方通股票在构筑平底后，就出现了连续上涨的走势，在拉4根大阳线、超大阳线（注：超大阳线，技术上称为巨阳线）后见顶，股价最高涨至141.2元。这轮行情最大涨幅为244.22%。实例三十五姚记扑克股票在构筑平底后，股价出现了快速震荡的上行走势，10个月后，冲至38.70元见顶。这轮行情最大涨幅为241.76%，实例三十六易联众在构筑平底后，出现了连续上攻的走势，在第5个月拉出1根超大阳线，股价摸高39.93元见顶。这轮行最大涨幅为331.21%。

该板块平底构造的特点是：①双针探底时下影线都很长；②2根K线并排时，K线实体都很长。也就是说，是大阴线、大阳线的并列，而不是什么小阴线、小阳线的并列。③股价见底回升时，上涨势头迅猛，连拉大阳线，甚至超大阳线。

在以上3个特点中，①、②点最重要，它是决定月K线平底构筑能否成功的关键。有人担心，仅仅两根K线构筑的平底是否牢靠。我们认为，只要构筑月K线平底时，符合上面3个特征条件，这个平底构筑就是牢靠的。虽然从表面上看，盘中只有区区两根K线在构筑平底，但每一根K线代表的是一个月交易的情况，它相当于20多根日K线。显然，月K线的份量是很重的，故而月K线见底信号远比日K线、周K线可靠。比如，月K线中出现双针探底，下影线很长，说明这2个月中空方打压股价都遭到了多方极力反抗，最终是多方战胜了空方，硬是把股价拉了上来。因为下影线较长，收盘价与空方打压的最低价已有了很大一段距离。因此，往后股价只要在下影线的上端部分运行，多方获胜就是一个大概率事件。

第二个板块3个股票筑底后的情况是：实例三十七卫宁健康在构筑月K线平底后，先是缓慢回升，后再加速上行。该股在筑底后，不到30个月的时间内，股价最高冲至206.80元。这轮行情最大涨幅达到2184.51%（注：该股在此论上涨过程中实施过10送10，此涨幅是按复权价，即按实际上涨的价格计算的）。实例三十八皖通科技在构筑月K线平底后，也是先缓慢回升后再加速上行。该股在筑底后的第15个月，股价冲至56.20元见顶。这轮行情最大涨幅达到548.21%。实例三十九东港股份在构筑月K线平底后，股价就呈现缓慢但不断往上攀升的态势。该股在筑底后的第30个月，股价摸高至53.33元见顶。这轮行情最大涨幅为1173.55%（注：该股途中曾2次送股，此涨幅是按复权价格计算的）。

该板块平底构造的特点是：①交易清淡，成交量稀少，甚至处于极端萎缩状态；②低位小阴、小阳并列，甚至出现连续多根小十字线；③股价横躺不动，或在极为狭窄的范围里徘徊，几个月以后股价仍然是老样子；④股价见底后往上回升时，初期上升速度很慢，一副懒洋洋的样子，之后股价上升速度才有所加快。

第三个板块3个股票筑底后的情况是：实例四十千山药机在构筑平底后，又经过了几个月的横盘，然后才开始抬头向上，出现了明显的上行态势。该股在筑底后的第18个月，股价冲至109元见顶。这轮行情最大涨幅达到1528.74%。实例四十一小天鹅A在构筑平底后，就开始出现持续并缓步向上的走势。该股在筑底后的第23个月，股价冲至29.12元见顶。这轮行情最大涨幅为332.04%。实例四十二神雾环保在构筑平底后，就开始了震荡上行的走势。该股在筑底后的第20个月摸高至59.02元见顶。这轮行情最大涨幅为549.28%。

该板块平底构造的特点是：①股价在低位都出现过小山丘式的波动行情，小山丘的左侧与右侧，股价处于同一水平位置。②小山丘式的平台构筑完成后，股价就开始逐步震荡向上。③随着股价震荡向上，成交量也跟着放大。

第四个板块3个股票筑底后上涨的情况是：实例四十三中洲控股在构筑平底后，行情就逆转向上，呈现一路向上，高位再震荡上行的态势。该股在筑底后的第13个月摸高至29.74元见顶。这轮行情最大涨幅为518.30%。实例四十四刚泰控股在构筑平底后，行情掉头向上，然后就出现了进二退一，震荡向上，末端又出现了加速上涨的走势。该股在筑底后的第64个月，股价冲至51.86元见顶。这轮行情的最大涨幅为2156.04%（注：该股途中送过股，此涨幅是按复权价格计算的）。实例四十五海王生物在构筑平底后，出现了V形反转，股价呈现一路向上的走势。在筑底后的第13个月出现1根倒T字线，股价摸高至22.35元见顶。这轮行情最大涨幅为893.33%。

该板块平底构造的特点是：①股价大起大落，在高位见顶回落，最后又回到了起涨点，呈现出非常明显的过山车式走势。②股价波动呈现大"山"字形，其左侧与右侧的最低点，股价基本相同。③股价见底后就开始掉头向上，出现一轮报复性上涨走势。

第五个板块3个股票筑底后上涨的情况是：实例四十六海思科在构筑平底后，就出现了一轮快速上涨走势。该股筑底后第6个月股价摸高39.50元见顶。这轮行情最大涨幅为134%。实例四十七国瓷材料在构筑平底后，也出现了一轮快速上涨走势。该股筑底后的第4个月股价摸高46.57元见顶。这轮行情最大涨幅为97.50%。实例四十八易华录在构筑平底后，同样是出现了一轮快速上涨走势。该股筑底后的第6个月，股价冲至90.80元见顶。这轮行情最大涨幅为265.83%。

该板块平底构造的特点是：①平台跨度大，并且在不断向前延伸，平台构筑时间至少在两年以上。②股价每次跌至平台附近，就会受到一股力量的支撑，股价马上戛然止跌。③股价触及平台就是一个买点，随后股价即会出现一波反弹，甚至反转行情。

钟小姐说，通过上面分析，我们认为，虽然月K线图中股价平底构筑成功后都会上涨，但由于上涨的形式不同，结果也有很大的不同。从绝对收益看，股价大幅下跌后，在低位以多根小十字线，或小阳小阴并列方式构成平底的股票最值得期待，因为这类股票一旦平底构筑成功，往后上涨的空间是最大的。如实例三十七卫宁健康在构筑月K线平底后，在不到30个月的时间里，股价就涨了25倍，这样的上涨幅度实在惊人。投资者在选股时，类似这种股票，选准后就值得中长期持有。当然，持有该股最后不可能以最大涨幅卖出。但即使将最大涨幅打对折卖出，那也是赚得飞了起来。相对而言，以双针探底，或以大平台构筑的平底，短期内上涨势头虽猛，但实际上涨的空间并不大。投资者选股时，只能把它作为短期投资对象，绝对收益不能期望过高，要见好就收。所以，投资者利用月K线平底选股时，对不同形式的平底要采取不同的投资策略，如此才能提高投资的成功率。

钟小姐说，我们小组除了讨论如何通过月K线的平底技巧选股，还认真讨论了如何用月K线中的向上缺口技巧进行选股的问题。我们认为这是图形选股技术中一个非常重要的组成部分。

钟小姐说，提到缺口，大家都很熟悉（注：关于向上缺口的有关知识，详见《股市操练大全》第一册第274页~第277页）。但是，在我们的周围，说到缺口都是指日K线中的缺口，很少有人注意到月K线中的向上缺口，更没有多少人把月K线中的低位向上缺口作为选股的主要参考依据。我们认为，这是大家的一个疏忽，这个疏忽把一个简单、清晰，十分有效的选股方式拒之门外，这是让人感到非常可惜的事。那么，为什么这样说呢？因为比起日K线图中的向上缺口，月K线图中的向上缺口有两大优势。而这两大优势对投资者选好股票有非常重要的作用。

优势一：月K线图中的低位向上缺口，份量重，多方具有很大的号召力与话语权。而日K线图中出现低位向上缺口，份量就要轻得多，虽然这也是一个看涨的信号。但这个缺口是不是主力在诱多，技术上有无骗钱的可能，缺口会不会被回补，一时很难弄清楚，不确定因素太多，因而多方把它作为看多做多的理由就显得底气不足。有人曾经这样比喻，日K线图中出现低位向上跳空缺口，只能在战术上看多做多；周K线图中出现低位向上跳空缺口，可以战役上看多做多；而月K线图中出现低位向上跳空缺口，就能在战略上看多做多。我们认为，这个比喻是很有道理的。所以投资者在选股时，首先要从战略上进行考虑。战略上看对了，就是大方向捏准了，大方向捏准了，才能抵御市场里各种短期诱惑与风险，从而就可以抓住真正的大的投资机会，实现股市致富的梦想。

钟小姐说，我们通过对月K线中出现缺口股票的大量实例分析，得出一个结论：**月K线图中的低位向上缺口，是一个重磅的看多做多信号，它为投资者选股指出了一条明确且十分有效的路径。**

优势二：月K线图中的向上缺口，少而精，图形清晰，很容易找到。比如，一个上市10年的股票，满打满算就是120根月K线，把120根月K线图打开，在哪儿出现了向上缺口，一眼就能看清楚。但是如果把它换成日K线图大约就是2500根日K线（注：1根月K线等于20根或21根日K线），密密麻麻的K线，你要找到何处出现了向上缺口并不容易，只有耐下性子，仔细寻找才能找到。但这个要花费大量时间。另外，日K线图中的缺口，"存活期"不长，动不动就被回补了。在中国A股市场上，有一种"缺口必补"的理论，指的就是这种现象。试想，日K线中的缺口出现频繁，且不长时间就会被回补。面对这种局面，投资者若要找出一个不被回补的，真正有效的向上跳空缺口作为选股的参考依据就很难。但是回到月K线图中，这个问题就不存在了。因为月K线图中的低位、次低位向上缺口，只要出现了，多半就是向上突破缺口，且它"存活期"很长，回补的情况不到1/3。故而，月K线图中低位向上缺口显示做多的信号可靠性远胜于日K线图中的低位向上缺口。这就是我们为何特别看好月K线图中低位（包括次低位）向上缺口的一个重要原因。

那么投资者选股时，如何才能抓住月K线图中向上缺口带来的投资机会呢？我们认为主要应该从以下3个方面着手。

第一，首先要重点关注月K线图中低位向上缺口带来的投资机会。

钟小姐说，我们小组认为，在股价经历长期大跌后，或股价在低位长期盘整后，月K线图上突然出现低位向上缺口，这是一个最应该认真对待的重磅看多做多信号，这里面蕴藏着太多的投资机会。

下面我请大家看月K线中低位向上缺口的示意图，以及与之相关的一些实例。

股票月K线图中出现低位向上缺口示意图

图形（一）	图形（二）	图形（三）
说明：股价长期下跌，跌幅已很深，在尾部拐点处出现了一个月线级别的向上缺口。	说明：股价走势为"L"型——先下跌后横盘，在尾部出现了一个月线级别的向上缺口。	说明：股价上市以来，或很长时间都处于窄幅横向波动状态，在尾部拐点处出现了一个月线级别的向上缺口。

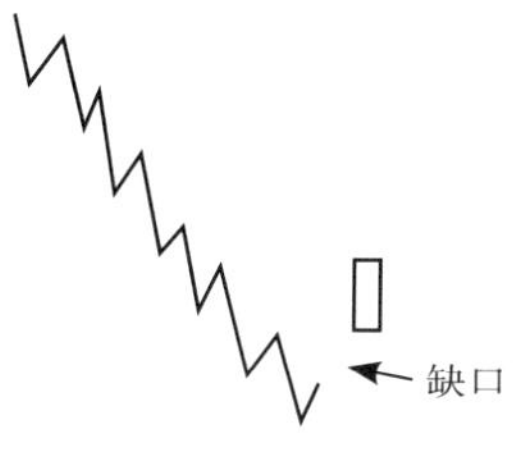

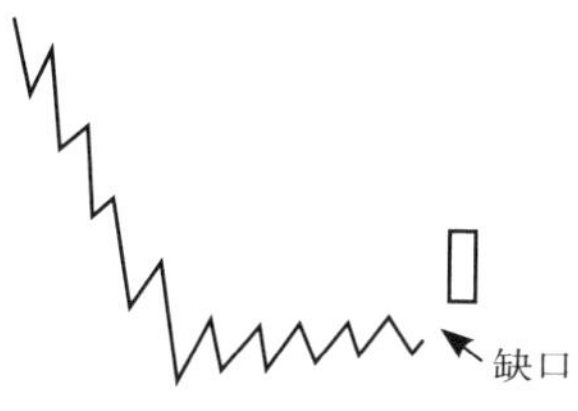

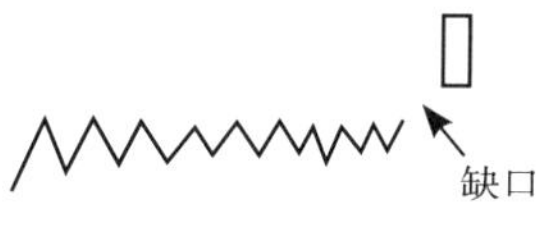

图233

钟小姐说，看了股票月K线中低位出现向上缺口的示意图后，我再请大家看一些相关实例。

实例四十九：长城信息出现月线低位向上缺口的初始图形

图形说明：当初该股从35.32元一路下跌，连跌7年，最低跌至2.48元，股价跌掉9成以上。然后股价在低位企稳后，在箭头A（当月最高价是3.16元）与箭头B（当月最低价是3.66元）之间出现一个向上跳空缺口。

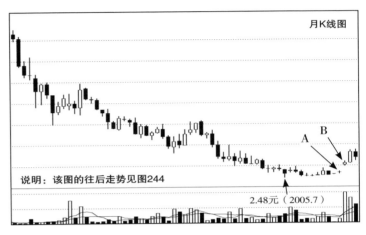

长城信息（000748）2001年6月~2006年8月的月K线走势图　图234

实例五十：科大智能出现月线低位向上缺口的初始图形

图形说明：该股跌至低位后，在低位横盘了一年，然后在箭头A（当月最高价是12.41元）与箭头B（当月最低价是13.65元）之间出现了一个向上跳空缺口。第二个月（图中最后1根K线）收出了1根放量十字线（十字线最低价是13.80元）

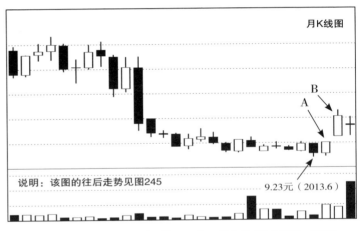

科大智能（300222）2011年5月~2013年12月的月K线走势图　图235

实例五十一：莱茵生物出现月线低位向上缺口的初始图形

图形说明：该股上市就呈现一路下跌的态势，从46.19元最低跌至5.70元。该股在箭头A（当月最高价是8.09元）与箭头B（当月最低价是8.61元）之间，留下了一个向上跳空缺口。尔后2个月股价出现冲高回落走势。本图最后1根K线是1根带有长上影线的小阴线。

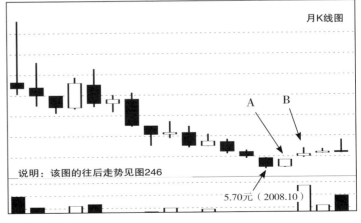

莱茵生物（002166）2007年9月~2009年2月的月K线走势图　图236

实例五十二：众和股份出现月线低位向上缺口的初始图形

图形说明：该股长时间在低位震荡，在箭头A（当月最高价是6.25元）与箭头B（当月最低价是6.41元）之间，留下了一个向上跳空缺口。图中最后收了1根放量中阳线。

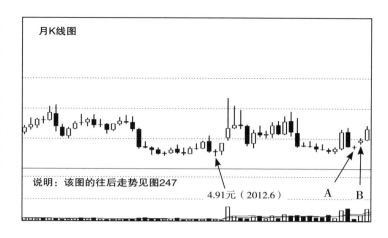

众和股份（002070）2010年1月~2014年7月的月K线走势图　图237

实例五十三：视觉中国出现月线低位向上缺口的初始图形

图形说明：该股长期在低位震荡，在箭头A（当月最高价是3.63元）与箭头B（当月最低价是6.00元）之间，出现了一个向上跳空缺口。图中最后3根K线出现了冲高回落走势。

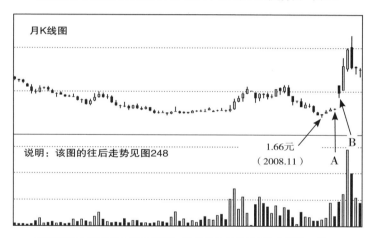

视觉中国（000681）2002年8月~2013年12月的月K线走势图　图238

实例五十四：同达创业出现月线低位向上缺口的初始图形

图形说明：该股在低位横盘了很长时间，之后在箭头A（当月最高价是12.69元）与箭头B（当月最低价是13.88元）之间出现了一个向上跳空缺口。尔后几个月股价都在考验这个缺口的有效性。

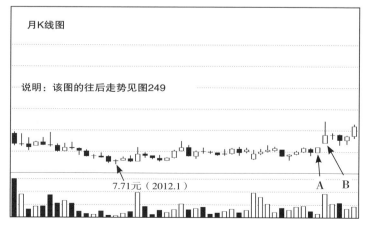

同达创业（600647）2010年10月~2015年1月的月K线走势图　图239

实例五十五：邦讯技术出现月线低位向上缺口的初始图形

图形说明： 该股上市后的一年多时间里，一直处于弱势低位震荡状态，然后在箭头A（当月最高价是15.54元）与箭头B（当月最低价是16.84元）之间出现了一个向上跳空缺口。但第2个月股价就跌了4.59%，股价触及的最低处已将该缺口封闭过半。

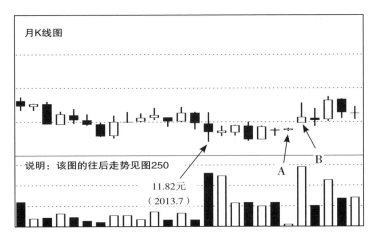

邦讯技术（300312）2012年5月~2014年8月的月K线走势图　图240

实例五十六：千方科技出现月线低位向上缺口的初始图形

图形说明： 该股是2010年上市的，上市就呈现一路下跌的走势。之后，在箭头A（当月最高价是7.07元）与箭头B（当月最低价是7.50元）之间出现了一个向上跳空缺口。第2个月该股收了1根小阴线，股价出现了调整。其实，调整就是最佳的买入时机。

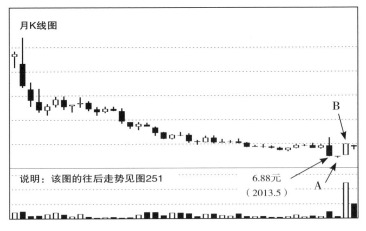

千方科技（002373）2010年3月~2013年12月的月K线走势图　图241

实例五十七：弘高创意出现月线低位向上缺口的初始图形

图形说明： 该股上市后就一路下泻，屡买屡套成了一种常见现象，故而在箭头A（当月最高价是8.28元）与箭头B（当月最低价是8.99元）之间出现了一个向上跳空缺口后，抛压不断，第2个月收了1根带长上影线的倒T字线，第3个月股价也只是以小阳线收盘。

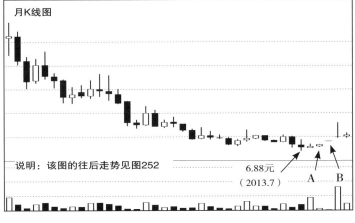

弘高创意（002504）2010年11月~2014年5月的月K线走势图　图242

实例五十八：慈文传媒出现月线低位向上缺口的初始图形

图形说明：该股在低位横盘了足足有3年多时间。在箭头A（当月最高价是9.34元）与箭头B（当月最低价是10.11元）之间出现了一个向上跳空缺口。之后2个月股价小幅往上攀升，收了2根小的月阳线。这个现象说明，该股低位缺口积聚的做多能量开始发挥作用。

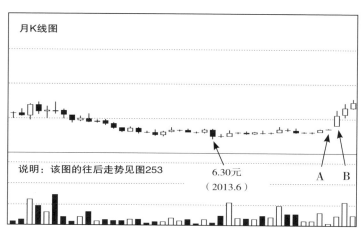

慈文传媒（002343）2011年6月~2015年2月的月K线走势图　图243

钟小姐说，实例四十九至实例五十八的股票，它们在股价跌至低位或从低位回上来的初始阶段，都出现了一个月K线向上跳空缺口。从图中看，当初这些股票在月K线低位处出现的向上缺口并没有什么特别亮眼的地方。比如，有的缺口出现后，股价不但没有大涨，反而是连续几个月出现调整；有的虽然后面股价出现了大涨，但涨得太快，让人觉得有一步涨到位的感觉。所以这个向上缺口并没有引起大家的重视。其实，有经验的投资者知道，股价跌至低位出现这样的向上缺口实属不易，是多方长期被空方压制，在第一次占据上风后发出的一个强烈做多信号，它对后市具有重要的指导意义。投资者若见到这样的强烈做多信号，应及时跟进为宜。事实会证明，及时跟进的投资者往往就能享受到后面股价大涨带来的快乐。下面我们来看看实例四十九至实例五十八股票在低位出现向上缺口的后续走势图形。

实例四十九：长城信息出现月线低位向上缺口的后续图形

图形解说：该股在箭头A与箭头B之间出现一个0.50元的向上缺口。之后股价在缺口上方整理了一段时间就开始发力上攻。这轮行情该股最高升至31.88元。若以缺口的上沿价3.66元计算，最大涨幅达到771.04%。

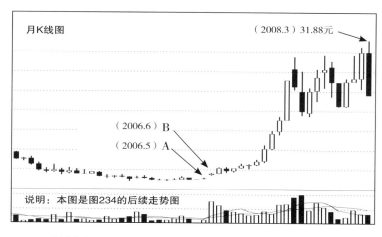

长城信息（000748）2004年4月~2008年3月的月K线走势图　图244

实例五十：科大智能出现月线低位向上缺口的后续图形

图形解说：该股在箭头A与箭头B之间出现一个1.24元的向上缺口。之后第2个月收了1根十字线（此为最佳买点）。17个月后，该股最高涨至62.20元（途中该股送过股）。若以缺口的上沿价13.65元计算，其最大涨幅（复权价）达到765.79%。

科大智能（300222）2011年5月~2015年6月的月K线走势图　图245

实例五十一：莱茵生物出现月线低位向上缺口的后续图形

图形解说：该股在箭头A与箭头B之间出现一个0.52元的向上缺口。此缺口未被回补。在跳空缺口出现后的第2、第3个月出现了冲高回落的走势。其实，这正是买进的最好时机，尔后股价就一路上行，最高涨至50.50元。若以缺口的上沿价8.61元计算，最大涨幅达到486.53%。

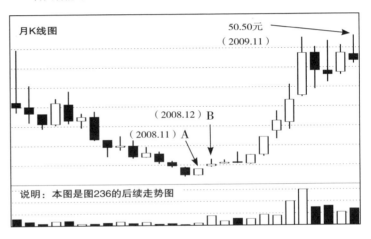

莱茵生物（002166）2007年9月~2009年11月的月K线走势图　图246

实例五十二：众和股份出现月线低位向上缺口的后续图形

图形解说：该股在箭头A与箭头B之间出现一个0.16元的向上跳空缺口。该缺口未被回补。尔后股价就一路震荡上行，11个月后，该股最高涨至31.88元。若以缺口的上沿价6.41元计算，最大涨幅达到397.35%。

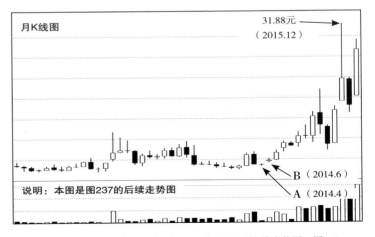

众和股份（002070）2011年7月~2016年5月的月K线走势图　图247

实例五十三：视觉中国出现月线低位向上缺口的后续图形

图形解说：该股在箭头A与箭头B之间留下了一个2.37元的向上跳空缺口。该股出现缺口的当月是1根带有下影线的中阴线。此时是最佳买入机会，尔后几个月股价冲高回落时，也是一个较佳的买入机会。若以缺口的上沿价6元至这轮行情最高价73.7元计算，最大涨幅达到1129.17%。

视觉中国（000681）2004年8月~2015年6月的月K线走势图　图248

实例五十四：同达创业出现月线低位向上缺口的后续图形

图形解说：该股在箭头A与箭头B之间留下一个1.19元向上跳空缺口。此缺口在后来几个月被部分封闭。其实，被封闭处就是最佳买点。在该缺口出现后的第5个月出现了高举高打的走势。若以缺口上沿价13.88元计算，至该股这轮行情的最高价52.98元，最大涨幅为281.70%。

同达创业（600647）2010年12月~2015年6月的月K线走势图　图249

实例五十五：邦讯科技出现月线低位向上缺口的后续图形

图形解说：该股在箭头A与箭头B之间留下一个1.30元向上跳空缺口。虽然该缺口被封闭过半，但股价经过一段时间整理后，多方就开始发力上攻。若以缺口的上沿价16.84元计算，至该股这轮行情的最高价79.57元，最大涨幅为372.51%。

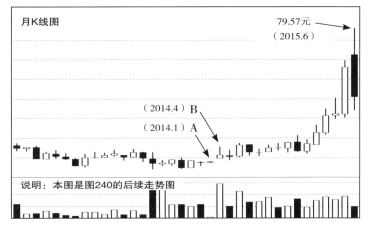

邦讯技术（300312）2012年5月~2015年6月的月K线走势图　图250

实例五十六：千方科技出现月线低位向上缺口的后续图形

图形解说：该股在箭头A与箭头B之间出现一个0.43元的向上缺口。此缺口未被封闭，但在缺口出现的第2个月收了1根小阴线，股价出现了短期调整，此时就是一个很好的买点，在缺口出现的第20个月，股价升至81.20元。若以缺口上沿价7.50元计算，最大涨幅为982.67%。

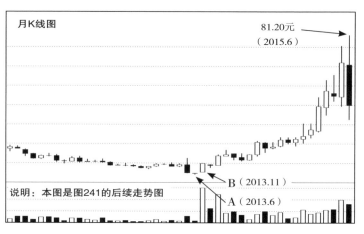

千方科技（002373）2011年6月~2015年6月的月K线走势图　图251

实例五十七：弘高创意出现月线低位向上缺口的后续图形

图形解说：该股在箭头A与箭头B之间出现一个0.71元的向上缺口。接着第2个月又出现一个向上缺口，这说明主力做多的意图十分明显，但市场上仍抛盘不断。这给看懂低位缺口意义的投资者提供了极佳买入机会。之后，该股就出现了连续大涨走势，在缺口出现后的第15个月股价升至45元。若以第一个缺口上沿价8.99元计算，最大涨幅为400.56%。

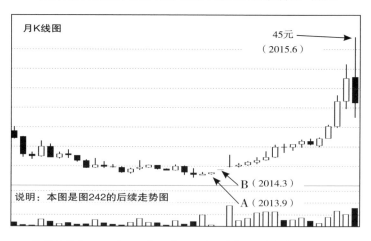

弘高创意（002504）2011年11月~2015年6月的月K线走势图　图252

实例五十八：慈文传媒出现月线低位向上缺口的后续图形

图形解说：该股在箭头A与箭头B之间出现一个0.77元的向上缺口。尔后，股价就一路往上攀升，在缺口出现后仅仅9个月，股价就升至79.48元。若以缺口的上沿价10.11元计算，最大涨幅为686.15%。

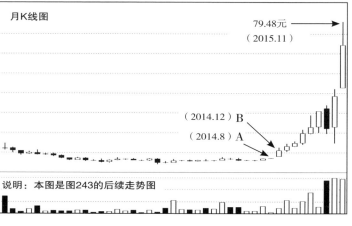

慈文传媒（002343）2011年11月~2015年11月的月K线走势图　图253

第二，要关注月K线图中次低位向上缺口带来的投资机会。

钟小姐说，我们小组认为，除了前面介绍的月K线中低位向上缺口需要特别关注外，另外在月K线中次低位的向上缺口，也应该予以高度重视，它也能给投资者带来重大的投资机会。

下面我请大家看月K线次低位向上缺口的示意图，以及与之相关的一些实例。

股票月K线图中出现次低位向上缺口示意图

图形（一）	图形（二）	图形（三）
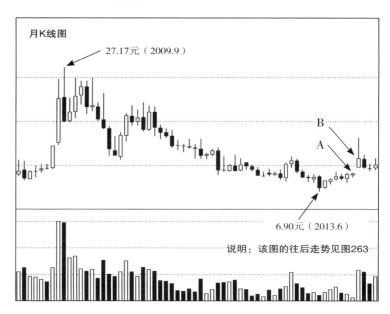		
说明：股价经过长期下跌，在见底之后出现小幅回升走势，然后拉出一个月线级别的向上缺口。	说明：股价长期在低位形成震荡走势，在前面高点附近出现1个月线级别的向上缺口。	说明：股价在低位构筑1个头肩底，或三重底、双底等，股价在向上突破时，出现了1个月线级别的向上缺口。

图254

实例五十九：熊猫金控出现月线次低位向上缺口的初始图形

图形说明：该股在2009年9月摸高27.17元见顶回落，连跌3年多，2013年6月最低跌至6.90元，之后缓步回升。在箭头A（当月最高价是9.87元）与箭头B（当月最低价是10.74元）之间，出现了一个向上跳空缺口。

月K线图

27.17元（2009.9）

B

A

6.90元（2013.6）

说明：该图的往后走势见图263

熊猫金控（600599）2009年1月~2014年6月的月K线走势图　图255

实例六十：神州信息出现月线次低位向上缺口的初始图形

图形说明： 该股长期处于低位横盘震荡走势，在尾部连续拉出6根月小阳线，然后股价在突破前期高点时出现了1根向上跳空缺口。缺口位置在箭头A（当月最高价是10.20元）与箭头B（当月最低价是10.71元）之间。

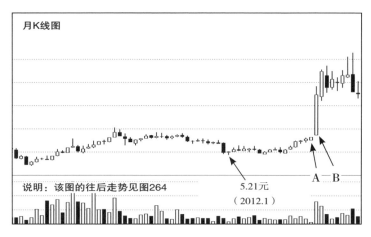

神州信息（000555）2008年8月~2014年4月的月K线走势图　图256

实例六十一：万家文化出现月线次低位向上缺口的初始图形

图形说明： 该股在低位进行将近2年的横盘震荡后，股价出现小幅回升态势。然后再拉出1个向上缺口，冲破横盘时的前期高点。缺口位置就在箭头A（当月最高价是12元）与箭头B（当月最低价是12.88元）之间。

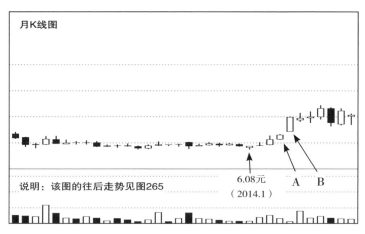

万家文化（600576）2011年11月~2015年2月的月K线走势图　图257

实例六十二：中南文化出现月线次低位向上缺口的初始图形

图形说明： 该股在低位横盘往上突破时出现了1个向上缺口。缺口的位置就在箭头A（当月最高价是9.41元）与箭头B（当月最低价是10.32元）之间。

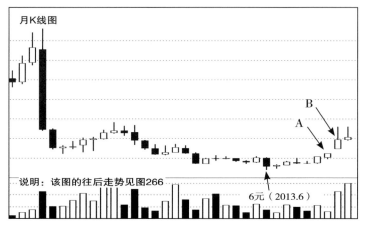

中南文化（002445）2011年5月~2014年4月的月K线走势图　图258

实例六十三：东方明珠出现月线次低位向上缺口的初始图形

图形说明：该股低位往上盘升时出现1个向上缺口。缺口位置就在箭头A（当月最高价是8.39元）与箭头B（当月最低价是9.22元）之间。

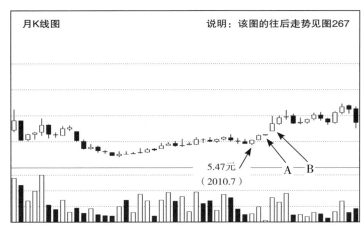

东方明珠（600637）2007年5月~2012年1月的月K线走势图　图259

实例六十四：中天城投出现月线次低位向上缺口的初始图形

图形说明：该股在低位拉出了月线5连阳，在突破前期高点时出现了1个向上跳空缺口。缺口的位置就在箭头A（当月最高价是8.47元）与箭头B（当月最低价是8.57元）之间。

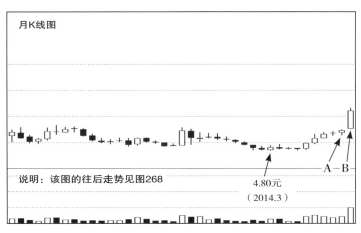

中天城投（000540）2011年10月~2014年12月的月K线走势图　图260

实例六十五：方正科技出现月线次低位向上缺口的初始图形

图形说明：该股在低位构筑了1个月线级别的上升三角形。股价在向上突破时出现了1个向上跳空缺口。缺口的位置就在箭头A（当月最高价是2.99元）与箭头B（当月最低价是3.11元）之间。

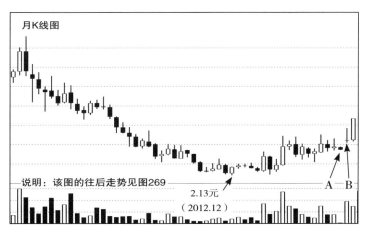

方正科技（600601）2010年2月~2014年7月的月K线走势图　图261

实例六十六：
航天科技出现月线
次低位向上缺口的
初始图形

　　图形说明： 该股在低位构筑了1个月线级别的头肩底形态，在股价向上突破时出现了1个向上跳空缺口。缺口的位置就在箭头A（当月最高价是16.15元）与箭头B（当月最低价是17.63元）之间。

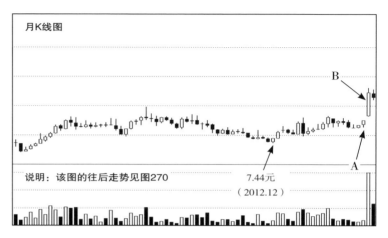

月K线图

说明：该图的往后走势见图270

7.44元
（2012.12）

B

A

航天科技（000901）2008年9月~2014年8月的月K线走势图　图262

　　钟小姐说，实例五十九至实例六十六的股票，它们在股价次低位处都出现了一个月线级别的向上跳空缺口。这个缺口在技术上有很重要的意义，它往往表明行情就此进入了正式的启动阶段，之后虽然不能说股价就此一路上升（注：少数股票会出现连续上涨的势头），或许它们还要经过反复震荡，但总体向上推升是大概率事件。故而，投资者看到股价在次低位出现向上缺口，应积极做多，择时跟进，后面一般就能享受到股价大涨带来的快乐。下面我们就来看实例五十九至实例六十六在次低位出现向上缺口的后续走势图。

实例五十九：
熊猫金控出现月线
次低位向上缺口的
后续图形

　　图形解说： 该股在箭头A与箭头B之间出现一个0.87元的向上缺口。之后股价连续在缺口附近盘整了4个月（股价回调最低处，已将缺口封闭大半），尔后股价再一路往上攀升，12个月后，最高涨至58.99元。若以缺口的上沿价10.74元计算，最大涨幅为449.26%。

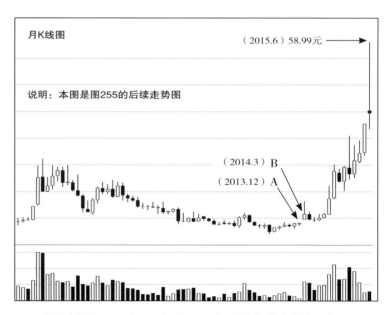

月K线图

（2015.6）58.99元

说明：本图是图255的后续走势图

（2014.3）B
（2013.12）A

熊猫金控（600599）2009年4月~2015年6月的月K线走势图　图263

实例六十：神州信息出现月线次低位向上缺口的后续图形

图形解说：该股在月线箭头A与箭头B之间出现一个0.51元的向上缺口，股价并没有马上涨上去，而是经历了半年多时间的盘整。然后多方发力上攻，股价出现快速上涨，最高升至125.05元。若以缺口的上沿价10.71元计算，最大涨幅为1067.60%。

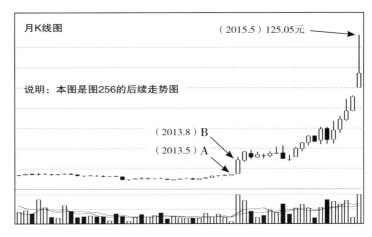

月K线图　　　　　　　　　　（2015.5）125.05元

说明：本图是图256的后续走势图

（2013.8）B
（2013.5）A

神州信息（000555）2010年8月~2015年5月的月K线走势图　图264

实例六十一：万家文化出现月线次低位向上缺口的后续图形

图形解说：该股在月线箭头A与箭头B之间出现一个0.88元的向上缺口后，股价是涨了上去，但走势颇为曲折。多空经半年厮杀，多方才全面掌控了局势。尔后股价就出现了大幅飙升的走势，股价最高升至75.50元。若以缺口的上沿价12.88元计算，最大涨幅为486.18%。

月K线图　　　　　　　　　　（2015.6）75.50元

说明：本图是图257的后续走势图

（2014.8）B
（2014.4）A

万家文化（600576）2010年11月~2015年6月的月K线走势图　图265

实例六十二：中南文化出现月线次低位向上缺口的后续图形

图形解说：该股在月线箭头A与箭头B之间出现一个0.91元的向上跳空缺口后，多方就采取了稳步推升的策略，在缺口出现后的第13个月，股价出现了直线往上飙升的走势，股价最高升至60.40元。若以缺口的上沿价10.32元计算，最大涨幅为485.27%。

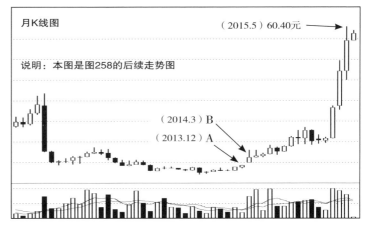

月K线图　　　　　　　　　　（2015.5）60.40元

说明：本图是图258的后续走势图

（2014.3）B
（2013.12）A

中南文化（002445）2011年4月~2015年6月的月K线走势图　图266

实例六十三：东方明珠出现月线次低位向上缺口的后续图形

图形解说：该股在月线箭头A与箭头B之间出现一个0.83元的向上缺口后，股价在缺口上方附近盘整了2年多时间。然后多方发力向上，将股价推高，该股这轮行情最高涨至78元。若以缺口的上沿价9.22元计算，最大涨幅为745.99%。

东方明珠（600637）2006年5月~2015年4月的月K线走势图　　图267

实例六十四：中天城股出现月线次低位向上缺口的后续图形

图形解说：该股在月线箭头A与箭头B之间出现一个0.10元的向上缺口后，主力采取高举高打的策略，股价一路逼空向上，最高涨至36.53元。若以缺口的上沿价8.57元计算，最大涨幅为326.25%。

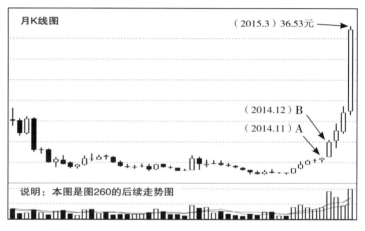

中天城投（000540）2011年4月~2015年3月的月K线走势图　　图268

实例六十五：方正科技出现月线次低位向上缺口的后续图形

图形解说：该股在月线箭头A与箭头B之间出现一个0.12元的向上缺口后，股价呈现快速上涨势头，该股这轮行情最高涨至14.71元。若以缺口的上沿价3.11元计算，最大涨幅为372.99%。

方正科技（600601）2011年3月~2015年5月的月K线走势图　　图269

实例六十六：航天科技出现月线次低位向上缺口的后续图形

图形解说：该股在月线箭头A与箭头B之间出现一个1.48元的向上缺口，然后股价形成进二退一，不断推高的走势，到后面2个月股价开始加速上扬。该股这轮行情最高涨至84.56元。若以当初缺口的上沿价17.63元计算，最大涨幅为379.64%。

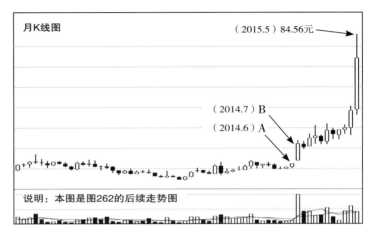

航天科技（000901）2010年8月~2015年5月的月K线走势图　图270

第三，不要忽视月K线中低位、次低位向上缺口被封闭后带来的投资机会。

钟小姐说，我们小组认为，月K线中低位、次低位向上缺口被封闭后，并不像日K线中低位、次低位向上缺口被封闭后，行情就此一蹶不振，它内中蕴藏着的做多能量仍然存在，只要环境有所改变，股价就会东山再起，有时甚至会走出一轮大涨的行情。那么，实际情况是不是这样呢？下面我就通过一些实例来解析。

实例六十七：太极股份出现月K线低位向上缺口被封闭的初始图形

图形说明：该股的月线上出现1个低位向上缺口（见箭头所指处，该缺口的下沿价是16.93元，上沿价是17.79元）。在缺口出现第4个月，股价最低跌至16元，从而缺口被完全封闭。但到第5个月盘中又拉出1根月大阳线，股价重新站到缺口上方。

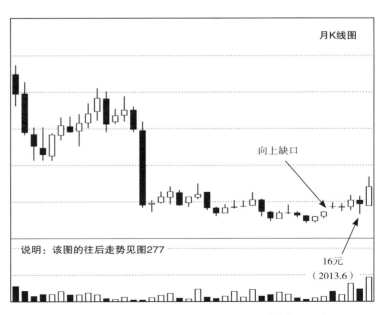

太极股份（002368）2010年3月~2013年7月的月K线走势图　图271

实例六十八：盐湖股份出现月K线次低位向上缺口被封闭的初始图形

图形说明：该股在次低位向上突破时，出现1个向上缺口（见箭头所指处，该缺口的下沿价是17.16元，上沿价是18.63元）。在缺口出现第4个月，股价最低跌至16.52元，把缺口完全封闭。封闭后股价又开始缓步向上，图中最后1根月K线已站在缺口上方。

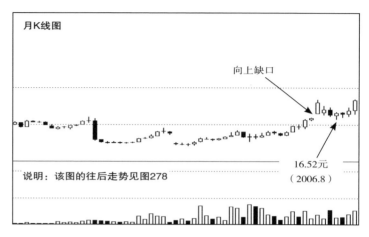

月K线图

向上缺口

说明：该图的往后走势见图278

16.52元
（2006.8）

盐湖股份（000792）2002年4月~2006年11月的月K线走势图　图272

实例六十九：中视传媒出现月K线次低位向上缺口被封闭的初始图形

图形说明：该股在月线次低位处出现1个向上缺口（见箭头所指处，该缺口的下沿价是15.09元，上沿价是15.68元）。在缺口出现后第3个月，股价最低跌至14.50元，该缺口被完全封闭，但后来股价又慢慢回升，至图中最后1根月K线已重新站在缺口上方。

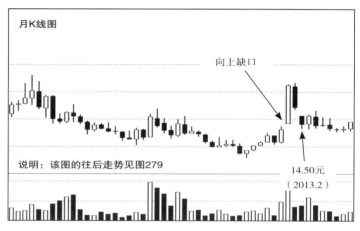

月K线图

向上缺口

说明：该图的往后走势见图279

14.50元
（2013.2）

中视传媒（600088）2010年2月~2014年7月的月K线走势图　图273

实例七十：绿盟科技出现月K线低位向上缺口被封闭的初始图形

图形说明：该股在月线低位处出现1个向上缺口（见箭头所指处，该缺口的下沿价是62.58元，上沿价是67.40元）。缺口出现后的第3个月，股价最低跌至62元将缺口完全封闭。但图中最后1根月大阳线，其收盘价已站在缺口上方。

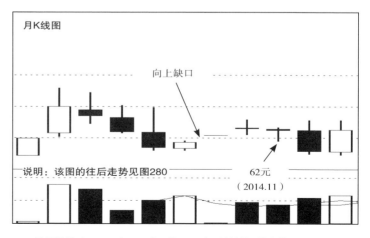

月K线图

向上缺口

说明：该图的往后走势见图280

62元
（2014.11）

绿盟科技（300369）2014年1月~2015年1月的月K线走势图　图274

实例七十一：天齐锂业出现月K线次低位向上缺口被封闭的初始图形

图形说明：该股在月线次低位出现1个向上缺口（见箭头所指处，该缺口的下沿价是51.29元，上沿价是54.01元）。缺口出现后的第2个月，股价最低跌至50元，从而将缺口完全封闭。图中最后1根月K线下影线很长，收盘价已站在缺口上方。

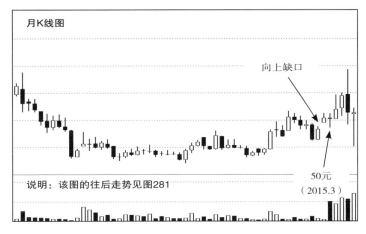

天齐锂业（002466）2010年8月~2015年7月的月K线走势图　图275

实例七十二：天夏智慧出现月K线次低位向上缺口被封闭的初始图形

图形说明：该股在月线次低位处出现1个向上缺口（见箭头所指处，该缺口的下沿价是7.31元，上沿价是7.90元）。缺口出现后的第2个月收了1根月中阴线，将缺口完全封闭。图中最后1根月K线已站在缺口上方。

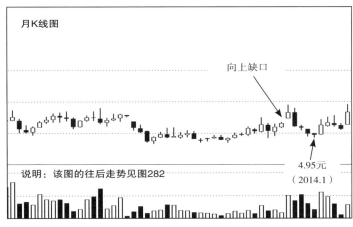

天夏智慧（000662）2010年4月~2015年1月的月K线走势图　图276

　　钟小姐说，实例六十七至实例七十二的股票，当初月K线图中在低位、次低位都出现过一个向上跳空缺口，但很快就被封闭了。其中有的封闭程度较浅，缺口被封闭后，股价就不再下跌（如实例六十七、实例六十八）；有的封闭程度相对较深一些，缺口被封闭后，股价继续下行（如实例七十、实例七十二）。但这些股票有一个共同特点：在月线中向上缺口被封闭后不久，做多力量又卷土重来。从这些案例图中的最后1根月K线的收盘价看，它们的股价都已重新站到了缺口的上方。有人会问，这些股价重新站在缺口上方的股票，是主力在诱多还是真的在做多呢？关于这个问题的答案，光空讲道理难以服众，最好还是通过对它们后面的实际走势来揭晓。下面我们就来看实例六十七至实例七十二股票在月线低位、次低位向上缺口被封闭后的未来走势究竟是如何表现的。

实例六十七：太极股份出现月K线低位向上缺口被封闭的后续图形

图形解说： 该股在前面向上缺口被封闭后的第2个月，股价就返身向上。在其返身向上的第23个月股价最高涨至99.50元。这一现象说明，前面的向上缺口被封闭是主力刻意制造恐慌，强行洗盘所致。若以前面缺口被封闭时的最低价16元计算，最大涨幅达到521.88%。

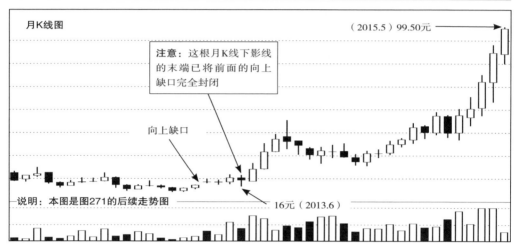

太极股份（002368）2011年9月~2015年5月的月K线走势图 图277

实例六十八：盐湖股份出现月K线次低位向上缺口被封闭的后续图形

图形解说： 该股当初在次低位出现了一个向上缺口，但这个缺口出现后的第4个月就被完全封闭。不过被封闭后股价没有继续下跌，而是出现了拐头向上的现象。然后就一路上行，最高见到107.69元。可见，前面向上缺口被封闭完全是假摔动作。若以当时缺口被封闭的那根K线最低价16.52元计算，最大涨幅达到551.88%。

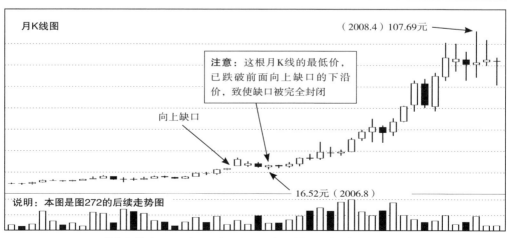

盐湖股份（000792）2004年7月~2008年6月的月K线走势图 图278

实例六十九：中视传媒出现月K线次低位向上缺口被封闭的后续图形

图形解说： 该股当初向上缺口被封闭后所出现的K线图形是挺吓人的，空方似乎要把股价往深处下杀，但结果是，缺口被完全封闭半年后，盘中做空现象就逐渐消失了，随后股价震荡上行，直至53.41元见顶。若以封闭缺口时的最低价13.75元计算，最大涨幅为288.44%。

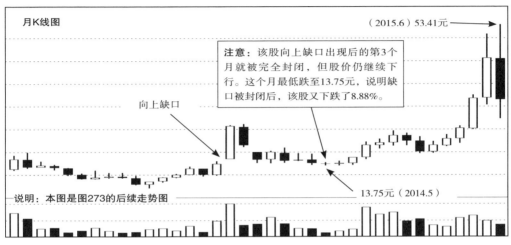

月K线图

（2015.6）53.41元

注意： 该股向上缺口出现后的第3个月就被完全封闭，但股价仍继续下行。这个月最低跌至13.75元，说明缺口被封闭后，该股又下跌了8.88%。

向上缺口

13.75元（2014.5）

说明：本图是图273的后续走势图

中视传媒（600088）2012年2月~2015年6月的月K线走势图　图279

实例七十：绿盟科技出现月K线低位向上缺口被封闭的后续图形

图形解说： 该股当时是1个次新股，它在低位出现向上缺口后，缺口很快被封闭，股价又跌回了上涨的起始点，但之后走势就出现了180度的大逆转，股价直线往上飙升，仅仅5个月，股价就涨至246.79元，若以逆转时最低价49.90元计算，最大涨幅达到394.57%。

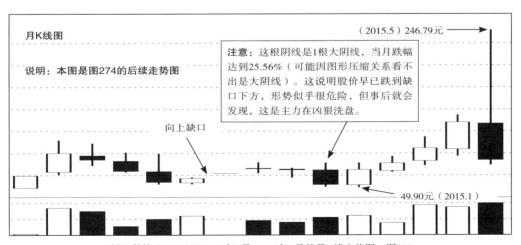

月K线图

（2015.5）246.79元

注意： 这根阴线是1根大阴线，当月跌幅达到25.56%（可能因图形压缩关系看不出是大阴线）。这说明股价早已跌到缺口下方，形势似乎很危险，但事后就会发现，这是主力在凶狠洗盘。

说明：本图是图274的后续走势图

向上缺口

49.90元（2015.1）

绿盟科技（300369）2014年1月~2015年5月的月K线走势图　图280

实例七十一：天齐锂业出现月K线次低位向上缺口被封闭的后续图形

图形解说： 该股在次低位出现一个向上缺口后，很快被封闭了。在缺口出现后的第6个月，股价最低跌至35.24元。但随后股价就一路震荡向上，最高涨至200.02元。若以缺口封闭后的最低价35.24计算，最大涨幅可达到467.59%。

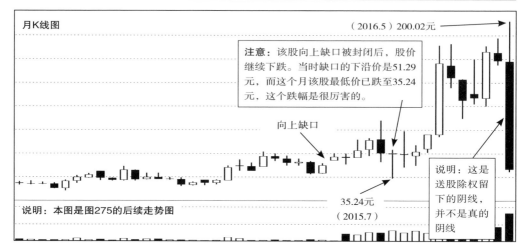

天齐锂业（002466）2012年8月~2016年5月的月K线走势图　图281

实例七十二：天夏智慧出现月K线次低位向上缺口被封闭的后续图形

图形解说： 该股在次低位出现一个向上跳空缺口，但第2个月就遭受1根中阴线的下杀，把该缺口完全封闭了。接着3个月又连收阴线，空方将股价打回起涨的原点。不过出乎很多人意料的是，形势就此逆转，股价开始走牛，最高涨至36.99元。若以缺口被封闭后的最低价4.95元计算，最大涨幅为647.27%。

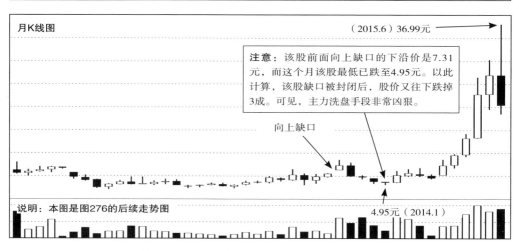

天夏智慧（000662）2011年5月~2015年6月的月K线走势图　图282

钟小姐说，实例六十七至实例七十二的股票，在月线低位、次低位向上缺口被封闭后，股价却以逆转方式出现了大涨，走出了一轮牛市行情。这确实让很多人大跌眼镜。因为在很多人的记忆中，日K线中的个股，一旦出现低位、次低位向上缺口被完全封闭的现象，后市多半不妙。即便股价不出现大跌，也会长期处于弱市整理状态。

有人不明白，为什么上面这些实例中的个股，在月K线低位、次低位向上缺口被封闭后，走势会如此强劲。其实这个问题也很好解释，因为同样是低位、次低位向上缺口，出现在不同时间段的图形中，意义是不一样的。若出现在日K线图中，它只是一个战术上看多做多信号；若出现在月K线图中，它就是一个战略上看多做多信号。大家要明白，后者的看多做多意义要胜过前者数倍，甚至数十倍。故而，当月K线图中低位、次低位向上缺口被完全封闭后，投资者不宜对它马上就看空做空。此时图中低位、次低位向上缺口被封闭，只能说明盘中的做多之火，暂时被熄灭了，但是只要后市环境有所改变，这个暂时被熄灭的做多之火，又会重新燃烧起来，甚至会越烧越旺。下面我来解析一个典型案例。

比如，实例七十一的天齐锂业。月K线图显示，2015年2月，该股在月K线次低位处出现一个向上跳空缺口，但随后这个缺口就被封闭，特别是到了2015年6月，中国A股市场出现股灾，大盘暴跌，致使该股股价也一落千丈。2015年6、7两个月，该股从最高价95.80元一路下杀，最低跌至35.24元，最大跌幅达到了63.22%。这个跌幅远远超过了股灾期间大盘指数的跌幅（据了解，同期上证指数从最高点5178点跌至最低点3373点，跌幅仅为34.86%）。

很显然，2015年2月该股在月K线次低位出现一个向上跳空缺口，反映了主力在该股战略上做多的强烈愿望。但因为当时股市环境，特别是股灾的降临，打乱了主力战略布局，致使该股向上缺口不仅被完全封闭，而且股价还出现了暴跌。后来，随着股市连续调整，进入低位盘整阶段，题材股又开始活跃，市场热点转移到新能源锂电池上。此时，主力在该股上做多的热情再次被激发，致使其股价出现了直线往上飙升的态势。该股作为锂电池的领头羊，股价得到了市场热烈追捧，仅仅10个月，股价就从35.24元最高涨至200.02元。200元的股价比其股灾发生前的最高价还要高出1倍多。其涨幅之大着实让大家惊叹不已。

可见，当时如果有谁知道该股月线上的向上缺口被封闭，仅仅是主力做多热情被暂时压制而已，日后环境改变了，主力还会借题发挥，重新拉抬该股，主力对该股战略做多的决心是不会变的。若投资者有了这个认识，就会敢于在该股向上缺口被封闭，股价出现超跌时逢低吸纳，积极做多。那就能在股灾中脱颖而出，成为一个让众人羡慕的股市大赢家。

钟小姐说，下面再同大家讨论一个问题，即投资者看到月K线图中出现低位、次低位向上缺口时，应该怎么操作的问题。一般来说，有两种方法可供大家选择。①如果你是激进型投资者，可以在低位、次低位向上缺口出现的当月，先试着进行做多。比如，在月末最后几天，判断月K线图上向上缺口已基本形成，此时就可以跟着买进一些股票，等后面第2个月或第3个月，向上走势明朗时再加仓。②如果你是稳健型投资者，可以在低位、次低位出现向上缺口的第2个月，或后面几个月，股价出现冲高回落，进行回踩时介入。比如，可在缺口处等回踩中股价有企稳迹象时进行逢低吸纳。操作时可先买进一些股票看一看，如果看到后面股价重心在抬高，则可进行加仓。

当然，这两种操作方法各有利弊，各人可根据自身情况进行选择。但是有一点大家必须注意，无论你选择第一种方法，还是第二种方法进行操作，一定要坚持分批买进的原则，这样能减少很多市场风险，提高操作的成功率。

亲爱的读者，《股市操练大全》培训班关于选股技巧的讨论十分热闹。这3个小组代表的发言有理有据，各有特色。

请问，你最喜欢哪个小组发言的内容呢？你知道主持这期技术篇选股技巧讨论的陆老师是如何对他们评价的吗？

（四）

三个小组代表发言结束后，陆老师上讲台进行了总结。陆老师说，这次讨论已连续进行两天了，大家热情很高涨。我和培训班的其他一些辅导老师都参加了，深受教育。这次讨论的内容与深入程度超过了上一次用均线技巧选股的讨论，这使我感到十分高兴。

因为用图形技巧选股这个问题比较复杂。当初我很担心两个问题：第一，担心各小组讨论的内容会类同，出现撞车现象。比如，说到用图形技巧选股，大家都去寻找双底、头肩底了。似乎除了这些，用图形技巧选股就没有什么内容了。如果情况真是这样，讨论的效果就会大打折扣，用图形技巧选股的许多重要内容就会被忽略，许多投资机会就会在大家的眼皮底下溜走。第二，担心大家讨论时抓不住重点，泛泛而谈，这样的讨论，对提高实战水平帮助就不大。

但是，当我仔细听了各小组代表发言后，这两个担心都消失了。因为各小组讨论比我预想的要好得多，整个讨论都很有层次感，有针对性，没有发生撞车的现象，并且各小组讨论时都抓住了重点，将最实用、最有效的方法作了充分论证，拿出来与大家一起分享，使这次讨论取得了完美的成功。我给几个小组的打分是4颗半星，离满分只差一步了。

当然，作为主讲老师的我，不能只说好的，还要给大家的讨论找一些缺点，这也是我的责任。下面我将分别对3个小组代表的发言作一些评论。

陆老师说，第一小组代表汤先生的发言主要说了两个内容。第一，是用趋势线技巧选股。汤先生在发言中指出，当股价趋势向下时，是不宜选股的。选择个股做多，一定要等股价突破下降趋势，在形成上升趋势时买入。为此还举了一些例子。总体上看这样说法是对的。但趋势线应该怎么画，股价突破下降趋势线是不是就可以买入，操作上要注意一些什么。其中，只要有一个环节出了问题，选股仍然会归于失败。

这里我给大家举一个例子。比如，以大家熟悉的中国石油股票为例。该股自2007年11月5日上市后，就从48.62元一路下跌，连跌了5、6年。2012年2月与2013年1月，该股盘面带来了一些变化，它曾经先后2次突破下降趋势线的束缚，股价站到了下降趋势线的上方。有人看到这种现象，认为该股跌了这么长的时间，股价已几乎跌成一个零头，市盈率已很低，该股的投资价值已显现，再加上股价已冲出下降趋势线，表明该股基本上跌到位了，此时正是买入该股的机会。于是，这些投资者纷纷跟进买入，但是结果却出乎他们的意料，买进就被套住且很长时间无法解套（见图283）。

实例七十三：中国石油突破下降趋势线时的图形

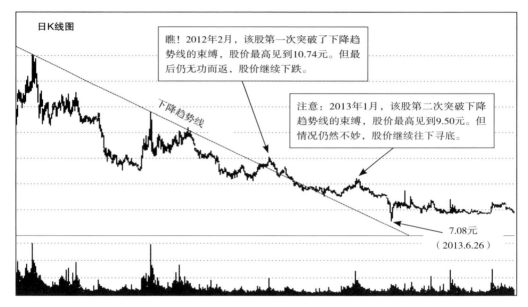

日K线图

瞧！2012年2月，该股第一次突破了下降趋势线的束缚，股价最高见到10.74元。但最后仍无功而返，股价继续下跌。

注意：2013年1月，该股第二次突破下降趋势线的束缚，股价最高见到9.50元。但情况仍然不妙，股价继续往下寻底。

下降趋势线

7.08元
（2013.6.26）

中国石油（601857）2009年5月21日~2014年10月27日的日K线压缩图　　图283

可见，即使股价出现过深跌，并出现了突破下降趋势线的现象，盲目选择这些股票买入仍然存在着很大风险。因为看多做多一个股票，除了股价要突破下降趋势线，还有其他很多条件。如果该具备的条件没有具备，投资者贸然选择这些股票做多，失败的可能性就很大。但这些问题，汤先生在发言时没有很好的进行解释，可能是时间不够，也可能是讨论不够充分的缘故。这个缺点需要改正，望以后努力（编者按：关于趋势线的作用、性质与画线技巧，操作时需要注意的问题等有关知识及相关实例，详见《股市操练大全》第二册第236页~第307页，《股市操练大全》第10册第261页~第275页）。

汤先生代表第一小组发言时，重点介绍了他们小组提出的优先选择"低位出现标志性K线（指大阳线或大阴线）+ 缺口"的选股策略，并举了很多实例予以说明。我认为这个内容很好，很有实战指导价值。

汤先生先介绍了"低位大阴线 + 缺口"的选股策略。很多投资者看到大阴线都认为是一种凶像，对后市会感到非常失望。其实，大阴线在不同的位置，其性质、作用是不一样的，在高位、中位，它是看跌信号，但到了低位，特别是股价连续大跌后再出现大阴线，就有最后一跌的味道，此时的大阴线就成了赶底信号。从这个意义上说，低位出现的大阴线就不能一味看空，反而要看多了。

向下缺口也是如此，虽然盘中出现向下缺口，股价日后下跌是大概率事件。但这样的情况，在股价下跌近尾声时就会改变，此时出现的向下缺口，也有最后一跌的味道。这在技术上称之为衰竭缺口，一旦衰竭缺口被市场确认，股价就会止跌回升。

从技术上，股价大跌后在低位出现"大阴线＋向下缺口"的现象，股价见底信号会表现得非常强烈，此时投资者应该积极作好进场的准备。当然，为了安全起见，可以等到市场认同"大阴线＋向下缺口"是见底信号再买入。所谓认同，就是指股价已回升到大阴线的开盘价上方。比如，汤先生举的实例九华谊兄弟（见图129）。该股在2012年12月3日见底时，先是出现1根跌幅达10%的大阴线。然后，第二天股价向下跳空低开，留下了一个缺口，最终以1根跌幅为6%的中阴线收盘。该股当时的谷底价竟然就这样形成了，股价就此止跌。随后该股出现了震荡回升的走势，直至走出了一轮牛市大行情。这也就是说，该股当时就是以"大阴线＋向下缺口"形式见底的。投资者操作时，看到股价回升到大阴线开盘价的上方，就可以认为市场已经确认"大阴线＋向下缺口"的见底信号，此时抄底买入就是很安全的。据了解，当时华谊兄弟下跌时大阴线的开盘价是14.35元。假如当时有谁在股价回升至14.35元上方，比如在15元附近买进，然后持股7、8个月卖出（注：该股这轮行情股价最高涨到了81.80元），即使将其涨幅打个7折卖出，那投资收益也是相当惊人的。

对选择"大阴线＋向下缺口"的选股策略，我要补充说明的是，投资者不要机械地看这个选股策略，若股价在低位出现"向下缺口＋大阴线"的现象，同样可以认为这是一个见底信号。下面请大家看两个实例。

实例七十四：天赐材料低位出现"向下缺口＋大阴线"的图形

图形说明：箭头A指的是一个向下跳空缺口，箭头B指的是1根跌停大阴线。接着，股价就在21.05元见底。

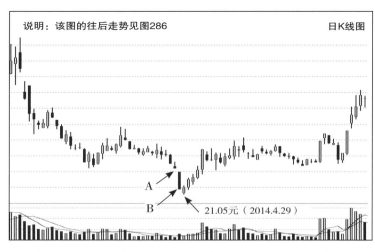

说明：该图的往后走势见图286　　　　日K线图

21.05元（2014.4.29）

天赐材料（002709）2014年3月5日～2014年6月27日的日K线图　图284

171

**实例七十五：
思美传媒低位出现
"向下缺口+大阴
线"的图形**

图形说明：箭头A指的
是一个向下跳空缺口，箭头
B指的是1根跌停大阴线。
接着，股价就在38.90元见
底。

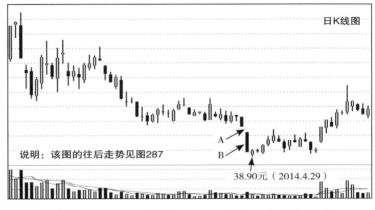

日K线图

A
B

说明：该图的往后走势见图287

38.90元（2014.4.29）

思美传媒（002712）2014年2月21日~2014年6月3日的日K线图　图285

从上面两个实例中可以发现，这两个股票都是在连续下跌后先出现一个向下
跳空缺口，接着再出现1根跌停大阴线，随后股价就见底了。见底了意味着一轮
新的上升行情开始。果然，这两个股票见底后都出现了大涨（见图262、263）。

**实例七十四：
天赐材料低位出现
"向下缺口+大阴
线"的后续图形**

图形说明：该股在
21.05元见底后，就一路震
荡上行。2年后，股价攀升
至138.82元（2016.5.12）。
该股这轮行情最大涨幅为
559.48%。

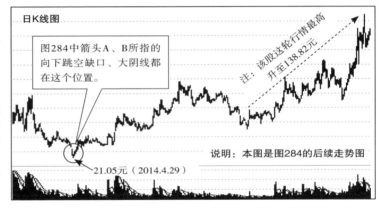

日K线图

图284中箭头A、B所指的
向下跳空缺口、大阴线都
在这个位置。

注：该股这轮行情最高
开至138.82元

说明：本图是图284的后续走势图

21.05元（2014.4.29）

天赐材料（002709）2014年2月12日~2015年6月10日的日K线压缩图　图286

**实例七十五：
思美传媒低位出现
"向下缺口+大阴
线"的后续图形**

图形说明：该股见底
后，横盘震荡了半年多时
间，然后再出现了一轮主升
行情，股价最高见151元。
该股这轮行情最大涨幅为
288.17%。

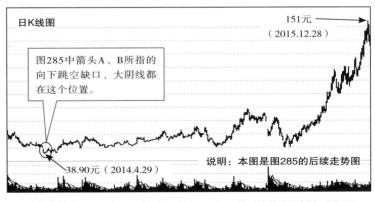

日K线图

151元
（2015.12.28）

图285中箭头A、B所指的
向下跳空缺口、大阴线都
在这个位置。

说明：本图是图285的后续走势图

38.90元（2014.4.29）

思美传媒（002712）2014年3月10日~2015年12月30日的日K线图　图287

汤先生在发言中，还提到了另外一个选股策略，即低位出现"大阳线＋向上缺口"的选股策略，并举了一些相关实例进行佐证。

对这个选股策略我很赞同，这确实是一个很好的选股策略。从技术上说，此时的大阳线性质，不是谷底大阳线，就是低位大阳线（注：关于这两种大阳线的详细介绍，请参阅《股市操练大全》第八册第一章）。谷底大阳线、低位大阳线都是强烈的看多做多信号；另外，此时的向上缺口，性质上是向上突破缺口，技术意义也是强烈的看涨信号。因此，两个强烈的看涨信号加在一起，确实是一个很好的买入时机。此时买进风险小，机会大。对这个选股策略我十分赞同。

陆老师说，我觉得有一个图形与第一小组讨论的图形相类似。如果我把第一小组"大阴线＋向下缺口"与"大阳线＋向上缺口"合在一起，这样就会形成一个新的图形，即"底部岛形反转"图形，下面请大家看两个实例。

实例七十六：
德奥通航出现底部岛形反转的初始图形

图形说明：箭头A所指处是一个向下跳空缺口，箭头B所指处是一个向上跳空缺口。两缺口的位置相当，从而构成了一个底部岛形反转的图形。

德奥通航（002260）2015年5月15日~2015年10月12日的日K线图　图288

实例七十七：
恺英网络出现底部岛形反转的初始图形

图形说明：箭头A所指处，当日向下跳空一字线跌停，留下了一个大缺口；箭头B所指处，当日向上跳空涨停，也留下一个大缺口。两缺口的位置相呼应，从而构成了一个底部岛形反转的图形。

恺英网络（002517）2013年10月8日~2014年9月12日的日K线图　图289

底部岛形反转图形的特征是：在下跌行情中，股价已有了一定的跌幅后，某日突然跳空低开，留下了一个向下跳空的缺口，日后几天股价继续下沉，但股价下跌到某低点又突然峰回路转，股价开始急速回升，并留下了一个向上跳空的缺口。这个缺口与前期下跌时的缺口基本上处于同一价位区域。从图形上看，股价明显地分成两块，中间被左右两个缺口隔开，使得图表中的下边一块犹如飘离海岸的岛屿（见图290），故而将此图形起名为"底部岛形反转"。

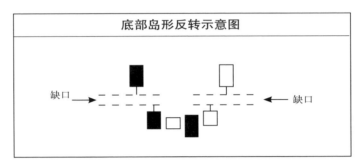

图290

底部岛形反转图形平时见到不多，但是一旦出现就应该引起大家的特别注意。因为其上涨的概率很大，选择它们买进有时会获得非常高的收益。下面就请大家看实例七十六、实例七十七出现底部岛形反转的后续走势图（见图291、图292）。

实例七十六：德奥通航出现底部岛形反转的后续图形

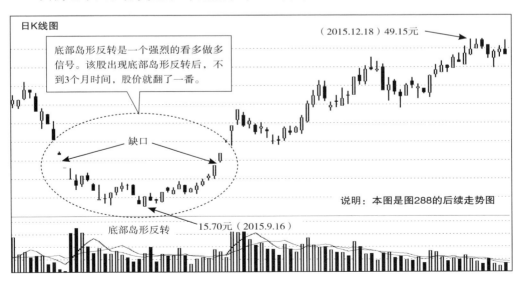

德奥通航（002260）2015年8月12日~2015年12月29日的日K线图　图291

实例七十七：恺英网络出现底部岛形反转的后续图形

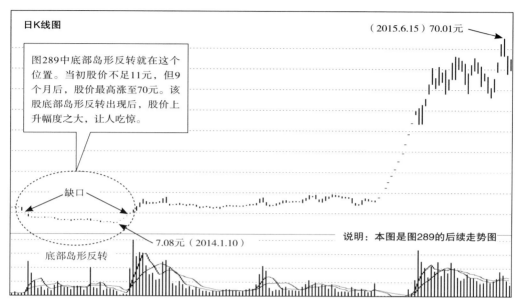

日K线图

（2015.6.15）70.01元

图289中底部岛形反转就在这个位置。当初股价不足11元，但9个月后，股价最高涨至70元。该股底部岛形反转出现后，股价上升幅度之大，让人吃惊。

缺口

说明：本图是图289的后续走势图

7.08元（2014.1.10）

底部岛形反转

恺英网络（002517）2013年11月27日~2015年6月17日的日K线压缩图　图292

陆老师说，我在听第一小组代表发言时，原以为按照他们的选股思路，会说到用底部岛形反转图形技巧来选股的内容，但最后他们没有说，这是一个缺憾，因此由我来补上这个缺撼。

陆老师说，我对第二小组代表许先生的发言很满意。他们提出的，"**精选周K线中底部形态扎实的个股买入；首选时间跨度大，长期蛰伏不动的股票，在其向上突破时积极跟进做多**"的选股策略，是有很高的实用价值的，值得向大家推荐。我认为，选股要选底部形态扎实的股票，这个选股理念非常重要，因为只有底部形态扎实，投资它才会显得安全。其实，很多投资者选股失败，最终在股市中赔钱就是因为买进了底部形态不扎实的股票。

大家一定要明白一个道理：炒股的第一条原则要力求安全，尽量不亏钱；第二条原则在不亏钱的基础上做到赢钱。投资者只有按照这个思路做股票才能圆上股市致富的梦想。而底部形态扎实的股票就为我们提供了不亏钱，在不亏钱的基础上去赢钱的模式。所以，我特别认同"精选周K线中底部形态扎实的个股买入"这个选股策略，因为这个选股策略太重要了。

另外，我对许先生诠释"精选周K线中底部形态扎实的个股买入"这个选股策略的内容更为欣赏。许先生对各种底部形态的图形特征与技术特征，以及操作策略阐述得非常清楚、非常到位，这对大家如何通过底部图形进行选股会带来很大帮助。当然，许先生的发言也不都是尽善尽美的，也出现了一些小问题、小缺点，主要表现在以下两个方面。

第一，许先生讲的10个底部形态，其中，V形底、双底、三重底、头肩底、圆底、潜伏底、底部三角形这7个底部形态，我是赞同的。但把收敛三角形、上升旗形、下降楔形也归属于底部形态，我觉得还是值得商榷的。因为收敛三角形、上升旗形、下降楔形，在技术上都属于整理形态。收敛三角形，若出现在股价下跌的尾声阶段，有趋势逆转作用，故而把它作为底部形态，尚说得过去。但是把上升旗形、下降楔形归于底部形态就很勉强了。因它们是上升途中的一个整理形态。整理之后，一般情况下股价还会继续上行。说白了，所谓上升旗形、下降楔形，就是股价在上升途中，主力强行洗盘时所出现的一种整理性的图形。正因为是洗盘，所以洗盘结束后股价还会继续上行。其实，主力用上升旗形、下降楔形进行洗盘是股市中一种常见的现象。这种现象会出现在股价上行趋势的各个阶段中。换一句话说，上升旗形、下降楔形既可以出现在股价上升初期，也可出现在股价上升中期、股价上升的中后期。因为股价每上升一个台阶，主力为了清洗浮筹，夯实股价，都会采取一些洗盘动作。

那么，为什么许先生要把明明是属于上升途中的整理形态的上升旗形、下降楔形，说成是底部形态呢？其原因是（从许先生举的实例可以看出），图中的上升旗形、下降楔形所处的位置都很低，属于股价上升初期就出现的一种整理形态。而且股价在整理时，短期看跌得很厉害，然后出现价跌量缩的现象，在达到某一个低点时，股价止跌，然后股价在成交量支持下，再开始放量上行。其趋势逆转过程与某些底部形态的趋势逆转过程中的一些现象很相似。故而许先生把它们归属于底部形态。但这样的划分，把底部形态与上升途中的整理形态混淆起来，容易误导投资者。比如，一个底部形态是否扎实，往往与底部构造的时间长短密不可分。底部构造的时间越长，则底部越扎实，底部构造的时间越短，则底部越不牢靠。正如许先生在总结底部形态是否扎实时所述，底部形态扎实的个股，股价筑底的时间都很长，最短半年，一般都要在一年以上。但若换到上升途中的整理形态，情况就倒了过来。上升途中的整理形态，时间拖得越长，主力拉高出货的嫌疑就越大，反而是整理时间短的，洗盘后向上的可能性越大。比如，许先生举的上升旗形、下降楔形的2个实例，整理的时间都相对较短，一个整理时间只有1个多月，另一个整理时间长的也只有4个月。有鉴于此，我们认为整理形态与底部形态还是该区分开来。即使想给投资者选股时多一种选择，也要说明它的性质，并说明这仅仅是通过底部形态选股的一种补充，这样就不会产生歧义了，也不会发生误导投资者的情况。

第二，许先生代表第二小组提出的选股策略"精选周K线中底部形态扎实的个股买入，首选时间跨度大，长期蛰伏不动的股票，在其向上突破时积极跟进"。这个选股策略，前半句是经得起推敲的，但后半句经不起推敲，在措词上与前半句内容似有冲突。会让人有一种错误的理解，以为除了许先生前面介绍的双底、头肩底、潜伏底等几种底部形态外，又发现了一种什么新的底部形态，需要引起大家特别的重视。其实，从许先生后面讲的内容与介绍的实例看，所谓"时间跨度大、长期蛰伏不动"的筑底形态，其实就是一个**加长版的潜伏底**。我认为，许先生干脆把话挑明，说清楚"首选个股中时间跨度特别大，长期蛰伏不动的个股"，就是"首选时间很长的潜伏底的个股"，这样选股策略中的前半句与后半句都经得起推敲了，在措词上也不会有什么矛盾出现。

陆老师说，最后我要接过许先生说的精选周K线中底部形态扎实的个股做多的话题，对"底部形态扎实"这个概念再作一个补充。我认为，有一个重要内容不能遗忘，因为只有把这个重要内容包括进去，底部形态扎实的概念才是一个科学、完整的概念。那么，这是一个什么样的重要内容呢？我先请大家看一些实例，然后再来解释。

实例七十八：金城医药出现冲高回落时的图形

金城医药（300233）2012年10月12日~2014年7月4日周K线图　图293

实例七十九：
中核科技出现冲高
回落时的图形

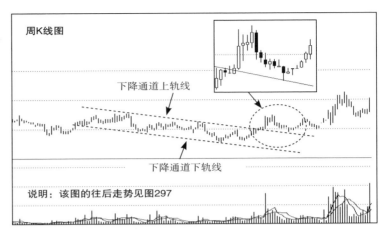

中核科技（000777）2003年8月1日~2006年9月22日的周K线压缩图　图294

实例八十：中
航机电出现冲高回
落时的图形

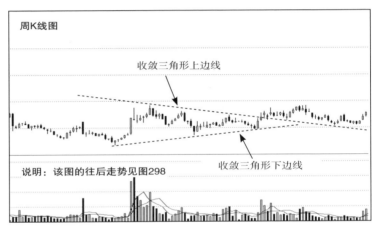

中航机电（002013）2012年4月13日~2014年7月11日的周K线图　图295

　　陆老师说，大家看了上面几张图，以及我在图中画的直线，有些人已经猜到我要强调什么了。**我要强调的是——股价向上突破后的回踩技巧。因为只有经过回踩的股票，底部形态才更扎实，此时买入才更安全。**

　　根据大数据统计，无论是国内还是海外股市，股价往上突破后，出现回踩现象的超过70%，只有不到30%的股票，在往上突破后会出现直接上涨的走势。因此，对稳健型投资者来说，股价开始往上突破的地方，并不是一个安全的买点，而只有等股价往上突破后在某一地方受阻回落，回落到往上突破的关键点（如颈线、上边线，或前期高点附近）止跌，然后再掉头向上，此时才是一个安全的买点。

　　从技术上说，股价冲高回落在突破的关键点位止跌回升，称之为股价向上突破后的回踩。回踩很重要，相当于把下面的股价再踩踩结实。之后股价再上涨就有底气了。从市场层面分析，在股价往上突破后会出现两种现象：一是会出现很多跟风盘；二是原来低位拿着筹码的投资者会产生一种持股待涨的心理，他们会捂着筹码不放。对主力来说，出现这两种现象，说明盘中的浮动筹码很多，而盘中浮筹越多，对日后主力拉升股价就越不利。因此主力要在拉升股价之前进行一次打压清理，千方百计地把这些浮筹清洗出局，回踩的现象就由此而生。

回踩的时间有多长，实际上就是主力在股价向上突破后进行洗盘的时间有多长。一般来说，主力感觉盘中浮筹多，洗盘的时间会长一些，反之洗盘的时间就会短一些。有一个问题投资者必须注意，若主力真的是在这个地方进行洗盘而不是借机拉高出货，有两条原则，主力一定会遵守的（注：这两条原则是投资者要不要参与的观察点），一是股价冲高回落，不会跌破关键点位。比如，股价往上突破头肩底的颈线后，冲高回落会在颈线处止跌。若股价回落时跌破颈线，就要怀疑主力不是在洗盘而是在出货了。二是如果主力真的是洗盘，股价会呈现上涨放量，下跌缩量的现象。但如果在盘中出现股价上涨时缩量，下跌时放大量，那就要当心主力在拉高出货了。

陆老师说，我上面列举的几个实例，股价向上突破后的回落，都在关键点位止跌了，另外，总体上股价运行保持上涨放量、下跌缩量的态势。因此，我们可以判断主力当时是在洗盘，而且股价在回踩后已有明显的回升现象，所以在这个时候买进是非常安全的，这些股票后来都出现了大涨（见图296~图298）。

实例七十八：金城医药股价向上突破后再回踩的后续图形

图形解说： 该股突破矩形上边线后，又回踩了上边线，随后发力做多就更有底气了。此时投资者积极跟进，风险小，机会大。

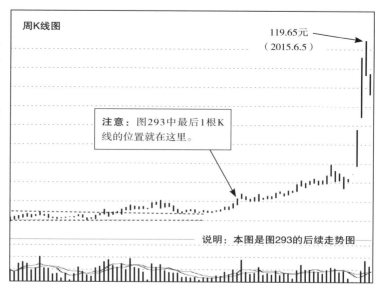

金城医药（300233）2012年11月9日~2015年6月2日的周K线走势图　图296

实例七十九：中核科技股价向上突破后再回踩的后续图形

图形解说： 该股冲破下降通道上轨线，曾2次回踩了通道上轨线。在第二次回踩结束后，股价就出现了一路震荡上行的走势。（注：关于通道的知识与操作方法，详见《股市操练大全》第四册第286页~第291页）

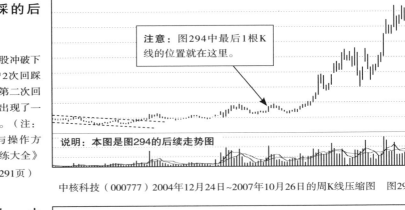

周K线图

49.50元（2007.10.19）

注意：图294中最后1根K线的位置就在这里。

说明：本图是图294的后续走势图

中核科技（000777）2004年12月24日~2007年10月26日的周K线压缩图　图297

实例八十：中航机电股价向上突破后再回踩的后续图形

图形解说： 该股突破收敛三角形上边线后，股价出现回踩时，几次考验这条上边线。经历考验后，股价才出现了一波大涨走势。

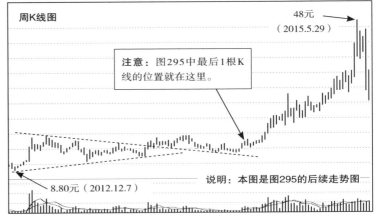

周K线图

48元（2015.5.29）

注意：图295中最后1根K线的位置就在这里。

说明：本图是图295的后续走势图

8.80元（2012.12.7）

中航机电（002013）2012年10月23日~2015年6月26日的周K线压缩图　图298

陆老师说，实例七十八金城医药股价在回踩矩形上边线后，形成了连续上涨与逼空式的走势。其股价回踩的最低点是19.43元，这轮行情的最高点是119.65元。若从股价回踩的最低点计算，最大升幅可达515.80%。

实例七十九中核科技股价在回踩下降通道上边线时，在其上方构筑了一个小双底，然后股价就不断往上攀升。其股价回踩的最低点是4.76元，这轮行情的最高点是49.50元。若从股价回踩的最低点计算，最大升幅可达1272.69%（注：该股中间送过股票，这是按照复权价核算的）。

实例八十中航机电股价在回踩收敛三角形上边线后，出现了连续上攻的走势。其股价回踩的最低点是13.16元，这轮行情的最高点是48元。若从股价回踩的最低点计算，最大涨幅达264.74%。

陆老师说，从上面的几个实例中我们可以发现，当一个股票在低位筑底向上突破后，很容易出现冲高回落的现象，但只要是主力真心想把股价做上去，股价回落到上边线、颈线，或前期高点附近都会止跌。可以说，这是股票由熊转牛的过程中所出现的一种普遍现象，因为经过回踩后的底部形态才更扎实，主力才愿意在后面将股价推升上去。而股价经过回踩后既提高了投资安全性，同时后面上升的空间也是很大的（注：这从它们回踩的最低点与行情的最高点的涨幅中可以看出，少则有2、3倍涨幅，多则有5、6倍涨幅）。

有鉴于此，我建议大家在用周K线图形技巧选股时，对经过回踩后再出现上涨的股票要重点关注，这是一种风险更小，但上升空间又很大的选股方法。抓住它，就能把我们的选股工作，以及投资操作做得更加扎实、安全，赢利就更加有保证。这对稳健型投资者来说，无疑是一个福音。

陆老师说，虽然我对第二小组提出的周K线图中，"首选时间跨度大，长期蛰伏不动的股票，在其向上突破时积极做多"的投资策略有一点异议，认为措词上稍欠妥当。应该指出"时间跨度大，长期蛰伏不动的股票"，实际上就是"加长版的潜力股"，这样可以避免认知上的误解。当然，撇开技术上的认知，我对这个投资策略的内容十分认同（同时，我认为对不懂技术的人来说，把加长版潜伏底形容成长期蛰伏不动，很形象，这样表述未尝不可，可保留。）。

股市上有一句俗话，股价横过来有多长，竖起来就有多高。据了解，有经验的投资者对低位横过来时间跨度大，股价长期蛰伏不动的股票，若突然出现向上突破的现象是非常重视的。因为这其中会隐藏着非常重大的投资机会。

有人提出，这些长期蛰伏不动的股票，一旦出现什么重大利好就会连续拉涨停，场外的人根本买不到，关心也是白费劲。这个情况确实存在，比如，龙生股份（002625）、世纪游轮（002558），在重大利好推动下，股价从卧地不起，突然向上时都是连续拉了几十个涨停板，等到能够买进时，股价已涨到位了，追进去的人都被套在高位。但是这些人却忘了，长期蛰伏不动的股票在突然向上时，连续出现几十个涨停的现象只是少数，而大多数蛰伏不动的股票在突然向上时，只是连续拉了几个涨停，然后股价就出现小涨，甚至就此出现回调整理了。对后一种现象的股票，投资者若想买是一定能够买到的。第二小组代表发言时所举的几个例子都属于这种情况。

比如，实例二十八中的三七互娱股价长期蛰伏不动，在往上突破时，先连拉了8个一字线涨停，然后就出现了2个多月的震荡整理，在震荡整理后再发力向上的。而当时该股在连拉8个一字线涨停后出现的震荡整理，从周K线图上看，尚属于该股一轮上涨行情的启动阶段，投资者在此买进是相当合算的（注：当时股价只是20多元，该股后面出现了大涨，这轮行情的最高价达到126.47元）。

又比如，实例三十一沙钢股份股价长期蛰伏不动，突然拔地而起拉出第一、第二根周阳线时，并没有出现连续拉涨停的现象，若想买是肯定能买到的。当时的股价也只是上一轮上涨行情的启动价，后面该股还有5、6倍的上涨空间。

所以，我认为第二小组提出的这个选股策略是可行的。第二小组提出运用这个策略选股，在股价往上突破时，要有1根标志性的周阳线，或有连续上涨的几根周阳线。我认为这个观点是对的，但还需要加上一些限制性条件。比如，见到第一根、第二根标志性周阳线时，可以跟进做多，但如果出现2根标志性周阳线还没有买进，再出现第3根周阳线就不要追了，可等股价回调时再买进。当然最好的买进点，可设在股价回调至第1根标志性周阳线收盘价附近。如实例二十九雷科防务在连拉出2根标志性周阳线后，股价就出现了2个月的调整，2014年末股价最低打至第1根标志性周阳线开盘价附近（见下图299中箭头A所指的K线），此时就可以适时跟进。另外，一定要观察成交量的变化。只有在股价上涨放量，

下跌时缩量的情况下，再可考虑跟进做多。如果情况倒过来，股价上涨时缩量，下跌时放量，那就不能买进了。最后还要注意的是，股价回调时不能跌破第1根周阳线的开盘价，若跌破了就要止损离场。

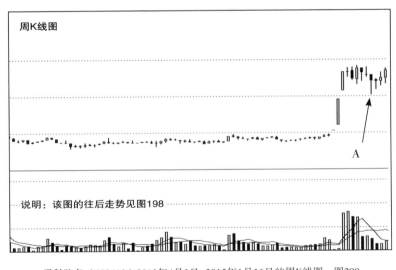

雷科防务（002413）2013年4月3日~2015年1月16日的周K线图　图299

陆老师说，我认为加上这些限制性条件，就是为了考虑买进的安全性。在第二小组提出的选股策略后面，一般加上了这些限制性条件，并严格按章行事，操作这类股票就不会出现什么大的失误，而只要方向做对了，往往就能获得巨大的收益。

陆老师说，从投资安全与长期收益角度考量，我最看好的是第3小组代表钟小姐提出的选股方法。钟小姐说，他们小组提出的选股策略是：**"抓住投资大机会，瞄准月K线中出现平底、低位向上缺口的股票积极做多"**。我认为他们选股的最大特点就是抓大放小。在中国A股市场上出现了不少股市大赢家，他们中的

很多人就是靠抓大放小做大的。

其实，股市中有很多机会，但只有善于放弃小机会，紧紧地抓住大机会的投资者往往才能获得大的收益。那些成天在股市中寻找机会，不肯放弃股市中任何一个机会的人是赚不到大钱的，弄不好就成为输家。因此，从投资的战略上说，最佳的选股方法就要遵循抓大放小的思路。而采用月K线中平底、低位向上缺口的技巧进行选股就能较好地体现出抓大放小的选股特点。

钟小姐在发言中，将月K线中的平底技巧分为了5种不同类型，这是非常有创意的一件事，以前还没有人作过这样的分类。这说明他们对这个技巧作了深入研究。第3小组对月K线平底技巧选股的分类有理有据，并用了很多实例作佐证，对其他同学包括对我们辅导老师都很有启发。在这5种平底选股类型中，我最欣赏的是第二种，即"低位多根小十字线，或小阴小阳并排式平底的选股方式"。因为这种平底一旦确立，往后股价的上升空间很大。股市中有很多大黑马、大牛股就是从中诞生的。投资者在用月K线平底技巧选股时，应重点关注这种类型的平底。另外，有一点需要提醒大家的是，月K线的平底若被跌穿就不能再看好它，因为平底一旦被击穿，意味着新的下跌空间被打开，后市就很可怕了。钟小姐发言中没有提到这个问题，这也是一个缺点。我这里作一个补充说明。

陆老师说，关于用月K线中平底技巧选股的问题就说到这里，下面我重点说一下第3小组用月K线中低位、次低位向上缺口进行选股的问题。这个问题钟小姐总体上说得也很好，观点鲜明，方法简明，证据充分，很有说服力。当然也有不足之处。下面就这个问题，说说我的一些不成熟的看法。

第一，第3小组提出用月K线中低位、次低位向上缺口进行选股，这个观点很有新意，对大家带来很大启发。钟小姐在发言中举了很多相关实例，并详细介绍了怎样根据月K线向上缺口进行选股的技巧，这对投资者操作确实会带来很大帮助。

陆老师说，我查了一下，在这之前还没有人鲜明地提出过这样的观点。因此钟小姐说的这个选股方法，可以说是一个全新的选股方法。方法新，首先应该得到肯定，但更重要的是，这个方法的内容是经得起推敲的，并且有相当高的实用价值，这就更应该得到称赞了。

钟小姐在论述月K线中低位、次低位向上缺口带来的投资机会时，一共举了18个案例，18个案例已经不算少。据了解，因本次讨论交流的时间限制，钟小姐手里还有很多相关案例没有介绍。有这么多案例作佐证，说明这不是一种偶然现象，而是一种带有规律性现象。其实，案例就是证据。案例越多证明这个选股方法就越可靠。我认为，钟小姐介绍的这个新的选股方法一定会给大家带来福音的。

陆老师说，我最欣赏的是第3小组将"日K线中的低位、次低位向上缺口列为战术性的做多信号；周K线中的低位、次低位向上缺口列为战役性的做多信号；月K线中的低位、次低位向上缺口列为战略性做多信号"的观点。这个观点将投资者为什么要重点关注月K线中低位、次低位向上缺口带来的投资机会，表达得非常清晰。可以毫不夸张地说，这是选股方法上的一次理论创新，既新颖、实用，又经得起考验。故而，值得大家高度重视。

第二，我对钟小组论述的"要关注月K线中低位、次低位向上缺口被封闭后带来的投资机会"这个观点，稍有一点异议。我认为，如果在这句话的最后加上"与风险"这几个字，这个观点就比较客观、全面了。

第3小组讨论时认为，当某个股票的月K线图中低位、次低位向上缺口被封闭后，并不表示该股上升行情结束了，主力战略做多火焰只是暂时熄灭而已，以后环境改变了，主力仍然会重新燃起做多的大火，上升行情将继续，甚至会以更猛烈的方式展开。有鉴于此，投资者要关注月K线中低位、次低位向上缺口被封闭后带来的投资机会。

陆老师说，我认为第3小组这个看法是片面的，他们对这个问题只说对了其中的一半。因为根据历史资料统计，中国A股市场20多年来，既有很多月线中低位、次低位向上缺口被封闭后，不久又重新走强，股价出现大涨的案例，同样也有向上缺口被封闭后，股价出现大跌的案例。也就是说，月线中低位、次低位向上缺口被封闭后，往后既会出现很大的投资机会，也会出现巨大的投资风险。故而在论述这个问题时，不能单方面地只说机会而不谈风险。如果是这样，就犯了以偏概全的错误，所以这个观点要进行修正。

下面我就请大家看一看月线中低位、次低位向上缺口被封闭后，股价长期走弱，甚至出现大跌的案例。

实例八十一：

大同煤业月线图中低位向上缺口被封闭后的走势图

图形说明：该股低位向上缺口被封闭后，股价仍跌跌不休，跌了近3年，股价最低跌至4.08元，若以当初向上缺口下沿价17.03元计算，跌幅高达−76.04%。

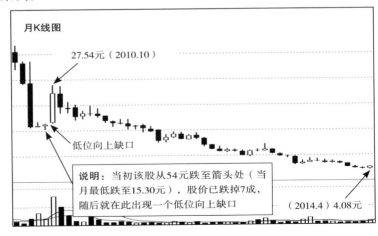

月K线图

27.54元（2010.10）

低位向上缺口

说明：当初该股从54元跌至箭头处（当月最低跌至15.30元），股价已跌掉7成，随后就在此出现一个低位向上缺口

（2014.4）4.08元

大同煤业（601001）2010年5月~2014年4月的月K线图　图300

实例八十二：

御银股份月线图中次低位向上缺口被封闭后的走势图

图形说明：该股月线中次低位向上缺口被封闭后，股价仍呈现一路下跌态势。这轮跌势持续2年，最低跌至3.16元。若以当初向上缺口下沿价15.99元计算，跌幅高达-80.24%。

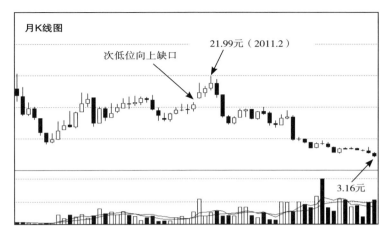

御银股份（002177）2008年5月~2013年6月的月K线图　图301

实例八十三：

中金岭南月线图中次低位向上缺口被封闭后的走势图

图形说明：该股月线中次低位向上缺口被封闭后，股价仍阴跌不止，这一轮跌势延续3年多时间。若从当初向上缺口下沿价17.48计算，至这轮行情最低价5.29元，最大跌幅为-69.74%。

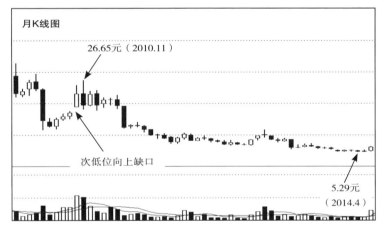

中金岭南（000060）2010年1月~2014年6月的月K线图　图302

实例八十四：

慧球科技月线图中次低位向上缺口被封闭后的走势图

图形说明：该股月线中次低位向上缺口被封闭后，股价仍不断下跌，最低跌至1.24元。若以向上缺口的下沿价6.45元计算，最大跌幅达到了-80.78%。

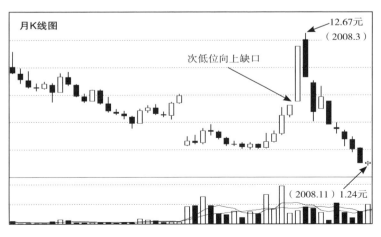

慧球科技（600556）2004年4月~2008年11月的月K线图　图303

实例八十五：中航重机月线图中次低位向上缺口被封闭后的走势图

图形说明：该股次低位向上缺口被封闭后，股价一落千丈，最低跌至5.80元。若以向上缺口的下沿价18.46元计算，最大跌幅达到-68.58%。

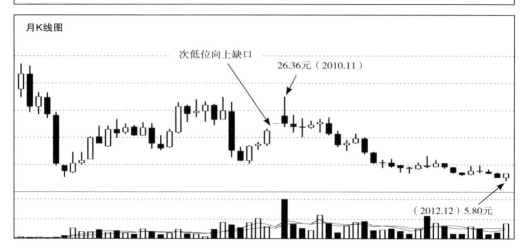

中航重机（600765）2008年5月~2012年12月的月K线图　图304

陆老师说，看了上面这么多案例，大家应该清楚，在个股的月K线图中，低位、次低位向上缺口被封闭后，虽然日后股价有东山再起，出现大涨的可能（如钟小姐所举的实例六十七~实例七十二），但同时股价也会出现一蹶不振，形成大跌的可能。这就是说，月K线中低位、次低位向上缺口被封闭，尔后出现大涨与大跌的可能性都有。因此，我们在选股与操作时，就不能只想到月K线中低位、次低位向上缺口被封闭后会大涨，而不去想到它也会因此出现大跌。投资者只有把这两种可能性都考虑到，并采取相应的对策，选股才不会走向失败。

那么，为什么月线中低位、次低位向上缺口被封闭了，后面的走势有时会出现大涨，有时会出现大跌，它的原因是什么呢？关于这个问题，我认为主要与两个因素有关：一是与当时股市大的环境（即大盘走势）密不可分；二是与上市公司的行业景气度有着紧密的联系。故而投资者在分析向上缺口被封闭后，判断它们日后走势会发生什么变化时，除了要注意观察个股盘中的图形走势外，还要关注当时股市的大环境与上市公司的行业景气度。投资者只有把这两方面的情况都弄清楚了，才不会对日后的行情出现误判。下面我们来解剖一个实例。这个实例的月K线图中，左右两边各有一个向上跳空缺口。左边的向上缺口被封闭后，出现了股价继续上涨的现象，并且上涨的幅度很可观；右边的向上缺口被封闭后，接着股价却出现了大跌（见图305）。

实例八十六：中色股份2个向上缺口被封闭后的不同走势。

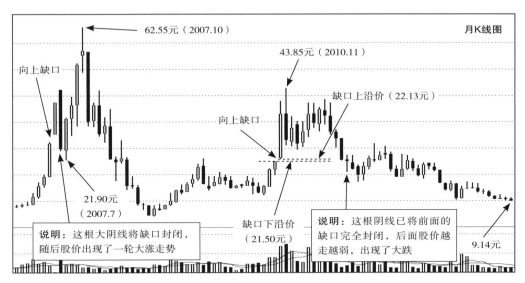

中色股份（000758）2006年10月~2014年4月的月K线图　图305

从上面这个实例的月K线走势图可以看出，该股左边的向上缺口被封闭，后面的股价出现了大涨，从21.90元涨至62.55元，股价涨了将近2倍。但该股右边的向上缺口被封闭，后面的股价却出现了大跌。若以缺口的下沿价21.50元至最低价9.14元，股价已被拦腰一刀。究其原因，当时该股出现左边向上缺口时，整个股市正处于大牛市的环境中，再加上该股是一个有色金属股，当时有色金属的行业景气度在向上走，所以缺口被封闭后，市场对其做多热情不减反升，在其向上缺口被封闭后，股价继续出现了大涨。而到了该股右边向上缺口被封闭时，股市大环境已有很大改变，大牛市早已结束，股市进入了熊市。当时该股在月线图上出现向上缺口时，股市正处于熊市反弹周期中，主力这时候做多，并不是要重现该股昔日的辉煌，目的是为了拉高出货，所以在该股反弹途中，故意在月线上留下一个向上跳空缺口，以此来诱多，忽悠不明真相的投资者高位接盘，主力则可以趁机溜之大吉。再加上当时有色金属行业景气度已经开始走下坡路，市场对其做多热情骤降。故而在两种不利因素叠加下，该股右边向上缺口被封闭后，接着股价走势就出现了越走越弱的现象。

有人问，如何从图形上判断月线低位、次低位向上缺口被封闭后是否存在着投资机会呢？我认为，投资者在观察图形走势时，应该注意月线低位、次低位向上缺口被封闭后，日后股价在何处止跌（浅跌可关注，深跌就应该看空）。另外要注意的是，只有股价（指月收盘价）重新站上缺口上方，才能对它看多做多。

实际操作时，可先试着买一点，等后面上升趋势明朗后再加仓。但同时要注意，如果后面的股价又重新跌到缺口下方，此时就应该及时止损离场。

第三，为了提高操作的成功率，最大限度规避使用月线向上缺口选股带来的投资风险，我在此向大家介绍一种高手常用的"1+1"选股模式，供大家参考。

①"1+1"选股法——"双缺口"（即1个低位缺口 + 另1个低位缺口）安全买入法。该技巧的操作要点是：看见低位出现一个向上缺口时先观望，后面再看见低位出现第2个向上缺口时可大胆买入，积极做多。因为月线图上低位、次低位连续出现2个向上缺口，说明主力做多态度非常坚决。此时就是一个安全买点。

实例八十七：
朗玛信息出现月线
低位向上缺口的初
始图形

图形说明：当时该股是一个次新股。股价在低位震荡时，尾端出现了2个向上跳空缺口。出现第2个向上跳空缺口时，下面的成效量急剧放大。主力做多态势明显，此时可跟进买入。

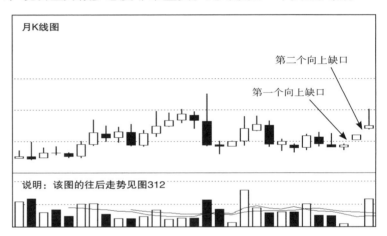

朗玛信息（300288）2012年4月~2014年7月的月K线图　图306

实例八十八：
广发证券出现月线
低位向上缺口的初
始图形

图形说明：该股前期处于长期下跌状态，然后在低位企稳，连续出现2个向上跳空缺口，下面的成交量成倍放大，做多信号强烈，此时可大胆介入。

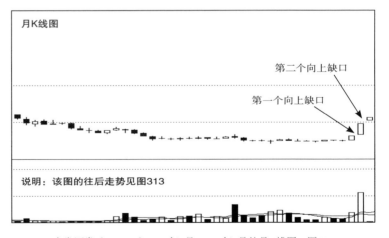

广发证券（000776）2003年3月~2006年6月的月K线图　图307

②"1+1"选股法——"低位、次低位向上缺口 + 多头排列三重选"安全买入法。该技巧的操作要点是：股价在月线低位、次低位出现向上缺口的同时，5

月与10月均线、5月均量线与10月均量线，以及MACD中的2条线都呈现多头排列状态（俗称"多头排列三重迭"）。此时就是一个安全买点，可大胆买入，积极做多。

实例八十九：艾派克出现月线低位向上缺口的初始图形

图形说明： 该股长期下跌，在低位震荡后出现了1个向上缺口，之后几个月的月K线图上出现了"多头排列三重迭"的现象。它符合"1+1选股模式"。此时投资者可大胆买入，积极做多。

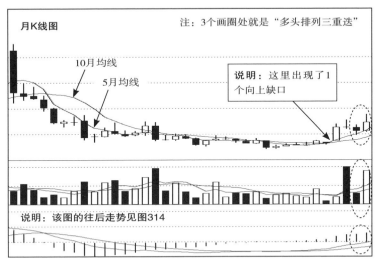

艾派克（002180）2011年5月~2014年6月的月K线图　图308

实例九十：ST恒立出现月线低位向上缺口的初始图形

图形说明： 该股资产重组复牌上市时，大幅跳空高开，出现了1个巨大的向上跳空缺口，后冲高回落，连续向下调整。调整何时结束，什么时候可以进场做多，很多人一头雾水，但图中的"多头排列三重迭"给出了明确答案。此时大胆买入，积极做多是很有把握的。

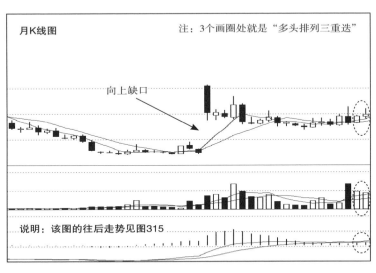

ST恒立（000622）2004年7月~2014年8月的月K线图　图309

③ **"1+1"选股法——"低位、次低位向上缺口＋大底部向上突破"安全买入法。** 该技巧的操作要点是：股价在月线图上出现低位、次低位向上缺口的同时，股价在低位构筑的底部形态，如头肩底、双底、潜伏底出现向上突破的现象并且已达到了有效突破的标准。此时就是一个安全买点，可大胆买入，积极做多。

实例九十一：
星美联合出现月线次低位向上缺口的初始图形

图形说明：该股在低位构筑了一个月线级别的头肩底。在头肩底向上突破时出现了一个向上跳空缺口，图中股价已连续3个月站在头肩底颈线之上，最后1根月K线是涨幅为14.33%的中阳线。这证明头肩底突破是有效的。此时可大胆买入，积极做多。

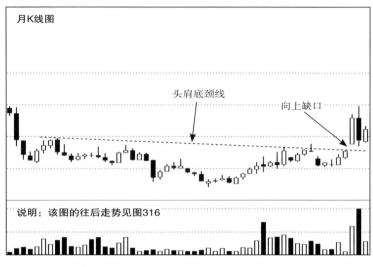

星美联合（000892）2010年3月~2015年1月的月K线图　　图310

实例九十二：
财信发展出现月线次低位向上缺口的初始图形

图形说明：该股在低位构筑了1个潜伏底，在股价向上突破时出现了1个向上跳空缺口。图中最后3根K线都站在潜伏底上边线之上，并且涨幅早已超过3%的有效标准。此时可大胆介入，积极做多。

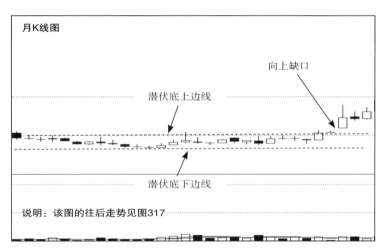

财信发展（000838）2004年8月~2007年2月的月K线图　　图311

　　陆老师说，第3小组提出的对月线图中出现低位、次低位的股票积极做多的选股策略，确实是一个很实用、很有效的办法。但再好的方法都不可避免地存在着一定的风险。比如说，依据月线图中出现低位、次低位缺口进行选股，成功概率为70%，那么剩下的风险就有30%。其实，从高手的选股经验来看，30%的风险还是大了一点。为了进一步降低选股风险，如降到20%，甚至10%以下；进一步提高选股的成功率，如提高到80%，甚至90%以上，投资者就必须在运用月线低位、次低位向上缺口进行选股的同时，再增加一些能限制风险的其他条件（比如，另外增加一些技术指标），唯有如此，才能提高选股的安全性与有效性。

陆老师说，可能是时间关系，钟小姐发言时，对这个问题没有展开，我在此作一些补充说明，向大家介绍了高手在选股时常用的"1+1"技巧选股法，所谓"1+1"，就是采用一种主要选股方法时，再增加另外一种选股方法，以此来提高选股的成功率。

下面就请大家看一看，采用了"1+1"选股方式买进做多的个股，后续走势是如何表现的。

实例八十七：
朗玛信息出现月线低位向上缺口的后续图形

图形解说：该股月线图中低位出现2个向上跳空缺口，果然是一个"1+1"加强型的做多信号，在此买进者后来都大发了。若在出现第2个缺口的月收盘价74.54元处买进，至该股这轮行情最高价288.09元，仅仅持股7个月，最大收益就可达到286.49%。

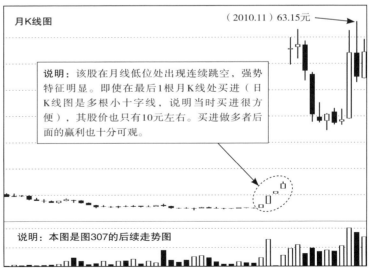

朗玛信息（300288）2012年3月~2015年3月的月K线走势图　图312

实例八十八：
广发证券出现月线低位向上缺口的后续图形

图形解说：采用"1+1"方式选股，见到该股低位出现第2个向上缺口时，马上跟进做多者，后面都成了大赢家。该股这轮行情最高涨至63.15元。若在出现第2个缺口月收盘价8.06元处买进，至这轮行情最高价63.15元，最大投资收益可达到683.50%，这个投资回报是非常惊人的。

广发证券（000776）2003年6月~2010年12月的月K线走势图　图313

实例八十九：艾派克出现月线低位向上缺口的后续图形

图形解说：对该股采用"1+1"选股方式，进行积极做多是很有成效的。若以图308中最后1根月K线的收盘价17.09元计算，至这轮行情高最价74.75元，仅仅持股7个月，最大收益达到337.39%，做多的投资者就可充分享受该股大涨带来的快乐。

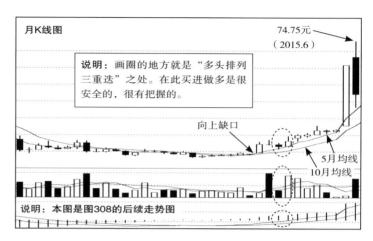

艾派克（002180）2011年12月~2015年6月的月K线走势图 图314

实例九十：ST恒立出现月线低位向上缺口的后续图形

图形解说：当初该股采用"1+1"方式选股，有效解决了该股向上缺口被回补，何处才是真正止跌，可以跟进做多的问题。这个问题弄清楚了，就能给投资者带来福音。若在图309中最后1根月K线收盘价4.98元处买进，至这轮行情最高价19.49元，最大收益可达到285.34%。

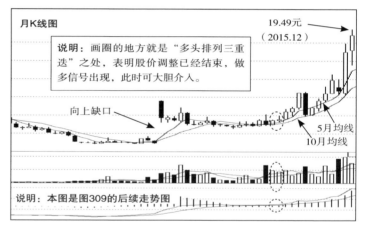

ST恒立（000622）2004年7月~2015年12月的月K线走势图 图315

实例九十一：星美联合出现月线低位向上缺口的后续图形

图形解说：该股次低位出现向上跳空缺口的位置，就是该股头肩底完成向上突破的位置。该股头肩底构筑成功后，即呈现一种向上的态势，最高涨至23.86元。若在图310中最后1根月K线收盘价8.22元处买进，持股7个月，最大投资收益可达到190.27%。

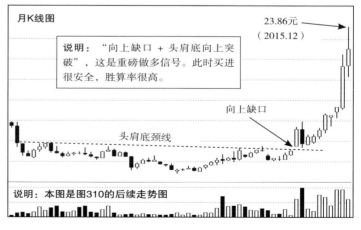

星美联合（000892）2010年3月~2015年12月的月K线走势图 图316

实例九十二：财信发展出现月线低位向上缺口的后续图形

图形解说：该股以向上跳空方式突破了潜伏底的上边线，之后3个月股价保持上升态势，这证明这次向上突破是有效的。有低位向上缺口与成功突破潜伏底两个看多信号的"保驾"，投资者在此买进就十分安全。这轮行情最高涨至79.18元，若在图311中最后1根月K线收盘价16.07元处买进，仅仅持股5个月，最大收益可达到392.72%。

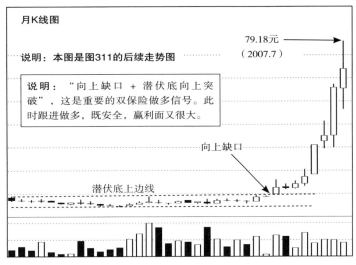

月K线图

说明：本图是图311的后续走势图

说明："向上缺口 + 潜伏底向上突破"，这是重要的双保险做多信号。此时跟进做多，既安全，赢利面又很大。

79.18元
（2007.7）

向上缺口

潜伏底上边线

财信发展（000838）2004年8月~2007年7月的月K线走势图　图317

陆老师说，从上面一些实例的后续图形中可以发现，采用"1+1"方式选股，首先是最大限度地减少了投资风险，提高了买进做多的安全性，其次是有双重做多信号"保驾"的股票，后面的上涨空间是很大的。故而，投资者按照"1+1"选股模式选股，买进做多的胜算率是非常高的。

比如，实例八十七中的朗玛信息。该股在低位连续拉出2个向上跳空缺口。投资者看到这个现象，应该毫不犹豫地积极跟进。因为在低位出现一个向上跳空缺口，说明主力战略性做多意图已十分明显，而紧接着又出现一个向上跳空缺口，那就更加能说明主力已经铁了心要将股价做上去。此时情况已很明朗，买进正是时候。可以说，低位出现1个向上缺口，日后上涨概率为7成，2个向上缺口，日后上涨的概率就会超过8成，甚至9成。此时不积极做多，何时再积极做多呢？

陆老师说，关于3个小组讨论的内容，我在此作了一些点评，点评到此结束。但这个点评肯定存在一些缺点，希望大家批评指正。

最后，陆老师希望大家把这次讨论的内容回去后再好好地梳理一下，并不断地温故知新，力争在股市中选出更安全、更有潜力的股票，早日实现股市赢家的梦想。

关于运用图形技巧进行选股的讨论结束了，大家都感到收获不小。但有的学员提出，老师只是这场讨论的评论者，而不是讨论的直接参与者。他们希望培训班的辅导老师们也能开展一次讨论，将其技术选股中最看好的一种选股方法介绍给学员，让大家能分享老师们的研究成果。

学员的这一要求，很快就得到了老师们的响应。陆老师与培训班其他辅导老师商量之后，决定选择他们最看好的一种选股方法，在深入讨论后，将讨论的结果公布与众。

现在请你猜猜看，在技术选股中，《股市操练大全》培训班的辅导老师们最看好的是哪一种选股方法？他们讨论的结果会给大家带来什么有益的启示？

经过几天紧张的讨论，《股市操练大全》培训班老师们最看好的一种技术选股方法总算有了结果。最后由陆老师代表老师们将讨论的结果向学员们作一次汇报。

陆老师说，首先要感谢同学们给我们辅导老师一次机会，让老师们也能静下心来，与大家一样深入讨论如何运用技术选股来选好股。下面我就将老师们讨论的结果，向大家作一次详细的汇报。

陆老师说，我汇报的题目是：**用大智慧、大思路进行选股，充分挖掘低位月巨阳线带来的投资机会。**

首先，我要向大家说明我们为什么特别看好低位月巨阳线带来的投资机会。其理由是：

一、低位月巨阳线发出的做多信号是右侧交易中做多信号最明确，主力掺假、忽悠成份最少的一种信号。

股市中适合普通投资者的交易方式，一种是左侧交易，另一种是右侧交易。所谓左侧交易，是指在熊市后期，新行情尚未开始前的买入做多行为[注]。说白了，所谓左侧交易实际上是股价见底前在左侧部位的一种买卖行为。左侧交易最大的优点是，做得好可以选择很多价廉物美的股票从容买入，特别是在市场情绪极端恐慌时，会买到更多的优质便宜的股票。但该方法也存在一个明显的缺点，因为左侧交易没有一个量化标准，投资者不知道股价跌到什么程度才会见底。有时大家认为股价很低，应该见底，但买进后才发现股价仍然跌跌不休，出现了深

【注】 关于左侧交易技巧，本书在别处作了介绍。比如练习题27，在介绍"××学会××"操作方式时，就对左侧交易技巧进行了详细分析。

套。有时即使买到的股票确实是见底了，但股价见底不一定就上涨，很多股票在见底后，长期在低位徘徊，半年、一年，甚至更长的时间卧地不起的情况都有。特别是大势回暖时，看着别的股票在涨自己买入的股票不涨，这是挺难受的。正因为这样的原因，在市场中很多投资者放弃了左侧交易，选择了右侧交易。

所谓右侧交易，就是股价不论怎么跌，也不论跌得多少便宜都不出手，出手一定要等股价见底回升上来发出明确的买入信号再动手。本书介绍的技术选股方法，包括均线技巧选股、图形技巧选股等各种技巧，其实都是一种右侧交易方式。因为此时买入都是在股价见底后的右侧部位买入，所以称为右侧交易。但右则交易也有它的致命缺点，因为主力十分狡猾，他们常常玩弄真真假假的战术，不断制造多头陷阱，而中小散户者因为缺乏信息优势，常被表面假象所迷惑，不知其中真假，当他们自以为可以进行右侧交易了，但不料买进后才发现这不过是一场反弹而已，发出买进信号的地方，往往就是反弹快要结束的地方，买进者都中了主力的圈套，被一网打尽。所以右侧交易也不是这么好做的。

进行右侧交易最大的问题是，如何避开主力设置的多头陷阱，避免把反弹误认为是反转进行操作。当然，因为散户的对手主力太狡猾、太"强大"了，所以普通投资者运用技术选股方式选股时，都会面临多头陷阱的风险。说白了，运用右侧交易方式要绝对避开多头陷阱的风险是不可能的，但我们可以采用一些方法来减少这方面的风险。比如，将几种技术选股技巧结合起来使用，这样就能识别主力的诡计，避开多头陷阱。又如，可以采用更明确、更有效的手段来避开多头陷阱，而运用低位月巨阳线选股就是其中的一种重要方法。

为什么运用低位月巨阳线选股在防止主力多头陷阱中有如此重要的作用呢？其主要原因是：①主力做假最容易的地方是日K线，其次是周K线。而主力在月K线上做假就有很大难度，因为每1根月K线，反映的是1个月交易情况，反映时间越长的K线就越难做假。所以同样是见底信号，月K线的见底信号就比日K线、周K线的见底信号可靠。换一句话说，在月K线图中出现多头陷阱的现象会大幅减少。②月K线中的巨阳线，要求股价当月实际涨幅在50%以上。如此大的涨幅在图形上往往就是1根蛟龙出海的K线图形。蛟龙出海的图形，即使在日K线中出现，也往往是市场出现转折的一个信号。如果蛟龙出海图形出现在月K线图中，市场出现转折的信号就更强烈，多头陷阱的可能性就更小。

由此可见，运用低位月巨阳线技巧进行右侧交易，是买入信号最明确，失误率比较低的一种选股方法。

二、它能让投资者期盼的，可遇不可求的井喷行情，转化为有可能追求到的一种现实。

如果有人问，股市中什么行情最能吸引大家眼球？答案就是那些连拉一字线涨停或连拉大阳线的井喷行情。在股市中，谁能捉到井喷行情，谁就大发了，这样的好事谁不眼红呢？换一句话说，每一个投资者都希望自己持有的股票能出现井喷行情。但事实让绝大多数人感到失望，因为历史数据表明，能遇上井喷行情的人是凤毛麟角。有人做了20多年股票，可能一次井喷行情都没有遇上。正因为这样，很多人认为，井喷行情发生太偶然了，能遇上的投资者是一种运气，刻意地去追是追不到的。现实也确实如此，我们比较了技术选股的各种方法，还包括了基本面、市场面、心理面的一些选股方法，发现一般都很难与它挂上钩，即使勉强挂上了钩，但也因为缺少量化标准，不具有操作性，只好放弃。

最后我们找到用低位月巨阳线技巧的选股方法，发觉它与井喷行情还是挺有缘份的。且低位月巨阳线本身就有一个明确的量化标准，这样就选定它作为我们最看好的选股方法。有人统计过，若一轮个股的大涨行情是从低位月巨阳线起步的，那么这些股票日后在上涨过程中，突然出现井喷行情的概率大约有30%。换言之，你只要以这种方法选股，10次中就有3次会遇到井喷行情。这是一个多么惊人的现象。

这个惊人的现象让我们感到非常欣喜。它给了我们信念与希望。投资者只要采用低位月巨阳线技巧选股，就有可能将飘忽不定，可遇不可求的井喷行情捉到手中，使其成为现实。有人认为，我们是在说大话。当然信不信由你，但事实会给我们作证的（关于这方面的实例，我们在后面会向大家介绍）。我们认为，如果有一种方法能帮助投资者捕捉到井喷行情，这个方法就有非常大的价值，值得大家高度重视，认真研究，让它更好地为我们投资者服务。

三、股市中的大黑马、大牛股有相当一部分是从以低位月巨阳线启动行情的个股中产生的。

我们知道，一个股票要变成大黑马、大牛股总是有原因的，它们或是公司的基本面发生了重大变化，或是因为有亮眼的题材、概念得到了市场的认可。因此，从理论上说，要捕捉到大黑马、大牛股，就要深入对上市公司的基本面或题材、概念进行研究。因此，谁对上市公司的基本面或题材、概念研究得越深，谁捕捉到大黑马、大牛股的概率就越大。这种方法对专业投资者或股市高手是适宜的，但对大多数投资者而言，因为他们缺乏这方面的专业知识与技巧，纯粹用这种方法去捕捉黑马、牛股的难度就很大，成功率很低。

但是，如果我们换一种思路，将对上市公司的基本面分析和对题材的研究，与对个股月K线图形走势的观察结合起来，捕捉黑马、牛股的难度就会大幅下降，成功率会显著提高。有时仅仅仔细观察月K线图走势，也能让捕捉黑马、牛股的梦想成真。下面我们来看几个实例。

实例一：中信证券低位出现月巨阳线时的初始图形

图形说明：该股上市后在低位足足盘整了3年时间。图中箭头A处拉出1根月涨幅达55.06%的巨阳线，当月收盘价是11.80元。

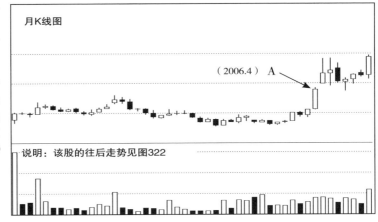

中信证券（600030）2003年1月~2006年11月的月K线图　图318

实例二：北方稀土低位出现月巨阳线时的初始图形

图形说明：该股前面出现过一个过山车式的走势。图中箭头A处拉出1根月涨幅达67.09%的巨阳线，当月收盘价是11.73元。

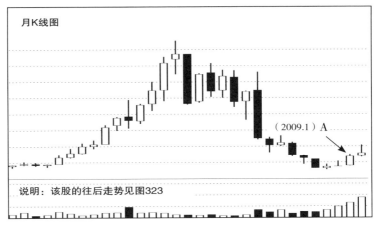

北方稀土（600111）2006年8月~2009年2月的月K线图　图319

实例三：全通教育低位出现月巨阳线时的初始图形

图形说明：当时该股是一个次新股，上市第6个月，在图中箭头A处拉出1根月涨幅达86.24%的巨阳线，当月收盘价是71.33元。

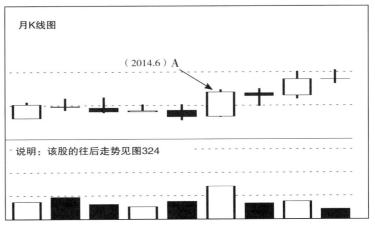

全通教育（300359）2014年1月~2014年9月的月K线图　图320

实例四：锦江投资低位出现月巨阳线时的初始图形

图形说明：该股是上市已有10多年的老股，走势一直不佳，在长期横盘后，图中箭头A处拉出1根月涨幅达95.88%的巨阳线，当月收盘价是11.89元。

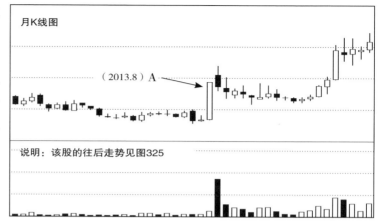

锦江投资（600650）2011年9月~2015年3月的月K线图　图321

上面几个实例，代表了不同时期的股价走势，它们低位拉出月巨阳线的时间也各不相同。实例一的中信证券低位出现月巨阳线的时间是2006年4月；实例二的北方稀土低位出现月巨阳线的时间是2009年1月；实例三的全通教育低位出现月巨阳线的时间是2014年6月；实例四的锦江投资低位出现月巨阳线的时间是2013年8月。这些个股在低位出现月巨阳线后，股价并没有马上出现大涨，有的还盘整了很长时间，投资者若想买进很容易。关键是自己对低位月巨阳线的性质、作用，有无深刻的认识，敢不敢看好其后市，大胆买进。若能认识低位月巨阳线是主力在低位进行重兵布局，积极做多的集结号，并很有可能是培养大黑马、大牛股的摇篮，就敢于逢低吸纳，坚决做多，这样就能在后面获得非常好的投资回报。下面我们就来看这些股票在低位出现月巨阳线后的走势是如何发展的（见图322~图325）。

实例一：中信证券低位出现月巨阳线的后续图形

图形解说：该股当时在低位出现月巨阳线后，股价先是在巨阳线处横盘了半年，然后再发力向上。若以当时低位月巨阳线收盘价11.80元至该股这轮行情的最高价117.89元计算，最大涨幅达899.07%。

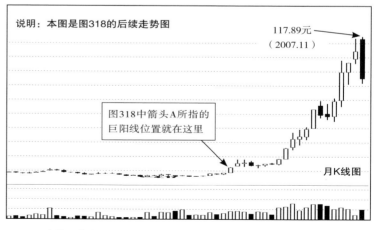

中信证券（600030）2003年8月~2007年11月的月K线图　图322

实例二：北方稀土低位出现月巨阳线的后续图形

图形解说： 该股在低位拉出月巨阳线后，股价出现了碎步上行的走势。28个月后，股价最高涨至99.84元。若以当时低位月巨阳线的收盘价11.73元计算，该股这轮行情最大涨幅达751.15%。

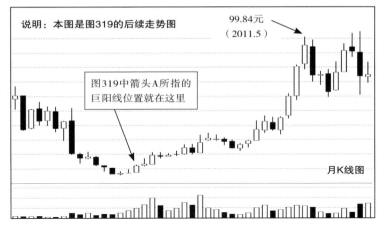

说明：本图是图319的后续走势图

99.84元
（2011.5）

图319中箭头A所指的巨阳线位置就在这里

月K线图

北方稀土（600111）2007年10月~2011年6月的月K线图　图323

实例三：全通教育低位出现月巨阳线的后续图形

图形解说： 该股在低位拉出月巨阳线后，股价一路上行，8个月后，股价最高攀升至467.57元。若以当时低位月巨阳线收盘价71.33元计算，该股这轮行情最大涨幅达555.50%。

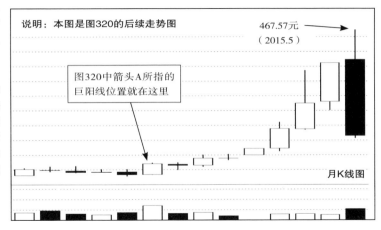

说明：本图是图320的后续走势图

467.57元
（2015.5）

图320中箭头A所指的巨阳线位置就在这里

月K线图

全通教育（300359）2014年1月~2015年5月的月K线图　图324

实例四：锦江投资低位出现月巨阳线的后续图形

图形解说： 该股在低位拉出月巨阳线后，先是冲高回落，盘整了很长时间才开始震荡上行，26个月后，股价最高攀升至53.70元，若以当时低位月巨阳线收盘价11.89元计算，该股这轮行情最大涨幅达351.64%。

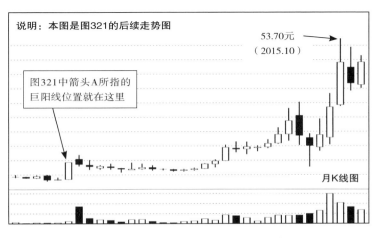

说明：本图是图321的后续走势图

53.70元
（2015.10）

图321中箭头A所指的巨阳线位置就在这里

月K线图

锦江投资（600650）2013年3月~2015年12月的月K线图　图325

陆老师说，从上面几个实例的后续图形看，它们都是名副其实的大黑马、大牛股。它们的共同特征是，低位都拉出过一根月巨阳线。如果说这是某个时期出现的现象，可以说是一种偶然现象。但这4个股票是出自不同历史时期的大黑马、大牛股，其共同特征都是在低位出现了月巨阳线。这就不是偶然现象，而是一种规律性现象了。虽然我们不能说，只要在低位拉出月巨阳线的股票，未来就一定会演变成大黑马、大牛股，但至少说明这种可能性是存在的，而且占到很大的比例。故而，这个现象必须引起大家的高度重视。

第二，我要与大家说说"低位月巨阳线的分类与看图技巧"

从K线理论上说，任何一种K线上涨信号是否真实有效，必须依靠后面的K线涨跌情况来确认。比如个股的日K线图中，某股票在低位拉出1根涨停大阳线。那么，这根涨停大阳线究竟是表明主力在做多还是利用它诱多出货呢？其真伪只能根据大阳线后面的K线走势来鉴别。如果后面的K线是向上走的，说明大阳线的上涨信号是真的；反之，就是假的，是主力利用大阳线在诱多，进行拉高出货。同样的道理，个股的月K线图中，某股票在低位拉出月巨阳线后，这个上涨信号靠不靠谱呢？也只有靠低位月巨阳线后面的1根或几根，甚至更多的K线走势来确认。我们根据中国A股市场20多年来的运行数据，按照低位月巨阳线被后面K线确认的实际情形，并按照走势的强弱将其分为以下6种类型。

（一）低位月巨阳线最强势型

1. 后市上涨概率≥85%。

2. 操作策略：积极跟进。

3. 图形特征

① 在股价大跌后，或者是股价在低位盘整后，突然拉出1根放量月巨阳线。

② 股价在低位构筑一个底部形态往上突破时，突然拉出1根放量月巨阳线。

低位月巨阳线最强势型示意图

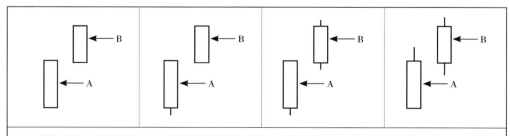

说明：箭头A是涨幅超过50%的低位月巨阳线，箭头B是涨幅超过20%的月中阳线或大阳线（少数可能是巨阳线）。

图326

③ 低位月巨阳线后的第2根月K线，是1根涨幅≥20%的中阳线或大阳线（少数是巨阳线）。

④ 低位月巨阳线与后面的第2根K线之间，有时会出现一个向上缺口。缺口越大，说明做多力量越强。

⑤ 低位月巨阳线与后面第2根阳线，通常都会有上影线出现。上影线长，说明抛压重；上影线短，说明抛压轻。

⑥ 投资者选股时，应重点关注出现向上缺口，无上影线或上影线很短，成交量增加明显的股票，因为这类股票向上的动力更强。

4. 典型案例。

实例五：亚盛集团低位出现月巨阳线时的初始图形

图形说明：该股在低位经历了长时间的盘整，然后在箭头A处拉出1根涨幅达51.43%的月巨阳线，第2个月又出现了1根涨幅达26.42%的月中阳线。

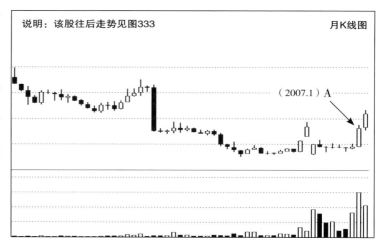

亚盛集团（600108）2002年9月~2007年2月的月K线图　图327

实例六：杭萧钢构低位出现月巨阳线时的初始图形

图形说明：该股经过长时间的低位横盘后，在箭头A处拉出1根涨幅达89.18%的月巨阳线，第2个月跳空上行，又出现了1根涨幅达46.46%的月大阳线。

杭萧钢构（600477）2003年11月~2007年3月的月K线图　图328

实例七：江苏国泰低位出现月巨阳线时的初始图形

图形说明：当时该股连续下跌后，在低位箭头A处拉出1根涨幅达62.43%的月巨阳线，第2个月又出现了1根涨幅达33.79%的月大阳线。

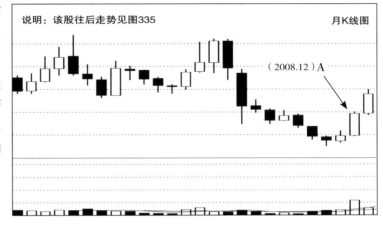

说明：该股往后走势见图335
月K线图

（2008.12）A

江苏国泰（002091）2006年12月~2009年1月的月K线图　图329

实例八：中国动力低位出现月巨阳线时的初始图形

图形说明：该股在低位经过长时间的盘整后，突然在箭头A处拉出1根涨幅达66.93%的月巨阳线，第2个月又出现了1根涨幅达26%的月中阳线。

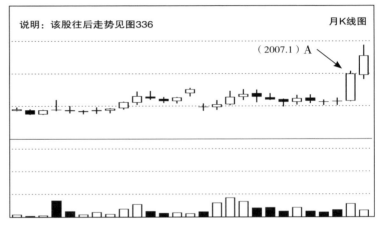

说明：该股往后走势见图336
月K线图

（2007.1）A

中国动力（600482）2004年12月~2007年2月的月K线图　图330

实例九：上海钢联低位出现月巨阳线时的初始图形

图形说明：该股在低位经过一年多时间的盘整后，突然在箭头A处拉出1根涨幅达114.20%的月巨阳线，第2个月又出现了1根涨幅达57.26%的月巨阳线。

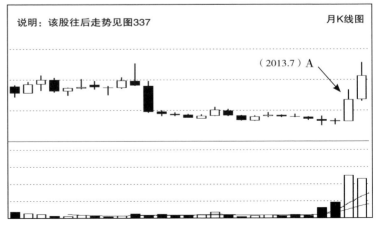

说明：该股往后走势见图337
月K线图

（2013.7）A

上海钢联（300226）2011年6月~2013年8月的月K线图　图331

实例十：视觉中国低位出现月巨阳线时的初始图形

图形说明：该股在低位往上突破时，于箭头A处拉出1根涨幅达89.17%的月巨阳线，第2个月又出现了1根涨幅达29.67%的月中阳线。

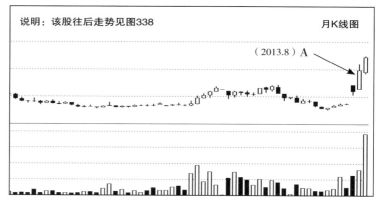

说明：该股往后走势见图338

月K线图

（2013.8）A

视觉中国（000681）2004年6月~2013年9月的月K线图　图332

上面几个实例，图中倒数第2根K线都是涨幅超过50%的巨阳线，倒数第1根K线则是涨幅超过20%的大阳线或中阳线。除了实例十视觉中国的股票（该股是在构筑底部往上突破时拉出巨阳线的）外，其余的个股都是在股价大跌后，或低位横盘后拉出巨阳线的。从图形看，它们当时都属于低位月巨阳线中最强势的形态。投资者见此形态应积极跟进，后面获胜的概率是很大的（见图333~图338）。

实例五：亚盛集团在低位拉出月巨阳线的后续图形

图形解说：该股在低位拉出月巨阳线后，就一路上行，4个月后，股价涨至14.96元。若以当时低位月巨阳线收盘价3.18元至最高价14.96元计算，最大涨幅达370.44%。

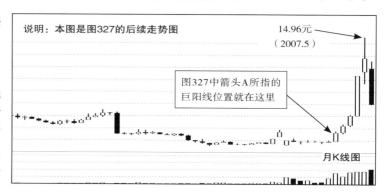

说明：本图是图327的后续走势图

14.96元

（2007.5）

图327中箭头A所指的巨阳线位置就在这里

月K线图

亚盛集团（600108）2003年4月~2007年6月的月K线图　图333

实例六：杭萧钢构在低位拉出月巨阳线的后续图形

图形解说：该股在低位拉出月巨阳线后，就快速上行，4个月后，股价最高见31.58元。若以当时低位月巨阳线收盘价7.34元至最高价31.58元计算，最大涨幅达330.25%。

说明：本图是图328的后续走势图

（2007.6）31.58元

图328中箭头A所指的巨阳线位置就在这里

月K线图

杭萧钢构（600477）2003年11月~2007年6月的月K线图　图334

实例七：江苏国泰在低位拉出月巨阳线的后续图形

图形解说：该股在低位拉出月巨阳线后，股价出现了震荡上行走势，2年后，股价最高涨至35.10元。若以当时低位月巨阳线收盘价8.82元至最高价35.10元计算，最大涨幅达397.45%（注：该股中途送过股，此为复权价）。

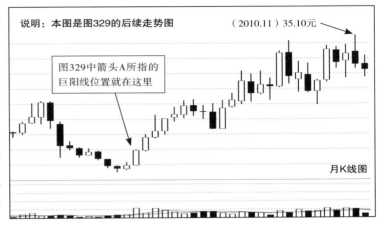

说明：本图是图329的后续走势图

（2010.11）35.10元

图329中箭头A所指的巨阳线位置就在这里

月K线图

江苏国泰（002091）2007年11月~2010年12月的月K线图　图335

实例八：中国动力在低位拉出月巨阳线的后续图形

图形解说：该股在低位拉出月巨阳线后，就不断往上攀升，9个月后，股价最高涨至52.30元。若以当时低位月巨阳线收盘价10.50元至最高价52.30元计算，最大涨幅达398.10%。

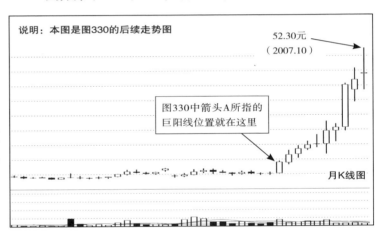

说明：本图是图330的后续走势图

52.30元
（2007.10）

图330中箭头A所指的巨阳线位置就在这里

月K线图

中国动力（600482）2004年9月~2007年10月的月K线图　图336

实例九：上海钢联在低位拉出月巨阳线的后续图形

图形解说：该股在低位拉出月巨阳线后，出现了震荡上行走势，2年后，股价最高涨至157.95元。若以当时低位月巨阳线收盘价22.32元至最高价157.95元计算，最大涨幅达819.96%（注：该股中途送过股，此为复权价）。

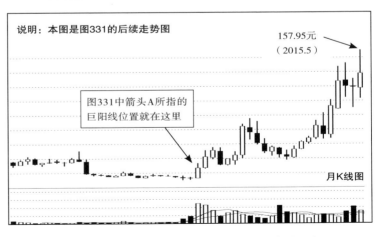

说明：本图是图331的后续走势图

157.95元
（2015.5）

图331中箭头A所指的巨阳线位置就在这里

月K线图

上海钢联（300226）2011年6月~2015年5月的月K线图　图337

实例十：视觉中国在低位拉出月巨阳线的后续图形

图形解说： 该股在低位向上突破时拉出巨阳线后，出现了震荡上行走势，22个月后，股价在73.75元见顶。若以当时低位月巨阳线收盘价13.28元至最高价73.75元计算，最大涨幅达455.35%。

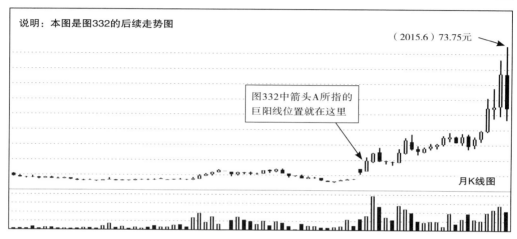

视觉中国（000681）2004年6月~2015年6月的月K线图　图338

大家看了实例五至实例十的后续图形后，就会发现这些股票的涨幅都很大。投资者面对这些低位月巨阳线最强势型的股票，即使在低位月巨阳线后的第2根K线处再买进，也有数倍的收益。另外，大家还能发现，在这些个股中，有的上涨是一气呵成，股价是在连拉几根大阳线后见顶的，短期内涨幅非常大。有的股票上涨过程则比较曲折，呈现出进二退一，震荡上行的走势，但总体上涨幅很大。

如果大家仔细观察这些股票的走势，还可以发现一种现象，它们出现最强势形态后的第2根K线时，都或多或少地拉出了上影线。有上影线，说明股价当时出现了冲高回落的走势，因此买进是很容易的。有的股票回调幅度还很深，如实例六中的视觉中国，在最强势形态出现后股价连跌3个月，股价最低处竟跌到了巨阳线收盘价之下。其实，这种回调是主力在刻意打压，进行强势洗盘。从技术上说，在低位月巨阳线最强势形态出现后，每一次股价回调都可以说是买入机会，当时买进的投资者，后面都赚得钵满盆满。

（二）低位月巨阳线的超强势型

1. 后市上涨概率≥80%。

2. 操作策略：积极跟进。

3. 图形特征：

① 在股价大跌后，或者是股价在低位盘整后，突然拉出1根放量月巨阳线。

② 股价在低位构筑一个底部形态往上突破时，突然拉出1根放量月巨阳线。

③ 低位月巨阳线后的第2根月K线，或是小十字线，或是小阴线、小阳线，然后紧接着又收出了1根涨幅≥20%的中阳线或大阳线（少数可能是巨阳线）。

④ 低位月巨阳线后的第2根（有时是3根、4根）月K线，都是小十字线，或是小阴线、小阳线，进行横向整理，然后就拉出了1根涨幅≥20%的大阳线或中阳线。

⑤ 低位月巨阳线后，出现的整理性K线（如小十字线、小阴线或小阳线）越少，说明盘中做多力量越强。

低位月巨阳线超强势型示意图

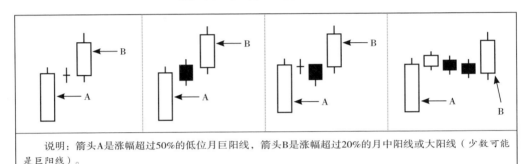

说明：箭头A是涨幅超过50%的低位月巨阳线，箭头B是涨幅超过20%的月中阳线或大阳线（少数可能是巨阳线）。

图339

4. 典型实例。

实例十一：北方稀土低位出现月巨阳线时的初始图形

图形说明： 该股在连续下跌后，于箭头A处拉出了1根涨幅达67.09%的月巨阳线，第2个月收了1根小阳线，第3个月再出现了1根涨幅达44.28%的月大阳线。

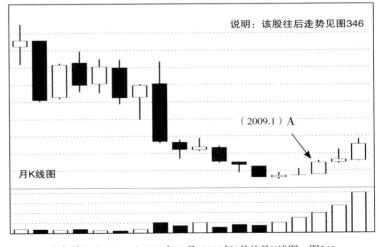

说明：该股往后走势见图346

（2009.1）A

月K线图

北方稀土（600111）2007年10月~2009年3月的月K线图　图340

206

实例十二：汇鸿集团低位出现月巨阳线时的初始图形

图形说明：该股在低位横盘了许久，突然于箭头A处拉出了1根涨幅达75.94%的月巨阳线，第2个月收了1根十字线，第3个月再出现了1根涨幅达21.47%的月中阳线。

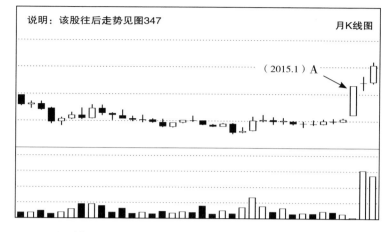

说明：该股往后走势见图347

月K线图

（2015.1）A

汇鸿集团（600981）2011年9月~2015年3月的月K线图　图341

实例十三：驰宏锌锗低位出现月巨阳线时的初始图形

图形说明：该股上市后一直处于横盘状态。之后突然在箭头A处拉出了1根涨幅达62.01%的月巨阳线，第2个月收了1根小阴线，第3个月再出现了1根涨幅达46.45%的月大阳线。

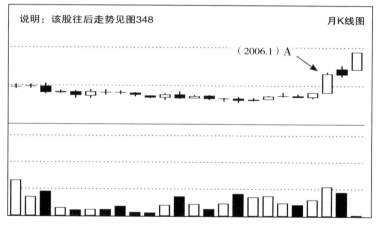

说明：该股往后走势见图348

月K线图

（2006.1）A

驰宏锌锗（600497）2004年4月~2006年4月的月K线图　图342

实例十四：中信重工低位出现月巨阳线时的初始图形

图形说明：该股上市后一直处于横盘状态，之后，突然在箭头A处拉出了1根涨幅达57.75%的月巨阳线，第2、3个月收的是十字线，第4个月再出现了1根涨幅达34.42%的月大阳线。

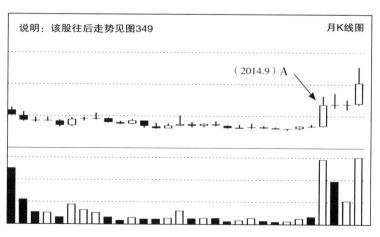

说明：该股往后走势见图349

月K线图

（2014.9）A

中信重工（601608）2012年7月~2014年12月的月K线图　图343

实例十五：华光股份低位出现月巨阳线时的初始图形

图形说明：该股连续下跌后，突然在箭头A处拉出1根涨幅达65.44%的月巨阳线，之后3个月都是小阴小阳，第5个月出现了1根涨幅达23.39%的月中阳线。

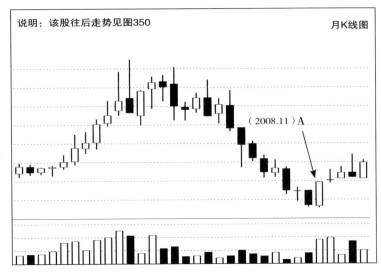

说明：该股往后走势见图350

月K线图

（2008.11）A

华光股份（600475）2006年8月~2009年3月的月K线图　图344

实例十六：百润股份低位出现月巨阳线时的初始图形

图形说明：该股低位横盘了1年之久，突然在箭头A处拉出了1根涨幅达125.11%的月巨阳线，之后3个月收的是小阳小阴，第5个月出现了1根涨幅达24.53%的月中阳线。

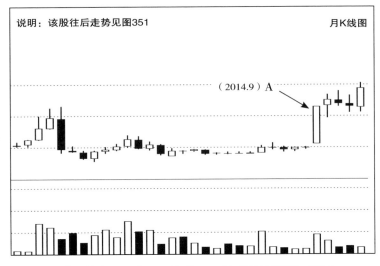

说明：该股往后走势见图351

月K线图

（2014.9）A

百润股份（002568）2012年5月~2015年1月的月K线图　图345

从上面几个实例可以看出，这些个股在低位拉出月巨阳线后，都没有出现连续上涨的情况，中间都有所停顿，有的停顿了1个月，有的停顿了2个月或3个月。股价停顿都是以小十字线，或小阴线、小阳线的形式出现的。这种停顿，可视为因月巨阳线出现，股价在低位大涨后的一次短暂休整。多方稍作休整后就又开始发动了进攻，拉出了一根涨幅不小于20%的大阳线或中阳线。从图形上看，低位月巨阳线后出现这种走势，是一种非常强势的表现。投资者见到这种形态的走势应积极做多。通常，后面往往会有很好的投资回报（见图346~图351）。

实例十一：北方稀土在低位拉出月巨阳线的后续图形

图形解说：该股在低位拉出月巨阳线后，股价就不断往上攀升，28个月后，股价涨至99.84元。若以当时低位月巨阳线收盘价11.73元至最高价99.84元计算，最大涨幅达751.15%。

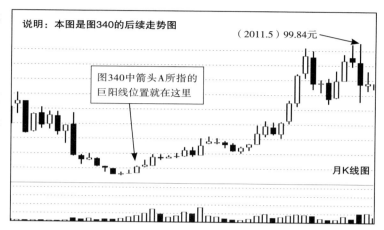

说明：本图是图340的后续走势图

（2011.5）99.84元

图340中箭头A所指的巨阳线位置就在这里

月K线图

北方稀土（600111）2007年10月~2011年6月的月K线图　图346

实例十二：汇鸿集团在低位拉出月巨阳线的后续图形

图形解说：该股在低位拉出月巨阳线后，股价就一路向上，第6个月，股价最高涨至25.95元。若以当时低位月巨阳线收盘价7.46元至最高价25.95元计算，最大涨幅达247.86%。

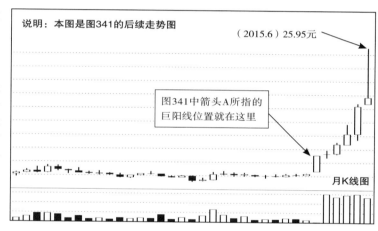

说明：本图是图341的后续走势图

（2015.6）25.95元

图341中箭头A所指的巨阳线位置就在这里

月K线图

汇鸿集团（600981）2012年1月~2015年6月的月K线图　图347

实例十三：驰宏锌锗在低位拉出月巨阳线的后续图形

图形解说：该股在低位拉出月巨阳线后，股价就一路走高，14个月后，股价最高涨至154元。若以当时低位月巨阳线收盘价19.23元至最高价154元计算，最大涨幅达1467.54%（注：此为复权价，因该股中途送过股）。

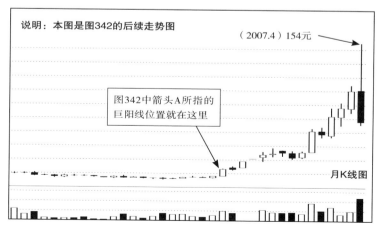

说明：本图是图342的后续走势图

（2007.4）154元

图342中箭头A所指的巨阳线位置就在这里

月K线图

驰宏锌锗（600497）2004年4月~2007年4月的月K线图　图348

实例十四：中信重工在低位拉出月巨阳线的后续图形

图形解说：该股在低位拉出月巨阳线后，稍微休整了2个月，就出现了大涨走势，仅5个月，股价最高涨至30元。若以当时低位月巨阳线收盘价5.19元至最高价30元计算，最大涨幅达478.03%。

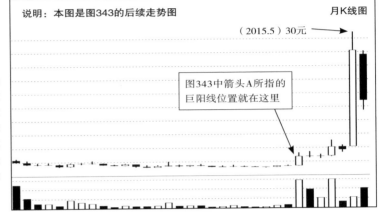

说明：本图是图343的后续走势图　　　　　月K线图

（2015.5）30元

图343中箭头A所指的巨阳线位置就在这里

中信重工（601608）2012年7月~2015年6月的月K线图　　图349

实例十五：华光股份在低位拉出月巨阳线的后续图形

图形解说：该股在低位拉出月巨阳线后，股价出现震荡上行走势，28个月后，股价最高涨至28.24元。若以当时低位月巨阳线收盘价7.66元至最高价28.24元计算，最大涨幅达268.67%。

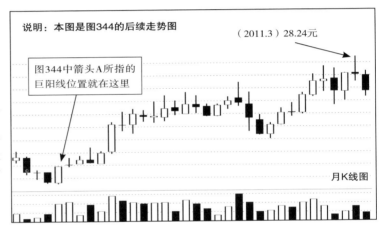

说明：本图是图344的后续走势图

（2011.3）28.24元

图344中箭头A所指的巨阳线位置就在这里

月K线图

华光股份（600475）2008年7月~2011年4月的月K线图　　图350

实例十六：百润股份在低位拉出月巨阳线的后续图形

图形解说：该股在低位拉出月巨阳线后，休整了3个月，然后就直线飙升，仅8个月，股价最高涨至182元。若以当时低位月巨阳线收盘价40.70元至最高价182元计算，最大涨幅达347.17%。

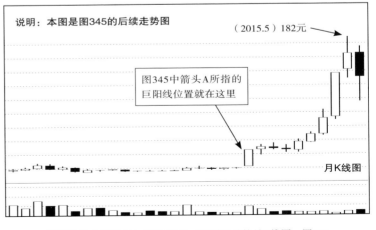

说明：本图是图345的后续走势图

（2015.5）182元

图345中箭头A所指的巨阳线位置就在这里

月K线图

百润股份（002568）2013年1月~2015年6月的月K线图　　图351

大家看了实例十一至实例十六的后续图形后就会发现，这些股票涨幅都很可观，其中有涨幅超过了9倍的（如实例十三的驰宏锌锗）。在上涨形式上，有的是连拉大阳，快速见顶；有的则是震荡上行，尔后股价在打出一个较大上升空间后再见顶的。从技术上说，低位月巨阳线超强势型是仅次于低位月巨阳线最强势型的看涨形态。它有强烈的做多因素在里面，股价上升的潜力很大。因此，投资者见此形态应积极跟进，最好在其股价出现回调或休整时买进。买进后应尽量少做短线，捂住筹码，等候股价拉升的机会（一般来说，只要这种超强势形态不被破坏，无论未来股价走势是出现逼空式上行还是震荡上行的走势，主力都要将股价拉升到相当高度后才会考虑出货）。

（三）低位月巨阳线强势型

1. 后市上涨概率≥75%。

2. 操作策略：择机跟进。

3. 图形特征：

① 在股价大跌后，或者是股价在低位盘整后，突然出现1根放量月巨阳线。

② 股价在低位构筑一个底部形态后，在往上突破时突然出现1根放量月巨阳线。

③ 低位月巨阳线出现后，股价连续几个月出现了盘整状态，盘整之后又出现了1根涨幅≥20%的大阳线或中阳线。

④ 股价盘整的位置，一般都出现在低位月巨阳线收盘价之上，或在低位月巨阳线收盘价的附近。盘整时间多半在半年内，然后拉出1根涨幅≥20%的中阳线或大阳线（少数是巨阳线），形成向上进攻的态势。

⑤ 还有一种情况：低位月巨阳线出现后，股价在其上方慢步上行，或股价稍作回调后（回调的幅度一般在月巨阳线上端1/3处），然后就开始碎步上行。

低位月巨阳线强势型示意图

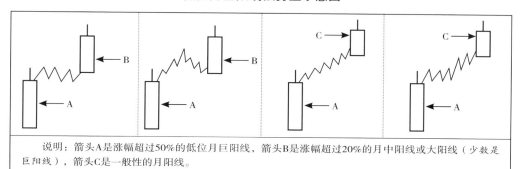

说明：箭头A是涨幅超过50%的低位月巨阳线，箭头B是涨幅超过20%的月中阳线或大阳线（少数是巨阳线），箭头C是一般性的月阳线。

图352

4. 典型案例。

实例十七：泰达股份低位出现月巨阳线时的初始图形

图形说明：该股在低位箭头A处拉出1根涨幅达80.89的月巨阳线，然后在巨阳线收盘价上方盘整了半年，在箭头B处向上突破时出现了1根涨幅达42.88%的月大阳线。

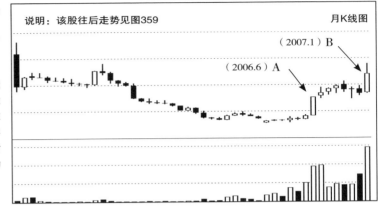

说明：该股往后走势见图359　　月K线图

（2007.1）B

（2006.6）A

泰达股份（000652）2003年4月~2007年1月的月K线图　　图353

实例十八：中船防务低位出现月巨阳线时的初始图形

图形说明：该股在低位箭头A处拉出1根涨幅达51.12%的月巨阳线后，先是在巨阳线收盘价附近盘整了5个月，在箭头B处拉出了1根涨幅达63.01%的月巨阳线。

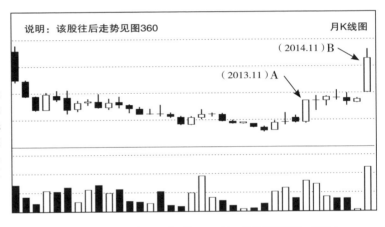

说明：该股往后走势见图360　　月K线图

（2014.11）B

（2013.11）A

中船防务（600685）2011年7月~2014年11月的月K线图　　图354

实例十九：未名医药低位出现月巨阳线时的初始图形

图形说明：该股在低位往上突破时，于箭头A处拉出1根涨幅达89.27%的月巨阳线后，先是在其上方震荡了半年，然后在箭头B处出现了1根涨幅达30.72%的月大阳线。

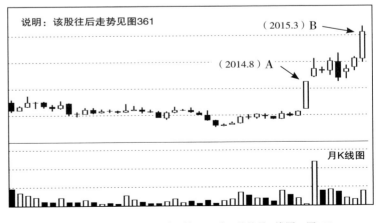

说明：该股往后走势见图361

（2015.3）B

（2014.8）A

月K线图

未名医药（002581）2011年5月~2015年3月的月K线图　　图355

实例二十：中成股份低位出现月巨阳线时的初始图形

图形说明： 该股在低位横盘一年后，突然在箭头A处拉出1根涨幅达91.12%的月巨阳线，接着股价在巨阳线收盘价附近整理了4个月，然后在箭头B处拉出了1根涨幅达17.36%的月中阳线。

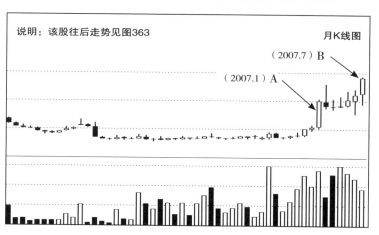

说明：该股往后走势见图362

（2014.12）B

（2014.7）A

月K线图

中成股份（000151）2010年11月~2014年12月的月K线图　图356

实例二十一：冠农股份低位出现月巨阳线时的初始图形

图形说明： 该股在低位横盘了许久，往上突破时，于箭头A处拉出1根涨幅达101.99%的月巨阳线后，接着就在巨阳线收盘价附近激烈震荡，然后在箭头B处拉出了1根涨幅达29.48%的月中阳线。

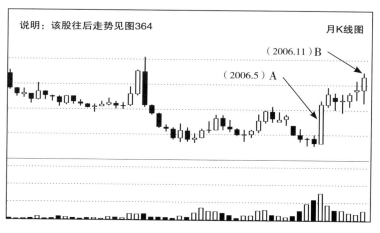

说明：该股往后走势见图363

月K线图

（2007.7）B

（2007.1）A

冠农股份（600251）2003年6月~2014年12月的月K线图　图357

实例二十二：博瑞传播低位出现月巨阳线时的初始图形

图形说明： 该股在低位于箭头A处拉出1根涨幅达58.44%的月巨阳线，之后3、4个月就在月巨阳线上方进行小幅震荡，至箭头B处股价重心向上的趋势已明显。

说明：该股往后走势见图364

月K线图

（2006.11）B

（2006.5）A

博瑞传播（600880）2002年9月~2006年11月的月K线图　图358

上面几个实例显示，这些股票在低位出现月巨阳线后，股价并没有像前面最强势、超强势的图形走势那样，出现大涨，而基本上是在低位月巨阳线收盘价附近进行横向整理，经过一段时间整理，然后拉出了1根涨幅一般不小于20%的月大阳线或中阳线，似乎多方又要开始发动进攻了。另有一些股票在低位月巨阳线后出现了小幅上涨的走势。从图形上看，盘中的主动权掌控在多方手中，走势还是很强劲的。故而我们将这种形态称之为"低位月巨阳线强势型"。

　　具有低位月巨阳线强势型特征的股票，日后继续上涨，且大涨的可能性很大。投资者可择机买进，持股做多。下面我们就请大家看看上面几个实例中的股票，其后市空间是如何发展的（见图359~图364）。

实例十七：泰达股份在低位拉出月巨阳线的后续图形

　　图形解说：该股在低位拉出月巨阳线后，先是在上方盘整半年，然后再发力上攻，股价直线往上飙升。若以当时低位月巨阳线收盘价5.30元至这轮行情最高价34.59元计算，最大涨幅达552.64%。

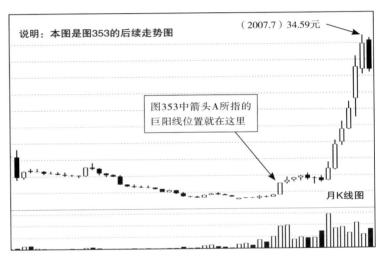

说明：本图是图353的后续走势图

（2007.7）34.59元

图353中箭头A所指的巨阳线位置就在这里

月K线图

泰达股份（000652）2003年4月~2007年8月的月K线图　图359

实例十八：中船防务在低位拉出月巨阳线的后续图形

　　图形解说：该股在低位拉出月巨阳线后，并没有马上上涨，而是出现了几个月盘整，然后再开始上涨的。若以当时低位月巨阳线收盘价16.82元至这轮行情最高价78.50元计算，最大涨幅达366.71%。

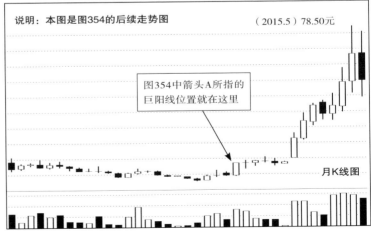

说明：本图是图354的后续走势图

（2015.5）78.50元

图354中箭头A所指的巨阳线位置就在这里

月K线图

中船防务（600685）2011年12月~2015年6月的月K线图　图360

实例十九：未名医药在低位拉出月巨阳线的后续图形

图形解说： 该股在低位拉出月巨阳线后，先是在其上方震荡半年，然后就一路逼空向上。若以当时低位月巨阳线收盘价32.46元至这轮行情最高价143.80元计算，最大涨幅达343.01%。

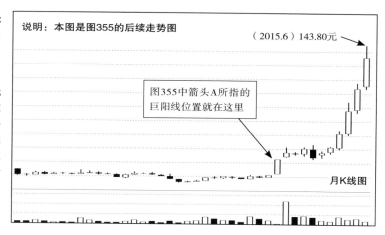

未名医药（002581）2011年12月~2015年6月的月K线图 图361

实例二十：中成股份在低位拉出月巨阳线的后续图形

图形解说： 该股在低位拉出月巨阳线后，先是缓慢上行，后加速上行，于39.74元见顶。若以当时低位月巨阳线收盘价14.64元至这轮行情最高价39.74元计算，最大涨幅达171.45%。

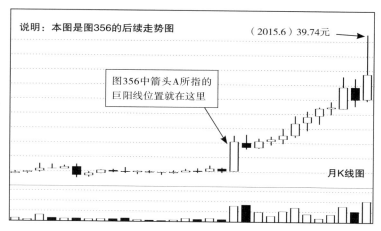

中成股份（000151）2013年1月~2015年6月的月K线图 图362

实例二十一：冠农股份在低位拉出月巨阳线的后续图形

图形解说： 该股在低位拉出月巨阳线后，出现了震荡上行的走势，13个月后，股价最高涨至96.90元。若以当时低位月巨阳线收盘价17.27元至这轮行情最高价96.90元计算，最大涨幅达461.09%。

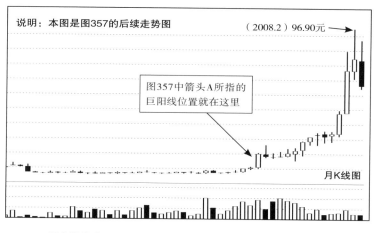

冠农股份（600251）2004年4月~2008年3月的月K线图 图363

实例二十二：

博瑞传播在低位拉出

月巨阳线的后续图形

图形解说：该股在低位拉出月巨阳线后，先是小幅震荡上行，后震荡幅度加大，20个月后，股价最高升至39.99元。若以当时低位月巨阳线收盘价13.61元至最高价39.99元计算，最大涨幅达193.83%。

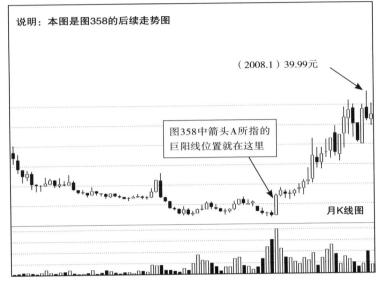

说明：本图是图358的后续走势图

（2008.1）39.99元

图358中箭头A所指的巨阳线位置就在这里

月K线图

博瑞传播（600880）2001年8月~2008年2月的月K线图　图364

果然，这些具有"低位月巨阳线强势型"特征的个股，后面股价都有了相当不错的涨幅。比如，实例十七中的泰达股份，在低位拉出月巨阳线后，先是在月巨阳线上方整理了半年时间，之后，就接连拉出了5根大阳线。若以当初低位拉出月巨阳线的收盘价计算，在拉出月巨阳线1年后，股价最大涨幅就达到了552.64%。仅仅一年，就有如此大的涨幅是很惊人的。如果当时有谁对这个具有"低位月巨阳线强势型"特征的股票择机做多，那真是赚得不亦乐乎了。

（四）低位月巨阳线一般型

1. 后市上涨概率≥70。

2. 操作策略：择机跟进。

3. 图形特征：

① 在股价大跌后，或者是股价在低位盘整后，突然拉出1根放量月巨阳线。

② 股价在低位构筑一个底部形态往上突破时，突然拉出1根放量月巨阳线。

③ 低位月巨阳线出现后的几个月，股价都处于盘整状态，然后再拉出一根涨幅≥20%的中阳线或大阳线（少数是巨阳线），股价已明显地站在月巨阳线收盘价之上。

④ 股价回调时，已跌至月巨阳线的收盘价下方，但回调的最低位置一般不会超过月巨阳线的1/2。

⑤ 股价盘整时间多半在半年内，少数会超过半年，但一般不会超过一年。

低位月巨阳线一般型示意图

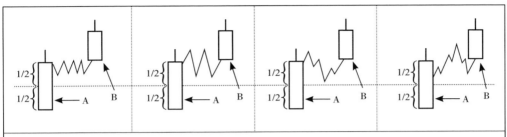

说明：箭头A是涨幅超过50%的低位月巨阳线；箭头B是涨幅超过20%的月中阳线、大阳线（少数是巨阳线）。

4.典型案例。

图365

实例二十三：

新能泰山低位出现月巨阳线时的初始图形

图形说明：该股在低位箭头A处拉出1根涨幅达81.05%的月巨阳线后，股价连续调整了几个月，但都没有跌破月巨阳线实体的1/2，在箭头B处出现了1根涨幅达28.93的月中阳线。

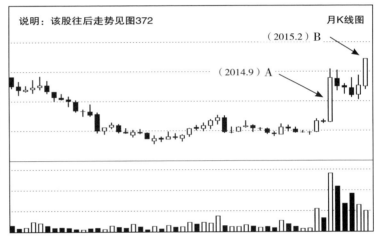

新能泰山（000720）2010年12月~2015年2月的月K线图　图366

实例二十四：

唐山港低位出现月巨阳线时的初始图形

图形说明：该股在低位箭头A处拉出1根涨幅达60.26%的月巨阳线后，股价冲高回落，连续调整几个月，但都没有跌破月巨阳线实体的1/2，在箭头B处K线的收盘价已回到月巨阳线之上。

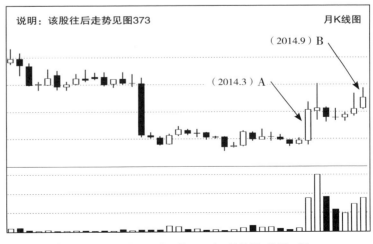

唐山港（601000）2011年7月~2014年9月的月K线图　图367

实例二十五：
华茂股份低位出现月
巨阳线时的初始图形

　　图形说明： 该股在低位箭头A处拉出1根涨幅达83.74%的月巨阳线，之后股价在月巨阳线实体的1/2上方处盘整了几个月，在箭头B处出现1根涨幅达39.24%的月大阳线。

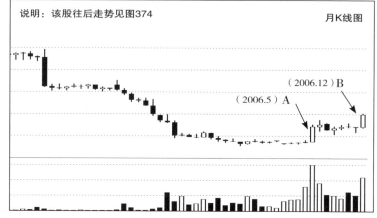

说明：该股往后走势见图374　　　　月K线图

（2006.12）B
（2006.5）A

华茂股份（000850）2002年12月~2006年12月的月K线图　　图368

实例二十六：
中航三鑫低位出现月
巨阳线时的初始图形

　　图形说明： 该股在低位向上突破时，在箭头A处拉出1根涨幅达65.68%的月巨阳线，之后股价在月巨阳线实体的1/2上方处盘整了5个月，在箭头B处出现了1根涨幅达21.18%的月中阳线。

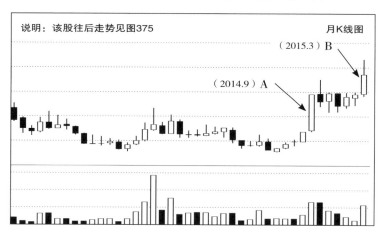

说明：该股往后走势见图375　　　　月K线图

（2015.3）B
（2014.9）A

中航三鑫（002163）2011年11月~2015年3月的月K线图　　图369

实例二十七：
大众公用低位出现月
巨阳线时的初始图形

　　图形说明： 该股在低位箭头A处拉出1根涨幅达70.82%的月巨阳线后，接着就在月巨阳线实体的1/2上方处盘整了7个月，在箭头B处出现了1根涨幅达31.25%的月大阳线。

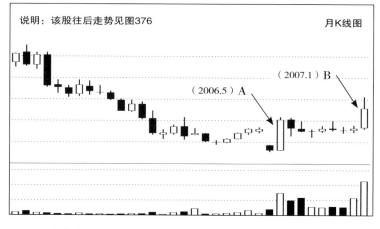

说明：该股往后走势见图376　　　　月K线图

（2007.1）B
（2006.5）A

大众公用（600635）2004年3月~2007年1月的月K线图　　图370

实例二十八：
新国都低位出现月巨
阳线时的初始图形

　　图形说明：该股在低
位横盘许久向上突破时，
于箭头A处拉出1根涨幅达
77.15%的月巨阳线，然后
股价就在月巨阳线实体的
1/2上方处作了近1年的整
理，最后在箭头B处出现了
1根涨幅达34.77%的月大阳
线。

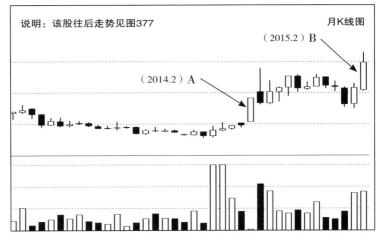

新国都（300130）2011年10月~2015年2月的月K线图　图371

　　上面几个实例都有一个共同特点，在低位拉出月巨阳线后，股价接连几个月都出现了一个横向震荡整理的态势，震荡整理时间大多数在半年之内，少数时间较长，超过了半年，但在1年之内。随后拉出1根涨幅在20%之上的大阳线或中阳线，股价就开始发力向上。这种类型的月巨阳线出现后整理的位置，比前面强势型的低位月巨阳线出现后整理的位置要低，前者是在月巨阳线收盘价附近（多半是在月巨阳线收盘价之上）进行整理，而后者则是在月巨阳线上端1/2处地方进行整理。这说明其走势要弱于强势型。正是这个原因，我们将它定性为"低位月巨阳线一般型"形态。但一般型并不表示后市股价上涨空间就小。下面我们来看这些个股拉出月巨阳线的后续图形，看了大家就会明白的（见图372~图377）。

实例二十三：
新能泰山在低位拉出
月巨阳线的后续图形

　　图形解说：该股在低
位拉出巨阳线后，连续盘整
了4、5个月，然后就发力向
上。最后股价在17.01元见
顶。若以当时低位月巨阳线
收盘价5.16元至这轮行情最
高价17.01元计算，最大涨
幅为229.65%。

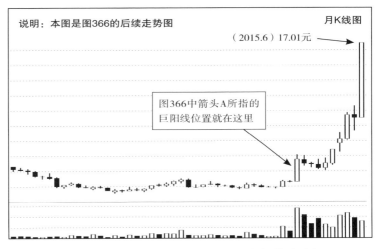

新能泰山（000720）2011年6月~2015年6月的月K线图　图372

实例二十四：
唐山港在低位拉出月巨阳线的后续图形

图形解说： 该股在低位拉出月巨阳线后，接着就横向整理了半年，然后才开始逐级向上，最高冲至18.31元见顶。若以当时低位月巨阳线收盘价4.84元至这轮行情最高价18.31元计算，最大涨幅为278.31%。

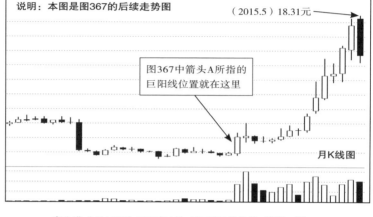

说明：本图是图367的后续走势图

（2015.5）18.31元

图367中箭头A所指的巨阳线位置就在这里

月K线图

唐山港（601000）2012年1月~2015年5月的月K线图　图373

实例二十五：
华茂股份在低位拉出月巨阳线的后续图形

图形解说： 该股在低位拉出月巨阳线后，接着就横向整理了半年，然后开始逐级向上，最高冲至25.80元。若以当时低位月巨阳线收盘价3.73元至这轮行情最高价25.80元计算，最大涨幅为591.69%。

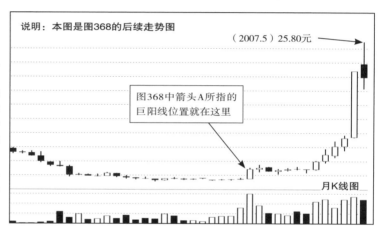

说明：本图是图368的后续走势图

（2007.5）25.80元

图368中箭头A所指的巨阳线位置就在这里

月K线图

华茂股份（000850）2004年4月~2007年5月的月K线图　图374

实例二十六：
中航三鑫在低位拉出月巨阳线的后续图形

图形解说： 该股在低位向上突破时，于箭头A处拉出1根涨幅达65.68%的月巨阳线，然后横盘整理了几个月，就一路向上，最高冲至21.50元见顶。若以当时低位月巨阳线收盘价7.29元至这轮行情最高价21.50元计算，最大涨幅为194.92%。

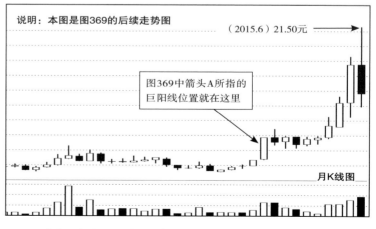

说明：本图是图369的后续走势图

（2015.6）21.50元

图369中箭头A所指的巨阳线位置就在这里

月K线图

中航三鑫（002163）2012年10月~2015年6月的月K线图　图375

实例二十七：
大众公用在低位拉出月巨阳线的后续图形

图形解说： 该股在低位拉出月巨阳线后，先是横盘了7个月，然后就开始发力向上，最高冲至25.45元见顶。若以当时低位月巨阳线收盘价3.98元至这轮行情最高价25.45元计算，最大涨幅为763.25%（注：此为复权价，该股途中送过股）。

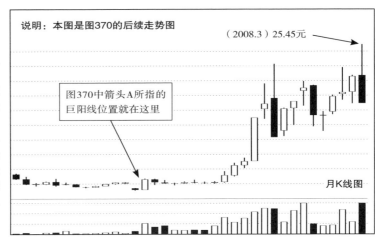

大众公用（600635）2005年3月~2008年3月的月K线图　图376

实例二十八：
新国都在低位拉出月巨阳线的后续图形

图形解说： 该股在低位往上突破时拉出月巨阳线，随后震荡了一年，行情再急速向上，最高涨至155.60元见顶。若以当时低位月巨阳线收盘价27.14元至这轮行情最高价155.60元计算，最大涨幅为473.32%。

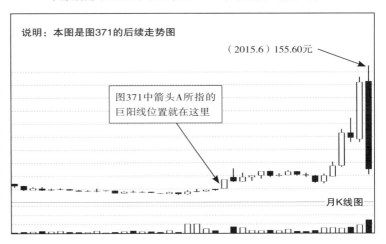

新国都（300130）2011年12月~2015年6月的月K线图　图377

　　上面几个实例中的个股，在低位拉出月巨阳线后整理的时间都比较充分，主力在清洗浮筹后，开始发力上攻，后面股价都有亮丽的表现，有的个股涨幅十分惊人。比如实例二十五的华茂股份，图374显示，该股在低位拉出月巨阳线后整理了半年时间，然后再出现1根月大阳线的。当时大阳线的收盘价仅为5.11元，5个月后股价涨至25.80元，涨幅达到404.89%。短时间内有如此大的涨幅让人惊叹不已。

　　从操作层面上说，投资者一旦发现股价整理结束（整理结束的标志是拉出1根涨幅不小于20%的月大阳线或月中阳线），就应该马上跟进。这样就能踏准股价上涨的节拍，后面的赢利会非常大。

（五）低位月巨阳线弱势型

　　1. 后市上涨概率≥65%。

2. 操作策略：耐心观望，谨慎做多。

3. 图形特征：

① 在股价大跌后，或者是股价在低位盘整后拉出1根放量月巨阳线。

② 股价在低位构筑一个底部形态往上突破时，突然拉出1根放量月巨阳线。

③ 低位月巨阳线出现后，有很长一段时间股价都处于向下调整状态，股价在见到某一低点后再慢慢出现回升，直至股价重新站在月巨阳线收盘价之上，才表示低位月巨阳线出现后的这轮调整有可能画上了句号。

④ 股价向下调整时，已深入到月巨阳线1/2下方处，但最低点不会低于月巨阳线的开盘价。

⑤ 股价向下调整时，投资者应耐心观望，只有在出现示意图中箭头B这根阳线时方可试着做多。

低位月巨阳线弱势型示意图

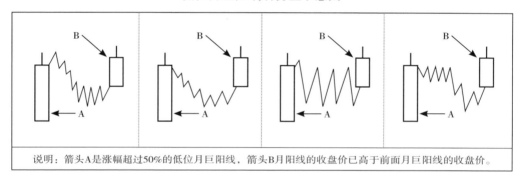

说明：箭头A是涨幅超过50%的低位月巨阳线，箭头B月阳线的收盘价已高于前面月巨阳线的收盘价。

图378

4. 典型案例。

实例二十九：盐田港低位出现月巨阳线时的初始图形

图形说明：该股在低位拉出1根涨幅达54.46%的月巨阳线，然后股价就连续向下调整，但其最低点并没有触及月巨阳线的开盘价。箭头B处的K线收盘价已高于月巨阳线的收盘价。

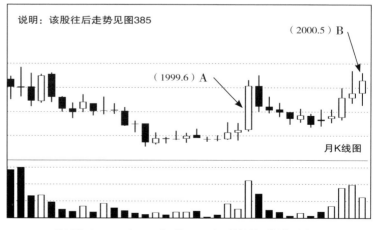

盐田港（000088）1997年7月~2000年5月的月K线图　图379

222

实例三十：华升股份低位出现月巨阳线时的初始图形

图形说明：该股在低位箭头A处拉出1根涨幅达74.19%的月巨阳线后，连续向下调整了半年，但最低价基本上在月巨阳线开盘价之上。箭头B指的K线收盘价已高于月巨阳线的收盘价。

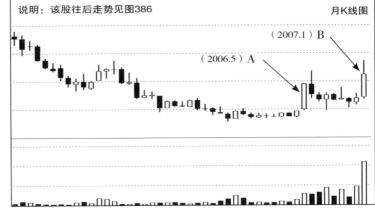

说明：该股往后走势见图386　　　　月K线图

（2007.1）B

（2006.5）A

华升股份（600156）2003年3月~2007年1月的月K线图　图380

实例三十一：杉杉股份低位出现月巨阳线时的初始图形

图形说明：该股在低位箭头A处拉出1根涨幅达61.27%的月巨阳线，然后调整了半年。箭头B处出现了1根跳空向上的月大阳线，其收盘价已站在月巨阳线收盘价之上。

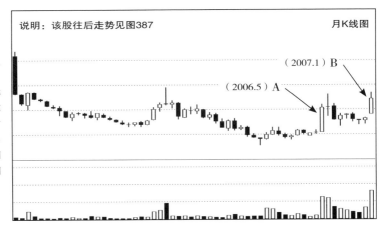

说明：该股往后走势见图387　　　　月K线图

（2007.1）B

（2006.5）A

杉杉股份（600884）2002年4月~2007年1月的月K线图　图381

实例三十二：航天通信低位出现月巨阳线时的初始图形

图形说明：该股在低位向上突破时，于箭头A处拉出1根涨幅达95.01%的月巨阳线，然后调整了半年有余，最低点深入月巨阳线实体的1/2下方处。箭头B处的阳线已站在月巨阳线收盘价之上。

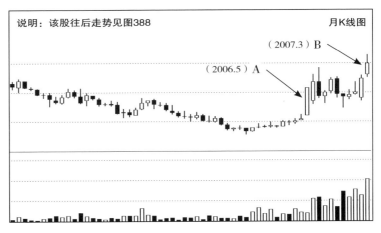

说明：该股往后走势见图388　　　　月K线图

（2007.3）B

（2006.5）A

航天通信（600677）2002年5月~2007年3月的月K线图　图382

实例三十三：

得润电子低位出现月巨阳线时的初始图形

图形说明：该股在低位向上突破时，于箭头A处拉出1根涨幅达57.77%的月巨阳线。然后，股价经历了2年的调整，但最低价始终未触及月巨阳线的开盘价。箭头B指的K线收盘价已高于前面月巨阳线的收盘价。

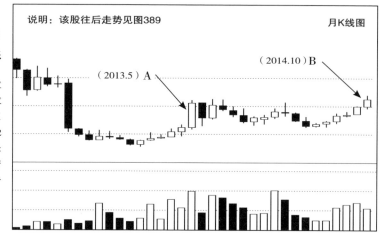

说明：该股往后走势见图389　　　　　月K线图

（2013.5）A　　　（2014.10）B

得润电子（002055）2011年12月~2014年10月的月K线图　图383

实例三十四：

诺德股份低位出现月巨阳线时的初始图形

图形说明：该股在低位箭头A处拉出1根涨幅达58.45%的月巨阳线，但之后股价却横向震荡了很长时间，股价回调的低点几次都打到月巨阳线实体的1/2下方处。箭头B指的K线已站在月巨阳线收盘价之上。

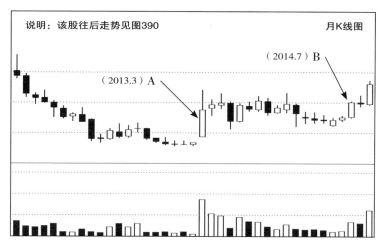

说明：该股往后走势见图390　　　　　月K线图

（2013.3）A　　　（2014.7）B

诺德股份（600110）2011年4月~2014年9月的月K线图　图384

上面举的几个实例，与前面几种类型的典型案例有很大的不同。股价在低位拉出月巨阳线后，接着就出现了连续调整的走势，调整的幅度之深、时间之长都超过了前面几种低位月巨阳线后的调整走势，显得相当疲弱。但这些股票的下跌是有底线的，即最低不会跌破月巨阳线的开盘价。

经过一段时间的调整后，其股价又慢慢地回升上来，股价最后又站到了低位月巨阳线的收盘价上方。其实，低位月巨阳线弱势型的股票，并不是没有投资机会，只要其调整后能重新站在月巨阳线的收盘价上方，后市可以谨慎看好。投资者此时 可以先试着买一点，等向上走势明朗后再加仓。下面我们就来看看这些股票的后续走势如何（见图385~图390）。

实例二十九：盐田港在低位拉出月巨阳线的后续图形

图形解说： 该股在低位拉出月巨阳线后，出现了一轮深幅调整，此后股价逐步向上，最高涨至28元。若以当时低位月巨阳线收盘价11.60元至最高价28元计算，最大涨幅为141.38%。

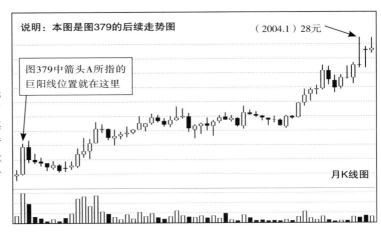

说明：本图是图379的后续走势图

（2004.1）28元

图379中箭头A所指的巨阳线位置就在这里

月K线图

盐田港（000088）1999年5月~2004年3月的月K线图　图385

实例三十：华升股份在低位拉出月巨阳线的后续图形

图形解说： 该股在低位拉出月巨阳线后，连续下沉半年之久，然后主力发力做多，股价一路向上至17.20元见顶。若以当时低位月巨阳线收盘价3.78元至最高价17.20元计算，最大涨幅为355.03%。

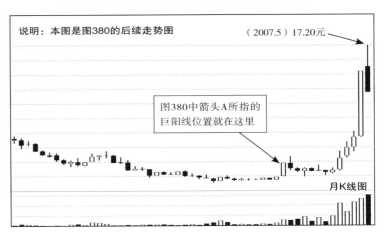

说明：本图是图380的后续走势图

（2007.5）17.20元

图380中箭头A所指的巨阳线位置就在这里

月K线图

华升股份（600156）2003年3月~2007年5月的月K线图　图386

实例三十一：杉杉股份在低位拉出月巨阳线的后续图形

图形解说： 该股在低位拉出月巨阳线后，先是向下调整了7个月，然后就出现了连续上涨的态势，股价最高涨至26.88元。若以当时低位月巨阳线收盘价6.37元至最高价26.88元计算，最大涨幅为321.98%。

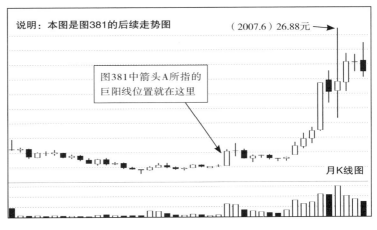

说明：本图是图381的后续走势图

（2007.6）26.88元

图381中箭头A所指的巨阳线位置就在这里

月K线图

杉杉股份（600884）2004年4月~2007年9月的月K线图　图387

实例三十二：
航天通信在低位拉出
月巨阳线的后续图形

图形解说： 该股在低位向上突破时拉出月巨阳线后，先是向下调整，然后再震荡向上。若以当时低位月巨阳线收盘价8.21元至最高价36.49元计算，最大涨幅为455.57%（注：此为复权价，该股中途送过股）。

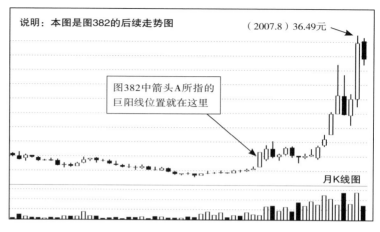

说明：本图是图382的后续走势图

（2007.8）36.49元

图382中箭头A所指的巨阳线位置就在这里

月K线图

航天通信（600677）2003年3月~2007年9月的月K线图　　图388

实例三十三：
得润电子在低位拉出
月巨阳线的后续图形

图形解说： 该股在低位拉出月巨阳线后，走势颇为曲折，调整了2年再发力向上。若以当时低位月巨阳线收盘价13.30元至最高价76.66元计算，最大涨幅为476.39%。

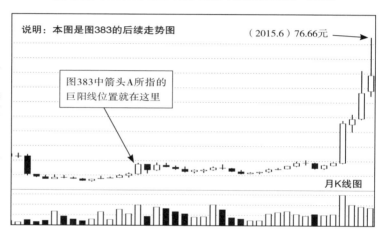

说明：本图是图383的后续走势图

（2015.6）76.66元

图383中箭头A所指的巨阳线位置就在这里

月K线图

得润电子（002055）2012年4月~2015年6月的月K线图　　图389

实例三十四：
诺德股份在低位拉出
月巨阳线的后续图形

图形解说： 该股在低位拉出月巨阳线后，股价经历一番很长时间的低位震荡，之后股价再发力向上。若以当时低位月巨阳线收盘价5.72元至最高价15.44元计算，最大涨幅为169.93%。

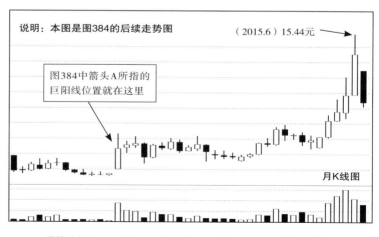

说明：本图是图384的后续走势图

（2015.6）15.44元

图384中箭头A所指的巨阳线位置就在这里

月K线图

诺德股份（600110）2011年12月~2015年12月的月K线图　　图390

大家看了实例二十九至实例三十四的后续图形，是不是会有这样的感觉，主力太会折磨人了。这些个股在低位拉出月巨阳线后，主力马上就开始对股价打压。主力此举是要让一些看到股价上涨而跟进做多的投资者无利可图。另外也要让一些深套的盼望月巨阳线后股价继续上涨等待解套的投资者再次陷入绝望境地，逼使他们交出手中的筹码。不交，就继续打压。1个月不行，就2个月、3个月，2个月、3个月不行，就6个月，6个月不行就9个月，直至打压到让这些持股的中小散户抬不起头来，完全丧失信心，将筹码乖乖交出来为止。有人将此现象称之为"主力底部折磨术"。投资者对此应该有一个清醒认识。

一般来说，在拉出低位月巨阳线后，只有主力发觉盘中的浮筹太多时，才会采取"底部折磨术"。比如，股价跌至低位后，股东人数在增加的股票，主力就认为浮筹太多，需要打压清理。在低位月巨阳线后，若主力采用"底部折磨术"打压股价，股价调整的时间就会很长，其走势就会很弱。

投资者面对"低位月巨阳线弱势型"的股票，可以采取"耐心观望，等待上涨信号出现后再出击"的操作方法进行积极应对。所谓观望，是指在股价被打压下跌时坚持空仓观望；所谓等待，是指跟着主力一起磨时间，只要股价不止跌企稳，就一直持币等下去；所谓上涨信号出现后再出击，是指股价止跌了，先买一点，在股价站上低位月巨阳线的收盘价上方（如出现图379~图384中箭头B的阳线时），再开始积极做多。只要投资者坚持这种投资策略，日后获胜的概率就很大。

（六）低位月巨阳线极弱势型

1. 后市下跌概率为60%，上涨概率为40%。

2. 主要操作策略：退出观望。

3. 图形特征：

① 在股价大跌后，或者是股价低位盘整后，突然出现1根放量月巨阳线。

② 在低位构筑一个底部形态，股价往上突破时，突然拉出1根放量月巨阳线。

③ 低位月巨阳线出现后，接着股价就出现了疲态，并且越走越弱，最后连月巨阳线的开盘价也被击穿。

④ 低位月巨阳线开盘价被打穿后，会出现两种走势。一是股价后面会越跌越低，跌掉50%、60%、70%都是正常的现象，有的股票下跌时间特别长，跌个几年，甚至10年以上的都有。二是股价跌破低位月巨阳线开盘价后很快就见底了，然后股价再出现慢慢回升，进而走出了大涨行情。上述现象，前者为多数，后者为少数。

⑤ 投资者见到股价跌破低位月巨阳线的开盘价，应该把预防风险放在首位，及时止损离场。

低位月巨阳线极弱势型示意图

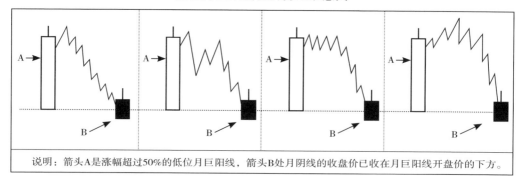

说明：箭头A是涨幅超过50%的低位月巨阳线，箭头B处月阴线的收盘价已收在月巨阳线开盘价的下方。

图391

4.典型案例。

实例三十五：深科技低位出现月巨阳线时的初始图形

图形说明：该股在低位箭头A处拉出1根涨幅达109.35%的月巨阳线，随后股价就出现了持续往下调整的走势，至箭头B处，这根K线的收盘价已收在前面月巨阳线的开盘价下方。

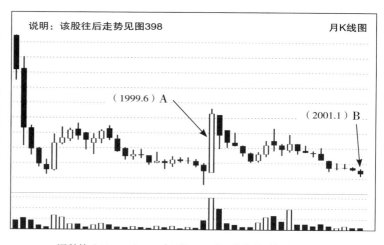

深科技（000021）1997年5月~2001年1月的月K线图　图392

实例三十六：大同煤业低位出现月巨阳线时的初始图形

图形说明：该股在低位箭头A处拉出1根涨幅达50.81%的月巨阳线，尔后股价就一路下跌，至箭头B处的K线收盘价已跌穿前面月巨阳线的开盘价。

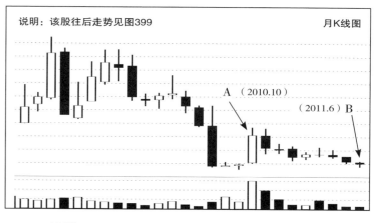

大同煤业（601001）2009年5月~2011年6月的月K线图　图393

228

实例三十七：

国金证券低位出现月巨阳线时的初始图形

图形说明：该股在低位箭头A处拉出1根涨幅达103.16%的月巨阳线，然后股价就出现了持续下跌的走势。至箭头B处，已跌破前面月巨阳线的开盘价。

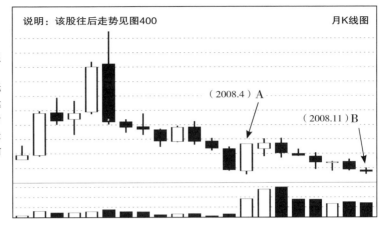

国金证券（600109）2007年3月~2008年11月的月K线图　图394

实例三十八：

中牧股份低位出现月巨阳线时的初始图形

图形说明：该股在低位箭头A处拉出1根涨幅达53.23%的月巨阳线，但之后股价就不断向下，至箭头B处已将前面月巨阳线的开盘价跌穿。

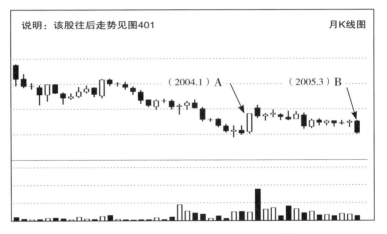

中牧股份（600195）2001年7月~2005年4月的月K线图　图395

实例三十九：

浙江东方低位出现月巨阳线时的初始图形

图形说明：该股在低位箭头A处拉出1根涨幅达61.12%的月巨阳线，尔后股价连跌7个月，并在箭头B处将前面月巨阳线的开盘价跌破。

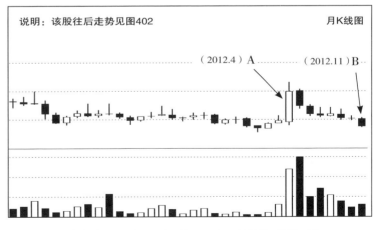

浙江东方（600120）2010年4月~2012年11月的月K线图　图396

实例四十：太原重工低位出现月巨阳线时的初始图形

图形说明： 该股在低位箭头A处拉出1根涨幅达64.49%的月巨阳线，股价并没有继续上涨，反而越走越弱，至箭头B处，股价已跌穿前面月巨阳线的开盘价。

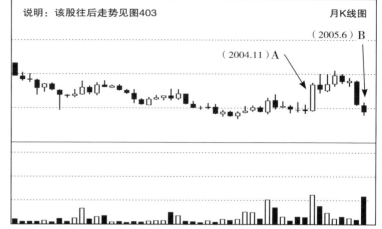

说明：该股往后走势见图403

月K线图

（2005.6）B

（2004.11）A

太原重工（600169）2001年7月~2005年7月的月K线图　图397

从上面几个实例中可以看出，虽然这些股票曾经在低位拉出了月巨阳线，股价出现了大涨，给投资者带来希望。但这种"好景"仅仅是昙花一现而已。我们看到这些股票在拉出低位月巨阳线后，行情就戛然而止。随后，股价表现越来越差，图中最后1根K线都跌到月巨阳线的开盘价之下。也就是说，当初月巨阳线的涨幅都被后面的下跌全部抹掉了。这种走势是很难看的。它是低位月巨阳线出现后表现最弱的一种形态，故将其称之为"低位月巨阳线极弱势型"。那么，极弱势型出现后，后市又会如何发展呢？投资者又该怎么去操作呢？这就是我们需要分析研究，对症下药，找到一个最佳解决方法的原因。

关于这个问题，我们先暂时不作评说，等大家看了它们的后续图形（见图398~图403），再来分析。这样就可以做到有的放矢，知道应该怎么操作了。

实例三十五：深科技在低位拉出月巨阳线的后续图形

图形解说： 该股"低位"拉出的月巨阳线，它的开盘价被跌穿后，股价又连跌了7年，最低跌到3.55元。据了解，当初该股出现月巨阳线的开盘价是40.99元，若以此计算，最大跌幅已超9成。

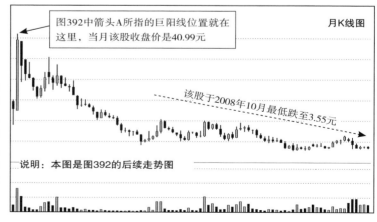

图392中箭头A所指的巨阳线位置就在这里，当月该股收盘价是40.99元

月K线图

该股于2008年10月最低跌至3.55元

说明：本图是图392的后续走势图

深科技（000021）1999年5月~2006年10月的月K线图　图398

实例三十六：
大同煤业在低位拉出
月巨阳线的后续图形

图形解说：该股"低位"拉出的月巨阳线，是主力在诱多出货，之后股价就跌跌不休，连续跌了3年多，股价最低跌至4.08元。据了解，当初月巨阳线的收盘价是25.29元，若以此计算，最大跌幅已超8成。

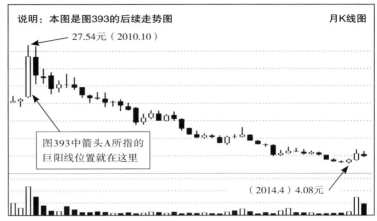

大同煤业（601001）2010年8月~2014年6月的月K线图　图399

实例三十七：
国金证券在低位拉出
月巨阳线的后续图形

图形解说：该股"低位"拉出月巨阳线后，出现了连续下跌，并将月巨阳线的开盘价跌破，然后出现了一轮反抽。反抽结束股价继续向下寻底，并连跌了几年。若以月巨阳线的收盘价计算，最大跌幅超8成。

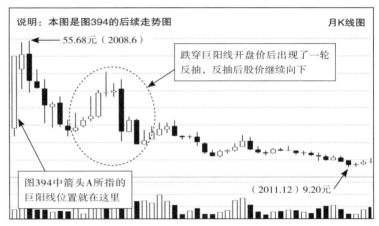

国金证券（600109）2008年4月~2012年2月的月K线图　图400

实例三十八：
中牧股份在低位拉出
月巨阳线的后续图形

图形解说：该股"低位"拉出月巨阳线后，股价先是出现了向下走势，并将月巨阳线开盘价跌穿，但过后股价又慢慢回了上来，并出现了大涨。若以月巨阳线后调整的最低点计算，最大升幅为1572.06%（按照复权价计算）。

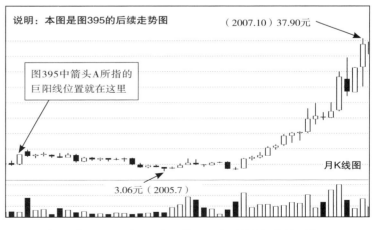

中牧股份（600195）2003年12月~2007年8月的月K线图　图401

**实例三十九：
浙江东方在低位拉出
月巨阳线的后续图形**

图形解说：该股虽然
发生了低位月巨阳线被跌穿
的现象，但事后证明这是假
摔，此后股价经过调整后出
现了连续上涨的走势。若
以月巨阳线调整后的最低点
计算，这轮行情最大升幅为
683.82%。

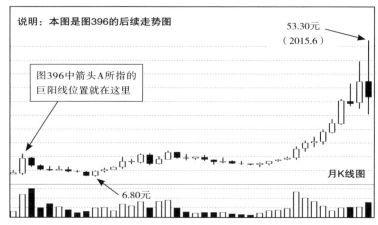

说明：**本图是图396的后续走势图**

图396中箭头A所指的
巨阳线位置就在这里

53.30元
（2015.6）

6.80元

月K线图

浙江东方（600120）2012年3月~2015年6月的月K线图　图402

**实例四十：太
原重工在低位拉出月
巨阳线的后续图形**

图形解说：该股跌穿
月巨阳线的开盘价后，并没
有继续下跌，而是在低位横
盘，然后股价慢慢地回升，
并出现了大涨。若以月巨阳
线后调整的最低价计算，该
股这轮行情的最大涨幅超过
了18倍（这是按照复权价计
算的）。

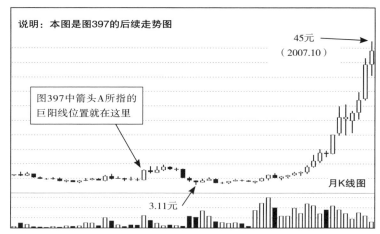

说明：**本图是图397的后续走势图**

图397中箭头A所指的
巨阳线位置就在这里

45元
（2007.10）

3.11元

月K线图

太原重工（600169）2003年3月~2007年10月的月K线图　图403

　　看了上面几个实例后，大家会发现，低位月巨阳线开盘价被击穿后，股价走
势出现了分化，一部分股票就此步入了熊途，股价越跌越惨（其中，有的个股最
大跌幅已超过了80%）。另一部分股票在低位月巨阳线开盘价击穿后，并没有继
续出现大跌，反而在低位慢慢企稳，然后就出现了稳步上行的走势，再后来股价
就出现了大涨，有的涨幅还非常惊人。比如，实例四十的太原重工，3年不到，
股价涨幅就超过了18倍。

　　那么在低位月巨阳线开盘价被跌破后，为什么日后的结局会出现冰火两重天
的现象呢？其实，这与低位月巨阳线的性质、作用有关。在月K线图中，能拉出
涨幅超过50%的月巨阳线，这决不是普通投资者干得出来的，因为他们既没有这
个能耐，也没有这个必要，而想这样做并且有能力这样做的就是非主力莫属。但

主力不会无目的地去做一件事，特别是对盘面能产生重要影响的低位月巨阳线。主力在盘中拉出低位月巨阳线是有其重要企图的，主力会根据不同的需要，让低位月巨阳线担任不同的角色，用它来完成既定的目标。我们梳理了一下，主力会让低位月巨阳线担任3个不同角色。①积极做多的集结号；②拉高出货的诱饵；③震荡吸筹的利器。作为"积极做多的集结号"，前面介绍的低位月巨阳线的最强势型、超强势型等几种形态，都可归属这一类。作为"拉高出货的诱饵"，本题实例三十五至实例三十七，就属于这种形式。作为"震荡吸筹的利器"，本题实例三十八至实例四十即为这种形式。

有人不明白，主力为何要将低位月巨阳线作为"震荡吸筹的利器"，原因是股价大跌后，深套的投资者已不愿意割肉了。这样主力就吸不到足够的廉价筹码，而此时拉1根低位月巨阳线，然后再将股价打下来，这样经过上下激烈震荡，筹码就会松动，深套的投资者也会因为贪一些"小利"将股票卖出，主力这一招可谓屡试不爽。所以我们经常会看到这种现象出现。

从操作层面上说，如果低位月巨阳线被确定为是"拉高出货的诱饵"，那就应该在低位月巨阳线开盘价被击穿后马上止损离场，否则，持股不抛，继续看多做多，后面将会输得很惨（比如，实例三十五的深科技，在该股当初低位月巨阳线的开盘价被跌穿后，又连跌了几年，股价跌得只剩下一个零头。持股不动者输得非常厉害）。反之，如果低位月巨阳线被确定为是"震荡吸筹的利器"，那就应该在低位月巨阳线开盘价被击穿后，逢低吸纳。但是现实的情况是，在后面结果没有出来之前，两者是很难区别的（当然少数有经验的投资者除外）。既然区别不了，盲目地持股不卖，就存在很大的风险。

故而，为了预防风险，我们认为，无论什么股票，只要股价击穿了低位月巨阳线的开盘价，持股投资者必须马上卖出，不要等。因为你不知道主力的意图是什么，万一主力是拿低位月巨阳线作为"拉高出货的诱饵"，若不及时卖出，一旦后面出现大跌损失就大了。再说，从历史数据看，低位月巨阳线开盘价被打穿，后市大跌的情况比止跌企稳，重新向上的情况要多。所以，从做股票的安全角度考虑，跌穿月巨阳线的开盘价，就应该马上卖出，即使卖出后股价并没有大跌，后来股价又止跌企稳了，这也没有什么好后悔的。因为这样操作躲过了一次大跌的风险，所以卖出还是值得的。如果你看好该股后市，则可以在其股价企稳重新向上时（比如，某月的收盘价已高于前面月巨阳线的收盘价），再买进不迟。

陆老师说，上面的操作建议，仅仅是对持股的投资者说的，而对持币观望的投资者而言，操作就简单多了，多看少动就是最佳操作策略。具体来说，投资者可以在低位月巨阳线后股价向下调整时，特别是股价击穿月巨阳线开盘价后坚持持币观望。若发现股价跌穿月巨阳线的开盘价后继续出现下跌，特别是出现了放量大阴线或出现向下跳空缺口等现象，那基本上就可以确定前面的低位月巨阳线是一种骗线，技术上就是诱多信号。主力在"低位"拉月巨阳线，目的是利用它作掩护拉高出货的（注：主力这样做，或者是因为上市公司的基本面出现了潜在的重大利空，主力得知了，他们就要抛股离场，或者是整个股市形势恶化，或者是因为主力本身资金链出现了断裂，这些因素都会促使主力出逃）。说白了，主力要砸盘了。既然如此，其后市就不能看好，作为一个聪明的投资者，就应该彻底地与它"拜拜"。所谓彻底与它"拜拜"，就是很长时间都不要碰这个股票，即使它跌深了，也不要轻易去买，因为这类股票不知跌到何处是尽头。

当然，若发现低位月巨阳线开盘价被击穿后很快止跌，并出现了碎步向上的现象，那就应该想到，前面股价跌破月巨阳线开盘价是不是假跌破，主力是不是在利用低位月巨阳线作为"震荡吸筹的利器"。判断的方法是：以月巨阳线的收盘价作为看多看空的分界线。只要股价能重新站在月巨阳线收盘价上方，就看多做多；若股价仍在月巨阳线收盘价之下运行，或者股价刚冲到月巨阳线收盘价之上，但不久又跌到月巨阳线收盘价下方，这样仍然不能看多做多，而应该持币观望。

还有一个问题也要注意，对股价跌破低位月巨阳线的开盘价，尔后又重新返身向上，把月巨阳线的开盘价、收盘价的失地都收了回来。这种股票的后市也应该看好（比如，实例四十的太原重工，当时其低位月巨阳线的收盘价是7.32元，该股后来重新站上7.32元，股价又大涨了5倍以上，直至45.08元才见顶回落），不要轻易放过这里面的投资机会。从操作层面上说，投资者见到这类股票，可等股价重新站上低位月巨阳线收盘价时，分批买入。比如，股价刚开始站上低位月巨阳线的收盘价可先试着买一点，然后等股价上升趋势明朗后再进行加仓。

陆老师讲课内容十分精彩，他讲完后，同学们报以热烈的掌声。根据教学安排，在陆老师讲完后，还安排了一个教学互动内容——现场问答。下面我们就来看看同学们是怎么问的，陆老师是怎么回答的。

>> 现场问答

问：从低位月巨阳线中挖掘投资机会，是不是专门适用于牛市，在其他市场，如熊市、猴市中并不适用？

答：在牛市中这种机会多一些，这是事实。但在熊市、猴市中也有这种机会。比如，熊市中也有牛股，而这种熊市中的牛股，其中有一些行情启动时就是以低位月巨阳线的形式出现的。还有一种现象是，熊市中某个股票低位突然拉出月巨阳线，然后出现了长时间的盘整，直到大盘走势回暖了，牛市来了，主力再开始向上拉。下面我们来看两个实例。

实例四十一：
奋达科技出现低位月巨阳线后的图形

图形说明： 该股是2012年6月上市的。上市后在低位横盘了11个月，2013年5月，该股突然拉出1根涨幅达58.15%的月巨阳线（见箭头A）。

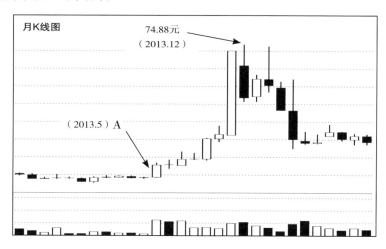

奋达科技（002681）2012年6月~2014年12月的月K线图　图404

实例四十二：
陆家嘴出现低位月巨阳线后的图形

图形说明： 该股在低位长期横盘后，于2013年8月拉出1根涨幅达85.06%的月巨阳线（见箭头A）。

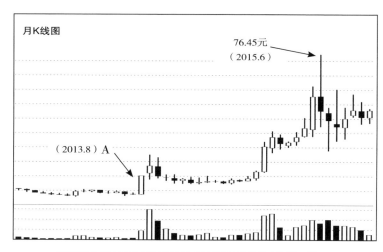

陆家嘴（600663）2012年5月~2015年12月的月K线图　图405

上面两个实例，图中出现低位月巨阳线的时间都发生在熊市中。实例四十一的奋达科技，它在低位拉出月巨阳线的时间是2013年5月。当时，整个股市正处于熊市大跌时期，而该股却在低位拉出一根涨幅达58.15%的月巨阳线，后面稍作调整后就出现连续上涨的走势，2013年12月股价摸高74.88元见顶。据查，该股从低位月巨阳线开始，一直到该股这轮牛市行情结束，整个过程都发生在大盘指数不断下跌的大熊市中。若从该股月巨阳线开盘价10.44元算起，8个月股价就涨了617.24%。它成了熊市中一个名副其实的大牛股。谁能在熊市中抓到这样的大牛股，谁就成财神了。

实例四十二的陆家嘴。它在低位拉出月巨阳线的时间是2013年8月。当月，上证指数收于2098点，最低跌至1997点，整个股市熊气弥漫，一片萧条。该股在低位拉出这根月巨阳线后，第2个月往上冲一冲就熄火了。但股价也没有怎么跌，只是在月巨阳线收盘价附近进行横盘。显然多方是在等待时机，不急于上攻。2014年11月，该股结束横盘，开始发力向上，而此时正是大盘回暖之际，当月上证指数大涨10.85%，成功站上2600点，一轮新的牛市行情开启。该股也趁机展开了一轮上攻走势。2015年6月，上证指数冲上5000点，该股也创出了76.45元的历史新高。可见，该股是典型的"熊市"中拉出低位月巨阳线，然后进入盘整蓄势状态，等后面牛市来了，再完成量度涨幅，最终成为穿越熊（市）、牛（市）的牛股。若以当时该股低位月巨阳线的收盘价19.32元计算，至其最高价76.45元，最大涨幅达到295.70%。这个涨幅远远跑赢了大盘指数，给投资者带来的收益是相当可观的。

可见，无论股市是处于牛市还是熊市，只要个股在低位拉出月巨阳线，投资者都要积极关注。因为低位月巨阳线的出现，往往表明主力开始对该股积极做多了，日后该股上升的潜力是很大的。

问：有人认为从低位月巨阳线中可以挖掘到许多投资机会，但对巨阳线的认定必须按标准执行，月涨幅低于50%的就不能视为巨阳线。请问，这个观点对吗？

答：这个观点是有问题的。虽然对巨阳线认定要制定一个标准。没有标准肯定要乱套，但有了标准也不能认死理。选股时既要看原则性，又要有灵活性。只要股价大跌后或在低位盘整时，盘中出现了月涨幅超过或接近50%的阳线，都应该视为是低位月巨阳线，否则就会失去很多投资机会。下面我们来看几个实例。

实例四十三：国电南自低位出现月巨阳线后的图形

图形说明：该股在2008年大熊市里，从26.47元跌至6.17元。该股在跌掉了76.69%后，于箭头A处拉出了1根涨幅达49.39%的月阳线。因为这根阳线离50%的月巨阳线标准，相差不到1个百分点，故应认定为低位月巨阳线。

国电南自（600268）2007年4月~2010年4月的月K线图　图406

图形说明： 该股低位
往上突破时，于箭头A处
拉出了1根涨幅达49.03%
的月阳线。它离涨幅50%
仅为1个点。故而，这根
阳线应认定为低位月巨阳
线。

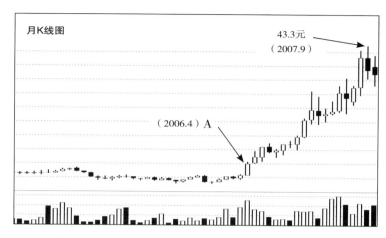

安徽合力（600761）2003年8月~2007年10月的月K线图　图407

图形说明： 该股在连
续下跌后，于箭头A处拉
出了1根涨幅达48.15%的
月阳线，它离涨幅50%仅
为一步之遥。所以这根月
阳线可以认定为低位月巨
阳线。

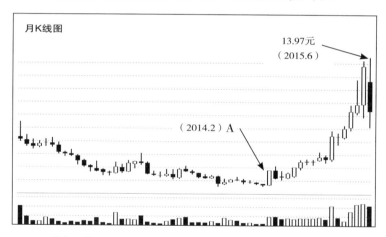

卧龙地产（600173）2010年11月~2015年6月的月K线图　图408

上面几个实例图中箭头A所指的都是低位月阳线，涨幅都不足50%，但它们
离50%仅一步之遥。如果把它们排斥在月巨阳线之外是不合适的，应该将其归属
于低位月巨阳线。否则，就会失去很多投资机会。比如，实例四十三的国电南自
在低位出现1根涨幅达49.39%的月巨阳线后，若以月巨阳线收盘价10.98元计算，
至这轮行情的最高价37元，最大涨幅可达236.98%。实例四十四的安徽合力在低
位出现1根涨幅达49.03%的月巨阳线后，若以月巨阳线收盘价10元计算，至这轮
行情最高价43.30元，最大涨幅可达333%。实例四十五的卧龙地产在低位出现1根
涨幅达48.15%的月巨阳线后，若以月巨阳线收盘价4元计算，至这轮行情的最高
价13.97元，最大涨幅可达249.25%

由此可见，对一些月涨幅不足50%，但离50%只差一点点的月阳线，应该把

它们划为月巨阳线。如果它们在低位，就是低位月巨阳线，如果它们在高位，就是高位月巨阳线，在这方面是不容置疑的。一般来说，只要认定某个股票在低位拉出了月巨阳线，就可以按照低位月巨阳线的分类指导规则进行操作，该买进时就买进，这样就能抓住这些股票后面的大涨机会。可见，认定月巨阳线确实既要有原则性又要有灵活性，这样才能把握好股市中的机会，掌握操作的主动权。

问：低位月巨阳线出现后，有很多时候股价会出现冲高回落或横盘的走势，是不是可以趁其回调时就逢低吸纳，而不必等到有明确的上涨信号出现后跟进。如果逢低吸纳，买进的价格要低很多，这样操作好吗？

答：这个很难说好与不好，因为它既有利也有弊。这种操作方法的优点是：买进的价格低，获利大，特别是后面若突然出现连续拉升，就是因为早先已经买进，可以避免出现踏空现象。缺点是，若买进后股价继续出现下跌，甚至出现月巨阳线开盘价被跌穿的情况，那么就要承担较大的风险。如果你能承受较大的投资风险，这种操作方法也可以试一试。但是，我们建议投资者在采用这种方法时，多少还是要注意一些盘中的止跌或看涨信号，这样既冒了风险，同时也相对比较安全。如此操作岂不是更好一些。下面请看几个实例。

实例四十六：东方能源低位出现月巨阳线的初始图形

图形说明：该股在低位往上突破时，于箭头A处拉出1根涨幅达48.76%的低位月巨阳线，但第2个月收了1根大阴线。不过幸好后面几个月，股价又回到了月巨阳线实体的1/2上方处盘整，这似乎给多方带来一些希望，激进投资者可考虑在此适量买进。

东方能源（000958）2011年2月~2014年2月的月K线图　图409

实例四十七：世纪星源出现低位月巨阳线的初始图形

图形说明：该股在低位箭头A处拉出了1根涨幅达53.10%的月巨阳线，之后，股价在月巨阳线收盘价附近收了3根十字星。从图形上看，多方似乎在蓄势待发。故而，激进型投资者可考虑在此适量买进。

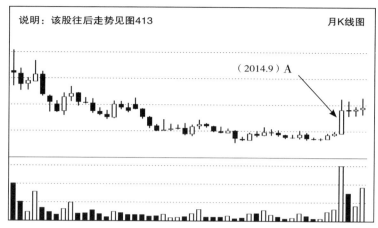

世纪星源（000005）2009年12月~2014年12月的月K线图　图410

实例四十八：特锐德出现低位月巨阳线的初始图形

图形说明：该股实施10转赠10除权后的第2个月，于箭头A处拉出1根涨幅达50.81%的低位月巨阳线。之后6个月，股价就在月巨阳线实体的1/2上方处盘整。激进型投资者可择机预先买一点埋伏在里面。

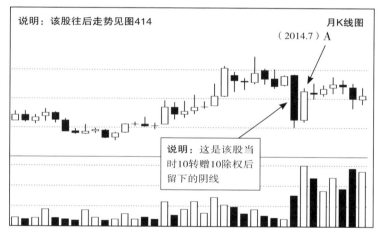

特锐德（300001）2012年2月~2015年1月的月K线图　图411

　　这几个实例低位都出现了月巨阳线。图409中箭头A所指的月K线涨幅达48.76%，这个涨幅接近50%，也可以看作是月巨阳线。但第2个月就风云突变，收出1根光头光脚的大阴线。不过，后面几个月股价并没有继续下跌，而是走出止跌回升的走势。从图形上看，这根大阴线似乎是主力有意砸盘所为。现在图中的大阴线实体的大部分都已被后面的阳线所覆盖，股价似乎有继续向上的迹象。故而，在图409中最后几根月K线处预先买一点，埋伏在里面还是可行的。

　　图410显示，该股在低位拉出月巨阳线后，接连出现了3根十字线，但十字线都在月巨阳线的收盘价上方盘旋，且收盘价在逐步抬高，成交量也未见明显萎缩。十字线是变盘信号。从图中看，往上变盘的可能性会大一点。所以，在此冒一点风险也是值得的。

图411显示，该股在送股除权后就拉出了1根月巨阳线，巨阳线之后的几个月股价都在巨阳线上端部分盘整，且下面的成交量出现放大堆积的态势，这种现象说明主力介入很深，后面疑有大动作。故而，在此冒一点险，与庄共舞，可能会捡到一个大便宜。

上面这三个实例的股票，虽然没有出现明显的买进信号，但盘中多少有一点可以看多做多的理由。我们认为，只有在这种情况下，冒一点风险才是值得的。当然，操作时还是要注意，买进量不能太多，并且要设好止损点，如果后面的走势不像自己估计的那样，股价出现向下变盘，即要及时止损离场。

这些股票的后市究竟怎样呢？下面让大家看一看其后续走势。

实例四十六：
东方能源低位出现月
巨阳线的后续图形

图形说明：该股在低位拉出月巨阳线后，第2个月就出现了1根光头光脚的大阴线。但事后证明，这根大阴线是主力用来洗盘的，洗盘后经过一段时间盘整，股价就出现了大涨。若以月巨阳线收盘价计算，这轮行情最大涨幅超过了7倍。

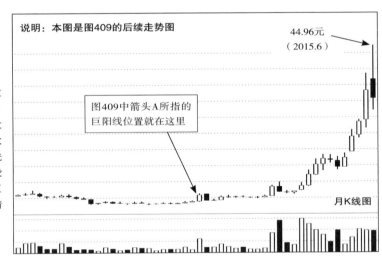

东方能源（000958）2011年2月~2015年6月的月K线图　图412

实例四十七：
世纪星源低位出现月
巨阳线的后续图形

图形说明：该股在低位出现月巨阳线后，连续3个月收了3根十字星线。此时，若预先买一些埋伏在里面，后面就能享受到股价连续涨停带来的快乐（注：该股后来在日线上出现了连续十几个一字线涨停）。

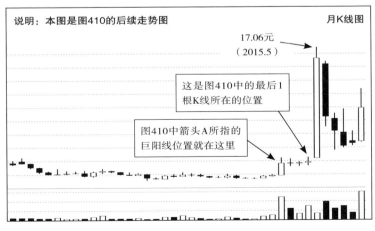

世纪星源（000005）2011年4月~2015年10月的月K线图　图413

实例四十八：
特锐德低位出现月巨阳线的后续图形

图形说明： 该股在低位拉出月巨阳线后，并没有继续上涨，而是盘整了半年。事后证明，盘整就是最好的买入机会。后面1根超级巨阳线，当月涨幅达到了236.41%，让预先买进者大赚了。

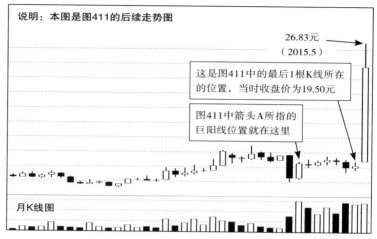

说明：本图是图411的后续走势图

26.83元
（2015.5）

这是图411中的最后1根K线所在的位置，当时收盘价为19.50元

图411中箭头A所指的巨阳线位置就在这里

月K线图

特锐德（300001）2012年2月~2015年5月的月K线图　图414

看了上面几个实例低位月巨阳线的后续图形，大家会发现，当时这些股票虽然没有出现明显的买进信号，仅有似乎并不充足的看多做多的理由，若预先买了，这似乎存在很大的"风险"。但与此同时，内中也蕴含着巨大的投资机会。后面的事实证明，若是在图409~图411中最后几根K线处买进，预先埋伏在里面的投资者，后面都获得了很大的收益。特别是实例四十七世纪星源、实例四十八特锐德这两个股票，若当初不是预先埋伏在里面，后面就没有机会了。因为在这之后的股价就是连续10几个一字线涨停，想买也买不到，等买到的时候股价就见顶了。

由此可见，在低位月巨阳线出现后，股价进行盘整时，若看到一点看多做多理由，适当冒一点风险，买一点股票埋伏在里面，有时还是很值得的。但是，我们要负责任告诉大家，这种机会并不多见，投资者不能把它作为主要的选股与操作方法，最多只能作为一个辅助手段来使用。同时，大家要在实践中不断摸索经验，在采用这种操作方法时，尽量想得周全一点，把风险降到最低程度。

问： 在A股市场中，有没有出现低位月巨阳线一步涨到位的情况呢？如果有，能给投资者什么启示？

答： 在A股市场中，确实发生过低位月巨阳线一步涨到位的情况。比如，2013年9月，沪市主板中的外高桥（600648），在股价低位向上突破时，拉出了1根超级月巨阳线（当月涨幅达到267.21%）。当时主力借利好题材，将该股连拉涨停（当月共出现12个一字线涨停，3根涨停大阳线）。股价上涨一步到位。在这根超级月巨阳线出现之后，该股就一蹶不振，即使到了2015年上半年，股市进入全面牛市状态，大部分股票出现大涨时，该股仍然是一副熊样，股价稍有反弹就出现大跌，股价跌到最低处已将月巨阳线涨幅全部抹干净（见图415）。

从这个案例中，我们可以得到一个重要启示，判断低位月巨阳线（包括股价构筑底部形态后向上突破的低位月巨阳线）是不是做多信号，与月巨阳线本身的涨幅也有很大的关系。如果月巨阳线涨幅过大，就不是看多做多的信号，因为上涨行情已被过度透支，反而成了看空做空的信号。此时投资者就不宜再对其后市看好，要当心股价一步涨到位带来的风险。

实例四十九：外高桥拉出低位月巨阳线一步到位的图形

图形说明：图中箭头A所指的这根超级巨阳线，当月涨幅为267.21%，如果算上最高价，当月最大涨幅为332.05%。

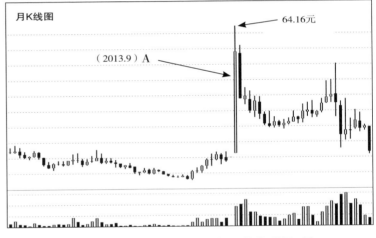

该股最后1根K线已跌至月巨阳线的开盘价下方。至此，该股前面月巨阳线的涨幅已荡然无存

月K线图

64.16元

（2013.9）A

外高桥（600648）2009年10月~2016年1月的月K线图　　图415

问：在我的印象中，《股市操练大全》第八册曾用了大量篇幅介绍月巨阳线，说月巨阳线是对未来行情的透支，是一种看空做空的信号，而现在又说月巨阳线是看多做多的信号。这两者不是互相矛盾吗？

答：确实，《股市操练大全》第八册专门有一章是说月巨阳线技巧的（见该书第72页~第210页）。书中对月巨阳线知识作了全面介绍，既介绍了低位巨阳线，也介绍了高位月巨阳线（注：在股价大幅上涨后，再拉出的巨阳线，称为高位巨阳线）。因为在月K线巨阳线中，高位月巨阳线占了大多数，而低位月巨阳线所占的比例相对要少很多。所以，书中对高位月巨阳线的性质、作用与操作技巧的介绍也就比较多。或许书中介绍内容多的部分给大家留下的印象比较深，所以才会得出月巨阳线就是对未来行情的透支，是看空做空的信号。

其实，该书介绍月巨阳线的知识还是很全面的。书中对低位月巨阳线的性质、作用与技巧的知识介绍并没有被忽视，也用了一定的篇幅作了解析（可参见该书第122页～第154页，第172页～第179页）。

如果仔细看，认真阅读，就不会得出月巨阳线都是看空做空信号的结论，而会认识到低位月巨阳线是非常重要的看多做多信号。

说白了，巨阳线与大阳线，就其本身来说，既可以是看空做空的信号，也可以是看多做多的信号，关键要看它出现在什么阶段、什么位置。

我们知道，在日K线图中，大阳线出现在高位，往往是掩护主力出逃的烟幕弹。比如，某个股票在高位拉出1根或几根涨停大阳线，投资者追了进去，但股价很快就见顶了，这些盲目追进去的投资者都套在高位。而在月K线图中，高位出现月巨阳线的诱惑力则更大，很多投资者就是被高位月巨阳线骗得昏头昏脑，结果看花了眼，盲目跟进，被死死地套在山顶上。这样的例子多得数不胜数。因此，《股市操练大全》在书中反复提醒大家，对日K线图中出现的高位大阳线，对月K线图中出现的高位月巨阳线，都要保持高度警惕，千万不要被它们骗了。

另外，通过对《股市操练大全》的学习，我们知道，在日K线图中，大阳线出现在低位，往往就是股价上涨的重要信号。在月K线图中，巨阳线出现在低位，常常就是一轮新行情启动的集结号。因为月K线的份量比日K线的份量要重得多，所以，月K线图中低位月巨阳线的意义远胜于日K线图中低位大阳线给大家的做多提示。而正因为如此，我们才花了大量时间与精力研究低位月巨阳线的作用，并把我们辅导老师对这一问题的研究成果向大家作了详细汇报。

最后，我建议大家有时间再去认真看一看《股市操练大全》第八册中关于月巨阳线技巧介绍的内容，这样对我们认识巨阳线、理解巨阳线，以及如何来操作都会有很大的帮助。

问：运用低位月巨阳线技巧选股的最大风险是什么？如何来预防这方面的风险？

答：最大风险是对低位月巨阳线的误判、误买。所谓误判，是指把不属于低位月巨阳线的，误判成低位月巨阳线了。比如，有些股票从高位跌下来，只是跌到半山腰，若在这个地方拉出月巨阳线，就不能称为低位月巨阳线。这样的月巨阳线，实际上是主力拉高出货的诱饵。关于这方面的情况与实例，我在前面已作过介绍。现在为了让大家对这个问题有更清晰的认识，以便更好、更有效地防范其中的风险，我这里再举一些例子，作为警示。

实例五十：海通证券大跌后出现月巨阳线的初始图形

图形说明： 该股从68.53元跌至27.50元，股价跌掉近6成，尔后在箭头A处拉出1根涨幅达64.89%的月巨阳线，但这根月巨阳线是不是低位月巨阳线呢？尚有待确认。

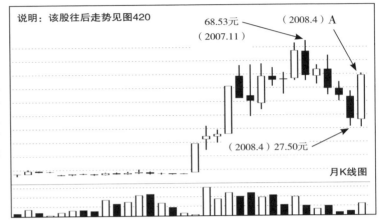

海通证券（600837）2005年7月~2008年4月的月K线图　图416

实例五十一：当代东方大跌后出现月巨阳线的初始图形

图形说明： 该股在连续下跌后，于箭头A处拉出1根涨幅达76.67%的月巨阳线，第2个月虽然冲高回落，但股价仍收在月巨阳线上方。这根月巨阳线到底属于什么样的性质呢？还需要观察。

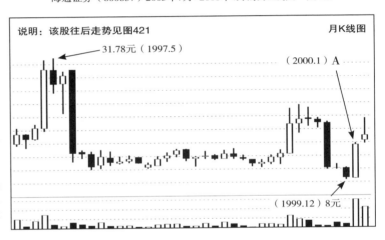

当代东方（000673）1997年1月~2000年2月的月K线图　图417

实例五十二：焦作万方低位向上突破时出现月巨阳线的初始图形

图形说明： 该股在低位向上突破时，于箭头A处出现1根涨幅达72.56%的月巨阳线，尔后几个月，股价重心在不断抬高，这似乎可以确定这根月巨阳线为低位月巨阳线，但后面走势让人颇感意外。

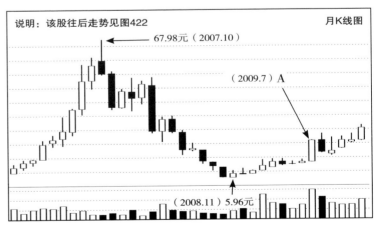

焦作万方（000612）2007年1月~2009年12月的月K线图　图418

实例五十三:
冠农股份大跌后出现
月巨阳线的初始图形

图形说明:该股在低位盘整了很长时间后,突然在箭头A处拉出1根涨幅达63.10%的月巨阳线,当月收于22.54元,下面的成交量也出现明显放大迹象。

说明:该股往后走势见图423　　　月K线图

72.88元(2008.7)

(2013.7)A

(2013.6)12.75元

冠农股份(600251)2008年7月~2013年7月的月K线图　图419

上面几个实例都是在股价大跌后拉出了月巨阳线,拉月巨阳线时,成交量出现明显放大。有人看到价升量增,阳线的实体又很长,就认为做多气氛浓烈,买盘强劲。由此判断图中出现的月巨阳线就是低位月巨阳线,并开始大量买入。其实,作出这样的判断很轻率,并不明智,盲目买入更是隐藏着巨大的风险。

陆老师说,下面我先请大家看一看这些实例的后续走势,然后再作分析。

实例五十:海
通证券大跌后出现月
巨阳线的后续图形

图形说明:经验证,图中箭头A指的月巨阳线并不是低位月巨阳线。它是股价跌至半山腰,主力用它来进行诱多,掩护拉高出货的。该股在拉出月巨阳线后,第2个月股价最高冲至60.20元,随后就出现了大跌,并且连续跌了几年,股价最低跌至7.05元。

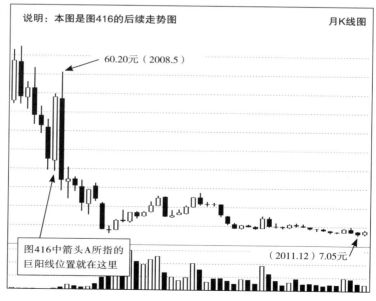

说明:本图是图416的后续走势图　　月K线图

60.20元(2008.5)

图416中箭头A所指的巨阳线位置就在这里

(2011.12)7.05元

海通证券(600837)2007年10月~2012年1月的月K线图　图420

实例五十一：

当代东方大跌后出现月巨阳线的后续图形

图形说明： 观察后就会发现，图中箭头A指的月巨阳线，并不属于低位月巨阳线，股价只是跌至半山腰而已，最后股价几乎跌成一个零头。

说明：**本图是图417的后续走势图**　月K线图

19.92元（2000.2）

图417中箭头A所指的巨阳线位置就在这里

（2005.7）2.36元

当代东方（000673）1999年7月~2005年8月的月K线图　图421

实例五十二：

焦作万方大跌后出现月巨阳线的后续图形

图形说明： 该股在低位拉出的月巨阳线，并不是做多信号，而是诱多与拉高出货的信号。主力在高位出货后，股价就一蹶不振，越走越低。若以月巨阳线后股价最高冲至32.20元计算，最低跌至5.21元时股价已跌去83.82%。

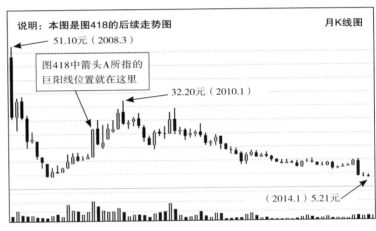

说明：**本图是图418的后续走势图**　月K线图

51.10元（2008.3）

图418中箭头A所指的巨阳线位置就在这里

32.20元（2010.1）

（2014.1）5.21元

焦作万方（000612）2008年3月~2014年1月的月K线图　图422

实例五十三：

冠农股份大跌后出现月巨阳线的后续图形

图形说明： 该股在低位拉出月巨阳线后，主力并不想做多，只是利用它在不断出货，箭头B指的是1根涨幅达32.62%的月大阳线，但主力仍然在利用它进行诱多出货。在月大阳线后的第2个月，股价最高冲至29.12元，然后股价就出现了连续下跌的走势。

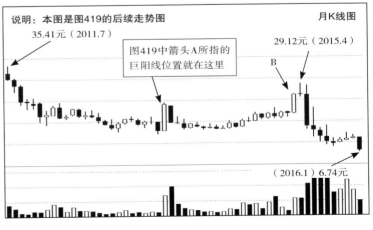

说明：**本图是图419的后续走势图**　月K线图

35.41元（2011.7）

图419中箭头A所指的巨阳线位置就在这里

29.12元（2015.4）

B

（2016.1）6.74元

冠农股份（600251）2011年7月~2016年1月的月K线图　图423

陆老师说，看了上面几个实例的后续走势图形后，大家就会认识到，当初把这些股票的月巨阳线看成是低位月巨阳线，属于一种误判。依此作为看多做多的理由，买入这些股票就是误买，最后损失是很大的。那么，为什么会出现误判呢？我们不妨简单地对这些图形作一些分析。

实例五十的海通证券，图416显示，当初只是在股价大跌后拉出了1根月巨阳线，但这根月巨阳线是不是低位月巨阳线，是要靠后面的K线来验证的。当初如果仅凭这根月巨阳线，在没有验明正身的情况下，就认定它是低位月巨阳线开始买入，是太性急、太冲动了。因为该股后面的K线连续下跌，说明市场根本就不认可它是低位月巨阳线。

实例五十一的当代东方，图417显示，当初拉出月巨阳线时，后面1根K线是小阳线。按照我前面讲的低位月巨阳线分类指导原则，只有在第2根K线涨幅达到20%，且上影线很短的情况下，才能认定前面的月巨阳线为低位月巨阳线，显然这是不符合要求的。据此认定它是低位月巨阳线，也纯属是一种误判。

实例五十二的焦作万方，图418显示，它在拉出月巨阳线后，第2根K线是1根中阴线（注：当月跌幅为23.12%），该中阴线已经跌到月巨阳线实体的1/2以下处。虽然后面几根K线连续收阳，股价重新站上了月巨阳线的收盘价上方，最后还收了1根涨幅超过20%的中阳线。此时对它看多做多是有了一点理由。但因为它前面月巨阳线后的第2根K线是中阴线，走势怪异，即使看多做多也只能是谨慎看多做多。因为情况究竟如何，还需要观察，但这根中阳线后面，紧接着是带有长上影线的中阴线。这显然主力没有把股价做上去的意思，而是利用月巨阳线作掩护，在进行拉高出货。此时买进的投资者应该停损离场或减仓了（注：当股价再次跌破月巨阳线收盘价后，就要坚决抛股出局），没有买进的投资者则要坚持持币观望，如此就能规避掉该股后面大跌的风险。

实例五十三的冠龙股份，图419显示，该股在低位盘整很长时间后，突然拉出1根放量的月巨阳线。那么，这根月巨阳线究竟属于什么性质呢？同样需要后面的K线走势来验证。但后面的K线走势显示，这根月巨阳线即使属于低位月巨阳线也属于很弱势状态，是不能盲目对它看多做多的，而应该持币观望。果然，后面的走势证明，主力在"低位"拉月巨阳线，不是在做多，而是在掩护出货。可见，对一些"低位"拉出月巨阳线，但走势处于很弱势状态的股票，需要高度警惕。只有这样，投资者才不会出现误判，不会被主力牵着鼻子走。

最后，陆老师说，在分析了上述实例的误判原因后，我在这里总结几条，说一说投资者应该如何来预防误判、误买的风险。

第一，大家一定要记住，并不是股价大跌之后（包括股价在低位横盘后）拉出的月巨阳线，就一定是低位月巨阳线。其中，有真有假。投资者需要认真进行鉴别，以辨真伪。

第二，在低位月巨阳线出现后，要冷静、仔细地观察它后面的K线走势，然后才能确定月巨阳线的性质，判断出主力拉巨阳线的目的是什么。

第三，确定低位月巨阳线的性质后，投资者要根据低位月巨阳线出现后的强弱类型，采取不同的操作策略（可参考前面对低位月巨阳线出现后的分类操作原则进行操作），选好买点，择机买入。

第四，选强不选弱，要选择低位月巨阳线最强势型、超强势型的股票积极做多，选择强势型的股票做多，而对低位出现月巨阳线，性质上属于一般型的股票应采取谨慎做多的策略。在选择股票跟进做多时，要尽量回避低位月巨阳线出现后，但走势属于弱势型、超弱势型的股票（注：除非这两类股票的股价重新站到月巨阳线的收盘价之上，发出强烈的买进信号后才可考虑适量做多）。

第五，买进时要设好止损点。若发现买进后，或买进后过了一段时间，股价冲高回落，跌至月巨阳线的收盘价下方，此时就要止损或减仓；若发现股价跌到月巨阳线实体的一半以下，必须大幅减仓；若发现股价跌破月巨阳线的开盘价，则必须全部清仓离场。这条要作为铁的纪律来执行。

我相信，大家只要做到这5条，就能将运用低位月巨阳线选股的风险降到非常低的程度，成功概率则会大大提高。

股市操作经验漫谈之一

股市中真正的技术高手总是凭借自己坚信不疑的技术系统，严格按照铁定的操作纪律展开临盘实战操作。他们绝对不把投资的成功寄托在自己无法控制的其他诸如消息或政策上。因为他们有自知之明，知道在茫茫的股海中个人的力量实在太渺小，他们深深懂得既然自己不能控制市场和他人，那么就必须要控制住自己。他们总是小心翼翼地去适应市场，仔细寻觅市场主力的踪迹，跟着大资金的步伐去做多或做空，而绝对不会妄自尊大，去做那些对抗市场和战胜主力的蠢事，让自己处于随时可能被市场淘汰的危险境地之中。

中 篇

基本面选股深度练习

导 言

主讲人：边老师

基本面选股是捕捉黑马、挖掘牛股的一个重要方法。但市场调查统计，在中国A股市场中用基本面选股的投资者很多成了输家。比如，2010年~2014年，有人看到银行业绩高速增长，每股收益十分亮丽，市盈率非常低，开始选择银行股做多，但几年做下来，非但没有赚到钱，反而本金亏了一大截。很多人对此感到百思不得其解。其实，用基本面选股并不是看看每股收益、看看市盈率那么简单。有一句古语说得好："取法其上，得乎其中；取法其中，得乎其下。"只懂得看看每股业绩，看市盈率选股者，只属于"取法其中"，甚至是"取法其下"者，其结果当然不妙，而真正了解基本面选股真谛的投资者都是"取法其上"者，一个"其上"不够，加上几个"其上"，最后获得基本面选股的技巧，就是一流，甚至是超一流的技巧。用此技巧选股，胜算率就会很高，赚钱概率大增。

本章练习，就是让大家多学习、借鉴几个"取法其上"，让大家真正了解股市大师、股市高手是如何运用基本面技巧选股的，或许当你明白了其中的奥秘，用基本面选股即能驾轻就熟，圆上你股市赢家的梦想了。

众所周知，股神巴菲特是一个价值投资者，他的一个重要投资理念是："别人恐惧我贪婪，别人贪婪我恐惧"，主张在价值被严重低估时选择股票。但很多人并不知道巴菲特选择股票时还加了一道"保险"，即重仓挑选的股票一定是有特许经营权的股票。而正是这双保险，使巴菲特重仓持有的股票一个个都成了大牛股。

请问：什么是特许经营权？巴菲特是如何依照特许经营权来挑选股票的？巴菲特这一投资理念在中国A股市场有什么实用价值？

很多人在谈论巴菲特价值投资时，常常会疏忽巴菲特价值投资的"特许经营权"这一核心内容。

那么，什么是"特许经营权"呢？它是指一家公司拥有一种使外来者无法与之竞争的能力。其实，巴菲特对价值投资理论的最大贡献在于意识到了"特许经营权"的价值。巴菲特的导师格雷厄姆的价值投资主要关心的是股票的资产价值，以及以此为基础能抵御损失的安全边际，而巴菲特对"特许经营权"的价值的挖掘，极大地拓展了价值投资的内涵。

按照巴菲特表达的意思，通俗地说，"特许经营权"具有以下几个特征：①市场上没有能替代它的产品，其产品有独一无二的竞争力。②公司具有定价的灵活性，在适当提高它们的产品或服务的价格以后并不会失去市场份额，它使得投资可以得到超乎寻常的回报。③在经济不景气时比较容易生存下来并保持活力。④拥有大量的粉丝，其品牌在市场上有较强的号召力，能更有效地抵御通货膨胀的负面影响。

从我们了解的情况来看，巴菲特把所有的企业划分为两种类型：一是有特许经营权的企业，这部分企业数量极少；二是无特许经营权的企业，这部分企业数量众多。而巴菲特主张的价值投资，首选的目标就是要瞄准具有特许经营权的企业，因为它们能为投资者带来稳定与超额的收益。

比如，可口可乐、吉列刀片、政府雇员保险公司这3个股票，都是巴菲特巨资投入的重仓股。这3个股票都是有特许经营权的股票。我们来看看这3个股票的特许经营权表现在什么地方。

① **可口可乐**。经权威机构评定，其品牌价值为400多亿美元，这在全球所有企业中排名第一。而且它已被大众公认为是美国文化的象征。正因为如此，可口可乐在美国饮料市场占据了大半壁江山，这是一个非常惊人的数字，其产品独一

无二的竞争力表现得非常明显。

② **吉列刀片**。吉列公司是由传奇人物金·吉列创建。他于1895年发明了一次性剃须刀片，并在1901年创立了美国安全刀片公司。公司于20世纪50年代更名为吉列，当时已经成为美国剃须刀行业的领头羊，从此一直处于市场领导地位到现在，几乎没有一个公司能够像吉列那样统治本行业如此之久。

巴菲特认为，吉列公司是一个拥有经济特许权的典型企业："世界上每年剃须刀片消费量为200亿~210亿片左右。其中30%是吉列公司生产的，但按市场份额计算，吉列公司在全球刀片销售额中占了60%。吉列公司在某些国家和地区占有90%的市场份额，如斯堪的纳维亚和墨西哥。在现代社会，剃须已成为男人的一种享受。在全世界大部分地区，男人剃须首选的就是吉列公司生产的刀片。"

③ **政府雇员保险公司**。该公司创建于1936年，其核心业务是为政府雇员、军人中一些成熟稳重、谨慎的人提供汽车、住房以及财产等保障服务。几十年来，政府雇员保险公司在业内建立了良好的信誉，赢得了大批忠诚的客户。公司最主要的客户是那些安全驾驶的司机，他们通过信件来购买保险，享受公司低成本和高质量的服务，再投保率在美国保险公司中是最高的。

在容量巨大的汽车保险市场中，大多数公司由于其销售渠道结构限制了灵活经营，而政府雇员保险公司却一直以来将自己定位为一个保持低营运成本的公司。政府雇员保险公司根据其定位进行经营，不但为客户创造非同寻常的价值，同时也为自己赚取了非同寻常的回报。

经过上面的分析，大家可以看得很清楚，巴菲特重仓的3只股票都是有特许经营权的股票，再加上巴菲特购买这些股票，买进的价格都大大低于股票的内在价值。可以说，**"特许经营权＋股票价格大大低于股票的内在价值"，是巴菲特买股票的双保险**。用"双保险"花巨资购买，重仓持有的股票，日后都为巴菲特带来天文数字般的投资回报，使他成为了自股票诞生以来在全球股市上赚钱赚得最多的股市大赢家。

巴菲特的特许经营权，再加上只有在股价大大低于股票内在价值时才能逢低吸纳股票的理论，在中国A股市场中也大有用武之地。比如，中国A股市场中曾经出现过一批涨幅很大的大牛股，其中一些都是有特许经营权的股票。据了解，一些有眼光的投资者瞄准这些有特许经营权的股票，并做到在其股价大大低于股票内在价值时逢低吸纳，长期持有，最后都赚得钵满盆满。谁对此还有怀疑，只要查查这些股票的复权走势图就知道了，在低位买进，长期持有这些股票的投资回报是非常惊人的。

下面我们来看一些实例。

实例一：贵州茅台（600519）。该股的主打产品贵州茅台酒是国内最著名的品牌酒，因其特殊的芳香深受国内外饮酒者的喜爱，在各种高档宴会上成为酒类的首选产品，被大家称之为"国酒"。这个国酒是独一无二的，因为它有特许经营权。其特许经营权主要表现在，该酒无法模仿、无法复制。也就是说，只有贵州茅台公司才能生产出贵州茅台酒，别的企业想要模仿生产它是根本不可能做到的，即使有人窃取了贵州茅台酒的生产秘方，结果同样是竹篮打水一场空。其根本原因是，该酒的发酵制作过程要有一个特殊的地理环境，而这个特殊的地理环境就在贵州茅台酒厂的所在地。在它周围，经过几百年的培育，已聚集了成百万万亿适合该酒发酵的菌群。故而别人就无法模仿、复制。业内人士称贵州茅台公司是中国白酒行业领先企业与酱香型白酒行业的垄断者。其销售收入占细分酱香型白酒市场总收入的80%，是典型的产品垄断。公司产品90%以上进入高端市场。贵州茅台这些独特的优势，使其一直处于高速发展状态中，随着企业效益的不断增强，其股价穿越牛熊市，不断地创出历史新高（指复权价）。

据了解，在中国A股市场中，一些对巴菲特"特许经营权"选股理念有深刻认识与理解的投资者，在该股上市后就一直盯住它，逢低吸纳，长期持有，后来都获得了极为可观的投资收益。

这是贵州茅台2001年8月上市后至2015年12月的月K线（复权）走势图。从图中可以清楚地看出，该股处于一个长期上升的趋势中，股价从其上市时的34.51元，最高涨至1588.93元，最大涨幅为4504.26%。投资者只要坚持逢低吸纳，最后都是赢家。

月K线（复权）图

（2015.5）1588.93元

贵州茅台（600519）2001年8月~2015年12月的月K线（复权）图 图424

实例二：云南白药（000538）。该股20多年来，一直保持着上升趋势。投资者只要在其股价回落时逢低吸纳，日后都能获得很好的投资回报。也就是说，该股是一匹名副其实的长线牛股。为什么该股长期走势有如此好的表现呢？因为它也是沪深股市中享有特许经营权的股票。由于云南白药疗效显著，在民间享有盛誉，其药方又是完全保密的，所以别人无法模仿。它的产品就带有一定的垄断性，据了解，云南白药已被列为国家级的中药秘方，其品牌在市场上具有强大的号召力与影响力。比如，该公司生产的"白药创可贴"，市场占有率已达到了49%，它已成为创可贴的第一大品牌。

瞧！该股长期涨幅更是惊人。该股是1993年12月上市的，上市首日开盘价为8.50元，然后连跌8个月，股价最低跌至2.64元。该股上市22年后，截止2015年末，其复权已达1342.19元。若以该股开盘8.50元计算，22年实际涨幅达到了156.90倍；若以该股上市后最低价2.64元计算，22年实际涨幅高达507.41倍。

月K线（复权）图

（2015.6）1634.22元

2.64

云南白药（000538）1993年12月~2015年12月的月K线（复权）压缩图　图425

在中国A股市场上，除了贵州茅台、云南白药是属于有特许经营权的股票外，还有一些其他股票也有一定的特许经营权（大家可以根据特许经营权的几个条件仔细地去寻找）。从股价长期走势看，有特许经营权的股票，其基本走势就是进二退一，或进三退二，向上走是大概率事件。除非有哪一天，它的特许经营权被市场否定了，它的升势才会走向尽头。

可见，无论是国外还是国内股市，投资者对有特许经营权的股票，只要坚持不追高，逢低吸纳，耐心持有，日后都会获得一个很好的投资收益。

巴菲特是全球股市中赚钱最多的股神，但有件事却让世人一直困惑不解。据了解，他与微软创始人比尔·盖茨是老朋友，彼此都很熟悉。不过奇怪的是，虽然微软公司曾经是世界上成长性最好的股票，最初短短的一二十年间，股价就涨了几千倍，但巴菲特对微软公司的高速发展却视而不见，从未染指过微软股票。相反，巴菲特很早以前就投资了可口可乐、吉列刀片。当时这两个股票并不为大多数投资者看好，因为它们的业务十分简单，一个卖饮料，一个卖剃须刀片，里面并没有什么高科技成份，在那个时候也看不出有什么高成长，但巴菲特却对它们情有独钟，不惜花巨资买入并长期重仓持有。

请问：①巴菲特为什么不买微软股票？②巴菲特当时为什么要选择可口可乐、吉列刀片，并不惜花巨资购买，并重仓长期持有？③巴菲特的选股思路有什么与众不同之处？④我们从巴菲特选股思路中能得到什么启发？

按理说，巴菲特与比尔·盖茨是老朋友，他是非常了解比尔·盖茨的，那么巴菲特无论如何都应该买一些微软股票的。因为在巴菲特与比尔·盖茨交往最频繁的时候，也是微软在全球发展速度最快、成长性最佳的时候，其股票涨幅比巴菲特所持有股票全部涨幅加起来还要大得多。也可以说，巴菲特是看着比尔·盖茨领导下的微软公司是如何一步步发展成长起来的。巴菲特对比尔·盖茨是如此了解，对他手下的微软公司是如此熟悉，而当初微软公司的股票表现得又是如此出色。以巴菲特的超人智慧，一生都在寻找最好股票进行投资的股神来说，是不可能不染指微软公司股票的。但事实却大大出乎一般人的意料，巴菲特竟然没有买过一股微软公司的股票。巴菲特这一行为，让中国A股市场绝大多数投资者感到不可理解，甚至有人怀疑巴菲特当时脑子是不是进水了。

那么，为什么当时巴菲特不去买微软股票，眼睁睁地看着一只超级大牛股从自己的眼皮底下溜走呢？答案是：买微软股票不符合巴菲特的选股原则。巴菲特做股票有一个准则，只要不符合他的投资理念，不符合他的选股原则，哪怕是马上就要变成一座金山的股票，他都丝毫不会动心。

那么，巴菲特究竟有哪些与众不同的选股原则呢？

第一个原则：在自己的能力圈中选股。巴菲特曾不止一次地对他周围的人说过，股市上的股票很多，你不能都熟悉它们，只有在你的能力范围内，挑选你熟悉的股票进行投资。其中最明确的一次，就是巴菲特在伯克希尔公司1996年的年报中为投资者提出的能力圈原则："智慧型投资并不复杂，当然它也并不是一件很容易的事，投资人真正需要具备的是给予所选择的企业正确评价的能力，请特别注意'所选择'这个词，你并不需要成为一个通晓每一家或者许多家公司的专家。你只需要能够评估在你能力圈范围之内的几家公司就足够了。能力圈的大小并不重要，重要的是你要很清楚自己能力圈的边界。"

微软是一家开发电脑软件的高科技公司。对电脑软件行业巴菲特并不在行，对微软的高科技巴菲特也不熟悉，所以在这种情况下，巴菲特自然就不会问津微软股票了。

第二个原则：投资业务简单且稳定的优秀公司。巴菲特认为，"如果企业很复杂而产业环境也不断在变化，那么，我们就实在是没有足够的聪明才智去预测其未来"。微软虽然成功了，但微软所处的行业是很复杂的且环境也在不断地变化，当初与微软一起从事软件开发的企业不知有多少倒在前进的道路上。面对如此复杂的行业与环境，巴菲特认为自己的智慧不够，无法预测其未来，所以他就不会选择微软这样复杂的公司进行投资。

那么，为什么巴菲特会如此看重可口可乐、吉列刀片的股票呢？

下面我们就来说说巴菲特看好可口可乐的理由。其实可口可乐公司业务非常简单易懂。公司买入原料，制成浓缩液，再销售给装瓶商，由装瓶商把浓缩液与其他成分配在一起，再将最终制成的可口可乐饮料卖给零售商，包括超市、便利店、自动售货机、酒吧等。

巴菲特对可口可乐的业务前景作了如下描述：我们开发最少的市场是什么？是人本身，人们一整天里可以什么都不吃，但是这个星球上几十亿人口中的每一个人一天却必须消耗64盎司的水才能生存。饮料就是水，是一种美味的水，世界上很多人愿意喝这种美味的水，饮料之王就是可口可乐。现在美国人均可乐年消费量为395瓶，而全球范围内人均可乐消费只有64瓶。这一巨大的差距代表着可口可乐公司在全球饮料市场继续增长的巨大潜力。

可口可乐公司拥有无与伦比的全球生产和销售系统。它主导着美国的软饮料市场。可口可乐公司是许多大型快餐连锁店的首选饮料供应商，包括麦当劳、温迪、伯格金、比萨店等。哪里有超市和便利店，哪里就有可口可乐。可口可乐自动售货机遍布美国和欧洲，可口可乐公司占了全球软饮料行业的一半以上的市场份额。它是美国文化的象征与全球饮料行业的领跑者，其品牌价值达400多亿美元，在全球品牌榜上位居首位，其发展前途会出乎很多人的意料。现在巴菲特管理的伯克希尔公司已把可口可乐公司列为第一大重仓股。

接下来我们再简单分析一下巴菲特看好吉列刀片股票的理由。巴菲特认为，吉列公司是一个拥有特许经营权的典型企业。巴菲特说："世界上每年剃须刀片消费量为200亿~210亿片左右。其中30%是吉列公司生产的，但按市场份额计算，吉列公司在全球刀片销售额中占了60%。吉列公司在某些国家和地区占有90%的市场份额，如斯堪的纳维亚和墨西哥。在现代人类生活中，一切都在发生变化，用剃须刀片剃须同样也可以成为一种享受。吉列公司一直在不断创新，努力开发更好的剃须刀，其创新精神还体现在公司的分销能力，以及它在消费者心中的地位等等。我们知道每天都要剃须，我希望你也是天天如此，每年只要20美元你就可以享受剃须给你带来的舒服体验。现在男人们似乎也越来越懒，一旦他们有了这样的体验后，就不会再选择吉列公司以外的其他品牌了。"

巴菲特在伯克希尔公司1991年报中对吉列公司的持续增长充满信心。巴菲特强调指出："可口可乐公司和吉列公司都是世界上最优秀的公司，我们可以预料在未来它们的投入将以强劲的速度增长。"

巴菲特告诫投资者："一定要固守于我们相信自己可以了解的公司。这意味着他们本身通常具有相当简单且稳定的特点。"巴菲特认为，这是投资者战胜市场，取得胜利的一个关键因素。

综上所述，我们就能知道为什么巴菲特不选择微软公司而选择可口可乐、吉列刀片进行投资的原因了。

第三个原则：安全边际。做过股票的人都知道，亏损总是难免的，特别是十几年、几十年保持不亏损的记录，更是绝无仅有。但令人惊奇的是，巴菲特做股票几十年，每年都是赢利的，从未发生过亏损。显然，巴菲特在股市中创造了一个奇迹。那么，这个奇迹是怎么创造出来的呢？

巴菲特的老师格雷厄姆对价值投资的基本策略进行了最精炼的概括："我大胆地将成功投资的秘密精炼成四个字的座右铭：安全边际。"简单地说，只买入那些价格大大低于内在价值的股票。

巴菲特解释说，如果我们买入股票的价格大大低于股票的内在价值，那就相当于为我们的投资附加了很大的保险，即使我们对股票内在价值的估计有所偏差，或者市场经过很长的时间后价格才回归到价值水平，我们也能够保证不会亏损，甚至还有相当的盈利。

巴菲特的一生都严格遵循他的导师的教诲，坚持"安全边际"进行投资。这正是巴菲特永不亏损的投资秘诀。

巴菲特选股这3条原则，他本人一直在坚定地执行着。比如，巴菲特因自己的能力限制，不了解IT行业而拒绝投资微软这样的大牛股，让人感到十分可惜。但巴菲特这一坚守，也让他在1999年、2000年风靡世界的网络热中逃过了一劫。当时美国股市中网络股暴涨，很多投资机构与个人都积极参与，而巴菲特却对此不屑一顾。网络股一概不碰，后来网络泡沫破裂，几乎所有的网络股都出现了大暴跌。很多人输得连老本都赔光。但在巴菲特管理下的伯克希尔市值却大幅提升，所以他成了当时市场中唯一不受网络股暴跌影响的股市大赢家。

又如，巴菲特所有花巨资投资的重仓股，业务都十分简单、清晰、稳定，它们都为巴菲特带来了巨额的投资回报。巴菲特在投资中对那些业务复杂，又不稳定的公司，不管它们的股票涨得多好，他都不会问津的。2008年，美国暴发了百年一遇的金融危机，很多投资者因为买进了一些业务十分复杂的从事金融行业投机的公司，在其股票连续暴跌后遭到了灭顶之灾，但巴菲特因置身度外，毫发无损。

再如，巴菲特做股票，都是把安全边际放在首位，只有股价大大低于股票的内在价值时，他才会逢低吸纳，而一旦股价上涨超过其内在价值，巴菲特就会毫不犹豫地卖出。这在巴菲特买卖中国石油股票上表现得十分明显。2003年，巴菲特在港股市场上买进中国石油H股只有1元多，2007年当中国石油H股涨到十三、四元时，巴菲特认为该股价格已超过其内在价值就把它卖了，尽管在巴菲特卖出中国石油H股后，该股继续上涨（最后涨至20多元见顶回落），但巴菲特毫不后悔。同样是中国石油，中国A股市场的很多投资者是在中国石油A股上市第一天48元附近买进的，买进后该股就一路下跌，最后股价跌幅超过8成，损失惨重。据了解，巴菲特在中国石油H股上赚到了300多亿人民币，而中国A股市场的投资者买中国石油A股，这几年损失却大大超过300亿人民币。造成这两者显著差别的原因是：巴菲特是在股价大大低于其内在价值时逢低吸纳中国石油H股的，而国内的投资者是在股价大大高于其内在价值时买进中国石油A股的。

【相关资料链接】

巴菲特被喻为"当代最伟大的投资者"。在美国《财富》杂志1999年底评出的"20世纪8大投资大师"中名列榜首，2004年2月27日美国权威杂志《福布斯》推出了2004年度全球富豪排行榜，号称华尔街"股神"的巴菲特以429亿美元再度名列世界第二富人。在过去的39年中，巴菲特管理的伯克希尔公司每股净值由当初的19美元增长至50498美元，年复合成长率约为22.2%。而在战后美国，主要股票的年均收益率在10%左右。如果一个人在1956年巴菲特职业生涯刚开始时投入1万美元，坚持到2004年，其股票市值就会增至3亿美元。

巴菲特选股首先是看股票的投资价值，只有在价值被严重低估时才会选择它。用通俗的话来说，在巴菲特看来，只有用0.4元，甚至用更少的钱去购买价值为1元的股票，这样的选股才有意义。几十年来，巴菲特用价值投资战胜了市场，战胜了世界上所有的投资高手，巴菲特因此也成了在全球股市中赚钱最多的股神。

那么，巴菲特说的价值指的是什么呢？据了解，能正确回答这个问题的人并不多。但这个问题我们又不能回避，因为它对指导我们正确选股的作用太大了。

现在我们来考考你：巴菲特说的"价值"究竟是什么意思？你能解开其中的奥秘并用事实进行佐证吗？

一说起价值，很多人都认为这是指上市公司财务报表反映的一些真实数据。其实，这种看法是很片面的。巴菲特认为，企业的价值实际上分为账面价值（即财务报表反映的数据，如净资产、每股收益等）与内在价值两种形式。但要选好一个股票，主要应该着眼于上市公司的内在价值而不是账面价值。有很多事实证明，如果投资者仅仅限于账面价值去选股就会犯很多错误。因为同样的账面价值能够产生的回报并不相同，所以有些上市公司的内在价值远远高于账面价值，而有些上市公司的内在价值则可能并没有账面价值显示的那么高。就像当初贵州茅台、腾讯这类股票上市，如果仅仅依据净资产评估为它们的内在价值显然低估了，而将某些连年亏损的股票的净资产评估为其内在价值显然又是大大高估了。

从巴菲特的投资行为与其选股原则中，我们能得到什么启发呢？

启示一：正确的选股原则确定后，一定要坚决执行，只有经得住任何诱惑，坚定不移地执行的投资者，最后才能成为股市大赢家。

在中国A股市场的一些投资者看来，巴菲特的性格太古怪了。因为巴菲特的固执，把买微软股票这样好的投资机会白白放弃了，这是非常可惜的。但这些人可能没想到，如果巴菲特抛弃了要根据自己的能力，选择熟悉的股票进行投资的原则，即使当时买了微软股票赚了，那么在1999年、2000年网络股大热的时候，巴菲特就会涉及其中，这样后面网络股泡沫破灭出现的狂跌，也会涉及到巴菲特，说不定这个灭顶之灾就把巴菲特彻底打垮了，幸好巴菲特并没有这样做。

巴菲特的执行力是非常强的，他能经得住市场上各种诱惑，坚定不移地执行自己的选股原则。所以他才能在几十年的投资生涯中，始终保持年年有盈利的记录，最终成为了世界股市中赚钱最多的股市大赢家。巴菲特的选股原则和执行力都是值得我们学习的。谁学得好，谁就能在股市中胜出。

启示二：股市风险无处不在，投资时一定要把"安全边际"放在首位。

巴菲特强调说："我认为，格雷厄姆关于安全边际的思想，从现在起一百年之后，将会永远成为理性投资的基石。"巴菲特是这样说的，也是这样做的。正因为买股时严格执行安全边际的原则，才保证了他在股市中永远是一个赢家。其实，中国A股市场的投资者若能在投资股票时始终把"安全边际"放在首位，就不会发生股市火热时，当股价大大高于价值时，用48元高价去购买中国石油A股的现象，也不会在股市最黑暗的时候，将价格大大低于价值的股票卖掉。巴菲特说："众人贪婪时我要恐惧，众人恐惧时我要贪婪。"这正是对"安全边际"的最形象描绘。试问，如果有谁真的按照巴菲特的想法去做了，投资时把安全边际放在首位，难道在股市中还会一直与输家为伍吗？这样的事情就不可能发生，赢家的大门或许早就向他敞开了。

启示三：能给投资者带来长期盈利机会的，一般情况下并非是高科技公司，而是传统行业的佼佼者。

从理论上说，在中国A股市场中的新兴行业、高科技公司中，将来也会出现类似微软、苹果这样的伟大公司。如真是这样，国内A股市场上骑上这些黑马的投资者一定会赚得钵满盆满。但很可惜，在中国A股市场中，尽管新兴行业、高科技公司很多，不过至今还没有出现一家类似微软、苹果这样的伟大公司，有的都是短期风光一阵，后来就表现平平，甚至就此销声匿迹的公司。比如，在早期A股市场中，清华同方、东软集团、深科技都曾经是股价涨幅很惊人的大黑马，但后来逐渐平静下来，股价就没有过什么好的表现。因为它们的发展与成长性，与微软、苹果、三星等世界级高科技公司相差甚远，其股价表现也就只能如此了。更有甚者，早期一些响当当的属于新兴行业的高科技公司，如托普软件、创智软件、科利华，股价表现曾经也十分出色，但如今都退市了。记得有一些权威人士极力推荐托普软件，认为它发展前景不可限量，号召大家把它作为压箱底的宝贝来投资它，很多人相信了。现在回过头来看，当时相信一些权威人士的推荐、持有托普软件股票的投资者都成了大输家，把老本都赔光了。

在中国A股市场中，每轮牛市行情起来后，在新兴行业、高科技公司中确实诞生过一些涨幅惊人的大黑马，但遗憾的是，这些股票大涨之后，或是因为缺乏过硬的核心技术很快被竞争对手超越，或是因为创新动力不足、业绩跟不上，或是因为本来就是靠概念炒上去的，企业并不存在什么高成长性。所以，这些股票在炒高后，过不了多久，股价往往就会出现大跌，能给投资者长期带来盈利机会的股票非常少。这一方面说明现在新兴行业、高科技公司竞争十分激烈，另一方面说明国内新兴行业的整体实力与发达国家相比，还有很大距离，因此也就没有出现能持续高成长的高科技公司（当然这种情况以后会改变，随着我国科技事业与经济的高速发展，今后在中国A股市场中一定会诞生出类似微软、苹果这样的伟大公司来，但什么时候能出现这样的伟大公司、什么样的股票有此幸运，这都是一个很大的未知数）。

相反，在中国A股市场能长期给投资者带来盈利机会的倒是一些传统行业的佼佼者，如贵州茅台、云南白药、伊利股份等。这些股票按复权价计算股价涨幅非常惊人，中长线持有者都获益不菲。这些传统行业的佼佼者也就是巴菲特选股标准所说的业务简单、发展稳定、品牌号召力强的股票，对这些股票只要在其股价低于其内在价值（越低越好）时逢低吸纳，往后都不会亏钱，甚至能赚上大钱。

据了解，巴菲特每年都要开一次股东大会。在一次股东大会上，有股东问巴菲特是如何看待企业的账面价值、内在价值，以及伯克希尔的股价的。巴菲特很肯定的回答说："完美企业不需要看他的账面价值，账面价值不等同于内在价值……我们评估一只股票的时候就通常不会看他的账面价值。"

其实，巴菲特早在2000年伯克希尔年会时就明确表示，在股市里要选出一个值得投资的好股票，账面价值参考意义不大，巴菲特在股东大会上，后来又在多个场合以伯克希尔为例说明账面价值与内在价值的关系。巴菲特说："如果你在1965年的时候看伯克希尔的内在价值，当时伯克希尔只做纺织业务，每股账面价值高达12元，但内在价值没有12元这么多。你不能只对现有的业务进行评估，你还必须评估企业将盈利留存后再投资可能产生的价值。"现在回过头来看，如果当时巴菲特将伯克希尔的盈利留存并继续投资纺织业务，最终伯克希尔就难逃倒闭的命运，那么从此世界上也不会再有巴菲特的传奇故事了。但以上只是一个假设，当然这个假设是不会发生的，因为事实已作了证明，当时巴菲特放弃了纺织业务，而是通过高超的投资技巧将伯克希尔变成了一家伟大的投资公司。

那么，究竟应该如何来看待一家企业的内在价值呢？巴菲特在2006年股东大会上聊了这个话题。巴菲特说："衡量一个企业的内在价值，就要考虑公司的资产情况，管理层的战略和努力，还要考虑如果他们不能合理配置额外资本，公司的价值会怎么样？如果他们成功的做到了将资本合理配置，可以获得的用于加大业务规模的资源有哪些，公司的价值又会怎样？"显然，巴菲特说的内在价值，首先是管理企业的"人"，主要是指董事长、总经理有何能力，有什么战略，工作的态度如何？其次，公司是如何运转的，资本是怎样合理配置的？再其次，公司发展在资源上有哪些优势？从巴菲特的讲话内容上看，他说的企业内在价值，虽然不能量化，甚至有些看不见、摸不着的味道，但它确实非常重要。这个重要性，我们可以通过分析两组实例来说明。

实例一：**日本家电企业**。上世纪八九十年代，日本的家电产品横行世界无人能与之匹敌，日本的松下、夏普、索尼等家电企业利润连年大增，企业的账面价值十分亮丽。如果光从当时这些企业的账面价值去衡量，似乎长线买家应该放心地对它们进行投资，因为这些家电企业的股价走势确实表现得很好，没有什么理由不看好它们的未来，不看好它们的投资价值。

但是，当时巴菲特与一些世界上著名的投资大师并不看好日本家电企业的未来，他们当中也很少有人投资日本家电企业的股票。据说，这些世界顶级的股市达人早就预见日本家电企业的衰弱，因为当时这些企业的账面价值虽然很好但内在价值却很差，所以它们很难逃脱被竞争对手打败的命运，而这个预判在2011年竟成了事实。2011年日本家电行业三巨头的松下、夏普、索尼分别出现了7722亿、3760亿、4566亿日元的巨额亏损，后续年度业务虽略有起色，但前景仍不明朗。这些曾经傲视全球家电企业的三巨头，如何从高高的神坛跌落尘埃呢？说白了，最根本的就是因为日本家电企业缺少内在价值的两个核心要素：一是管理人员没有战略眼光，固执保守，缺乏创新能力；二是不知道资本未来应该怎样进行合理配置。

我们不妨在此对昔日的全球家电霸主——日本家电企业的衰弱作一番分析，看看究竟多少沉疴痼疾造成了今天的局面？

凡事皆有因而起。如同日本家电企业崛起一样，其衰退也同样有着独具一格的日本特色。正所谓"爱之深、责之切"，曾负责松下国外营销业务40余年的松下重臣岩谷英昭在深感痛心之余，写了一本《松下幸之助在哭泣》的书，该书直指以松下为代表的日本家电企业的种种弊病，痛陈松下电器因背弃松下幸之助先生的核心思想而犯下种种错误。

该书认为，日本家电企业的衰落主要受制于外部环境的变化，原因有三：一、数码技术迅猛发展，缩近了家电企业间的技术差距，不仅令日企技术优势迅速被摊平，而且为经营灵活的新企业快速成长创造了条件；二、日元升值令日本家电的价格在降声一片的国际家电市场上更显"鹤立鸡群"，由备受追捧的宠儿直降为被边缘化的滞销商品；三、中国、韩国家电产品各具优势，在国际上已经拥有了足以匹敌甚至超过日本家电商品的号召力，与日本形成了鼎足而立的竞争格局。

其实，该书说的导致日本家电企业衰败的都是外因，但外因不是决定因素。从内因上看，如果日本家电企业的管理者有那么一点战略眼光与创新意识，不固步自封，能够适应外界环境的变化，及时调整经营战略，未雨绸缪把握时机，日本家电企业凭借曾经的品牌优势，完全有机会在数码家电、智能家电领域领先一步。只可惜日本家电企业的管理者头顶过去荣耀光环，迟迟不愿梦醒，更不愿正视风起云涌的国际竞争环境，错失了一次次先发制人的时机。相较外因，内因才是导致日本家电企业没落的根本症结所在。

日本这位在技术上曾经得了100分的学生，并未学习到现代企业创新精神的精髓，也未学得美国以一个支点撬动世界的本领。在向西方学习并实现技术赶超之后，日本企业再度在自己周围筑起了高墙，以防外界窥视自己的技术秘密。这一点从其垂直整合型经营方式上便可窥见一斑。日本家电企业大多全面涉足上、下游产业，不愿外部企业分享产业链条上的利润，也不愿外界看到自己的内里乾坤。"小家碧玉"的心态也恰是日企在互联网时代无所作为的原因所在。

如果世界仍然处于几百年前的缓慢变化当中，日本的这种做法或许短期内难见劣势。但在技术变革如此迅猛、国际合作如此紧密的今天，日本家电企业的管理者竟然将自己与世界相隔绝，难怪其创新力、洞察力、市场适应力出现直线下降。其所领导的家电企业走下坡路也就在所难免了。

另外，这些日本家电企业的管理者无视在互联网时代，资本需要重新合理配置，品牌需要重新定位，而一切还是互联网时代以前的老样子，无论资本布局、品牌推广、产品销售都保持几十年不变的模式。显然，这种不能与时前进的结果，很快就让日本家电产品被互联网时代的消费者所淡忘。这也是日本家电企业衰落的一个重要的内因。

通过对日本家电企业衰弱的分析，我们明白了一个道理：即一家企业无论现在的账面价值有多么出色，但只要内在价值很低，如管理者缺乏战略眼光、创新意识，以及对资本合理配置的能力，这样的企业未来前景就危机重重，其股票的价值就要大打折扣。投资者若选择这样的股票进行价值投资是不适宜的，须特别谨慎。

（编者按：类似日本家电企业由兴旺到衰弱的案例，在中国A股市场并不少见。比如，四川长虹在上世纪90年代中期，曾是沪深股市第一绩优股，无论是每股收益、净资产收益率、利润增幅都在股市中排名第一，其账面价值显示它特别有投资价值，但因为当时四川长虹管理层居功自傲，因循守旧，缺乏战略思维与创新意识，且资本配置很不合理，很快被竞争对手超越，丧失了市场主动权，接着产品滞销，业绩大幅下滑，股价一落千丈。后来该股一连跌了10多年，从最高60多元跌至1元多，真可谓跌得惨不忍睹。造成这种情况的根本原因，就是该股缺少内在价值。故而投资者选股时一定要睁大眼睛看看你所选的股票内在价值怎样，这是非常重要的，切不可马虎大意。）

实例二：**同花顺**（300033）、**东方财富**（300059）。这2只股票都是创业板的股票。2012年12月，同花顺股价最低跌至24.62元，然后股价就慢慢地往上回升，2014年末股价开始加速上涨，2015年6月，股价最高涨至1141.56元（注：这是该股的复权价，即它已将该股送股的因素都考虑进去了，为该股的实际涨幅）。之后，该股随着大盘指数回落，跟着一起回落。截止2015年底，该股收于569.96元（复权价）。3年内，该股虽经震荡，但股价还是从24.62元涨至569.96元，大涨了22倍（见图426）。2012年12月，东方财富股价最低跌至18.04元，然后股价就开始往上回升，2014年底出现了加速上涨走势，2015年6月最高攀升至1245.31元（复权价）。然后随大盘一起回落，2015年末收于630.71元（复权价）。3年内，该股虽经震荡，但股价还是从18.04元涨至630.71元，大涨了近34倍（见图427）。2个股票的涨幅都很大，特别是东方财富的涨幅更是惊人。

这两个股票股价涨得这么好，很多人不理解，因为当初从它们的账面价值看都很糟糕。资料显示：同花顺2014年末股价收于45.36元，市盈率为283.5倍；东方财富2014年末股价收于27.96元，市盈率为2796倍。可见，这些股票，市盈率高得吓人，从账面价值看绝对缺乏投资价值（每股收益少，市盈率奇高），尽管如此，但它们的股价在这3年都是一路高歌猛进的。虽然后来因为股价涨得过快，再加上2015年中国A股市场出现了股灾，致使它们的股价出现了大幅回落，但即便如此，它们的股价比起3年前仍然有高于20倍以上的涨幅。那么，市场究竟看中它们什么呢？经调查发现，市场看中的是这些股票的内在价值。因为这些股票的上市公司都涉及了互联网金融，业务如火如荼地展开，显示了良好的发展前景。后来的事实证明，这两个股票，业绩确实出现了高

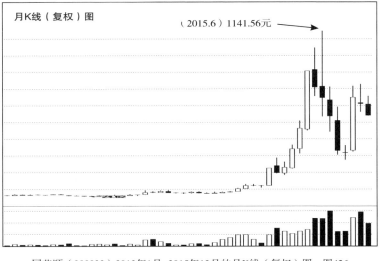

虽然当时该股账面价值很差，市盈率高企，但因为该股在互联网金融业务开拓上突飞猛进，其内在价值被市场看好，2014年、2015年该股业务量成爆炸式增长，所以该股股价出现了大涨。

月K线（复权）图

（2015.6）1141.56元

同花顺（300033）2012年1月~2015年12月的月K线（复权）图　图426

速增长。比如，同花顺2015年年报显示，当年该股净利润比2014年增加了14倍，东方财富2015年年报显示，当年该股净利润比2014年增加了10倍。这两个股票在大量送股后，股本大幅扩张的情况下，每股收益仍有数倍的增幅。可见，它们的股价之所以会大幅上涨，归根结底还是因为其

该股是当时最受争议的一个股票，2014年该股按复权价计算大涨229.34%，但当时该股市盈率已超过2000倍，其账面价值实在太差。不过，让人想不到的是，包括全国社保基金在内的众多机构却大量持有该股。原因就是看好它的创新业务，即内在价值，所以市场才会给了它很高的估值

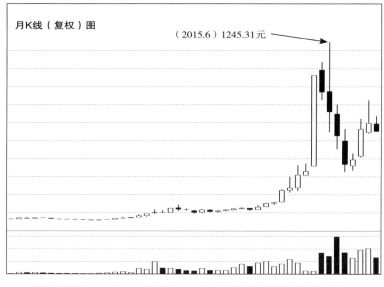

月K线（复权）图

（2015.6）1245.31元

东方财富（300059）2012年1月~2015年12月的月K线（复权）图　图427

内在价值被市场认可，股价才会有如此出色的表现。

互联网金融是当下市场上发展最快的一个行业，同花顺、东方财富网，以及在美国上市的阿里巴巴都是借着互联网金融，使之经营业绩出现了爆炸式的增长。故而它们能受到市场的特别青睐，很容易成为市场的大热点。其实，在这之前的政府工作报告已经提到，促进互联网金融健康发展，完善金融监督协调机制。这是互联网金融首次被写进政府工作报告。互联网金融进入决策层视野，体现中央对新兴的互联网金融的高度重视。因此，进入互联网金融的上市公司，市场不再拘泥其账面价值，而更加看重的是它们内在价值。这也是这些股票市盈率高企，而股价都能大涨的一个重要原因。同花顺、东方财富从事的都是互联网金融。比如，东方财富公司立足于一站式互联网金融服务平台的战略定位，积极开拓相关业务，在市场上赢得了很好口碑。同花顺公司是目前国内产品线覆盖最宽的金融数据和金融资讯提供商，产品囊括证券、期货、黄金、外汇、港股等投资领域的资讯和数据服务，也是最大的证券行情和交易系统服务商之一。其发展前景受到了市场的高度关注。

据了解，互联网金融作为一种新兴的金融模式，依托于支付体系、云计算、

社交网络以及搜索引擎等互联网工具，产生了第三方支付平台模式、基于大数据的金融服务平台模式、网络保险模式、金融理财产品网络销售等模式。互联网金融有狭义和广义之分。狭义的互联网金融，被公众认为是利用互联网开展银行借贷、吸储、理财等基本业务的金融模式。广义的互联网金融则包括利用互联网开展金融业务、业务营销、改善业务服务等。这些金融模式的创新发展，对于未来经济社会发展会产生越来越大的作用。

当然，互联网金融现在还是一个新事物，并非加入者内在价值就一定是高的，随着行业巨头的加入，互联网金融行业的门槛会逐渐提高，市场会经历一轮洗牌，行业发展会愈加规范，有实力的上市公司将得以稳健发展，而无竞争实力的上市公司将会被淘汰出局。所以，谁的内在价值高还有待于后面发展情况来定，现在下定论还为时过早，这也是投资者选股时需要注意的。若在互联网金融上缺乏持续发展能力，只能把它当作概念题材股，炒一把就走。若有持续发展能力的，内在价值将不断提升，股价将不断往上攀高，这样的个股需要重点关注，值得长期持有。

通过上面两组实例的分析，我们明白了巴菲特将企业的价值分为账面价值与内在价值，而且强调选股主要是看上市公司的内在价值，其真正的用意就是告诫投资者一定要学会用动态的眼光来评估企业的价值，而不只是用静态的眼光，即只会按照财务报告提供的数据来评估企业的价值。

通常，用静态的眼光来评估企业的价值是比较容易做到的事，只要具备一些财务知识的人都能进行分析，但用动态的眼光来评估企业的价值就没有那么容易了，这是一件很难很艰苦的工作。要做好这件事，除了要不断地学习、努力外，还要有一定的悟性。以往在中国A股市场上，很多高学历、高智商，主张价值投资的投资者因为只知用账面价值选股，而不知道用内在价值选股的重要性，结果栽了大跟头，给投资造成了严重损失，这样的教训我们一定要记住。在股市中选股是操作中最难做的一件事。但只要你还在做股票，此事再难也得做。我们相信，"世上无难事，只怕有心人"，大家只要不断地实践，不断地用一些典型实例丰富自己的阅历，当经验积累到一定程度后，就会有感觉，就会有悟性。届时即能真正领会巴菲特所述的内在价值的精髓，这样就可以在选股上做出一番出色的成绩来，股市赢家大门或许就被打开了。

又及：本书完稿后，向读者征求意见时，一位读者反馈信息说：选股确实要明白内在价值远胜于账面价值的道理。他给我们提供了一份很有说服力的资料。现摘录于下，以飨读者。

该资料说：每年1月，拉斯韦加斯这座纸醉金迷的城市，会因为美国国际消费电子展（CES）吸引全球目光。

2015年1月7日CES开幕，作为世界最大、影响最为广泛的消费类电子产品展，让参观者感受颇深，回首媒体2007年关于CES的一篇报道，感觉就像读一篇历史文献。当时津津乐道的产品包括：第一台苹果手机、最薄的MP3、柯达公司最新发布的网络相架、可移动的GPS导航仪、诺基亚公司带摄像头的网络阅读器……如今，MP3、网络相架、网络阅读器已是没人用的古董，柯达、诺基亚竟退出了历史舞台，而那时在移动设备上刚露头角的苹果公司现已变成行业老大。不到10年，消费电子产业的风云变幻，残酷如斯。当时一些账面价值极为漂亮的企业因创新不力被消灭了，而当时一些账面价值较差的企业却因大力创新赶了上来，成为市场的新宠。短短几年，市场出现如此剧烈变化，充分证明了一个真理：投资者只看账面价值，不看内在价值进行选股是要犯大错误的。

【相关资料链接】

巴菲特选股名言（一）

巴菲特认为选股如同选妻："投资很像选择心爱的人，苦思冥想，列出一份你梦中的她需要具备的各种优点，然后找呀找，突然碰到了你中意的那个她，于是你们就幸福地结合了。"

巴菲特说："内在价值尽管模糊难辨却至关重要，它为评估投资和企业的相对吸引力提供了惟一合理标准。"

巴菲特指出："我们想要购买的目标企业不仅要业务优秀，还要有非凡出众、聪明能干、受人尊敬的管理者。"

巴菲特是世界上最成功的投资大师，他的炒股成绩无人可与之相比。因此巴菲特是如何选股，怎么操作的就受到世人特别关注。很多人认为巴菲特所选的股票是在"价值被严重低估"，具有很高的"安全边际"时就会毫不犹豫地买进了。但细心的投资者在深入研究了巴菲特买入可口可乐等重仓股时发现，情况并不是大家想像的那样。其实，巴菲特买股票还有一个鲜为人知的"小秘密"，而正是这个"小秘密"保证了他操作的绝对成功。这一招是巴菲特重要的杀手锏，了解其真相，对真正理解巴菲特的投资行为，以及对我们实盘操作都会有很大帮助。

请问：你知道巴菲特操作时的这个"小秘密"是什么吗？此事给我们选股与操作有何启示？

关于巴菲特的投资之道，很多媒体上都介绍了巴菲特的投资原则是"别人贪婪我恐惧，别人恐惧我贪婪"，一旦他看中的股票，"投资价值被严重低估"时，他就会果断出手。媒体是这样说的，很多描写巴菲特的书也是这样说的，这似乎让人觉得巴菲特选股与买股票只关心股票的价值是否被严重低估了，而从来不关心股价的走势。其实，这样认识巴菲特的投资之道是很片面的。

据知情人透露，巴菲特为了保证他的投资成功，他在购买重仓股时，是非常关心股价走势的，并不像外界所传只要价值被严重低估,巴菲特就会毫不犹豫地买进，而是一定要等到股价上涨信号出现后才会动手。比如，可口可乐是巴菲特的第一大重仓股。有人发现，当年在巴菲特动手购买可口可乐前，可口可乐在4美元的价位上横盘了数月，但直到向上突破，月K线拉出巨量长阳后，巴菲特才杀进去。又如，IBM也是巴菲特的一个重仓股，巴菲特买进它之前，该股一直在历史最高位盘整，巴菲特也已完成对它的研究，但巴菲特真正动手把它收入囊中却是在它创出历史新高后的第4个月。为什么在第4个月？因为直到第3个月，它才放出巨量长红。有人曾花了很长时间，研究巴菲特买过的许多股票，发现从上世纪80年代起，巴菲特买过的很多股票都是在股价出现了明确的上涨信号后才出手的。其中，巴菲特最认可的上涨信号是"月K线图中出现以巨量长阳方式突破某一个回档或整理区域"。巴菲特非常看重这个信号，有人把它视为巴菲特操作中的"小秘密"，但实际上巴菲特早已把它作为保证自己投资绝对成功的一个杀手锏，并非只是操作中简单的"小秘密"了。

关于"月K线图中出现以巨量长阳方式突破某一个回档或整理区域"，在美国有人称它为"买入支点"，在台湾有人称它为"电线杆"，在中国 A 股市场中有人称它为"立桩量"。懂行的人会告诉你，所谓"买入支点"、"电线杆"、"立桩量"，只不过是对这种原本读起来比较拗口的上涨信号的语句打了一个比方而已。其实，用中国一句成语"鹤立鸡群"作比方似乎更贴切。它会让很多人明白——噢，只要股价在横盘或整理后突然向上崛起时，成交放出巨量（同时 K 线必须是长阳），犹如"鹤立鸡群"一般，后面就有好戏可看了。所以投资者一旦发现股价走势图上出现了这样的现象，心里就应该想到这是做多的集结号，说明股价向上的空间被打开了，此时买进风险系数就非常小，而往后获得赢利机会却非常大。

从技术上来说，巴菲特的这个重要的杀手锏有3个要素，第一个要素是"向上突破"。突破可以是大的形态突破（如时间跨度几年的大的头肩底被向上突破），也可以是小形态的突破（如横向整理仅一二个月的矩形被向上突破）。从理论上说，越是大的形态被向上突破，往后向上的空间就越大。因此，投资者操作时，应重点把握大形态向上突破的投资机会。第二个要素是"巨量"。所谓巨量，从K线图形上看，在它之前的成交量柱状线必须是短小的、相对均衡的。那么，大到什么程度算巨量呢？一般是50天均量的3倍以上，或最近几十天内最低成交量的10倍左右。第三个要素是长阳，即大阳线。在日K线图中大阳线，一般也就是一根10%的涨停大阳线，而在月K线图中，长阳应该指巨阳线，当股价在低位时突然拉出一根巨阳线，同时拌有巨量出现，此时可以判断，十有八九是股价向上启动了，及时跟进做多赢面会非常大。

巴菲特操作中的小秘密，使人们对巴菲特的投资行为有了更新的认识。虽然巴菲特做股票特别注意股票的投资价值，但不等于他就不关心股价的走势了。相反，他在买进股票时，特别是投资一些重仓股时，比常人更关心市场是否出现了上涨信号，没有明确的上涨信号，巴菲特是不会动手的。

那么，巴菲特为何一定要这样做呢？据一些市场资深人士分析，巴菲特是一个很实际的现实主义者，他深知，股价上涨要靠两股力量：一是价值的力量，只有价值被严重低估的股票才有内在向上的动力；另一股力量就是市场的力量，再有价值的股票无人买，它会躺在那里不动，众人拾柴火焰高，买的人多了，它才会涨起来。巴菲特在对市场投资品种进行考察后，会精心挑选一些价值被严重低估，且有巨大发展潜力的股票进行投资，但真正动手买入时，他还得考虑市场因素决定采用何种方式买入这些股票。如果巴菲特觉得在他低吸后，市场有力量能将股价推上去，他就会采取通常大家所说的左侧交易，这样买进的成本相对较低，但如果巴菲特觉得在他买入后，没有把握确定市场是否有力量将股价推上去，他就会采取见到明确的上涨信号后再买进，这就是大家通常说的右侧交易，这样买进的成本提高了，但投资的风险却大幅降低了。一些资深人士分析说，巴菲特这两种方式都用过，但他在选购一些重仓股时似乎更青睐后一种买入方式。巴菲特这样做是有很深刻的原因的，因为巴菲特发现，股市里有很多股票出现过"僵尸"现象。所谓"僵尸"股，就是股价长期涨不起来，一直在低位徘徊的股票。僵尸股中既有业绩很差的股票，也有业绩很好，业绩在连年增长的股票（编者注：有关这方面的知识，详见《股市操练大全》第10册第180页~第184页）。所以巴菲特在重仓投入一些股票时，特别警惕是否会碰上"僵尸"，比方说，他在重仓买入可口可乐、IBM时，一定要看到这些股票除了有价值的力量驱动它们股价上涨外，还要有市场力量在驱动它们股价往上不断攀升，这样巴菲特才会大胆、放心地买入。想想也是，巴菲特当初购买可口可乐时，曾经动用了手中1/3资金，假如这么大的资金买到了一个虽有投资价值，但股价长期不涨的"僵尸股"，巴菲特又如何向投资者交代呢？一旦巴菲特真的碰上这样倒霉的事，巴菲特的事业就会毁于一旦，所以巴菲特投资可口可乐这样重仓的股票特别谨慎，宁可在它股价向上突破后等股价高一点时再买，而不愿在其横盘数月，躺着不动，股价处于低位时购买。

要知道，买到"僵尸"股后果是很可怕的。据媒体报道，一位华盛顿的资深投资人，曾经持有通信设备思科长达10年。他发现，10年后该股的股价比10年前还低4%。更使他感到不可思议的是，思科的每股收益在逐年上升，增长了200%还多。不过，基本面没有影响到其股价（而那时美股标普指数已经反弹了60%以上，但思科的股价依然是处于熊市底部价位）。除思科外，还有不少蓝筹股也紧跟其后。可见，"僵尸"股的现象在国外股市中早就存在了，这并不是什么新鲜的事情。

从巴菲特投资的"小秘密"事件中，我们能得到什么有益的启示呢？

启示一：在股市中，成功的投资大师背后都有一些鲜为人知的秘密，要全面地认识、了解他们并非易事。假如有人问股神巴菲特投资股票时会看股价表现吗？一些"高人韵士"马上会嗤之以鼻，这是投机分子做的事，巴菲特会这样做吗？是的，巴菲特不看股价表现，这是巴菲特自己说的，但巴菲特向来有两套语言系统，一套是显性的，一套是隐性的。巴菲特爱隐瞒一些"小秘密"，玩一些"小把戏"，这在业内早已不是秘密。

除此之外，巴菲特还有两种理性。一种是公众理性，他在公开场合说的都是公众理性，讲的都是最根本、最正确的东西，否则就可能暴露一些不便于暴露的秘密，也可能使一些一知半解的读者（听众）误入歧途（与一些巴菲特信徒"重道轻术"相反，绝大多数投资人很容易重术轻道，舍本逐末）。另一种则是赚钱理性，适合于自己掌握、自己做。比如我们都知道，巴菲特对金融衍生品很反感，认为它是20世纪最糟糕的发明，是金融市场的大规模毁灭性武器。2002年5月6日，在接受《福布斯》采访时，他又一次明确反对金融衍生品，他的搭档查理·芒格插话："把金融衍生品比作下水道，都是对下水道的侮辱。"说得多好啊！

但这只反映了巴菲特作为一个社会人的社会责任感，作为一个商人，赚钱才是硬道理。"和尚摸得，为什么我摸不得？"仅仅在采访后的16天，他就推出了一种全新的、连一些专门从事金融衍生品交易的大师都觉得"复杂而秘密"的金融衍生产品——连续负息债券。在宣布这项产品时，巴菲特承认，这是他请高盛设计的（在说金融衍生品比下水道还肮脏时，他已请高盛帮他设计了）。当天，巴菲特宣布完就走了，最尴尬的是公司发言人，面对人们的责难、提问，无法自圆其说，作出合理解释。

关于巴菲特的投资之道和投资之术以及言行不一致的地方，并不值得大惊小怪，这也并非是巴菲特存在什么道德缺失，我们可理解为是股神的正常投资行为，无可厚非。其实，世界上所有的投资大师、投资高手都是如此。须知，股市就是战场，巴菲特与投资大师、投资高手都处于战争的漩涡中，他们要战胜对手，赢得战略主动权，就会使用"韬光策略"、"兵不厌诈的计策"。虚虚实实、真真假假，让对手捉摸不透，出其不意，关键的时候一剑封喉，由此才能取得战争的胜局。否则，他们所做的一切别人都早已知道，了如指掌，他们又如何在股市立足，成为大赢家呢？

启示二："舍小抓大"是赢家之道。很多人做股票算的都是小账，而巴菲特做股票算的是大账。有人测算过，若当时巴菲特在购买可口可乐、IBM时，不等上涨信号出现就出手，即在股价未放巨量向上突破之前买进，其购买股票的成本至少要降低10%~15%，若按巴菲特当时买入股票的巨额资金核算，大概有几亿的资金可以节省下来。很多人曾经对巴菲特多花这些冤枉钱感到可惜，对巴菲特当时宁可花高价而不是花低一点价格买进股票的投资行为感到不可理解，但他们忘记了一个重要事实：当时巴菲特多花了几亿资金买可口可乐、IBM，换来的是安全买入，使他能安安心心，长期地持有这2只股票，而这两只股票以后带给他的收益，是天文数字般的超额回报。这也为他日后登上世界股王的宝座打下了最坚实的基础。从巴菲特整个投资活动中，我们可以清楚地看到巴菲特当时多花了一些钱购买他的重仓股是"小利益"，而后来的天文数字般的超额回报是"大利益"。股神舍弃了当时的小利益，换得了之后的"大利益"，这其实是一个非常聪明的做法。很多人或许明白不了其中的道理，所以在股市里老是赚不到大钱，甚至是亏钱。巴菲特这一"舍小抓大"的成功之举为我们树立了榜样。当我们有朝一日也学会了巴菲特的"舍小抓大"，用"舍小抓大"换来最安全的买点，换来日后股价的腾飞，这样我们就能在股市中踏上赢家之路，创造出一片辉煌事业来。

　　启示三：选择"双轮驱动"的股票买入，买得放心。投资者选股与买进股票时，碰到最大的一个难题是：选什么股票买进，才能做到风险最小机会最大。巴菲特投资的小秘密为我们解开这个难题提供了一把金钥匙。由此，我们也找到了买什么股票风险最小，买得放心的问题。**巴菲特购买重仓股的模式是："价值被严重低估＋鹤立鸡群"。**在这模式中，前面部分反映的是价值的力量，后面部分反映的是市场的力量。当这两种力量组合在一起，就会对股价产生一个巨大的向上推动力。巴菲特的经验告诉我们：买这样的股票风险小、机会大，非常安全。有人形象地将巴菲特这种选股买入的方法，称之为"双轮驱动"，即价值的轮子与市场的轮子同时在发动。我们平时选股，买进股票，就是要高度关注双轮驱动的股票，瞄准它，抓住它，即能做到胜券在握。

　　编后说明：说到基本面选股，我们最看重的是巴菲特的投资理念与选股思路，因为巴菲特用它问鼎了全球股市冠军的宝座。为了全面、正确、深入理解巴菲特的选股策略、选股经验，读者在认真做好本书练习题6~练习题9之外，我们建议大家不妨重温一下《股市操练大全》第10册练习题9~练习题14中的有关内容，因为它从另一个侧面详述了巴菲特的许多鲜为人知的选股故事。

2014年3月，在一次股市经验交流会上，大家在讨论到选股首先应该看什么问题时，有人认为首先要看上市公司的财务数据，认准其真实的价值，也有人认为首先要看个股的技术走势，认准它是在上升趋势中还是下跌趋势中。正当两者意见争执不下时，某股市高手谈了自己不同的感受，他认为选股时，上市公司的财务数据与个股的技术走势都很重要，必须要看，但最重要的首先应该看的并不是这两样东西。为了证明这个观点，高手给大家看了6张图（注：这6张图运行时间是一样的，均为2008年3月~2014年3月）。他说看懂了这几张图就知道选股时首先要看什么了。高手还告诉大家，这几年中国A股市场熊冠全球，跌跌不休，很多人在股市里输了钱，但他却是赢钱的，而且赚了不少钱。其中，一个重要原因就是在选股时，他把首先应该看什么的问题解决了。

请问：下面这6张图分别是哪家的月K线走势图？从这6张图中，你能分析出高手说的选股时究竟应该首先看什么吗？

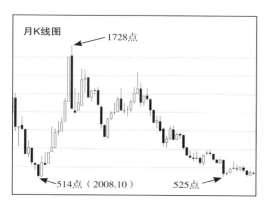

中国A股市场×××的月K线图　图428

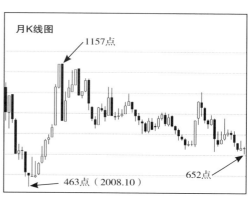

中国A股市场×××的月K线图　图429

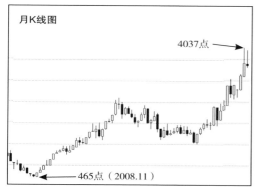

中国A股市场×××的月K线图　图430

中国A股市场×××的月K线图　图431

中国A股市场×××的月K线图　图432　　　　　　中国A股市场×××的月K线图　图433

解答

　　　　这6张图是中国A股市场行业板块指数月K线走势图，它们选取的时间段是一样的，其走势都是发生在2008年3月~2014年3月。在这6年中，中国A股市场正经历了一轮有史以来最长的熊市。股市跌跌不休，大多数投资者损失惨重，这个情况只要看看同时期的上证指数走势就清楚了（见图434）。

　　不过，大家不要以为大盘指数走熊了，所有的行业板块都会走熊。就像上面列举的6张图（其中每1张图代表的是某一行业板块的6年走势），有的确实是走熊了，但有的不但没有走熊反而出现了大涨，完全是一派牛市景象。那么这6张图究竟反映了哪些行业板块的6年走势呢？

　　图1是钢铁行业指数这6年的月K线的走势图，其走势最差。自从它在2008年10月的514点见底后，经过6年一个轮回，现在又重新跌回500多点。图2是银行板块这6年的月K线的走势图。自从它在2008年10月在463点见底后，冲高至1157点，然后就一路震荡下跌，现在该指数最低已跌到652点，只比2008年10月大熊市的最低点高出189点。

　　钢铁、银行，在2008年3月~2014

说明：2008年10月，上证指数跌至1664点，2009年8月升至3478点，2014年3月又跌至1974点。上证指数在这6年中，走了一个过山车行情，熊市状态毕现。

上证指数2008年3月 ~ 2014年3月的月K线图　图434

年3月这6年中，是走势很弱的两个行业板块，尤其是钢铁行业板块走势更弱，它比当时大盘的走势还要弱。也就是说，当时的大盘走势已经走得很熊了，但钢铁板块比大盘走得更熊。这个，我们只要比较一下同时期的大盘走势就明白了。

图430~图433是2008年3月~2014年3月整个医药行业板块的月K线走势图。医药行业可细分为4个子行业板块。图430是医疗器械服务板块、图431是化学制药板块、图432是生物制品板块、图433是中药板块。从图430~图433中看，医药行业的几个板块指数都跑赢了大盘。当时整个股市是走熊的，大盘指数在不断创新低，但医药板块整体涨幅都很不错，其股价早已超过了2008年10月6124点时的股价，特别是医疗器械服务行业的股价，实际上早已涨至大盘指数的万点之上。

这6张图说明一个最基本的道理，选股首先是选行业。行业是选股的大方向，大方向看错了，风险就很大，大方向看对了，赢利的机会就大增。这不是上市公司的财务数据与个股的技术走势所能代替的。比如，2008年10月大盘在1664点见底后，银行股走势也很强劲，其财务数据都很好，每年收益都在增加，但从2009年下半年后股票就是不涨，一直在走下坡路，即使短期跌深了，出现强烈的反弹行情，技术走势很好，但不能持久，最后仍然让投资者空欢喜一场。银行板块在股市中市盈率是最低的，被一些人认为最有投资价值的，但在当时的市场中股价走势表现却很差，这几年里投资银行股的投资者都出现了不同程度的亏损。相反，同期医药行业股票的财务数据要比银行股差，绝对收益远逊于银行股，且其技术走势也并不比银行股强。但从2009年下半年开始，医药行业股票的股价表现与银行股的股价相比，前者的表现比后者要强很多。有人形容，它们像两个人，一个像在往天上走，不断地震荡向上，一个像在往地下钻，不断地震荡向下。钢铁股就更不用说了，因为钢铁产能过剩十分严重，企业亏损严重，因此其股价表现最差，其走势完全是一副大熊市的模样，买它的投资者常常亏得惨不忍睹。

可见，选股首先要选准行业。投资者必须懂得行业的景气度与经济周期密切相关。银行股、钢铁股属于强周期行业。在当时的环境中，我国经济处于下行周期，强周期行业的景气度前景暗淡，市场主力会主动抛弃它，因此股价就不会有好的表现。

相反，虽然当时我国经济处于下行周期，股市走熊，大盘走势总体是向下的，但医药板块中的几个子行业都能保持"金身不坏"。投资者不论选择医药板块中某一个子行业进行投资，中长线持股的收益都很好，赢钱的概率非常大。据有关资料统计，在这6年中，医药板块跑出来的黑马最多，下面请大家看一些实例：

实例一：新华医疗（600587）。2008年大熊市时，该股最低跌至12.33元，2014年2月最高涨至282.28元（复权价），期间最大涨幅为2208%。

新华医疗（600587）2007年6月~2014年2月的月K线（复权）图　图435

实例二：鱼跃医疗（002223）。2008年10月，该股最低跌至11.40元，2014年2月最高涨至163.27元（复权价），期间最大涨幅为1332%。

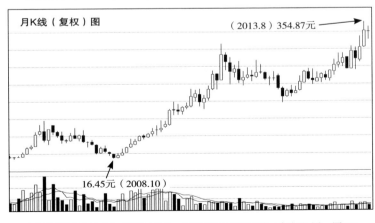

鱼跃医疗（002223）2008年4月~2014年2月的月K线（复权）图　图436

实例三：人福医药（600079）。2008年10月该股最低跌至16.45元，2013年8月最高涨至354.87元（复权价），期间最大涨幅为2057%。

月K线（复权）图

（2013.8）354.87元

16.45元（2008.10）

人福医药（600079）2006年11月~2013年9月的月K线（复权）图　图437

实例四：广
誉远（600771）。
2008年11月该股最
低跌至10.83元，
2013年8月最高涨
至194.14元（复权
价），期间最大涨
幅为1692.61%。

广誉远（600771）2006年9月～2013年9月的月K线（复权）图　图438

实例五：中恒
集团（600252）。
主营中药制药，
2008年10月，该股
最低跌至7.54元，
2011年8月最高涨
至241.69元（复权
价），期间最大涨
幅为3105%。

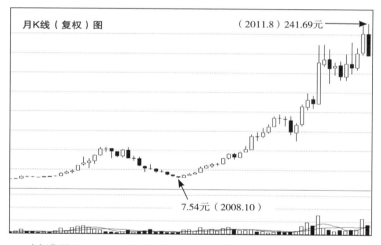

中恒集团（600252）2006年4月～2011年8月的月K线（复权）图　图439

实例六：益佰
制药（600594）。
2008年8月，该股
最低跌至26.66元，
2014年2月最高涨
至306.89元（复权
价），期间最大涨
幅为1051%。

益佰制药（600594）2007年9月～2014年7月的月K线（复权）图　图440

实例七：长春高新（000661）。2008年11月，该股最低跌至12.83元，2014年1月最高涨至490.61元（复权价），期间最大涨幅为3724%。

长春高新（000661）2007年1月～2014年2月的月K线（复权）图　图441

实例八：上海莱士（002252）。2008年10月，该股最低跌至18.01元，2014年3月最高涨至215.60元（复权价），期间最大涨幅为1097%。

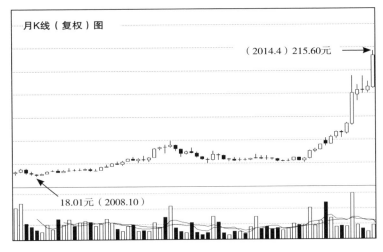

上海莱士（002252）2008年6月～2014年4月的月K线（复权）图　图442

（**说明**：① 举这么多实例，是让大家了解在2008年3月至2014年3月这6年熊市中，医药板块中仍然跑出很多大黑马、大牛股。若从2008年大熊市最低股价算起，这些股票最大涨幅都超过了10倍，多的已超过37倍。可见，在2008年3月至2014年3月的这6年熊市中，选择钢铁、银行股做多总体上是亏钱的。但选择医药股做多总体上是赚钱的，而且还能赚大钱。这证明，投资者在选股时，选对行业比什么都重要。② 使用复权走势图，已将它们送转股的因素都考虑了进去，这比起看除权图形更清楚，更有利于让大家了解在这6年熊市中，这些出现大涨的医药股，实际股价究竟涨了多少倍。）

高手在举了这么多实例后，接着他与大家一起探讨了这几年医药板块股票为何表现得非常出色的原因。高手分析说：

首先，医药是少有的不受政策调控影响的一个行业。国家对房地产行业的调控，必然对其他行业造成较大影响，据统计大约有50个行业与房地产有直接或间接的关系，建筑业、装修业、有色金属行业、钢铁业、机械业……这些行业与房地产业可谓一损俱损、一荣俱荣，房地产现在正处在被打压阶段，相关行业能好起来吗？而医药行业反而是受国家政策扶持的一个行业，中国医改对医药行业构成长期的利好，其利好效应在未来较长的一个周期内都会对医药股构成有力的支撑。

其次，医药产业具有巨大的发展空间。中国A股市场中，医药股的市值占比还很低，从相对值看，医药行业市值大约占总市值的4%，而美国占20%。从绝对值看，整个医药板块的市值只有几千亿，还不足一个中国石油的市值，以几千亿的市值支撑13亿人的健康，显然过度弱小，这其中就蕴涵着极大的发展空间。

再次，医药股成长性突出，具有攻守兼备的优点。不少人看到医药股，就单纯地认为其只是防御型的品种，实际上，不少医药股的成长速度惊人，将其列为成长股并不为过。根据2009年100多家医药股的年报，医药股整体的营业收入增长15%，净利润总体增长50%，其中，年增速达到200%的就有健康元、丽珠集团、长春高新、复星医药、华兰生物、武汉健民等公司，增速达到100%以上的更多，如此优良的业绩和成长性，成为股价最有力的支撑。

最后高手总结说，据了解，代表中国经济增长的工业增加值自2010年初达到顶部后就一路下滑，经济一步步迈向衰退。当然这与政府主导经济结构转型有很大关系，表现在股市上是自2009年3400点后以上证指数为代表的大盘股指大幅下挫，截至2014年4月30日，上证指数累计下跌41.6%，而稳健增长、受经济周期波动相对较小的医药板块则大幅上涨62%，涨幅位列各行业第一，与经济周期息息相关、与工业增长的波动一致的上游板块如钢铁、采掘、有色等行业在经济周期处于衰退的这近四年间，分别大幅下跌68.8%、65%、52%。

总之，在经济处于下行周期时，投资者若想在股市中获得较好的收益，就一定要寻找到防御的"盾牌"，医药股就是一个很理想的盾牌。

在股市走熊的这几年，大盘指数不断创新低的情况下，但很多医药股的股价却不断地震荡上行，仿佛进入了一场超级大牛市，很多投资医药板块的投资者获利颇丰，其收益甚至比2007年的大牛市赚得还要多，这恐怕是出乎很多人意料的。

高手讲完后，进入了现场问答阶段。有人问高手，选股首先要选准行业，这个道理我们懂了，但具体应该怎么操作呢？高手就这个问题给大家提了几点建议：

一、事后验证法。这是针对已经选好股票的投资者说的。该方法的要求是：当投资者根据个股的基本面、技术面选定了某个股票后，一定要通过行业板块指数的事后验证，然后再决定是否要买进。比如，某人已选好一个股票，但通过事后验证，却发现个股所属的行业板块指数处于下降趋势，看到这种情况就暂时不要购买，即使认为所选定的个股分析下来机会较大，也只能少量买入。因为行业板块指数下行，说明该行业的前景不佳，而行业前景不佳，行业中的个股前景也不会好到哪里，这是大概率的事件。所以投资时需要特别谨慎。

二、事前侦察法。这是针对尚未选好股票的投资者说的。该方法的要求是：投资者在选股前，先不要看个股，而先看行业板块指数，并把行业板块指数的走势与整个大盘指数的走势作个比较，看看哪一个行业板块指数走势最强，然后再将侦察到的情况反馈到个股选择上，接下来投资者就可以选择一些行业板块指数中走强的龙头股，或具有性价比优势的潜力股进行投资。一般来说，以这样的方式选出的股票，日后获胜的概率就很大。

三、买点选择法。该方法的要求是：股票选定后，操作时要选好个股的买点。首先要选好行业板块指数的买点。顺序是，先看看行业板块指数，分析一下在什么地方买进合适，然后再根据个股的技术面，决定是否买进。行业板块指数也经常出现上涨和下跌的交替状况，投资者选择买点时，最好选择行情趋势刚刚向上的地方买进，而不要选择行情趋势向上已接近尾声的地方买进。下面我们以医疗器械服务板块指数走势为例（见图443），虽然该板块指数在2008年11月跌至465点见底后，总体是向上的，6年后（至2014年10月），该指数最大涨幅已超过8倍，但途中也有一段很大的调整走势，选择买点时应该避开它。从操作层面上说，最佳买点应设定在5月均线

将图中箭头A、B所指处列为最佳买点，因为此处5月均线已明显弯头向上，股价站上5月均线已有3个月，5月均线支持股价上行的有效性已得到确认

月K线图

（2014.10）4578点

B

A

5月均线

465点（2008.11）

医疗服务板块指数（881144）2007年8月～2014年11月的月K线图　图443

弯头向上之处的第3个月。行业板块指数的买点选好后，然后就可从该板块中选择一些强势股买进，选股工作就完成了。

四、卖点选择法。该方法的要求是：不管什么股票，当大的调整来临时，投资者必须逢高卖出，这样才能确保自己的投资收益不受损失。比如，虽然这几年医药板块指数总体上呈现震荡上行的格局，但中间也出现了若干次深幅回调的走势，具体到个股，有的调整幅度会非常大。为了不让煮熟的鸭子飞了，大家一定要注意在5月均线向下弯头，股价跌至5月均线下方时及时退出（见图444、图445）。一般来说，拿着好股票，小级别的调整可以不理睬它，但遇到5月均线失守这种大级别调整就必须重视它。因为只有规避掉大级别调整，才能锁定风险。这里要特别提醒大家，如果你手中的股票某月突然跌至5月均线之下（指收盘价）就该高度警惕了，该卖出时必须马上卖

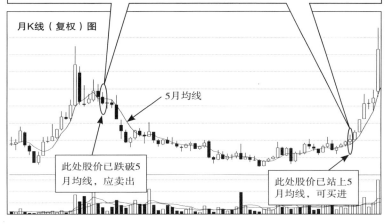

沃华医药（002107）2008年5月～2015年1月的月K线（复权）图　图444

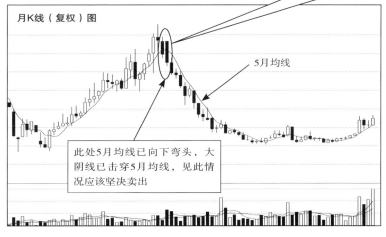

哈药股份（600664）2008年2月～2014年12月的月K线（复权）图　图445

出，这要当作纪律严格执行。

又及：本书完稿后向读者征求意见时，读者向我们提出了两个问题。有读者问：2008年1月~2014年6月，中国A股市场处于大熊市状态，是不是只有医药行业指数跑赢了大盘指数，其他还有什么行业指数跑赢了大盘指数？还有读者问：2014年下半年，你们认为股价表现最差的银行股、钢铁股出现了翻倍行情，而同期的医药股票走势却逊色于银行股、钢铁股。这种情况又该如何解释呢？

收到读者的信息反馈后，经过研究现答复如下：

关于第一个问题。选股首先要选准行业，这是毫无疑义的。但在大熊市中，大多数行业的景气度都很差，要挑选发展前景好，行业景气度高的股票进行投资，确实很难。这是要讲究一些技巧的。如挑选什么行业板块的股票做多，必须考虑两点：第一，选股要选与老百姓生活、健康息息相关的行业中的股票。因为这些行业与经济下行周期没有什么关系。比如，前面介绍的健康、医疗行业，在股市整体走熊状况下仍然能够得到高速发展就是一个典型的例子。除此之外，环保行业、食品旅游、汽车行业等，因为市场需求大，与老百姓生活关系紧密，这些行业股票在大熊市中整体表现较好，其中也出现了一些涨幅很大的牛股、黑马股。

第二，按照行业选股，一定要紧盯住国家经济发展方向与产业政策。比如，在2008年~2014年股市走熊时，当时国家经济正处于转型期，一些代表新经济的高科技行业与第三产业会得到国家政策的大力支持，它们的行业景气度就会很高，跑赢大盘是大概率事件。如通信服务行业（见图446）、计算机应用行业（见图447）、传媒行业（见图448）。在2008年~2014年的大熊市期间，它们的行业指数都远远跑赢了大盘指数，若选择这些行业中的股票做多，一般都能获得很好的投资回报。

瞧！在2008年~2014年大熊市期间，通信服务板块中的股票却一片欣欣向荣。该指数从2008年10月的307点，涨至2014年2月的2005点，最大涨幅达到了553%

月K线图

（2014.2）2005点

307点（2008.10）

通信服务行业指数（881162）2008年7月~2014年6月的月K线图　图446

这里要告诉大家的是，图446、图447、图448展示的行业板块指数都是月K线走势图，所反映的时间都是2008年7月~2014年6月这段时间的走势。而这段时间中国A股市场处于6年大熊市的煎熬中。当时上证指数在2008年10月最低跌至1664点，2014年6月上证指数收于2048点。经过6年，上证指数仅仅从熊市最低点微涨了23%。但上面3个行业板块指数却涨了4.75倍、5.64倍与3.86倍。真可谓冰火两重天。也就是说，这6年中因为大盘指数走熊，大多数行业板块指数在走熊，投资者选择大多数行业股票看多做多都会输

瞧！计算机应用板块中的股票当时大熊市中表现最为出色。该指数从2008年11月的447点，涨至2014年2月的3003点，最大涨幅达到了571%

计算机应用行业指数（881163）2008年7月~2014年6月的月K线图　　图447

传媒板块中的股票在当时大熊市中表现也非常出色。该板块指数从2008年11月的373点，涨至2014年2月的1991点，最大涨幅达到了433%

传媒行业指数（881164）2008年7月~2014年6月的月K线图　　图448

钱，而投资医药行业、通信服务行业、计算机应用行业、传媒行业的股票，一般都能赚钱，甚至赚大钱。这个事实再一次向大家证明，选股选行业有多么重要。

下面再回答大家提出的第二个问题。首先，我们认为，高手强调选股首先是选行业。选行业景气度向上走的股票进行投资，风险小，收益大。这个观点是正

确的。过去应该这样做，现在、将来也应该这样做。

其次，2014年下半年，中国A股市场由熊转牛，原先趴在地上不动的银行、钢铁股大涨，而前期很多医药股却滞涨。出现这种情况，并不能说明"选股首先应该选行业"的观点是错的。因为熊转牛初期，率先上涨的一般都是严重超跌的股票，而2008年后的这轮大熊市中，钢铁股（平均股价不足净资产的1/2），银行股（平均市盈率只有5倍左右）跌幅最深。它们在股市回暖初期先于其他板块出现大涨，也是理所当然的。其实，这是两个层面的问题不能进行混淆。这就好比数学中的面积与长度这两个概念没有可比性的道理是一样的。因此，我们既不能用前者否定后者，也不能用后者否定前者。

最后，熊转牛初期超跌股先出现上涨，用证券界的行话来说，叫"估值低的先修复"。其实，估值低的先修复，也只不过把以前过度超跌的部分进行了一些弥补而已。比如，以山东钢铁为例，其股价最低跌至1.50元，2014年7月中国A股市场熊转牛后，至2014年末，该股短短几个月，股价就翻了1倍有余（注：2014年12月该股最高涨至3.55元）。但就是这样大涨后，该股的股价也只有3元多一点。这个价格与上一轮牛市最高价27.30元相比，仍然跌掉了80%以上。一般来说，在超跌股的股价估值修复后，市场是不是继续看好它，下一步就要看其行业的景气度怎样了。如行业景气度由下跌状态转入上升状态，且行业前景越来越光明，股价就有了持续上升的能力；反之，股价就缺乏上涨的动力，会出现滞涨，甚至再重新转入下跌，这说明其股价的升跌最终还是由本身行业的景气度决定的。

又及：本书完稿后向读者征求意见时，有读者反映，做完上面这个题目，让我们明白了一个道理，从大的方向来说，选股首先要选准行业。但接下来还有一个问题仍旧困扰着大家，即医药行业的股票是不是永远都是投资者的青睐对象，而银行类、钢铁类股票则永远是投资者应该回避的对象呢？

收到读者的这条信息反馈后，我们做了研究，答复如下：

选股首先要选行业是对的，但在经济发展的不同时期，各行业的景气度也会随之跟着变化。说白了，行业之间的景气度是轮动的。从这个意义上说，任何行业的景气度都不存在永远往上走，或者永远往下走的现象。在某个时期，A行业的景气度在向上走，B行业的景气度在向下走，此时我们选股就要盯住A行业；而在另外一个时期，A行业的景气度在向下走，B行业的景气度在向上走，此时我们选股就要关注B行业。

从社会历史发展来看，行业景气度轮动已然成为市场经济的一个基本规律，这是参与A股市场的投资者必须认识的问题。谁先认识谁就先受益。其实，行业景气度轮动背后的本质原因是在经济周期不同阶段中各行业景气的变换，以及市场资金在这种景气变换预期下在各行业之间的流动，表现在股票市场上就是某些行业在某一特定的经济周期下的市场表现会远远好于其他行业。世界上一些很有影响的经济研究机构与经济分析师都对这个现象作了深入调查与研究：

比如，1996年美国标普公司分析师研究了1970年～1995年25年期间美国的经济周期以及各行业表现情况，其研究结论是：

①当经济从扩张转向收缩时期，往往伴随着股票价格的下降以及市场资金的紧缩，这时候股价表现最好的是具有稳定消费预期的股票。

②在经济收缩末期，当经济转向寻找谷底的时候，利率会下调以刺激经济，这时候股价表现最好的是一些对利率敏感型的股票，如金融股、强周期类股票。

③在经济扩张的初期，交运、信息技术与服务行业的股票表现相对较好，它们常会受到市场特别的关注。

④在经济扩张中期与后期，基础原材料的股票与能源等中游行业的股票往往会有出色的表现，易受投资者的青睐。

又如，在2004年美林策略研究员曾经按照美国的产出缺口与通胀的情况，划分了1970年到2004年的美国经济周期，从而研究得出了一个著名的"美林投资时钟"下的行业轮动策略的理论。该策略认为：

① 金融类股票、可选择性消费类股票，分别在经济衰退与复苏期间表现最好，因为这期间央行一般都是放松银根、降低利率的，银行股受益，同时能源价格的下跌，有益于可选择性消费类股票。比如，汽车和家电的成本下降就会使其利润增加，股价表现就比较好。

② 一些增长稳定的消费品，如酒类、食品类股票，是滞胀期间最好的防御品种。

③ 能源类股票在经济过热期间表现最好，这与期间国际大宗商品价格上涨有关。

据了解，在中国改革开放几十年来，各个行业的景气度也在不断轮动。比如，2005年~2007年，中国经济处于上升周期的加速期，投资需求旺盛。此时A股市场中的钢铁股、银行股表现就很出色，如武钢股份（600005），在短短的2年中，股价就涨了9倍，浦发银行涨了11倍。而当时同时期的医药股因行业的景气度逊色于钢铁、银行，所以当时医药股的表现就相对比较差。可见，选股要选准行业。选准行业的秘诀，最主要的就是要准确地把握好行业景气度的轮动规律，找准在某个时期行业景气度最高的板块进行投资，这样就能锁定胜局。

2015年的中国股市，留给很多投资者是痛苦的回忆，因为这一年发生了罕见的股灾，很多人损失惨重，而对胡先生来说，这一年却是大丰收年，他重仓了乐视网（300104），让他赚得N倍利润卖出，使他成为当年名副其实的股市大赢家。

有人分析胡先生能选准乐视网，可能有以下几个原因：①胡先生眼光敏锐，抓住了2015年市场中的最大热点；②胡先生是技术分析的高手，能从技术上判断乐视网是2015年创业板的龙头股，及时抓住了它；③胡先生早就发现大资金在关注它，所以很早就潜伏在里面；④胡先生经专家点拨（如股评家推荐）或有内幕消息选择了它；⑤胡先生运气特别好，不经意地买进，让它骑上了这匹大黑马。

但最后经核查，上述5个原因都被否定了。那么胡先生究竟是如何选中乐视网这个股票的呢？据胡先生透露，他是经过独立思考，认真研究分析后选中乐视网的，然后经过一段马拉松式的投资过程，在2015年获得了大丰收。

请问：根据上面介绍，你能分析出胡先生究竟是怎样选择乐视网的？他具体是怎么操作的？从胡先生的选股方式与操作中，我们能得到什么有益的启示？

胡先生说：他是一个老股民，多年炒股实践使他认识到，像他这样人到中年对市场不敏感的投资者，只有采取稳健的投资方式，选好潜力股后，在低位买进，然后安心拿着，到行情火爆时将其卖出。唯有如此，才能在股市里赚到大钱，圆上财富梦想。

乐视网就是他近几年来操作最成功的股票，因为乐视网是他手里的第一重仓股（约占他初始投入资金的1/3）。所以该股的大涨，给他带来了非常丰厚的投资收益。

那么，胡先生为什么要选择乐视网这个股票？具体又是怎么操作的呢？

胡先生说，自己在高校里从事IT教学，或许是自己的职业关系，2010年8月当乐视网在创业板上市时，他就留意过这个股票，不过这仅仅是一点留意而已。当时他并没有特别看好它，也没有买它，因为那个时候从事国内视频的企业普遍经营出现困境，很少有赢利的，谁也不知道其中有哪一个视频网站可以走到最后。但是，在乐视网上市一年后的某一天，大约是在2011年11月底，乐视网发布了全年业绩预增公告，称全年业绩预增近九成，这让他吃了一惊。因为"烧钱"不盈利一直是视频网站的软肋，但乐视网却是例外，它竟能在当年喜获丰收。胡先生说，从此他开始对它刮目相看。据了解，当时国内视频行业形成了两大视频分享网站加两大正版长视频网站的行业格局，而乐视网总浏览量时常跻身专业web视频网站前四。2011年度包括"视频平台广告发布收入"、"网络高清视频服务收入"、"网络视频版权分销收入"等各项主营业务均有较大幅度增长。乐视网业绩高速增长主要得益于网络视频行业环境日益改善，当时行业成长性较高。而网络视频行业已从初期的"盗版横行"的野蛮生长状态发展到"版权争夺"阶段，乐视网上市以来已建立行业最大的影视剧网络版权库，手握大量独家网络版权，收费业务和版权分销收入，已稳居行业首位。加之与土豆网实现联姻，共同开拓视频广告市场，2011年10月后，乐视网优质广告主逐渐增多，广告收入开始进入良性增长阶段。

胡先生说：在乐视网发布业绩预增公告的同一日，艾瑞也公布了2011年十大热门网站，其中乐视网以17.9%的月复合增长率成为成长最快的视频网站。2011年，乐视网为快速提升网站流量，实施"自制剧"及"首播剧"、"独播剧"战略。例如当时的《黑狐》、《人到四十》、《请你原谅我》、新版《亮剑》等电视剧，使得公司流量获得较快增长。媒体报道，乐视网独播《失恋33天》，上线仅3天，点击量突破千万。年度大剧《男人帮》在乐视网的总点击量已近5亿元，尝到甜头的乐视网加大了对未来可播影视剧资源的开发力度。

胡先生说：当时乐视网已采购未上线的独家网络版权影视剧高达209部，是其他十多家视频网站独家网络版权影视剧内容的两倍多。其预先锁定了2012年热播影视剧独家版权的50%~60%，以及2013年热播影视剧独家网络版权的40%~50%，使得乐视网影视剧的总数量、热播剧的覆盖率远超竞争对手。

在版权费高昂的背景下，拥有巨量的版权作品也就是给了网站源源不断的"血液"。因此，他相信乐视网将充分发挥拥有行业最全版权库和最完善的产业链的优势，转化为流量优势和广告优势，使得公司继续创造超预期业绩。

胡先生说，从2011年末开始，他已经看好乐视网，觉得它很有发展前途，但他当时没有马上买它。原因是他一方面还要继续考察乐视网的经营能力，看看乐视网业绩是否真正有持续增长能力，只有被证明了（注：在胡先生观察期间，乐视网连续几个季度业绩都保持高增长态势），他才能放心地选择它，重仓持有。另一方面他觉得当时乐视网的价格还稍微高了些，他还要继续等待，等到乐视网的股价下跌，出现如巴菲特所说的，用"4角钱买1元股票"的现象时再动手买进。后来，这个机会果然出现了。2012年，创业板大跌，指数遭腰斩，乐视网股价也出现了大跌。当乐视网股价跌到20元下方后，他开始慢慢逢低吸纳，记得买进的平均价格在16元左右（见图449）

胡先生说，他买进后不久，股价出现了上涨。但他感觉该股业绩在持续增长，发展势头良好，应该还有较大的上涨空间，所以就一直耐心持股待涨，直到2015年5月12日该股送股除权前的最后一天才清仓卖出。

胡先生说，当时他卖出乐视网，并非是不看好它的未来，只是认为该股当时涨得太厉害了，股价被严重高估，所以他选择了撤退。但没想到后来发生了股灾，该股出现暴跌，让他幸运地躲过了一劫。

据了解，胡先生在2012年末买进该股，到2015年5月卖出，持股时间不足3年，在该股身上赚取近20倍的利润（注：该股途中出现过10送9，该涨幅是按复权价计算的）。因为乐视网是胡先生的重仓股，所以在胡先生将乐视网高位卖出后，资金一下子就庞大起来。

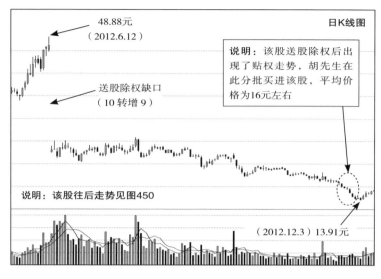

说明：该股送股除权后出现了贴权走势，胡先生在此分批买进该股，平均价格为16元左右

48.88元
（2012.6.12）

送股除权缺口
（10转增9）

说明：该股往后走势见图450

（2012.12.3）13.91元

日K线图

乐视网（300104）2012年5月23日~2012年12月7日的日K线图　图449

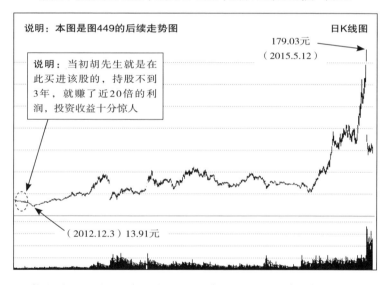

说明：本图是图449的后续走势图

说明：当初胡先生就是在此买进该股的，持股不到3年，就赚了近20倍的利润，投资收益十分惊人

179.03元
（2015.5.12）

（2012.12.3）13.91元

日K线图

乐视网（300104）2012年10月12日~2015年5月22日的日K线压缩图　图450

胡先生的故事讲完了，从胡先生的选股与其操作该股整个过程中，我们能得到什么有益的启示呢？

第一，选股首先要将目标盯住新兴行业。因为新兴行业发展空间大，股价上涨的空间也大。比如，胡先生持有的乐视网属于新兴产业。在不到3年的时间里，该股最大涨幅达到20倍。在这样短的时间里出现如此大的涨幅，这种现象只会发生在新兴产业中，而在传统产业的股票中就不可能出现。

第二，从新兴行业中选股，虽然题材、概念很重要，投资者如果能及时抓住亮眼的，并且具有持续性的题材、概念，股价就有很大的上升空间，这类股很容易成为股市中的大黑马、大牛股，这种现象已为大量事实所证实（注：关于如何正确理解题材、概念，如何依据题材、概念进行选股，《股市操练大全》第10册第3页~第39页作了详细介绍）。

但是，股市是多样化的市场。因此，选股方式也是多样化的，真可谓条条大路通罗马。本题中的胡先生采用的是与众不同，有自己特色的选股方式。这种选股方式的成功实施，给胡先生带来了巨大的财富机会。胡先生用此方式选择了乐视网后，坚持持股2年有余，最终获大利卖出，整个买卖过程十分清晰、流畅。从其选股与操作中，丝毫没有什么题材、概念的影子，也没有见到他看什么K线图形。换一句话说，胡先生的选股与操作，与传统的根据热点选股、依照技术分析选择买点、卖点毫无关系。胡先生纯粹是用价值投资的眼光、尺度来挑选新兴产业中的股票的。

比如，乐视网受到胡先生刮目相看，是在其上市一年多后，并用事实证明它已经摆脱视频网站"烧钱不盈利"的商业模式，获得了较大的盈利。但即便如此，当时胡先生也没有买它。胡先生买它并重仓持有乐视网股票的时间是在这过后的一年。经过这一年的考察，胡先生发现乐视网业绩仍在不断地高速增长，直到这个时候，才觉得该股高成长是真的，不是玩虚的。于是下定决心重仓购入该股。另外，当时由于整个创业板指数大跌，该股的股价也跟着大跌。因此胡先生买进该股时，根本没有什么热点、概念可言，他完全是依照价值投资理念，认为该股物有所值，且股价已严重超跌时才出手的。胡先生是一个左侧交易的投资者，他买进该股时，K线图形上并没有发出买进信号，他是在16元左右分批买进该股的，但最后该股跌至13.91元才见底。可见，胡先生的操作与传统的技术分析也没有什么关系。

我们发现，在股市中依据纯粹价值投资理论选股，选到好股后，中长线持有获得超额投资回报后再离场的股市大赢家并不鲜见，胡先生只不过是其中一个代表而已。此案例证明，真正用价值投资的眼光选股在中国A股还是大有用武之地的。现在是这样，将来也一定是这样。

第三，胡先生的案例告诉我们，用价值投资选股、操作并不是一件高深莫测的事情，它是看得见、摸得着的。关键是投资者要严格按照价值投资的要求去做，真正做到宁缺勿滥，并且要学会持续跟踪，坚持用价值投资尺度去衡量该股的涨跌。

比如，胡先生对乐视网的选股与操作过程，自始至终都贯穿着价值投资这根主线，我们不妨把胡先生的投资分为几个阶段，然后作一些分析。这样问题就会看得更清楚一些。

第一阶段——价值发现阶段（时间是2011年末）。胡先生发现乐视网是一个赢利很好的公司，当年赢利增长为九成。至此，胡先生开始对乐视网刮目相看。

第二阶段——观察考评阶段（时间是2011年末~2012年末）。胡先生经过连续几个季度观察后，发现该股业绩高增长在继续，行业的龙头地位得到进一步巩固。这时候胡先生才开始打算对它逢低吸纳。

第三阶段——购买、重仓持有阶段（时间是2012年末~2015年5月）。胡先生在购买、重仓持有乐视网后，就不断跟踪其上市公司经营状况。据了解，胡先生看上市公司经营情况，主要看两个指标，一是营业总收入的同比增长率，二是净利润的同比增长率（见下表）。胡先生认为只要这两个指标保持20%以上的增长速度（当然增长幅度越大越好），说明该公司经营状况不错，可放心持股。不过，如果股价上涨幅度远超这两个指标，说明股价被高估了，此时就应该先卖出观望。

我们分析，胡先生在2012年末陆续逢低吸纳乐视网股票，最直接的原因是因为胡先生认为经过了一段时间考察后，已经可以明确判断出，乐视网是新兴行业中具有持续高增长潜力的公司，而且当时该股受创业板指数下跌的连累，股价已经被严重低估了，所以才开始大胆逢低吸纳。当时胡先生分几次买进该股，买进的均价为16元左右，但该股最低跌至13.91元，说明胡先生当时买入出现了短期被套的现象，但胡先生心里很踏实，认为物有所值，并不担忧该股短期下跌。胡先生重仓买进该

表1　乐视网经营状况一览（2012.12.31~2015.3.31）

时间	净利润同比增长率	营业总收入同比增长率
2012年12月31日	95.02%	48.10%
2013年3月31日	23.96%	38.93%
2013年6月30日	35.98%	28.70%
2013年9月30日	64.74%	37.45%
2013年12月31日	102.28%	31.32%
2014年3月31日	200.38%	20.52%
2014年6月30日	290.84%	30.16%
2014年9月30日	247.56%	18.36%
2014年12月31日	188.79%	42.75%
2015年3月31日	107.75%	11.29%

股后，在股价上涨过程中，一直持股待涨，即使该股股价出现了很大波动，胡先生都没有卖出过一股乐视网股票。胡先生的持股信心来源于他对乐视网经营状况的长期跟踪（见上页表1），是乐视网业绩持续高增长让他看好其未来。后来到了2015年上半年，乐视网股价出现了大幅飙升的情况，这使胡先生感到不安了。他认为该股的涨幅已远远超过了其业绩的增长速度，此时股价已是明显地被高估了。因此，他趁乐视网在2015年5月再次实施送股除权的前一天，将乐视网股票全部卖出，而这一卖出几乎卖到了最高价。

　　胡先生说，他当时卖出，并不知道该股后一阶段会出现大跌，更不知道会有什么股灾，仅仅是依照价值投资理念，认为股价被高估后作暂时了结。换一句话说，这样做只是规避一下短期风险而已，对乐视网的未来他还是看好的。胡先生认为，只要乐视网经营业绩能像以前一样，主要指标一直保持两位数以上增长，在股价回跌至合理区域，他还会买进的。不过，他认为乐视网最好的成长期可能已经过去，今后要是再买，也不会重仓了。

　　其实，一些在中国A股市场上市的股票，上市后连续几年，甚至出现更长时间的高速增长的情况并不鲜见。如早期的深万科A、深发展、贵州茅台、格力电器、云南白药等，投资者只要在其经营业绩高速增长期间，按照价值投资理念，像胡先生那样选股与操作，都会赚得钵满盆满。说白了，胡先生的选股思路与操作方式是投资者挖掘大黑马、大牛股的一条重要途径。重视它、学习它、研究它，或许就能早日帮助我们实现股市大赢家的梦想。

　　又及：本书完稿后，我们得到一份资料。此资料与本题有关，现摘录部分内容，以飨读者。

　　● 但斌，深圳东方港湾投资管理董事长，有"中国巴菲特"之称，坚持价值投资，战绩突出。比如，2006年投资腾讯，持有近10年，回报大概是56倍。

　　● 但斌说，我认为做投资一定要有洞察力。一个是长期的大的社会变革的洞察力，还有市场的洞察力，产业方向的洞察力、公司的洞察力。如果你有这样一个长远的目光，足够的耐心，你就可以靠自己的智慧赚到很多很多钱，我以前错过了新浪、搜狐、网易，所以当腾讯出现在我眼前的时候，我一点都没有犹豫，我在海外买腾讯股票非常多，我70%左右的仓位买了腾讯，而且一直持有到现在。至今（截止2016年4月18日），买腾讯股票的回报大概是56倍。我认为把一个公司研究得透透的，耐心持有，然后就会赚很多钱。

● 但斌说，我喜欢跟大家分享腾讯的案例。我们跟数据跟得比较紧，在2011年~2012年，微信还没有出来的时候，我们判断腾讯的游戏业务可能会放缓，所以当时做了卖出的决定，也是吸取了2008年的教训。后来等到微信出来后我们又买进了，因此我才说"总的来说"，我们持有腾讯到现在。

● 但斌说，实际上做投资家和企业家是一样的，就是比谁看得远。看得远才能提前几年做大的布局。我这里举李嘉诚和他的儿子李泽楷的例子。李嘉诚是一个具有远见的伟大商人。大家可以看到，李嘉诚看得非常远，而且他的行业是房地产、港口。房地产是过去38年改革开放获益最多的利益阶层，而且也是分享了中国大蛋糕的阶层，在福布斯富豪排行榜里，房地产板块的富豪非常多，而且李嘉诚有个特点，他在北京、上海、深圳的地都是最好的地，他还有港口，深圳的最好的港口盐田港是他的，而且经营非常稳定。即使是这么两个行业，都没有他儿子不犯战略性错误获得的资产多。如果他儿子投资腾讯的220万美元，不是在买了腾讯股票两年以后，以1260万美元（当时仅仅赚了6倍）就把腾讯股票都卖掉了，历史就会改写，李泽楷就会超过李嘉诚。比如，假设李泽楷当初买了220万美元腾讯股票后，不是很快将它卖掉，而是用15年时间持有腾讯股票不动，他的资产就可以超过他老爸一辈子的努力。

● 但斌说，对于我们来说，做投资，总的来说资产配置应该放在比较好的行业里面。从资产配置来说，如果想要拿股票大额资产做配置的话，重点思考的问题，就是企业的商业模式、行业的情况。比方说，要思考Google这个行业的天花板，腾讯这样的行业天花板情况会怎么样，另外还要考虑它们的商业模式有什么特色、优势，护城河到底在哪里？最近几年的白酒危机，很多人认为反腐对贵州茅台影响很大，但事实并不是这样，白酒行业中唯一能盈大利的还是贵州茅台。这些年真正赚到大钱的都是轻资产、高盈利、宽护城河的公司。所以投资者选股对这个问题要高度重视。

（材料来源：2016.4.18《凤凰财经·"中国巴菲特"但斌：下一波投资机会我这样看》，本书摘录时作了删减。）

《股市操练大全》培训班期终考试有这样一个题目：根据国内外股市发展历史所提供的事实与数据，你知道什么样的板块最容易催生出大黑马、大牛股吗？（请举例说明）

现在我们把这个题目拿出来考考大家，看看谁能把这个题目做好。

边老师说，无论是海外股市还是国内A股市场，从长期来看[注]，能不断催生出大黑马、大牛股的板块就是大消费板块。

比如，当今世界股王、著名价值投资者沃伦·巴菲特一生钟情的就是消费类股票。谈及把握消费股的机会，这世上恐怕找不出第二个比巴菲特更优秀的投资者。他的投资案例，涉及可口可乐、沃尔玛、卡夫、耐克等世界级的消费企业。

仔细翻阅全球股市历史档案，大家就会发现，在美国，自1957年标准普尔500指数创立以来的50多年时间里，如果从当初纳入标准普尔指数的原始500只股票中寻找为投资者提供最大收益的王者，会发现菲利普·莫里斯、雅培制药、百时美施贵宝、辉瑞制药、可口可乐、百事可乐、高露洁、箭牌、先灵葆雅、保洁等知名消费品牌的股票赫然在列。而这些股票绝对涨幅均排在过去50多年来全球股价涨幅的前20名之中。

据了解，在美股历史上能够跑赢市场的大黑马、大牛股多半都是知名的消费型股票。有人统计了1998年2月～2014年8月这16年里股价涨幅最大的4个股票。它们是：

① 这16年间，表现最好的牛股是曾叫Hansen Beverage的公司。当时，是一家汽水和果汁生产商。如今是功能性饮料的巨头。2012年，这家公司更名为Monster Beverage。其股价从1998年2月2日的10美分上涨至今日的87美元。这使其回报达到了869倍。

② 牛股榜上排名第二的绿山咖啡（NASDAQ:GMGR）。股价在16年前时的复权价为0.28美元，而16年后股价高达132美元，涨幅达到470倍！绿山咖啡的单杯咖啡机模式是其增长的主要动力，导致其作为一个消费品公司能出现互联网公司般的增长速度。该公司创始人准确地抓住了一个消费痛点："为什么一次必须冲一壶咖啡？我每次只喝一杯。"在这一想法的驱动下，一次只冲一杯咖啡的克

【注】 这是从一个较长时间周期分析得出来的结论，若以短期看那就不一定了，因为短期的热点在不断变化，随机性很大。

里格咖啡机及其配套的单杯饮品K杯应运而生。用"剃刀架+刀片"的商业模式攻占了北美市场。

③ 牛股榜上第三的是医药生物公司Celgene，股价在16年前时为0.35美元，16年后Celgene的股价达到93美元，涨幅高达264倍，是肿瘤医疗行业的领头羊。2009年首次上榜，排名第22。此后，该公司每年都跻身"财富增长最快的公司排行榜"。

④ 牛股榜上排名第四的是苹果（AAPL），以复权价格计算，16年前时，苹果的股价仅仅为0.63美元，而16年后这个价格是101美元，涨幅达到159倍。在这个过程中，苹果变成了一个全新的公司，从个人电脑变成了智能手机，硬件创新的互联网平台型公司。

从上面的统计资料看，这16年来美国股市上涨幅度最大的4只大黑马、大牛股，清一色的都属于大消费板块股票。

其实，在国内A股市场情况也是如此。20多年来沪深股市的历史证明，大消费板块一直是大黑马、大牛股集中营。有资料可查的是，1996年的蓝筹股，2003年房地产股，2005年开始的酒类股票以及2008年以后的医疗保键股票，这些股票都属于消费类股票。

比如，1996年人均GDP超过700美元，催生了百姓对家电的强烈需求，当年的四川长虹、青岛海尔等上市公司利润暴增，这批股票都成了这一时期赫赫有名的大黑马、大牛股。2002年人均GDP超过1000美元，社会大众对汽车的需求随之增加，在2003年大熊市的环境下，整个汽车板块逆势翻倍。2005年人均GDP超过2000美元后，在地产和酿酒等行业中出现了涨幅超过10倍的股票。2009年人均GDP超过3500美元时，社会大众对医疗保健更加注重，因此为新华医疗以及东阿阿胶等大黑马、大牛股提供了生长环境。2013年人均GDP超过6500美元，在这样的情况下，消费概念再度被升级，投资最佳品种选择的标的股也被再度升级，集中在文化娱乐、保健、再教育大消费板块中，如华谊兄弟、天舟文化、汤臣倍健等顺利成章地成为涨幅超前的大黑马、大牛股。

有意思的是，美国股市16年中涨幅超过百倍的股票是大消费类股，而无独有偶，中国A股市场中近20年来涨幅超百倍的股票基本上也是大消费类股票。下面请大家看几个实例。

实例一：万科A。该股是1991年1月上市的，股价最低跌至5.54元。2015年末，按复权价核算，股价已升至3402.81元，期间涨幅达到613.23倍。

万科A（000002）1991年1月~2015年末的季K线（复权）图　图451

实例二：云南白药。该股是1993年12月上市的，股价最低跌至2.64元。2015年末，按复权价核算，股价已升至1342.19元，期间涨幅达到507.41倍。

云南白药（000538）1993年12月~2015年末的季K线（复权）图　图452

实例三：格力电器。该股是1996年11月上市的，股价最低跌至17.50元。2015年末，按复权价核算，股价已升至3353.57元，期间涨幅达到190.63倍。

格力电器（000651）1996年11月~2015年末的季K线（复权）图　图453

实例四：华夏
幸福。该股是2003
年12月上市的，股
价最低跌至3.73元。
2015年末，按复权
价核算，股价已升
至447.98元，期间涨
幅达到119.10倍。

华夏幸福（600340）2003年12月~2015年末的季K线（复权）图　图454

实例五：泸州
老窖。该股是1994
年5月上市的，上市
后连跌3个月，股价
最低跌至5.70元。
2015年末，按复权
价核算，股价已升
至854.35元，期间涨
幅达到148.89倍。

泸州老窖（000568）1994年5月~2015年12月的季K线（复权）图　图455

实例六：伊利
股份。该股是1996
年3月上市的，3个
月后股价最低跌
至7.83元。2015年
末，按复权价核
算，股价已升至
1207.39元，期间涨
幅达到153.20倍。

伊利股份上市以来的股价走势全景图（截止2015年末）

季K线（复权）图

（2015.5）1667.55元

7.83元（1996.5）

说明：2015年末，收盘
价为1207.39元

伊利股份（600887）1996年3月~2015年12月的季K线（复权）图　图456

实例七：仁和药业。该股是1996年12月上市的，上市最初的几年中，股价表现很差，最低跌至1.39元。2015年末，按复权价核算，股价已升至293.01元，期间涨幅达到209.80倍。

仁和药业上市以来的股价走势全景图（截止2015年末）

季K线（复权）图

（2015.6）479.65元

说明：2015年末，收盘价为293.01元

1.39元（2005.8）

仁和药业（000650）1996年12月~2015年末的季K线（复权）图　图457

上面这7个股票的K线走势图，都是季K线（复权）走势图，每根K线代表了3个月的K线走势，且图形都是经过复权处理的季K线图，它真实地反映了股价的实际涨幅。这些股票自上市以来，若从最低价算起至2015年末，股价涨幅都超过了100倍，多的达到5、6百倍。尽管它们股价涨了100倍甚至几百倍，但目前的市盈率仍然低于行业的平均水平。这说明这些股票上涨是因为业绩高速增长所致，并非是讲故事，炒概念出来的。这些股票分别归属房地产、医药、家用电器、白酒、饮料行业，都属于大消费范畴。可见，中外股市都显示出一个规律性现象：在大消费板块中，最容易催生出超级大牛股。

据了解，在国内A股市场中，除了上面的超级大牛股外，还有一些主营业务清晰、连年业绩都能保持高增长的大消费板块的股票，长期以来，股价表现也十分出色。特别是它们的股价走势甚至不受大盘暴跌的影响，独立前行，让人刮目相看。下面我们请大家看一些实例。

实例八：宇通客车。该股是1997年5月上市的，上市后股价在低位横盘了一段时间后开始发力向上，途中虽然大盘出现过两次大熊市，但它上升势头依旧。该股最低价为16.03元，2015年末，该股复权价升至706.04元，涨幅达到43倍。

宇通客车上市以来的股价走势全景图（截止2015年末）

宇通客车（600066）1997年5月~2015年末的季K线（复权）图　图458

实例九：万丰奥威。该股是2006年11月上市的，上市后先是在低位震荡了一段时间，然后就展开了上涨之旅。即使2015年6月后出现的股灾，都没有阻挡住该股的上升步伐（注意：大盘暴跌，但该股却不断创出新高）。

万丰奥威上市以来的股价走势全景图（截止2015年末）

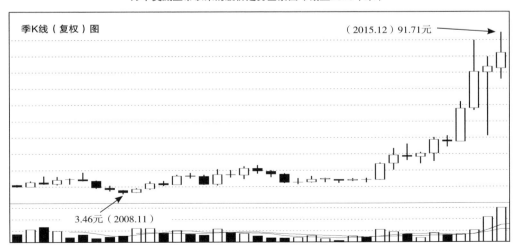

万丰奥威（002085）2006年11月~2015年末的季K线（复权）图　图459

实例十：同仁堂。该股是1997年6月上市的，上市后股价经历了一个缓慢的上涨过程，之后就开始震荡上行，股价不断创出新高，2015年末，该股的复权价已超过500元，期间涨幅达到41.46倍。

同仁堂上市以来的股价走势全景图（截止2015年末）

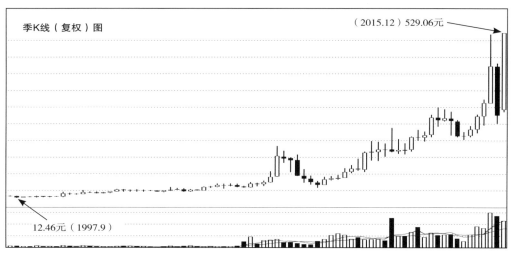

同仁堂（600085）1997年6月~2015年末的季K线（复权）图　图460

实例十一：老板电器。该股是2010年11月上市的，上市后股价探底23.26元后就一路上行。虽然2015年6月后出现股灾，大盘指数暴跌，但该股还是顽强地创出新高。

老板电器上市以来的股价走势全景图（截止2015年末）

老板电器（002508）2010年11月~2015年末的季K线（复权）图　图461

实例十二：索菲亚。该股是2011年4月上市的。上市后在低位横盘了一段时间后就开始震荡上行。2015年6月后的股灾，短期内股价受到一定影响，但很快就收复失地，继续上行。

索菲亚上市以来的股价走势全景图（截止2015年末）

索菲亚（002572）2011年4月~2015年末的季K线（复权）图　图462

实例八~实例十二的图形走势显示，这些股票上市以来涨幅虽然比不上前面涨幅超百倍的超级大牛股。但它们的涨幅也是非常可观的，少的涨了5、6倍，多的已经涨了几十倍。更难能可贵的是，它们在熊市中，在股灾中都十分抗跌，即使短期受大盘暴跌影响跌了下来，但很快又涨了上去。因此有人将它们称为"穿越熊市的牛股"，而这些股票都属于大消费板块的股票。

有人说，价值投资在中国A股市场上行不通，但事实并非如此。只要看看上面这些股票的长期走势，你就会发现价值投资在中国A股市场还是大有用武之地的。因为事实已经告诉我们，中国A股市场与发达国家的股市一样，同样都有一批靠公司内在价值、靠其业绩持续不断增长而长期走牛的股票，并且绝对数量不少于发达国家股市。因此，在中国A股市场中，无论什么样的投资者，只要坚持用价值投资的原则选股，仔细甄别，就能选到一些为自己带来长期收益的好股票。大家一定要相信，价值投资适用于全球所有的股市。价值投资的方法过去被证明是有效的，现在与将来也都会被证明是有效的，因为这是不以个人意志为转移的事物发展的一个客观规律。

又及：本书完稿后向读者征求意见时，有读者问：为什么把美国股市的统计时间定为16年？关于这个问题我们在此向大解释一下：因为这16年中美国股市里的标普500指数从1000点涨到了2000点。据了解，2014年8月25日标普500指数历史上第一次突破了2000点大关。要知道对于美股而言，标普500指数突破2000点是具有里程碑意义的。16年前，1998年2月2日，标普第一次突破1000点大关。之后，我们看到美国股市经历了网络股泡沫、911恐怖袭击、安然公司造假，以及2008年的金融危机。但是在出现了那么多和那么巨大的利空，标普500依然在16年后翻倍。于是，一些有心人在标普从1000点涨到2000点的过程中，找出了16年中涨幅最大的4大牛股，这就是为什么统计时间定为16年的原因。

下面我们再向大家介绍一下标普的有关知识。标普500指数全称叫标准·普尔500指数，这是由标准·普尔公司1957年开始编制的。最初的成份股由425种工业股票、15种铁路股票和60种公用事业股票组成。从1976年7月1日开始，其成份股改由400种工业股票、20种运输业股票、40种公用事业股票和40种金融业股票组成。它以1941年至1942年为基期，基期指数定为10，采用加权平均法进行计算，以股票上市量为权数，按基期进行加权计算。与道·琼斯工业平均股票指数相比，标准·普尔500指数具有采样面广、代表性强、精确度高、连续性好等特点，被普遍认为是一种理想的股票指数期货合约的标的。

股市操作经验漫谈之二

有人说，股市是"合格投资者"的摇钱树，是"不合格投资者"的陷阱。虽然此话说得有点过份，但也确实说出了几分道理。所谓的合格投资者，首先要选对股票，因为选对股票是赢利的基础。只有当你明白了用什么思路去选择股票，通过什么途径与手段才能选对股票，选股要掌握哪些必要的知识与技巧后，才有资格成为一个合格的投资者。这样，你就能在波诡云谲的股海中真正把握住赢利的机会。

专项练习 13

边老师说，选股会用到一些财务数据。比如，如何从大消费板块的股票中选择一些潜力股进行投资，就必须充分了解各个股票的财务状况，择优录取。这方面工作做好了，就能取得事半功倍的效果；反之，做歪了，就会导致选股的失败，甚至会跌入亏损的深渊。因此，作为投资者必须了解一些必要的财务知识，选股时才能做到胸中有数。现在请你简要地回答下面一组问题。

①一些经济学专家、股评家在谈论股市时，经常会说到某股票的PE、PB是多少。

请问：PE、PB是什么意思？它们与投资者选股有什么关系。

②选股要选那些盈利能力特别强，并能有持续增长的公司。

请问：如果要了解这方面的情况，首先要关注什么财务指标（请说出其计算公式与判断标准）？

③有的上市公司做生意顺风顺水，投入少，利润回报率高，有的上市公司做生意举步维艰，投入多，利润回报率很低。显然，我们选股时要选择前者规避后者。

请问：若要做到这点，应该关注财务方面什么样的指标（说出其计算公式与判断标准）？

④很多事实证明，上市公司经营是不是步入良性循环，关键看其经营时对上游与下游是否都处于一种强势状态，如果处于强势状态，那么前景就可以看好。

请问：通过什么财务指标才能知晓这方面的情况呢？

⑤经验丰富的投资者知道，对"其他应收账款"要多留个心眼。

请问：这究竟是为什么？

⑥财务报表中有一个指标叫"或有不良资产"。

请问：你知道这是什么意思吗？投资者对"或有不良资产"的公司应采取什么态度？

⑦据财务专家说，对一些特殊行业的上市公司，如银行，最需要关注的财务指标不是利润，因为有一种指标比利润更重要。

请问：这是什么指标？为什么它比利润更重要？

⑧某股市高手阅读财务报表与选股时，特别关注"现金流量"、"预收账款"这两个指标。

请问：这是为什么？你能说出其中的道理吗？

① PE就是"市盈率"指标（编注：PE是市盈率英文名字的缩写，下同），PB就是"市净率"指标。市盈率计算公式是：市盈率=股价/每股收益；市净率计算公式是：市净率＝股价/每股净资产。一般来说，对于一个发展态势良好的公司来说，市盈率低于15倍，市净率低于1倍，股价就可能是被低估了。因此，在同等条件下，投资者应该选择市盈率、市净率低的公司进行投资，这样往后投资风险较小，而赢利机会较大（编者按：关于市盈率、市净率知识，《股市操练大全》第十册有详细解释。读者若要了解，请参见该书第541页~第576页）。

② 首先应该关注净资产收益率。该指标是公司税后利润除以净资产得出的百分比率。其公式是：净资产收益率＝税后利润/净资产×100%。一般认为，净资产收益率低于10%的企业属于低增长企业，而高于20%的企业属于高增长企业。当然该指标越高，说明盈利能力越强，投资价值越高。投资者选股时就要挑选近几年净资产收益率较高的企业，特别是净资产收益率每年都在提高的企业，这样选股安全边际就会很高（编者按：净资产收益率的相关知识详见《股市操练大全》第10册第568页、569页）。

③ 应该关注毛利率。该指标反映的是公司业务转化为利润的能力，说白了就是上市公司是否从事容易赚钱的生意。

通常，毛利率高公司净利润才高。与同行业比较，如果公司的毛利率显著高于同行业的平均水平，说明公司产品附加值高，产品定价高；或说明与同行业相比较时，公司存在成本上的优势，有很好的竞争力。若与历史相比较，公司的毛利率显著提高，则可能是公司所在行业处于复苏时期，产品价格大幅上升所致。在这种情况下，投资者需考虑这种价格的上升是否能持续，公司将来的盈利能力是否有保证。相反，如果公司毛利率显著降低，则可能是公司所在行业竞争激烈，若以后该行业发生价格战，则往往会出现一损俱损的现象，这对企业发展会带来很大的负面影响，故而，投资者对此应有高度警惕。

毛利率＝营业利润/营业收入×100%，一般来说，毛利率低于20%的公司说明其赚钱不易。比如，我们拿A股市场股价最贵的贵州茅台与股价最低的山东钢铁两个股票作一个比较。2013年，贵州茅台的毛利率为92.90%，而山东钢铁的毛利率为4.93%。两家公司的毛利率似乎一个在天上，一个在地下，相差非常大。也就是说贵州茅台每做一笔100元生意，可以获利92元多，而山东钢铁每做一笔100元生意，只能获利4元多。谁优谁劣，一比较就清楚了。难怪这两个股票的价格相差有几十倍之多。从选股角度看，投资者应尽量选择毛利率高的公司，且最好选毛利率连年在增长的公司进行投资。

④ 可以通过预收账款、应收账款这两个指标来了解到这方面的情况。如果预收账款在大幅增加（如增加20%以上），证明公司产品销路很好，应收账款在大幅减少（如减少20%以上），证明公司卖出的货物更容易收回货款。选择这样的公司进行投资，将来很有可能获得较高的投资回报。

⑤ 因为"其他应收账款"除少数确实属可收回之外，大多数"其他应收账款"从某个角度上讲，比"应收账款"更难收回。比如有一个案件，某公司称被某国际贸易公司诈骗300万元，该案还在审理之中，尚未结案。因此，公司一方面将它作为"或有损失"的信息予以披露，承认有可能发生损失，另一方面又将它作为"其他应收账款"暂挂账上。又如，有的是上市公司与非关联企业之间的宕账，一些上市公司也将其视为"其他应收账款"，推迟核销，不在报告期内体现损益；还有的将税务机关返税，财政部门补贴等，也列入"其他应收账款"中。可见，很多"其他应收账款"明显的已经收不回来了，实际上就是一个没有办理核销手续的坏账。可见，对这种"其他应收账款"，散户投资者要特别当心，千万不要被居心不良的大股东忽悠了。

⑥ "或有"不良资产，是指尚未发生、但有可能产生的不良资产。由于证监会从2000年起要求对每股净资产进行动态性的调整，这样，一些确实存在的不良资产是被剔除了。但有些却属于"或有"的，潜在的，即将发生的。比如公司三年以上的应收账款虽然不多，但二年以上的却不少，这就留下了有可能成为不良资产的伏笔；另外存货、待摊费用较多，就有可能形成待处理净损失与递延资产，这些都很可能构成下一年度的不良资产。因此，投资者若见到"或有不良资产"需要有所提防，应该深入探究它发生的原因与可能产生的后果。

⑦ 这个指标就是坏账比率。因为对于银行类上市公司，利润这个指标虽然重要，但与坏账比率这个指标比，就退而次之了。另外，从银行业的特征来看，利润指标很容易被操纵，这主要是因为银行的资本金低于10%，银行的总资产是银行资本金的十几倍，银行资产中超过90%是负债（存款），银行必须把大部分存款贷出去，如果银行的贷款中坏账比率稍微提高一点，银行那点可怜的利润或资本金就可能会全部被消灭。中国当前的大环境下，银行的坏账率可能会变得非常高，有些中小股份制银行，确实有很好的运行机制等一些特点，但它们的坏账率不可能偏离总的平均水平。香港学者郎咸平曾预言，如果花旗银行早十几年就进入中国，现在的坏账率不会比国内银行好多少，因为银行贷款的主要客户是国有企业，这些国有企业经营不善，还不了钱，难道花旗有更好的办法吗？所以，如果看到一家银行的呆坏账比率只有5%，甚至更低，而且这家银行开展业务的年头并不短，那么作为想要买银行股票的投资者，在为这家银行高兴的时候，心

里一定要打一个大大的问号："这是真的吗？"这么低的坏账率到底怎么来的？如果是真的，它能维持多久？如果按照国际标准来计算，坏账率是否会增加？这些问题不搞清楚，银行的利润再高，都显得华而不实，哪一天再追溯调整，所有的利润会被一笔勾销。所以，有经验的投资者在分析银行股的投资价值时，主要关注的是它的坏账比率而不是利润，原因就在这里。

⑧ 现金流量反映公司一定期间内现金的流入与流出情况，表明公司获得现金和现金等价物的能力。它以现金的流入和流出反映公司在一定期间内的经营活动、投资活动和筹资活动的动态情况，并反映公司现金流入和流出的全貌。所以现金流量能够真实地反映一个公司的财务状况，便于投资者了解公司的支付能力，同时有效预测该公司未来的支付能力。

现金流量表通常包括：经营活动的现金流量、投资活动的现金流量、筹资活动的现金流量、非经常性项目的现金流量、本期现金净流量等内容。

一般来说，现金流量充沛的公司，说明支付能力强，公司经营前景光明，而现金流量不足，甚至缺失的公司，说明支付能力差，甚至连公司正常经营活动都难以维持，前景就很暗淡。因此，投资者遇到这类公司就要十分小心了。

可见，股市高手选股时关注现金流量是很有道理的。

"预收账款"不同于"应收账款"。应收账款，是指货物已经给客户，但客户钱还欠着，何时能把钱收回，能不能足额收回，都有很大不确定性，若碰到老赖或其他未知因素，客户还不出钱，应收账款就有可能变成坏账。但预收账款却不一样，它是指货物还没给客户，客户已将钱预先付了过来。这说明货物非常热销，热销到别人怕买不到，只能先将钱送过来。预收账款充沛，反映公司经营一片兴旺。正因为如此，股市高手选股时很看重这个指标。

股市操作经验漫谈之三

很多散户选股时，不是听股评推荐就是随大流，毫无章法可言。这样他们很容易被主力（庄家），以及市场上的黑嘴所忽悠，选错股票，误入歧途，从而造成严重亏损。

若要改变这种现状，你就要静下心来，看看高手是怎样选股的？他们选股时运用了哪些技巧？哪些技巧是适合你的？你只有把这些问题都弄明白了，才能选对股票，走上赢家之路。

边老师说，现代企业的理念是"销售为王"。因此，分析一个股票的成长性如何，就必须分析它的销售情况，而销售的最核心内容就是产品的市场占有率。

请问：①什么是市场占有率，分析它有什么意义？②分析上市公司产品的市场占有率，通常要从哪两个方面进行考察？

市场占有率是指一个公司的产品销售量占该类产品整个市场销售总量的比例。市场占有率越高，表示公司的经营能力和竞争力越强，公司的销售和利润水平越好、越稳定。公司的市场占有率是利润之源。效益好并能长期存在的公司，市场占有率必然是长期稳定并呈增长趋势的。

那么，分析上市公司产品的市场占有率，应该从哪两个方面着手呢？

第一，应该从上市公司产品销售市场的地域分布情况进行考察。从这一角度可将公司的销售市场划分为：A. 地区型，B. 全国型，C. 世界范围型。一般来说，上市公司产品销售每上一个等级，如从A级上升到B级，说明其成长性也上了一个等级；反之上市公司产品销售每降一个等级，说明其成长性也降了一个等级。总之，分析上市公司销售市场地域的范围能大致地估计出一个公司的经营能力和实力。

第二，应该从上市公司产品在同类产品市场上的占有率份额进行考察。俗话说："有比较才能有鉴别。"这个比较必须是在同行业、同类产品中进行比较，这样才能清楚地看出谁优谁劣，谁更有发展前途。比方说，2014年，京东商城在美国上市，尽管它当年业绩是亏损的，但它上市还是受到美国与全球投资者的追捧，这是为什么呢？主要原因是京东商城网上销售的市场占有份额在国内排名第二，市场占有份额达到了16%（仅次于淘宝），它网上销售的份额比第三名苏宁易购（市场占有份额为3%）要大上5倍。可见，在成熟市场，衡量一个股票的成长性如何，投资者更看重的是市场占有的份额，而不是当下的业绩。京东商城在美国上市受到全球投资者的追捧就说明了这个问题。

边老师说，在分析股票的投资价值时，毛利率指标是必须认真研究的。

请问：①什么是毛利率？研究它有什么意义？其计算公式是什么？②分析毛利率时必须抓住3个关键点？这3个关键点是什么？为什么要这样做？③举例说明如何运用毛利率指标进行选股？

①毛利率是指毛利占销售净值的百分比，其中毛利是销售净收入与产品成本之差。这是一个反映企业盈利能力极为重要的一个指标。如果销售毛利率很低，表明企业经营没有足够的利润（说得通俗一点，就是生意做成了，也不过是赚点微利而已），扣除各种成本费用之后盈利水平就不会高，甚至可能会出现亏损。投资者通过该指标可以预测企业盈利能力。

股神巴菲特偏好选择同行业中毛利率比较高的公司。从沪深股市的实际情况来看，市场对毛利率提升的公司更情有独钟。可以说，毛利率是行业及上市公司的景气指标，反映了企业产品的初始获利能力。如果公司的销售能够保持增长，其业绩增长就会有保障。

一般来说，与同行业作比较，如果公司毛利率显著高于同行业水平，说明公司产品定价高，或与同行业比较公司存在成本上的优势，具有较强的竞争力。

毛利率计算公式是：

毛利率 = 营业利润/营业收入

= 营业收入−营业成本/营业收入×100%

②分析毛利率时要抓住3个关键点，即一是毛利率要高，二是毛利率要稳，三是毛利率要升。毛利率高比较好理解，毛利率高反映公司盈利能力强，销售同等的商品或服务，能获得更大的利润。毛利率要稳，即毛利率不能大起大落。如果一家公司销售很不稳定，今年销售毛利率很高，明年又很低，后年又高了起来，波动很大。对这样的公司，分析它的毛利率就失去了参考价值。毛利率升，是指毛利率能不能稳中有升。毛利率上升的公司主要得益于产品价格的上涨或成本的降低。关注毛利率不断提升的个股对于我们发现公司的价值可以起到事半功倍的作用。比如，有一家公司，年报显示其毛利率，第一年为47.65%，第二年为53.91%，第三年为57.13%，这说明该公司处在行业景气度的回升期，业绩能稳定

增长，具有很好的投资价值。

分析毛利率时抓住高、稳、升3个关键点，就能做到全面客观地反映出公司在这方面的真实能力，以此获得的数据就比较真实、可靠，如果用它来进行股票投资，一般就不会看走眼，这对投资者选好股票无疑是有很重要的参考意义的。

所以，通过毛利率选股，总的要求就是三个字：高，稳，升。那么，有没有毛利率高低的标准呢？答案应该是肯定的。下面我们以2011年的年报为例作一些分析。2011年上市公司的平均毛利率水平为18%，在行业排名中，毛利率水平最高的行业分别是酒店、餐饮、饮料制造、高速公路和景点，毛利率水平均超过50%，可谓是名副其实的"暴利"行业。

而在高毛利率的行业中很容易挑选到优质企业。例如，在饮料制造类中，白酒股的毛利率最为出色。其中贵州茅台毛利率高达91%，打个比方，你花2000元买的茅台酒，就有1800多元成为贵州茅台公司的盈利。这里以2012年中国A股市场为例。当时2012年还处在大熊市期间，大多数的股票都跌得很惨，但其中有一些股票却涨得很好，成了熊市中的牛股。之所以能成为牛股的一个重要原因，就是因为企业的毛利率高。如2012年的大牛股酒鬼酒（000799）当年毛利率高达74%，大牛股青青稞酒（002646）当年毛利率为70%，大牛股金种子酒（600199）当年毛利率为60%。在食品饮料的其他类型的股票中，百润股份（002568）当年的毛利率为71%，汤臣倍健（300146）当年的毛利率为64%。正是高毛利率成就了这些个股，使它们能成为中国A股市场2012年一道亮丽的风景。

其实，有时仅仅根据毛利率一个指标，就可以看出一家公司的盈利状况和议价能力。故而有人说，每一个高毛利率的公司几乎都能造就一只牛股（当然，这是一种夸张的说法。若真的要培养出一只大牛股，还要有其他因素配合。但从中也可以看出，高毛利率对股价的上涨所起到的重要作用）。

与之相反的是，毛利率过低的公司，盈利能力普遍不强，投资价值不大，特别是一些制造业企业，行业竞争激烈，产品降价频繁，"利润像刀锋一样薄"。但是，即使在高毛利率的行业中，也有些公司因为产品竞争激烈，毛利率不高，直接影响企业的盈利，致使股价表现不佳。如医药行业是一个高毛利率的行业。虽然在这个行业板块中出现过不少大黑马、大牛股。但也有一些沦为三流股价的医药股。这些股价表现较差的医药股，有一个很重要的原因，就是企业的毛利率太低（毛利率只有行业平均数的1/2，甚至1/3都不到）。比如，华北制药（600812），2015年年报显示，其销售毛利率为18.19%，每股收益为0.04元，截止2016年6月30日，其股价是6.21元。又如，海王生物（000078），2015年年报显示，其销售毛利率为14.65%，每股收益为0.65元，截止2016年6月30日，其股价是7.43元。再如，南京医药（600713），2015年年报显示，其销售毛利率为5.92%，每股收益为0.17元，截止2016年6月30日，其股价是8.42元。

最后要提醒大家的是，虽然用毛利率判断股票的投资价值有很重要的作用，但最好还是要结合其他一些财务指标进行综合分析，这样选出来的股票才更准确，往后获胜的概率就更大。

股市操作经验漫谈之四

学习炒股技巧，一定要坚持少而精的原则，要紧扣实战，用最实用、最有效的方法来搏击市场，赢钱的概率就会大增。相反，学习炒股技巧，如果面面俱到，贪多求全，那结果多半只能成为一个纸上谈兵的"专家"。要知道，股市上流传的技术分析指标和方法超过1000种，常用的也有几十种之多。用如此多的指标与方法去分析股市，那最后必然是一头雾水。

据了解，真正的股市高手，无论是研判大势还是选股，使用的方法只有区区几种。但当他们对这几种方法的运用达到炉火纯青的时候，股市赢家的大门就被他们打开了。

可见，学习炒股技巧，方法不在于多而在于精，是非常有道理的。

专项练习 **16**

有A、B两家上市公司，同处一个行业。两家公司年报显示，A公司与往年一样，年年有盈利，利润一栏显示的都是正数，但利润的实际增长率每年只有20%~30%，今年的利润增长率为28%；B公司去年利润为负数，今年通过努力主营业务暴增，业绩扭亏为盈，利润出现了150%的大幅增长。在评比这两家公司的成长性时，出现了两种不同的意见：一种意见认为，A公司今年利润增长率虽然不到30%，但它年年增长，成长性要优于B公司；另一种意见认为虽然B公司去年亏损，但今年一下子扭亏为盈，而且这种扭亏为盈，并不是卖家当所获，是实实在在的主营业务增长所致，是没有水份的，且利润增长率达到150%，显然B公司的成长性要优于A公司。

请问： 这两种意见谁的观点正确？为什么？

认为A公司的成长性优于B公司的意见正确。

通常，一家企业能够常年维持20%-30%利润的增长，已经是具有很不错的成长性。不过，我们在查阅上市公司年报等数据时，经常能看到一些三位数如100%、150%利润增长数字，甚至四位数的如1000%、1500%利润增长数字，对于这些数字，可别轻易叫好，而是要当心其中的陷阱。

拿上面B公司来说，它一年的利润今年是正数，去年是负数。出现这种情况意味着公司成功扭亏为盈。但这种情况，是增长率公式最不可靠的一种情况。举例来说，假设去年是-100%，今年是50%，利用这个公式计算的结果是 - 100% + 50% = -50%。明明是成功扭亏为盈属于巨大的成功，但是计算出来的数据仍旧是一个大的负增长，这显然难以向公众交代。所以一般情况下，上市公司在公布财务报表时会采用绝对值的情况来表示，即从-100%到50%的增长标注为增长率150%，这样标注方法的"诀窍"是：先将前半段-100%到0，算作为100%的增长，然后再将0到50%又算作为50%的增长，最后两者加起来就是150%的增长。显然，这个150%的增长，是作了一番技术性处理后才得出来的结果，但真实情况并不是这样，投资者千万不要被它忽悠。

在中国A股市场，若仔细观察就会发现有不少徘徊在盈利和亏损生死线上的企业，常会出现一些微乎其微的盈利数字。比如盈利10万元甚至5万元这样的情况，若后面一年经营重新回到正常盈利水平，就会形成极为夸张的增长数据。比如从10万元到1000万元，就是10000%的增长（增长100倍）。但是，这样的利润增长率其实意义非常有限，因为基数太低而且太具有偶然性——若前一年仅盈利

1万元，那增长率就会变成100000%（增长1000倍），看起来更为炫目。但这种极为夸张的高增长数据并不能说明企业有什么成长性，1000万的利润只不过是恢复到正常的利润水平，或许这个正常的利润水平在同行业内还是比较低的，这又有什么值得夸耀的呢？

鉴别一个股票有无成长性，当然要看它的利润增长率。但上市公司公布的利润增长率里有很多玄机，大家必须学会鉴别，稍有马虎大意，就会上当受骗。为了不被虚假的利润增长率数据所蒙蔽，我们建议，大家在分析财务报表时，一方面要利用多年数据计算复合增长率，这样可以避免单年数据计算的影响；另一方面，更多使用诸如营业收入，营业利润这样波动小于净利润的数据来作为成长性的考量，这样便可避免被那些极端增长率数据所误导。

股市操作经验漫谈之五

关于如何分析企业的赢利能力，股神巴菲特的观点最有参考价值。

一、巴菲特在分析企业盈利能力时，是以长期投资的眼光作为分析基础的。

二、巴菲特并不太看重企业一年的业绩高低，而更关心其四五年的长期平均业绩高低，他认为这些长期平均业绩指标更加真实地反映了公司真正的赢利能力。因为公司盈利并不像行星围绕太阳运行的时间那样一成不变的，总是处于不断波动状态中。

三、巴菲特认为股市短期是投票机，长期是称重机。所以投资者在分析企业能力时，千万不要被表面的或短期的漂亮业绩增长所迷惑。只有显示出有持续稳定增长能力的企业，才具有长期的投资价值。

边老师说，每一位投资者选股都希望成功，这是毫无疑义的。不过，要想选股成功，不能只想到如何从市场上寻找到投资机会，更要想到怎样来规避选股中可能遇到的风险。经验证明，只有事先想到风险，并想好应对良策的投资者，选股才能真正达到预期的目的。据了解，在中国A股市场选股风险主要来自5个方面。

请问：你知道选股的风险主要来自哪5个方面吗？（请举例说明）

风险一：黑天鹅事件的风险。所谓黑天鹅事件是指突然发生并且出乎大多数人意料的负面事件带来的风险。比如，2014年下半年虽然股市大涨，但黑天鹅事件频出，如獐子岛（002069）、成飞集成（002190）和比亚迪（002594）等个股突然暴出了重大利空消息，让市场措手不及，股价因此出现了大跌，投资者损失惨重。如被媒体列为2014年最大黑天鹅——獐子岛的8亿扇贝不翼而飞事件。事件经过是这样的：2014年10月31日，停牌半个月之久的獐子岛突然宣布，由于北黄海遭遇异常的冷水团，公司105.64万亩海洋牧场遭遇灭顶之灾。其三季度业绩出现大变脸，前三季度净利润由预计盈利7565万元转为亏损8.12亿元。消息一出，市场哗然，扇贝去哪儿了？是"天灾"还是"人祸"？

面对投资者的质疑，獐子岛称，公司已经采取措施挽回损失，预计未来几年会稳定。尽管证监核查结果显示，未发现公司扇贝苗种底播造假和大股东违规占用资金等问题，但獐子岛8亿元巨亏的事实仍遭到投资者用脚投票。2014年12月8日复牌当日，獐子岛股价就遭受连续跌停，仅仅2周时间股价就跌掉了近3成。

另外，现在管理层对退市转向更为严格，不仅限于ST类个股，财务造假与一些信息披露违规的公司也直接被列入了退市名单。比如，2014年12月24日管理层公布的18家股票被立案稽查，立马引发了市场单日250多家个股跌停的局面。这也就是说，财务造假与一些信息披露违规的公司都变成了黑天鹅事件，这确实需要投资者提高警惕。

有鉴于此，投资者在选股时，一定要擦亮眼睛，尽可能地去规避一些黑天鹅事件的风险。比如，尽量避开业绩不佳、信息披露不诚、以及被恶意狂炒的股票，虽然做好这个工作有一定难度，但这是在操作中必须考虑的事项。

风险二：市场热点转移的风险。中国A股市场历史告诉我们：选股能否获得成功，一个重要的因素就是看能否抓住市场热点。也就是说，当市场热点聚集在某个板块、某一股票上时，投资者选择它就会有较大的获利机会，反之，当市场热点转移时，投资者选择它不但不能获利还要面临亏损的风险。比如，2007年大牛市中，上证指数涨至4000点后，市场热点从题材股转移到大盘蓝筹股上，虽然当时上证指数从4000点后涨到了6100多点才见顶，指数又涨了50%，但此时只有大盘蓝筹股在涨，而题材股是跌的。又如，2013年，上证指数在2000点附近徘徊，大盘蓝筹股一直呈现绵绵阴跌走势，而不少小盘题材股却出现了大涨，特别是创业板题材股中跑出了一些涨幅惊人大黑马。为什么会出现这种情况呢？原因是当时市场热点在小盘题材股上。2014年下半年开始的牛市行情，上证指数从2500点一路涨到3000多点。在这个过程中，热点先是集中在大盘蓝筹股上，券商保险、银行类股票出现了大涨，而与此同时，一些小盘题材股却在不断下跌，但后来风向又突然变了，大盘蓝筹股出现了深幅调整，而小盘题材股又成了市场热点，出现了疯涨。那么，为什么市场会有如此大的变化呢？原因是当时市场进入了牛市环境中，牛市的一个重要特征是市场板块轮动的节奏会加快，因此热点会频繁地转移。故而，投资者在选股时，一定要紧跟市场热点，抓住市场热点要比看准指数涨跌还要重要。倘若投资者选股看错了热点，那么即使看准了大势，也会陷入"只赚指数不赚钱，甚至倒赔钱"的窘境。

风险三：高估值的风险。在股市中，我们常常会见到这种现象，某个股票市盈率已经很高，但股价仍然在不断上涨，而且还有很多投资者在追逐它。究其原因，就是市场大众对其有较高的预期，认为它是一个高成长的股票。但综观沪深股市20多年的历史，我们可以发现，当时市盈率高企，股价在不断攀升，被大众视为的高成长股，后来很多被证明是伪成长股，一旦伪成长的真相暴露，股价就会出现雪崩式的下跌。这样的例子在股市中可以说不胜枚举。另外，即使是高成长股，当市场对其过度炒作后，也会存在着估值过高的风险。而这估值过高的部分，迟早会被市场修正。从市场规律来说，对每年利润增幅为30%的股票，给予30倍市盈率是合适的，对每年利润增幅为50%的股票，给予50倍市盈率是合适的，超过者则被认为高估了。当然，在市场人气旺盛时，被高估的股价还能维持，但一旦市场人气回落，被高估的股价就会被拉回到正常水平。因此，投资者在选择高成长股投资时心里要有一个谱，若不是短线高手（编者按：因为短线高手一般是不问股票价值的，他们会根据股票的技术走势，决定是否参与，博取其中的差价，但博错了损失也会很大），对那些市盈率高企，估值过高的成长股也要保持一份警惕，不要盲目追高，避免日后股价高位回落带来的风险。这里给大家举一个例子。

2015年1月1日，《新闻晨报》以昔日大牛今变狗熊为题，报道了大华股份（002236）牛转熊后被市场抛弃的惨状。文章说：2012年、2013年牛气冲天的安防龙头股大华股份以48%的跌幅雄踞2014年"熊股王"的位置，成为2014年牛市中的熊股，让不少分析师大跌眼镜。

以安防视频监控产品的研发、生产和销售为主业的大华股份，曾是长线大牛股，股价连续多年走强，在2013年10月创出历史高点时，其股价较历史最低价上涨了30多倍。不过，随着2014年净利润增速逐季快速下降，营收增速创近年新低，公司股价逐级回落，2014年末收盘价较历史高点已被腰斩。之所以会出现这种情况，说到底是大华股份的股价炒过头了，其内在价值被高估了。所以，不论什么股票，也无论其过去的股价走势多么强势，股价一旦被炒得过高，日后被高估的股价一定会被纠正过来，这是市场中不以人的意志为转移的一个客观规律。

风险四：大盘趋势向下的风险。 股市操作有两大要素，一是选股，二是选时。选股选对了，但选时若选错了，投资仍然会出现亏损，甚至会出现重大亏损。而选时主要是看大盘走势。若大盘走势向上或大盘走势平稳时，选股的成功概率就很大，反之，大盘走势见顶或向下时，选股失败的概率就非常大。比如，2007年上证指数在6124点见顶后，大盘指数一路向下，最低跌至1664点。据了解，沪深两市1000多只股票都出现了大跌，跌幅最少的也在50%以上。也就是说，在2008年股市走熊时，无论选什么股票买进，几乎都是输的[注]。由此可见，投资者选股时不仅要研究个股，还要密切关注大盘的走势，这也是保证选股成功的一个重要因素。

风险五：熊市后期强势股补跌的风险。 熊市中常常会出现一种现象：随着大盘指数下跌，大多数板块、个股都会跟着下跌。但有时会有一类板块、个股走势特别强悍，大盘跌，它不跌，甚至不跌反涨。很多投资者会把它视为熊市中避风港，但不久就会发现这样做错了。因为一旦熊市进入最黑暗时期，这些强势股也会撑不住，而且一旦撑不住，补跌时下跌空间就非常大，那些视它为避风港而持有这股票的投资者损失就相当惨重。比如，2013年，原先在中国A股市场进入熊势时，一枝独秀，走势一直十分强悍的酒类股，突然出现了连续下跌，就是一个很典型的例子。因此投资者在熊市末期选股，一定要回避前期走势强悍的板块或个股，以防强势股补跌的风险。

【注】这里不包括在熊市后期逢低吸纳买进的股票。也就是说，在2008年大熊市开始的初期、中期，大盘指数狂跌，个股很难幸免，即便当时被认为最有投资价值的贵州茅台也跌得很惨。但到了熊市末端，很多个股都跌出了投资价值，此时就可以逢低吸纳，进行中线布局，日后就能成为赢家。说得具体一点，大盘指数当时从6124点跌至2000点这一时段，总体上应看空做空，但跌至2000点以下则可对一些潜力股、超跌股进行逢低吸纳了。

有人说，中国A股市场乱像丛生，投资者炒股要悠着点，别把什么事情都当真。比如说，选股要看基本面，看基本面就必须要看其财务报表。但是在当下的A股市场中，财务报表里面有很大的黑洞，即便受过审计并在媒体上公开发表的财务报告也不能当真，谁当真了谁就要吃大苦头。在这方面很多人有过深刻的教训。

请问：这话对吗？为什么？

虽然这话说得有点夸张，因为从中国A股市场20多年的历史看，若经过审计的上市公司财务报告，大多数可信度还是蛮高的，投资者将其作为选股依据具有一定的参考价值。但也不可否认，这话的观点有它正确的一面，因为在中国A股市场经过审计的上市公司的财务报告，有这样那样问题的屡见不鲜，特别是一些完全造假的财务报告也时有发生，情节之恶劣，让市场震惊。

比如，此前的东方电子、蓝田股份、银广夏都是当时赫赫有名的绩优股，每年的年度财务报告都经过了会计事务所的严格审计，媒体上对它们高成长的业绩也赞赏有加，作了广泛的宣传，但后来经人揭露，它们所有的业绩都是假的，事实根本不是这么回事。在真相暴露后，股价出现了连续暴跌，持有这些股票的投资者损失十分惨重。

有人说，这是很早以前的事了，现在市场比以前规范了，这样明目张胆，胆敢每年都在年度财务报表上公开造假的事情应该绝迹了吧！但事与愿违，这样的事情还是发生了。如2014年5月17日南纺股份（600250）突然发布一纸公告，承认连续五年财务造假，虚构利润高达3.44亿元（编者按：看了这个公告舆论一片哗然！让人没想到的是，该公司竟然在光天化日之下公开造假5年，其手段实在太恶劣了！）。

据中国证监会的认定，南纺股份自2006年至2010年虚构利润金额分别为3109.15万元、4223.33万元、15199.83万元、6053.18万元、5864.12万元。而按照南纺股份的公告，若扣除虚构的利润，公司上述五年间的利润分别为-668.65万元、-1430.59万元、-13620.47万元、-4470.40万元和-5969.01万元。也就是说，如果没有造假，南纺股份已连续5年亏损。根据上市规则要求，南纺股份应该早已退市。客观地说，这就是继东方电子、蓝田股份、银广夏之后又一个在财务报告上连续几年公开造假的典型案例。

那么，为什么在当下还会有这种在财务报表上公开造假的事情发生呢？主要有两个原因：一是目前中国A股市场还是一个新兴市场，证券市场制度建设还不完善，存在着很多漏洞，让一些造假的人有机可乘；二是造假犯法的成本很低，对造假者惩罚不严，致使不法份子造假时有恃无恐。

其实，财务造假并非只存在于中国A股这样的新兴市场，即便在美国这样成熟的证券市场中也会有财务造假的事情发生。但在美国证券市场出现财务造假，处罚是相当严厉的。

下面我们来看看美国证券市场一个财务造假被严厉处罚的典型案例：当时被处罚的对象是美国安然公司。这家上市公司在财务欺诈丑闻曝光后，美国证券交易委员会向安然公司开出近5亿美元的罚单，股票从道琼斯指数中被除名并停止交易，更招来美国司法部的刑事调查。造假者遭牢狱之灾：CEO杰弗里·斯基林被判刑24年罚款4500万美元；财务欺诈策划者费斯托被判6年监禁外加2380万美元罚金；创始人肯尼思·莱虽因诉讼期间去世撤销刑事指控但仍被追讨1200万美元赔偿金；安然公司前CEO弗斯托被休斯顿联邦法庭判处6年徒刑外加2380万美元罚金。除了刑事诉讼外，还有集体诉讼，持有安然股票的投资者通过集体诉讼获得高达71.4亿美元的和解赔偿金。

安然丑闻直接导致了当时世界著名的"五大会计师事务所"之一的安达信的破产。投资银行也未能独善其身：从2002年4月开始，安然股东开始了对投资银行的集体诉讼，JP摩根、美林、瑞士信贷–第一波士顿、花旗集团、加拿大帝国商业银行、德意志银行、美洲银行、巴克莱银行、雷曼兄弟等著名投资银行几乎无一幸免。2006年2月22日，美国联邦法官初步裁决花旗集团、摩根大通、美洲银行等因涉嫌财务欺诈，向安然破产的受害者分别支付了20亿、22亿和6900万美元的赔偿金。

再看当下中国A股市场中，南纺股份连续5年在财务报告上公开造假的事件被揭露后是怎么被处罚的。证监会开出的罚单是：南纺公司被警告并处以50万元的罚款；公司前董事长兼总经理单晓钟、前董事兼副总经理兼财务总监丁杰、前副总经理刘盛宁等12名责任人被警告以及处以30万元至3万元不等的罚款，合计153万元。

在美国股市搞财务欺诈，一旦被查，就会被罚得倾家荡产，还要遭受牢狱之灾，但在中国股市搞财务欺诈，被查获后处罚就轻得多了。若将美国股市安然丑闻的严厉处罚，与中国A股上市公司的南纺股份处罚相比，后者比前者是不是太"幸福"了？

说实话，为什么同样是财务造假，在美国会处罚得这么厉害，而在中国A股市场又会处罚得这么轻，其中原因我们也不明白，也许是新兴市场与成熟市场的区别所致，也许是国情不同才会有这样不同的结果，也许……总之，这就是当下中国A股市场的现实。对这样的现实，我们既不能刻意回避它，也不能采取不承认主义。因为聪明的投资者首先就是现实主义者，我们应该看到高速发展的中国A股市场，遇到的问题会比西方成熟市场要多得多，管理层要解决的事情数不胜数，因此财务造假的情况短时间内还不能得到有效地抑制。这也就是说，在中国A股市场炒股就会面临比成熟市场更大的风险。

有鉴于此，投资者在沪深股市做股票，若不想被公然造假的黑熊所击中，就必须注意以下几点：第一，阅读财务报表时要认真仔细，不能马马虎虎看看就算了，特别是对一些关键数据要仔细鉴别，如现金流、环比同比数据等；第二，有条件的可到上市公司所在地，或其销售产品的地方进行实地考察；第三，看技术走势，用技术来锁定风险。比如，财务报表的数据很好，但技术走势却很差，此时就要警惕了，可先卖出规避风险。

股市操作经验漫谈之六

巴菲特给阅读企业财务报告的投资者提出了以下3点建议：

一、要特别注意会计账务有问题的公司。如果一家公司迟迟不肯将期权成本列为费用，或者其退休金估算假设过于乐观，千万要当心。当管理层在幕前就表现出走上了斜路，那么在幕后很可能也会有许多见不得人的勾当。厨房里绝对不可能仅仅只有你看见的那一只蟑螂。

二、复杂难懂的财务报表附注披露通常暗示管理层不值得信赖。如果你根本就看不懂附注披露或管理层分析，这通常表明管理层压根儿就不想让你搞懂，这样的公司要特别当心。

三、要特别小心那些夸大收益预测及成长预期的公司。因为从历史上看，一家企业很少能够在一帆风顺、毫无意外的环境下经营，收益也很难一直稳定成长。巴菲特曾经说过，比如，就我们自己公司而言，我和查理至今都搞不清楚我们旗下企业明年到底能够赚多少钱，我们甚至不知道下一季度盈利多少，所以我们相当怀疑那些常常声称知道未来盈利会如何如何的CEO们，而如果他们总是能达到他们自己声称的目标收益，我们反而更怀疑这其中有诈。那些习惯保证能够达到盈利预测目标的CEO，总有一天会被迫去造假盈利数字。

边老师说，在上一道练习题中，我们举了南纺股份等几个财务造假的极端例子，这些财务造假的特征是：一是完全是无中生有，把白说成黑，让一个明明是严重亏损的公司，摇身一变为一个绩优公司；二是年年造假，欺世惑众。幸好，类似南纺股份这种极端财务造假的例子在中国A股市场还只是极少数。故而，尽管它的危害很大，但直接受到伤害的股民有限。

不过最让我们担心的是，除了少数极端的连续几年公然造假的案例外，还有一种通过某种"特殊技巧"的财务造假。虽然这种财务造假程度相对较轻，但是因为它们量大面广，涉及到的投资者更多，受伤害的人也就更多。所以，我们对这种形式的财务造假不能掉以轻信，应该予以充分揭露，这样才能避免更多人上当受骗。

请问：上市公司用"特殊技巧"在财务报表上作假，主要表现在什么地方？投资者应该如何来预防这样的风险？

上市公司用"特殊技巧"在财务报表上作假，主要表现在以下几个地方：

一、虚增利润，蒙骗公众。 如某上市公司为了堵漏，动起了配股融资的脑筋。但因为公司经营不善，利润很少，无法满足配股条件，此时，他们就会用虚增利润的歪门邪道来忽悠公众。比如，他们在财务报表中做手脚让库存商品给集团公司"收购"，此时只要开张发票，根本不用销售款到账，作为"应收账款"，就可以按销售利润入账，过后还可以作为退货冲账，商品压根儿没有出过库。用行内的话说，这种做法叫做"搬砖头"。又如，国内一些上市公司经常在年底搞突击销售，最后几天的销售额是平时的几十倍，造成大批的应收账款。再如，有的上市公司在积压商品上做文章，这些积压的商品，长（短）期投资早已贬值，或者甚至血本无归，但为了不影响配股条件，一直按原值挂在账上。

但是，这些虚增利润的做法是经不住时间检验的，最要命的是还要挤兑"水分"。这就能理解为什么不少经过配股的公司，钱一到手业绩马上就"变脸"的原因了。

二、巧立名目，转移亏损。 一些上市公司因经营不善，明明已经不可能追回的损失，但在当期报告中不予及时体现，仍以"其他应收账款"的形式，挂在账上，不体现损失，这样就巧妙地将亏损转移了，以此来欺骗公众。

三、强买强卖，把上市公司当成大股东提款机。 有的上市公司表面上看业绩不错，但是几乎产、供、销都与上级母公司捆在一起，母公司不但与上市公司共荣衰，而且还能沾儿子的光，得到"最惠国待遇"的庇护，保赚不亏。一方面，大股东把上市公司赚钱的产品低价买进，再转手高价卖给他人，另一方面大股东把自己生产的卖不出去的劣质产品强卖给上市公司，由此造成上市公司所得的利润都是水中月、镜中花，看得见但拿不到，也就是说，这些利润都是假的，钱都流到大股东的口袋里。几年下来，上市公司就给大股东掏空了。一旦掏空，原来的绩优马上就变成了绩差、亏损，在中国A股市场上很多股票就是这样造成巨亏最终走上不归之路的。

那么，投资者应该怎样来预防这些经过"特殊技巧"处理过的财务造假的风险呢？

首先，思想上要有防范财务造假的准备。大家必须明白一个道理：在市场经济中，尤其是在转型的市场经济中，幻想财务造假的消失是不现实的。要知道，投资股市就会碰到财务造假，关键的问题是，如何来识别它。有人说，第一次被骗可能是疏忽，反复被骗，就需要检讨自己了。这句话是很有道理的。因此，为了防止受骗，一定要有防范财务造假的意识。试想，如果你以为看到的财务报表数据都是真的，而没有一点防范意识，受骗上当就很难避免了。

第二，投资者阅读财务报表时一定要擦亮眼睛，仔细推敲，多问几个为什么。如一时弄不清楚财务报表的真伪，就用技术走势锁定风险，因为技术走势往往受大资金所操控，而大资金运作一只股票时首先对上市公司的财务状况摸底，在了解到真实情况后才会动手。故现场的实际走势就是上市公司财务状况最真实的反映。如投资者看到的财务报表数据非常好，但实际走势显示股价重心在向下，那就应该及时看空做空，规避市场风险。

第三，这里向大家介绍一下识别虚假财务报表的一种非常简单并且很有效的方法——常识。经验证明，常识是发现上市公司财务造假最重要的工具，也是不具备专业财务知识的投资者识别造假的主要途径。比如，在电脑制造业，多年以来，整个行业的平均税后利润率仅为5%左右，最好的公司戴尔可以达到6%，在国内最大的电脑制造公司是联想，税后利润率一般为3%，这些都是可信的。但有一年，同样从事电脑生产的某上市公司税后利润率达到了10%，这就有点不正常了，你就不能盲目相信。后来经过核查才知道，该公司的高利润中，超过一半的利润是来自一次重大的股权转让交易。又比如，国内有一家大型电脑制造公司，规模比联想公司小，业务收入基本上都来自电脑生产，但有一年，其税后利润率却达到这个行业的上限，并大大高于同期的联想。普通投资者看半天报表，也找不到原因或问题，但作为一个有经验的股民，此时就要多留一个心眼，就要深入思考一些问题了：比如这家公司这么高的利润是怎么来的？收入是怎么计算的？成本是如何核算的？如生产成本还有营销成本（尤其是巨额的广告投入）究竟要占总利润的比例是多少？巨额投入的固定资产（如生产电脑的设备）如何摊销？回款情况怎么样？这个行业的门槛高不高？如果不高，为什么能不寻常地实现比相近的制造业要高很多的利润率？这么高的利润率到底能维持多久？而所有这些问题都离不开"常识"，常识会给你一个正确答案。其实，当上市公司在财务造假时，如果大家都能认真地把这些问题想一想，就能及时发现一些新情况，这样就不会上当受骗了。

据了解，在中国A股市场那些已经被发现财务造假的公司，如银广夏、蓝田股份、东方电子，其从事的业务一般（如银广夏、蓝田股份主要从事种植、养殖业，东方电子在电网自动控制领域并不是最一流的公司），但它们税后的利润率却曾连续多年达到30%、40%，甚至50%，这从常识上就可以判断是不可能的。因为，这样连续几年的高利润率世界上恐怕只有当下的苹果、过去的微软等少数几家公司才能达到。比如，前几年已经被确认财务造假的美国世界通讯公司，当年的利润率可以比竞争对手朗讯、SPRINT高出近一倍，搞得朗讯、SPRINT一头雾水，找不出原因，后来经过调查大家才发现，原来世界通讯公司是财务造假的高手。所以，常识对于那些对财务不太了解的投资者，非常重要。

汇集海内外各路高手的选股经验、绝招，涵盖基本面、技术面、市场面、心理面等各层面。

360°选股技巧，助君早日成功

下 篇

市场面、心理面选股深度练习

导 言

主讲人：马老师

技术面、基本面选股是市场中最常用的选股方法。除此之外，还有一种常用的选股方法，它与技术面、基本面关系不大，却与市场某些因素或投资者的某些心理变化有着较紧密的联系。因此，有人将这种选股方法归属于市场面、心理面选股范畴。

因为这种选股方法，对事物认识与对未来判断的逻辑往往与众不同，甚至违反了某些常理，致使一些投资者对它不屑一顾。

其实，股市如战场，在战场上想战胜敌人，排兵布局就不能中规中矩，而要出其不意。出其不意方能克敌制胜。股市中炒股也是一样的道理，不按常理出牌，出其不意者获胜概率就会大增。而市场面、心理面选股的一个主要特征就是出其不意。当然出其不意并不是想当然，更不是蛮干乱撞，实际上它是顺应天时、地利、人和，抓住有利时机的一种逆袭。本篇所选择的一些练习题将向大家展示股市高手、股市大赢家在用市场面、心理面选股时创造出的一些独特的选股技巧，特别是他们如何出其不意选择理想标的的。

我们相信，读者在阅读并做了这些练习后，对市场面、心理面的选股技巧就会从相识、相知，到熟练运用。届时，在股市中就能大展宏图，做出一番惊人的成绩，让大家刮目相看。

某天，《股市操练大全》培训班请来一位股市高手讲课。高手说：常言道，知己知彼，百战不殆。既然普通投资者最大的对手是主力，那么我们在炒股时就必须了解主力在想什么。比如，大资金进场，他们若想选择一个股票建仓，什么样的股票最值得他们关注？大资金选股有什么原则呢？这个问题我们必须把它搞清楚，这对我们如何寻找主力，发现主力行踪有着十分重要的意义。现在谁来解答这个问题（请举例说明）。

高手在大家回答问题后给我们解释说，新的行情到来之前大资金会提前做好布局，但大资金在低位布局、建仓有他们的原则，根据过去十多年的牛熊循环，我们发现大资金布局选股有以下几条原则：

一、低价为王。 回顾过去众多牛股，我们可以总结出一条简单的真理：千好万好不如价格便宜。只要股价低，总会有炒作的机会，无数的高价股，都是从低价股中"长大"的。比如ST盛润A（000030）够烂吧？该股几年时间还是从1元涨到了21元以上，升幅达到20倍；ST威达（000603）也曾经是人见人嫌的垃圾股，最低股价为2元钱，2011年该股就达到40元附近，升幅19倍；精功科技（002006）2011年一度冲击80元的大关，但该股前几年也曾经是4元的低价股……尽管所有的低价股未必都有变成高价股的机会，但低价股里面确实是遍地黄金。

根据统计，不少牛股启动初期的价格都在3～6元区间。也就是说，一旦股价落在这个区间，说明该股的水分基本被拧干，有可能成为未来几年的底部，成为主力建仓的黄金区域。

二、三少为主。 即所选择的股票在行情启动前很少被人发现，券商与股评家也很少关注，基金等阳光资金也极少配置。只有具备这"三少"条件，才能引起大资金浓厚兴趣，往后才能被主力真正培育成为黑马。

比如，上证指数从6124点跌至1664点，大盘指数在此见底后出现了一波强势上涨行情。有资料显示，在这波上涨行情的初期（截至2009年1月末），已被市场遗忘，业绩大幅下降的鲁信创投（600783）（编注：该股当年利润同比下降近40%）竟然以300%的涨幅坐上了这轮上涨行情的头把交椅。据了解，该股成为当时的大黑马几乎出乎了所有人的预料。其乌鸦变凤凰原因很简单，因为该股当时一次股权收购的重组，改变了业务结构，给市场留下了想象空间。

又如，2014年下半年，尤其是在2014年11月央行首次降息后，中国A股市场出现了大涨，上证指数一口气从2400多点涨至3000多点，当时涨得最好的股票都是清一色的大盘权重股，如券商、银行类的股票，以及中国中铁、中国远洋等中字头的低价股，而这些股票原先都是躺在地上几年不动，一直无人问津的熊股，市场上几乎没有人看好它们，而大资金就在无人看好时进行偷袭，低位建仓后进行强势拉升，其后凶悍的走势几乎让当时市场上所有的人都目瞪口呆。

三、次新为佳。在市场不景气时，次新股往往会受到大资金的特别关注，因为熊市中上市的新股普遍表现不佳，很多新股上市后不久就会出现破发，股价越跌，一般投资者就越不敢买。但这给大资金带来机会，大资金往往先是买一点筹码，然后再用这些筹码当作砸盘工具，把股价打下去，当股价跌至一定程度时，大资金就会在这些连续下跌的次新股中开始收集廉价筹码，暗中建仓。为什么大资金特别青睐这些次新股呢？因为新股、次新股从来都是黑马辈出的集中营，其众多优势是老股所无法比拟的。①新股上市募集了大量的资金，投资的新项目普遍在两三年后发挥效益，未来的成长性无可质疑。②新股意味着大家的持股成本一致，不会出现新主力替老庄抬轿的问题，因此容易成为新机构进驻的对象。新股、次新股上市之后持续下跌，是IPO泡沫挤压的过程，等到泡沫拧干，往往就意味着新行情的到来。实际上，每一轮行情中，次新股都会不甘寂寞，演绎一轮轰轰烈烈的中级行情。因此在熊市中，大资金在布局新一轮行情时，首先会将"宝"压在一些次新股上，获利将是大概率事件。

四、否极泰来。一轮"旧"行情的结束，同时也意味着旧热点、旧题材退出股市舞台，新的明星、新的热点也将在下一轮行情到来前逐步孕育。哪些个股或是板块有可能在新行情中崛起呢？一种是顺应时代需求的新公司，比如近年来的新兴产业板块，一种是那些处在周期复苏的行业。

例如，某个行业原来不景气，由于供求关系转变，行业进入复苏周期，这种行业和公司最有望成为新行情黑马。大资金选股的思路与众不同，在行情起来时，大资金对那些行业负面消息不断、上市公司业绩亏损、经营看起来困难重重的行业和公司会给予特别关注，在大资金看来，"最坏的时刻，就是最好的时机。"

有人问，了解了大资金进场布局、选股的原则，最后仍然不知道主力具体选择哪一些股票，这又有什么用呢？高手回答说，用处很大。这好比警察破案。如发生一起凶杀案，首先警方要确定凶杀案的嫌疑人是外地人还是本地人，是陌生人还是熟人，把侦破范围缩小，接下来才能在有限的范围内进行侦察破案。若是先不确定范围，茫茫人海，怎么去寻找隐藏的凶手呢？同样的道理，中国A股市场有几千只股票，一旦行情起来时，根据大资金布局、选股的原则，我们就可以针对不同的市场，采取不同的对策。如熊市反弹中，就可以瞄准超跌的次新股，牛市初期，则可以瞄准一些几年不动的低价大盘股。这样一下子就可以把大主力有可能进驻建仓的股票缩小到一个很小的范围，然后再根据基本面、技术面的分析，就有可能找到市场大主力关注的个股了。这里我举一个例子。

众所周知，上证指数在6124点见顶走熊的几年中，跌得最惨的就是钢铁股，很多钢铁的股价跌幅达百分之八九十以上，其股价比2005年的998点时还要低，几乎到了无人问津的地步，可谓熊得不能再熊了。但2014年下半年开始股市由熊转牛了。在熊转牛的初期，若根据大资金的选股原则，我们就能提前作出判断，熊得不能再熊的钢铁股，一定会受到市场主力的特别关注。果然，2014年下半年，大主力狂吃钢铁股（见图463中下方画小圈处），股价出现了大涨。据了解，在这轮行情中，钢铁行业指数涨了3倍多，而同期大盘指数只涨了1倍多，说明当时钢铁股表现是很出色的，其中还出现了不少黑马。

虽然2014下半年钢铁股的走势让很多人大跌眼镜。

该图显示，当时上证指数跌至1664点时，钢铁行业指数跌至514点。而到2014年6月这轮大熊市行情结束时（当时上证指数收于2048点），钢铁行业指数又跌回原地。这说明它比大盘指数还要熊得厉害，市场似乎已把它们遗忘。但就在此时，主力开始对钢铁股偷袭，在2014年下半年至2015年上半年，钢铁股出现了一轮飙升行情。

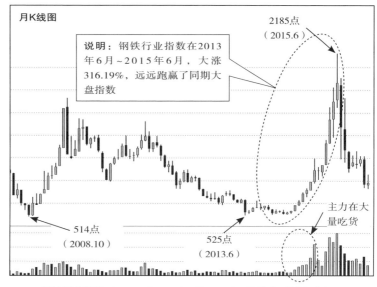

月K线图

说明：钢铁行业指数在2013年6月~2015年6月，大涨316.19%，远远跑赢了同期大盘指数

2185点
（2015.6）

514点
（2008.10）

525点
（2013.6）

主力在大量吃货

钢铁行业指数（881112）2008年6月~2016年2月的月K线图　图463

但仍然有一些聪明的投资者从中嗅到了投资机会，赚到了大钱。这些具有超前眼光，并且早有准备的投资者，在2014年熊转牛初期，依据主力布局与选股原则，或是在钢铁股股价低迷时逢低吸纳，或是在钢铁板块股价低位启动时，第一时间跟进，最后他们都在钢铁股这轮报复性大涨中获得了不菲的投资收益。

由此可见，知己知彼，当我们知道了主力在行情起来前是如何布局、选股的，我们就能明确自己的选股方向，此时跟着主力走，将来就一定有好果子吃。

低价股中有黑马，此话不假。但低价股的最大问题是基本面差，如果基本面继续恶化，且又无重组机会，就会面临退市的风险。因此，很多投资者对低价股投资就很小心，生怕踩到地雷，因为一旦退市就血本无归了。那么有没有一种办法既能从低价股中寻觅到黑马又可以避免踩到地雷呢？答案是：办法是有的，但关键是要看主力是否在关注这个股票，如果主力在重点关注这个股票，这说明该股基本面不会再继续恶化（因为主力对这方面的信息很灵敏）。此时，投资它就不会出现退市风险。但接着问题又来了，作为普通投资者如何才能知晓主力是否在重点关注这个股票呢？一位高手在讲课时给大家看了一张图（见图464）。高手说，这张图很有代表性，它会告诉你主力是否在关注这个股票。当然，最终确定主力是否在做这个股票，散户投资者什么时候参与最适宜，还需要借助均线两次发散的技巧。

请问：你看懂了右面这张图吗？如何借助均线两次发散的技巧来证明主力已开始介入这个股票，并以此来选择好买点呢？

东方金钰（600086）1999年4月28日~2005年11月17日的日K线压缩图　图464

我们从图464中可以看到，该股从26.97元一路下跌，最低跌至1.04元，股价跌掉9成以上，跌得够惨的。说它是低价股则名副其实。那么，这样的低价股，主力是否在关注呢？如果该股基本面继续恶化，且又无资产重组机会，主力肯定不会关注它，因为谁关注谁倒霉，一旦基本面恶化到退市，主力吃不了兜着走，那主力损失就大了，这样的傻事主力是不会干的。可以肯定地说，主力若关注它，说明主力对该股的基本面已经作了充分的研究，它至少不会再恶化下去，不存在退市风险，且有基本面改善或重组的机会，主力才敢投巨资去做这个

股票。那么，作为普通投资者又如何知道主力是不是在关注这个股票呢？最直接的办法就是看下面成交量的变化。我们从图464中可以看出该股从高位下跌时，在很长一段时间里，下面的成交量都处于一种稀稀拉拉的状态，该股一直跌到图中A点后，下面的成交量才开始出现明显放大的现象。

从技术上来看，该股前面的跌属于无量空跌，无量空跌是盘中缺乏做多力量的惯性下滑，也就是大家说的"绵绵阴跌"。股价在绵绵阴跌时，主力是不会参与的。而到了图中A点后突然出现了放量下跌的现象，说明主力已经开始参与其中。那么，主力为什么在这个时候介入呢？因为此时股价已经跌了很多，但成交量还是很少。如果这个情况继续下去，主力在低位就拿不到足够的筹码，所以主力会在股价跌到一定程度时先少量买进一部分筹码，然后用它来砸盘，把关键点位砸破，从而引起持股者的恐慌，逼使他们多翻空、多杀多，这样股价下跌时成交量就会呈现明显放大的现象。所以，当我们看到股价跌至低位出现成交量明显剧增的现象，基本上可以肯定这是主力搅局所致。

有人问，主力参与了，我们中小散户能不能马上参与呢？答案应该是否定的。因为主力做盘的动机与我们操作的目的是不一样的。一般来说，主力进场时先少量买进一些筹码进行砸盘，目的是要吓唬深套的持股者，让他们在低位交出筹码，割肉离场，而此时股价往往还没有跌透，下面还有一个较大的下跌空间，故而想抄底的中小散户还不能在主力进场后就盲目跟进。这是其一。其二，一个股票下跌后，股价到底要跌到什么程度，主力下一步怎么做，这个时候我们还看不清楚，所以此时不宜盲目跟进。其三，主力低位吸筹要有一段很长时间，若我们进去早了，买进后股价半年、一年不涨，这种煎熬是很难受的，要知道时间是有成本的。其四，主力做庄并不都是成功的，若主力在做庄时突然资金链发生断裂，或有其他特别原因，主动撤庄了，股价就会再次出现大跌，这样先前跟进的投资者损失就很大。

又有人问，若想抄底的中小散户何时进场才合适呢？高手告诉我们一个诀窍，可在5日、10日、30日均线两次向上发散[注]时介入（见图465）。因为均线两次向上发散，基本上可以判断主力低位建仓吸筹任务已经完成，以及低位建仓后的洗盘工作已告一个段落，接下来主力很可能要对股价进行拉升了。故而此时跟进是最安全、最适宜的，往后获利的空间就很大（见图466）。

【注】 什么是均线两次向上发散，其意义、作用是什么，有关这方面知识，详见《股市操练大全》第二册第36页~第57页。

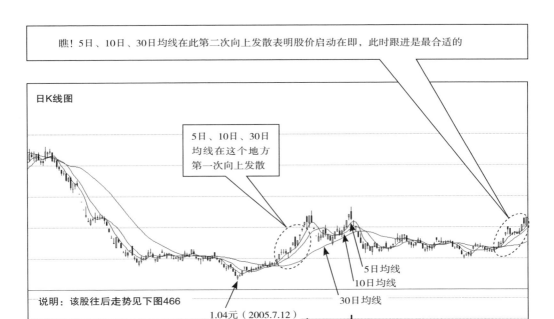

瞧！5日、10日、30日均线在此第二次向上发散表明股价启动在即，此时跟进是最合适的

日K线图

5日、10日、30日
均线在这个地方
第一次向上发散

5日均线
10日均线
30日均线

说明：该股往后走势见下图466

1.04元（2005.7.12）

东方金钰（600086）2005年2月24日~2006年2月9日的日K线图　图465

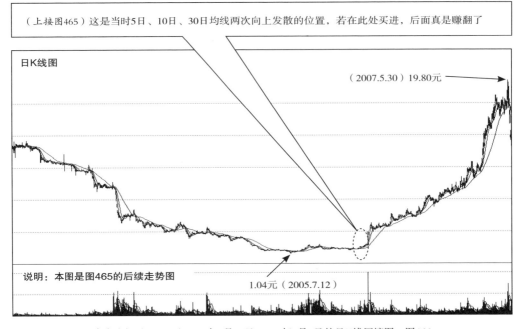

（上接图465）这是当时5日、10日、30日均线两次向上发散的位置，若在此处买进，后面真是赚翻了

日K线图

（2007.5.30）19.80元

说明：本图是图465的后续走势图

1.04元（2005.7.12）

东方金钰（600086）2003年7月17日~2007年6月6日的日K线压缩图　图466

马老师说，2012年4、5月份，市场上出现了让众多专家、股评人士大跌眼镜的事情，当时整个中国A股市场都十分低迷，但一些长期被市场边缘化的休眠股，突然遭到游资的爆炒，出现了连续涨停的走势。其中领头羊是浙江东日（见图467）尔后还跟着一大串不出名、平时鲜有人关注的个股，如浙江东方（见图468）、金山开发（见图469）、金丰投资（见图470）等股票。有很多人对当时休眠股的集体暴动表示看不懂，但也有少数经验丰富的投资者积极参与其中，大赚了一把。

请问：为什么在股市十分低迷时，一些长期处于休眠状态的股票会突然遭到游资的爆炒，以游资为代表的市场主力究竟看中了休眠股什么？普通投资者掘金休眠股应采取什么对策？

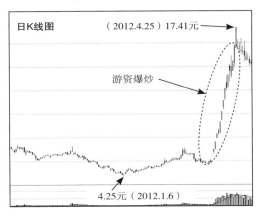

浙江东日（600113）2011年9月22日～2012年5月14日的日K线图　图467

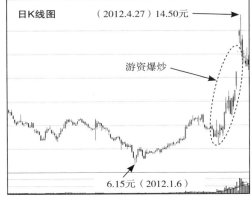

浙江东方（600120）2011年8月30日～2012年5月8日的日K线图　图468

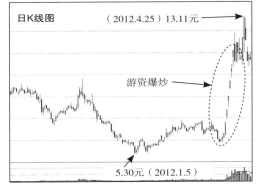

金山开发（600679）2011年9月5日～2012年5月3日的日K线图　图469

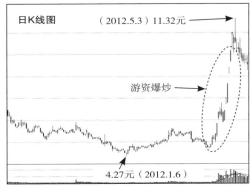

金丰投资（600606）2011年9月8日～2012年5月15日的日K线图　图470

所谓休眠股是指被市场遗忘在一旁的冷门股。据了解，2012年4、5月份，在浙江东日带领下，休眠股中暴涨的股票，除题目中介绍的几只股票外，还有新海股份、沙河股份、华联控股、深长城、深信泰丰、宝安地产、上海新梅、同济科技等几十只股票。

当时，作为休眠股的领头羊——浙江东日的暴涨（见图467），是因为那时候带上了最炫、最酷的"温州金改概念"佳冠，所以受到了市场热烈追捧。然而，其他很多休眠股，仅仅是与"金改概念"，或与浙江东日这个股票有某种联系，就遭到了市场的爆炒。

比如，"温州金改概念"的火爆，让中国最大的金融中心——上海股市也着实火了一把，一些游资与基金，打着推动金融改革与国资整合的旗号，猛攻上海金山开发（600679）、金丰投资（600606）等上海本地股。先是金山开发的莫名暴涨，该股从2012年4月9日开始的6个交易日，出现了5个涨停（见图469）。随后，金丰投资接过了龙头拐杖，该股从2012年4月6日至5月3日的16个交易日中出现了8个涨停（见图470）。

更离奇的是，一家与"温州金改概念"没有任何关系的股票——浙江东方（600120），也在这次"温州金改概念"炒作中搭上了顺风船，出现连续涨停（见图468），游资炒作它的理由仅仅是因为该股票的名称与"温州金改概念"的领头羊浙江东日仅为一字之差。

我们的股市是一个高度投机的股市，当时很多休眠股遭到以游资为首（后来不断有基金介入）的市场主力疯狂炒作，所谓温州金改概念只是一个噱头。而真正的原因是，市场主力认为，当时偷袭这些休眠股容易得手，且获利空间巨大，那么主力为何有这样的看法呢？

首先是市场资金的原因。因为当时中国A股市场连年走熊，资金外流现象十分严重。当时大盘虽有筑底回稳的迹象，但整个市场资金越来越少，主力资金也捉襟见肘，根本无力开展一场大规模对个股的炒作，而只能用有限资金对市场中一些盘子不大的股票进行偷袭，故一些中小盘的休眠股受到了市场主力的关注。

第二，能出其不意，可达到快速拉高、快速出货的目的。一位知情人说：据悉，这样逼空式上涨可最大限度地减少中途的跟风盘（否则这些人低位筹码拿得多了，到高位就会与主力抢着出货）。主力在推高股价时，一旦发现股价到了出货的目标位，就会把筹码迅速抛出。此时迷信该股强势走势、幻想该股还有第二波行情的投机客就会纷纷来接盘，主力则可金蝉脱壳，全身而退。

第三，休眠股因长期受市场冷落，股价一般要比其他股票低。若一旦找到什么亮眼的题材、概念，并被市场接受了，股价向上的弹升空间就很大。

明白了上面道理后，接下来我们就可以寻找"掘金休眠股"的对策了。这里向大家说几条经验，供大家参考。

（1）先要把A股市场的休眠股找出来，并根据行业分类，建立一个休眠股的股票池（比如，操作时可把这些股票归到证券软件的自选股中）。

（2）要勾勒出每个时期政策受益板块的范围，看看哪些休眠股能涉及其中。因为炒作一个股票必须要有理由，政策受益就是最大的理由。若没有理由，也就是没有什么题材、概念可挖掘，这样的股票主力不会去动它。比如，我们前面提到的浙江东日、浙江东方、金山开发、金丰投资等一批休眠股的暴涨，其被市场炒作的理由就是有了"温州金改"的政策，而这些暴涨的休眠股则多多少少与这个政策有关。假如当时国家不推出温州金改的政策，可能这些休眠股仍躺在原地不动，盲目买进只能一起被套。

（3）在确定政策受益的范围后，尽量选择市值较小的个股，因为市值小，主力进场的资金不会太大，容易受到主力青睐，将来股价上涨的空间就比较大。

（4）若无法确定究竟哪些休眠股会受到政策关照，哪些休眠股会得到主力青睐，此时最有效的方法是观察下面的成交量。假如成交量连续放大，那基本上就可确定该股已被主力相中，它很可能就是当时政策受益的个股。比如，前面提到的金山开发这个股票，该股的日成交额在2011年底、2012年初一度低至日均200万元，即使是在拉升前的2012年3月30日，该股的日成交额也不到600万元。但仅仅几天后，该股的日均成交额就过亿元。成交量的暴增说明主力已深度介入该股了。由此可以判断该休眠股肯定是政策受益股了，低位跟进赢利的概率就很高。

（5）不要计较休眠股的业绩。因为主力炒作休眠股主要是看其有无亮眼的题材，业绩好坏与此无关。比如，前面提到被暴炒的休眠股业绩都很一般，甚至很差。如当时新海股份的市盈率达到了71倍（编注：71倍市盈率意味着投资它71年才能收回成本，这是一个很高的市盈率），而当时金山开发的市盈率更是高达4547倍，但这些股票都被主力疯狂地炒了起来。

（6）在休眠股启动时，要眼疾手快，争取第一时间跟进，若买进晚了会增加投资风险。

（7）主力炒作休眠股打的是速决战，普通投资者参与其中，也必须快进快出，在股价上涨到一定高度后要学会逢高退出（编注：具体操作方法可参照《股市操练大全》第10册第3页～第31页）。

马老师说，2014年6月，一位空仓已久的老股民到股市里来捡便宜货了，大家没想到的是，他第一眼就盯上股价排名倒数第一的马钢股份，并一下子买了很多马钢股份。有人提醒他，便宜没好货，马钢股份是一个大盘股，走势极弱，现在又是亏损股，大资金对它根本不感兴趣，把它列为重仓股会有很大的风险。他笑笑说，凭我的经验现在该股风险是有的，但更多的是机会，天亮之前买马钢一定不会错。后来这位老股民的话应验了。仅仅过了几个月马钢股价就几乎翻番。由于老股民是重仓马钢，这下子让他大赚了一笔，其成绩让人刮目相看。

请问：这位老股民说"天亮之前买马钢不会错"是什么意思？他当时是如何判断出买马钢机会大于风险的？

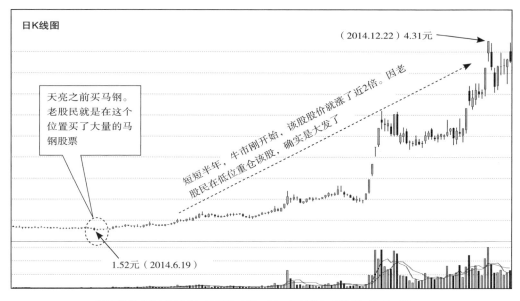

马钢股份（600808）2014年5月13日～2014年12月31日的日K线图　图471

首先我向大家解释一下老股民说的"天亮之前买马钢一定不会错"是什么意思，"天亮之前"是指熊市进入尾声，牛市即将开始的一段时期，在这个时期买马钢赢面很大。

接下来我再向大家说说，老股民当时是如何判断买马钢机会大于风险的。

第一，这位老股民认为当时大盘已进入"天亮之前"。理由是：大盘已熊了六七年，国家推出了股市"新国九条"，推出沪港通，这些都是有关股市全局的政策措施。不仅如此，股市总体上的平均市盈率也是20多年最低的，投资价值凸现。另外，每当跌至2000点，成交量就大幅萎缩，2000点以下做空力量基本衰竭；股市连年走熊，伤透了投资者的心，很多人对股市感到绝望，熊市最后两年主动注销股东账户，退出股市的已有几百万人。其实，这些都是熊市走到尽头的标志，说明股市的天快亮了。

第二，老股民认为大盘进入天亮之前，增量资金就会进场，而增量资金进场不可能为老主力抬轿。增量资金中的新主力买股票一定会考虑用最低的成本，买到安全边际最高，上涨相对容易的股票。为了实现这个目标，新主力就会选择性价比高的超低价股，而马钢股份是沪深股市中股价最低的股票，自然会受到新主力的青睐。

第三，当时，1.5元多的马钢股价，已物超所值。因为同期马钢的每股净资产是2.95元，每股未分配利润是0.37元，每股公积金是1.08元，而马钢的股价只有1.5元多，市净率在A股市场上是最低的，真是太便宜了。

第四，马钢股份2013年、2014年的一些季度报表显示，该股出现了亏损，但亏损额度同比在缩小，而且公司董事会承诺，要在2014年末消灭亏损，这说明公司的经营在向好的方向发展。另外，马钢的亏损并非都是公司自身的原因，因整个钢铁行业产能过剩，绝大多数钢铁公司出现了亏损，马钢的亏损在钢铁股中还是少的。一般来说，单个公司亏损是经营问题，若是整个行业亏损则是体制、制度上出了问题。对于后者国家一定会想办法去拯救的，所以这种形式的亏损是暂时的，根本不用害怕。相反，国家出手相救，比如压缩产能、进行资产重组等等，就会酝酿出很多投资机会。这一点主力比我们看得清楚，主力会在中小散户大量抛弃亏损股马钢时，大量收进散户丢弃的廉价筹码。

第五，从历史经验看，在熊转牛初期，主力主攻方向都是超低价股。因为超低价股即使股价翻一番，仍旧是低价股。比如，2014年下半年，马钢股份第一波上涨行情从1.5元多涨到了3元多，虽然股价涨了1倍有余，但3元多的股价仍属于低价股。因为牛市行情起来了，3元多的股价，大家认为还是很便宜，跟进的人很多，主力若想脱身也很容易。但若主力炒作一个四、五十元的股票，股价翻番就要近百元了，如此高价，在熊转牛初期，人心还不稳的情况下，跟风的人肯定很少，主力想出货脱身就没有那么容易了。所以，中国A股市场每次进入熊市末期牛市初期时，率先出现大涨的都是超低价股。故而，主力在股市"天亮之前"进驻超低价股是其惯有的策略。

第六，如果你会看图，从图形上就可以看出，当时马钢在低位盘整时，主力已开始建仓吸筹了（见图472）。既然主力已深度介入，我们也可以趁势加入，潜伏在里面，等主力建仓完毕拉抬时，我们就可以充分享受"坐轿"的赢利机会了。

瞧！这张图清楚地显示，主力在低位建仓后已将该股的底部锁定（该股2个低点都是1.52元就是明证），此时投资者可大胆进入，潜伏在里面，等主力为自己抬轿

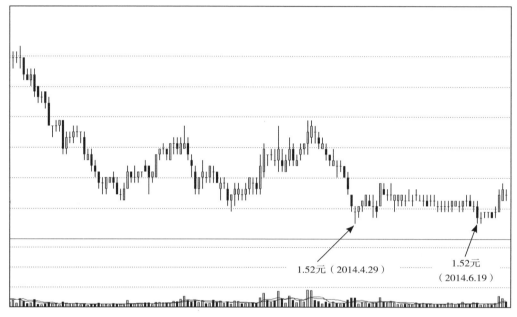

1.52元（2014.4.29）

1.52元
（2014.6.19）

马钢股份（600808）2013年12月6日～2014年7月1日的日K线图　图472

汇集海内外各路高手的选股经验、绝招，涵盖基本面、技术面、市场面、心理面等各层面。

360°选股技巧，助君早日成功

马老师说，某高手选股与众不同，虽然很另类，但很成功。10多年来，他通过这种另类选股方式把自己做强做大，现在已从一个普通小散户上升到一个超大户。2014年末春节休假期间，他应邀向一些高端客户传授其选股经验。他在讲课前问了大家几个问题：①2008年是中国A股市场最黑暗的一年，大盘指数狂泻，上证指数最低跌至1664点，沪深股市中95%以上的股票出现了大跌，近6成股票跌幅超过了60%，但当年却有3只股票涨幅在100%以上，其中有2只股票涨幅超过了400%。请问：这3只大涨的是什么股票？②从1999年至2007年牛市结束，在这8年中涨幅最大的股票已超过100倍，你知道是什么股票吗？为什么它会有如此惊人的涨幅？③迄今为止（注：截至2014年末），中国A股市场最高股价达到300元的股票只有一个，它最初是什么股票，为何当时股价走得如此强势？

高手说，大家若能回答出上面几个问题，就知道我另类选股是一种什么方法了。当然，届时我会把另类选股的思路，具体内容向大家和盘托出，与大家一起分享我的选股经验。

高手先向大家解答了他提出的几个问题。

关于第一个问题，高手是这样解答的。高手说，2008年是中国A股市场历史上下跌最惨的一个年份，年K线收了一根超长大阴棒，上证指数从年初的5522点狂泻到1664点，全年跌幅高达69.87%。大盘如此跌法，个股当然扛不住了，所以沪深股市中1000多只股票都跟着下跌。据了解，在当时中国A股市场1569只股票中，上涨的股票仅为33家（占比2.1%），下跌的股票为1536只（占比87.9%）。其中，跌幅超过50%的股票有1179家（占比75.14%），跌幅超过60%的股票有855家（占比54.49%），跌幅超过70%的股票有340家（占比21.67%），跌幅最大的股票是宏达股份（600331），全年跌幅达到了87.09%。这些数据表明，当时A股市场可谓哀鸿遍野，绝大部分股票都跌得惨不忍睹。但令人惊奇的是，在2008年这头大熊的浩劫中，竟然有3只股票全年涨幅超过了100%，这3只股票全都是ST股票。它们分别是ST三安（600703），全年涨幅为111.44%；ST中福（000592），全年涨幅为410.44%；ST盐湖（000578）全年涨幅为487.86%。

关于第二个问题，高手回答说，上一轮牛市涨幅最大的股票是海通证券（600837）。该股原本也是一个ST股，经过多次资产重组以后，已经成为目前A股市场不可逾越的暴涨神话——自2001年2月盘中最低4.94元/股以来，按照后复权价格计算，海通证券借壳复牌已经将股价推升至2007年11月时最高639.16

元/股，期间涨幅高达128倍（见右图）。

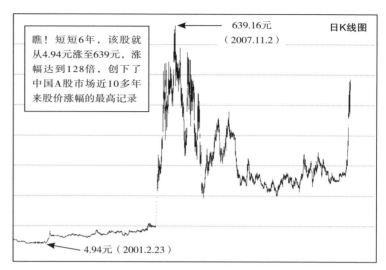

瞧！短短6年，该股就从4.94元涨至639元，涨幅达到128倍，创下了中国A股市场近10多年来股价涨幅的最高记录

639.16元（2007.11.2）

日K线图

4.94元（2001.2.23）

海通证券（600837）2000年1月7日~2014年12月31日的日K线压缩图　图473

众所周知，券商股是牛市中的热门股。当ST农商社经过资产重组先是变成都市股份，然后又变成了海通证券时，正巧遇上了2006年这轮大牛市。再加上海通证券是我国最早成立的证券公司之一，公司的资产规模、盈利能力与客户人数在证券界名列前茅，所以，身价一下子得到了很大提升。在市场资金不断追逐下，该股出现了令人惊叹的涨幅。尽管后来因为股市走熊，该股股价也出现了深幅回调，但截至2014年末，以该股复权价看，仍然有近百倍的涨幅（编注：2001年2月该股复权后最低价为4.94元，2014年12月31日该股复权后的价格为483.53元，实际涨幅为96.88倍）。据了解，近10多年来一个股票有这样大的涨幅，在中国A股市场实属罕见。

关于第三个问题，高手告诉我们，截至2014年末，中国A股市场最高股价为300元，它出现在2007年10月11日，这个记录是由中国船舶（600150）创造的。而中国船舶的前身也是一个ST股，其名为ST重机。该股资产重组以后，股价扶摇直上，若从其2003年11月7日最低价5.02元算起，一直到2007年10月创下300元最高价为止，按复权价核算（编注：该股创下300元最高价时，复权价为436.31元），股价足足涨了80多倍。

高手在回答了3个问题后说，大家这时就可以猜想到，我的另类选股其实就是选ST股，因为ST股里面隐藏着巨大的投资机会。

我对ST股的认识是：

一、ST股虽然存在着退市风险，但同时也存在着乌鸦变凤凰的机会。一旦这个机会兑现，股价就会出现惊人的上涨

ST股是中国A股市场特有产物。1998年，A股市场发明了用"ST"来标记那些连续两年业绩亏损，或者其他情况出现异常的公司，提醒投资者注意风险。然而，这10多年来，ST在A股市场上成了一个特殊的概念：壳资源。许多戴了ST帽子的公司凭借重组，基本面发生翻天覆地的变化；也带动了市场不时对ST板块的强烈追捧。于是，在ST股出现的10多年中，基本面一塌糊涂的ST股，几乎每年的股价涨幅都跑在其他板块股票的前面。为什么它业绩很差但其股价却比一般业绩好的股票涨得好呢？因为它的价值体现在"壳资源"上而不是在业绩上。或许很多人没有认识到这一点，所以才对ST股产生了偏见——对一个存在着巨大的投资机会的ST板块视而不见，犯了"投资近视"的错误。其实，事实最有说服力，近10多年来，ST股被重组的机会要比其他股票大出好多倍，但ST股真正出现退市的却很少。这也就是说，ST股中的投资机会要远大于投资风险。而正因为ST股中有着巨大利益诱惑，所以ST板块常常成为主力关注的焦点，甚至一些公募基金都对其青睐有加。

二、ST股是黑马频出的摇篮，中国A股市场涨幅惊人的大黑马大多出自ST股

具有讽刺意味的是，近10多年来中国A股市场绝大多数股票都表现不佳，但主营业务持续不振，净利润连年亏损的ST板块个股却黑马频出，如海通证券（原名ST农商社）、三安光电（原ST天颐）、中国船舶（原ST重机）、广晟有色（原ST聚酯）等一大批垃圾股成为两市个股涨幅榜的佼佼者，数十家ST"黑马"以惊人的涨幅让所谓的蓝筹股们颜面扫地。ST股有如此上佳表现，原因是通过重组、借壳等手段实现了"涅槃重生"，从而让乌鸦变成了凤凰。我这里有一份资料很能说明问题。2011年末有一家证券咨询机构作了统计，结果是：对ST股在市场的表现情况统计后发现：在当时152只ST、*ST公司中，有24只个股相对发行价涨幅超过1000%；涨幅超过500%的也有22只之多，相对发行价下跌的只有10只。这也就是说，在当时ST板块中，近1/3的ST股成了远远跑赢大势的大黑马。ST板块中的黑马之多，涨幅之大，是其他板块无法与之相比的。

三、只要操作得法，ST板块是投资与投机两相适宜的场所，它给有作为的投资者提供了一个施展才能的平台

为什么这样说呢？从投资角度来说，投资者的最大梦想是抓到一个能长期走牛的大黑马。而要实现这个梦想，通过投资绩差股的资产重组，华丽转身，那是最理想的。为什么这样说呢？因为资产重组可以使乌鸦变凤凰，投资者只要做对一次即可获得超预期的投资回报，甚至能跨进股市大赢家的大门。比如，前面提到的股价涨幅达到百倍的海通证券，股价曾创下中国A股市场最高记录的中国船舶，谁在其资产重组初期就重仓持有它们，谁就是股市大赢家。所以，挖掘哪一只股票有资产重组的投资机会，是投资者绞尽脑汁在思考的问题。但遗憾的是，中国A股市场有几千只股票，要找到一家有资产重组机会的股票犹如大海捞针，大多数投资者没有这个能耐。但如果我们把目光转向ST板块，寻找资产重组股就相对容易多了。经验证明，只要事先功课做足，命中率远比在其他板块中寻找资产重组股要高得多。这就好比在海里打渔，海洋里大多数海域是很少有鱼群集结的，而只有在少数特定的海域才有鱼群集结。显然渔民打渔一定要赶到鱼群集结的地方才能打到渔。就寻找资产重组的个股而言，ST板块就是海洋里少数特定的海域。可见，在ST板块寻找重组的投资机会，往往能有事半功倍的效果。

从投机角度看，ST板块股价波动幅度很大，往往一个传闻（比如，某某股在进行什么资产重组了），就能将股价打得飞起来，同样，一个传闻（比如，某某股资产重组告吹，或资产重组的结果不理想），就能引发股价暴跌。而股价的大起大落，给擅长短线操作的投资者带来了许多投机的机会。

四、要正视事实，以数据说话。这样你才会积极地看待ST板块

高手说，本来我也不看好ST股。因为自ST股出现后电视台、电台、报纸都在反复宣传ST股的风险，似乎谁买了ST股谁就会陷入万劫不复的深渊，因此我看到ST股也往往是躲得远远的。但自从我在2003年阅读了《股市操练大全》第3册后（编者按：该书是专门谈选股的）思想上起了很大变化，因为该书一开头就用了较大篇幅详述了ST股中蕴含的投资机会，这让我很吃惊。我在想，《股市操练大全》是读者很信任的股票书，其市场口碑很好，为什么它与媒体、股评的意见相反，提出选股时不要忘记ST板块，应积极关注ST股中的投资机会？这究竟是作者在哗众取宠呢？还是真有几分道理？我经过了对股市仔细调查研究，认真分析了许多ST股的走势。在大量事实面前，我认同了书中所述的ST股中蕴藏着巨大投资机会的观点。于是我把投资的重心也逐渐转移到ST股上。这一转移对我来说非常重要。近10多年来，我在ST股上获得的收益远远超过了我在投资其他股票上获得的收益。据了解，有很多私募与公募也在买ST股，关注ST股的资产重组。

事实很清楚，大家只要不带偏见就会发现，这10几年来中国A股市场阶段涨幅最大的黑马，多数都出现在ST板块中。比如，2008年大熊市中涨幅第一名的是ST盐湖（000578）。当年大盘指数暴跌，绝大多数股票都跌得惨不忍睹，但该股这年却大涨了487.86%。在2014年~2015年的大牛市中，一些ST股表现也十分出色。如ST成城（600247）。该股从2014年3月11日3.52元起步，就一路震荡上行，至2015年6月12日股价最高攀升到39.10元，最大涨幅达到1010.80%。在沪深股市中，仅仅15个月，股价涨幅就超过10倍的股票很少见到。因此该股也成了这轮牛市的大明星，可见，无论是在熊市还是牛市中，ST股中都会冒出一些涨幅惊人的大黑马来。

五、不要盲目投资ST股

只有在深入了解ST板块特点，并找到规避ST股的风险后，才可以投资ST股。

否则，盲目投资ST股就会存在很大风险，一是退市风险，二是股价突然暴跌的风险。大家要知道，虽然ST股有重组机会，但不是每个ST股都有这样的机会，即使实施了资产重组，最后重组失败的情况也屡见不鲜。另外，如果重组的企业不是朝阳行业，也会遭到投资者用脚来投票，股价出现大跌。因此，如何选择ST股，什么时候可以买进，什么时候应该卖出，怎样来躲开股价大跌的风险等，都需要认真研究，全面规划。有关这方面的问题与投资ST股的策略，我建议大家去看看《股市操练大全》第3册，因为该书对ST股与题材股的特点，以及相应的投资策略都分析得很详细。老实说，我投资ST股的许多方法也是根据这本书来的。我相信，大家仔细阅读这本书后就会明白其中许多道理，操作起来就会胸有成竹了。

高手最后说，做股票要独立思考，不能人云亦云。社会上流行的关于ST股票只有风险，没有投资机会的观点，这实际上是一种误传，真相绝对不是这样的。这使我想起了一个故事。原先人们总以为雌螳螂吃雄螳螂的"螳螂效应"是这类动物的自然现象，其实"雌螳螂吃夫"的概率极低，果真如此，螳螂早灭绝了，这只是人们的观察错误（科学家已对此事作了诠释）。但有时，极低的概率往往会遮蔽人们的双眼。以讹传讹会造成很多人思想混乱。故而我们碰到什么事情都要学会仔细分析，透过现象看到事物的本质才不会犯错误，做投资、做股票就更应该如此了。

又及：本书完稿后向读者征求意见时，很多读者对本题表示了极大兴趣，同时也提出了不少问题希望我们予以解答。现就一些有代表性的问题答复如下：

一、问：投资ST股，对一般投资者是否适宜？

答：什么样的人能投资ST股呢？它不是以一般投资者与专业投资者进行区分的（据了解，投资ST股票获得成功或者失败的人中，既有专业投资者，也有一般的中小散户），它是以投资者是否了解ST股的特点与适应ST股的操作策略进行区分的。说得再清楚一点吧，不论什么类型的投资者，只要了解ST股的特点，同时找到了一套适合ST股的操作策略，都可以投资ST股，否则，就不要投资ST股，因为对ST股知之甚少，或者在准备不足的情况下，盲目参与ST股的炒作，风险确实很大。当然，对一些年龄较大，以及缺乏实战经验的新股民来说，也不适宜投资ST股。因为年龄较大承受风险能力较弱，新股民因无实战经验很容易在风云莫测的ST股行情中踏错节拍，所以不建议他们参与。

二、问：若要参与ST股投资，怎样做才能有效地降低风险？

答：首先投资策略要适当。因为投资ST股的方法与投资一般股票的方法不同，所以必须找到适应ST股的投资策略（有关这方面内容，详见《股市操练大全》第3册7页~第15页）。其次，一上来不要投入重金，可以先小试（比如，可以先买上几百股），获得经验后再追加资金，加大投资力度。另外，在总的资金配置上，投资ST股的资金一般控制在1/3，最多不要超过50%。这样万一看走了眼，还有挽回的余地，不致于全部陷进去动弹不得。

三、问：随着市场的发展，"壳资源"会越来越不值钱，同时，退市制度也会越来越严，这样投资ST股的风险就越来越大。当风险远大于机会时，投资ST股还有意义吗？另外，这样的情况出现了该怎么办？

答：若出现了这样的情况，那自然就不应该再去参与ST股炒作了。但这样的情况何时出现谁也说不清楚，现在只能走一步看一步。其实，大家只要明白一个道理就知道碰到这样的情况该怎么应对了。比如，某一年度结束统计发现，ST板块中已无黑马出现，ST板块个股出现了批量退市现象，或整个板块股价跌幅远大于其他板块。这些现象说明投资ST板块风险已远大于机会了，此时就应该停止对ST板块的投资。因为投资的一个基本原则是：当投资的风险远大于投资机会时，成熟的投资者就必须离开，否则就是赌博了。但投资不是赌博，参与赌博是没有任何前途的，十赌九输，最后的结局都是很悲惨的。

四、问：普通投资者参与ST股炒作时，究竟先把ST股当作投机对象呢，还是投资对象呢？

答：ST股重生的最大希望在它资产重组。但资产重组有3种结果：①资产重组失败；②资产重组虽然成功了，但重组的新公司不理想，并非是一个朝阳企业；③资产重组成功，新公司是一个朝阳企业。可见，资产重组有很大的不确定性。再加上信息获得上中小投资者与市场主力不是站在同一起跑线上，主力可以通过各种渠道及时了解到资产重组的实施情况，而中小投资者了解到资产重组真相时为时已晚，属于后知后觉者。这样中小投资者参与ST股炒作时风险就聚然放大。因此，普通投资者为了规避风险，对任何ST股炒作先不要视为投资，而只能把它看成是一种投机行为，在关键技术位击穿后，必须马上退出。下面请看几个实例。

实例一：大元股份（600146）。该股前身为ST股，它在连续折腾了将近两年之后，一场从2010年年初就开始讲起的黄金故事最终以收购失败收场，亮灿灿的梦想背后不乏社保基金、公募基金和阳光私募等各路人马进场追捧。

但是，该股的股价从2008年底最低2元多一路飙升至2010年年底的40多元以后，黄金故事的主讲嘉宾便陆续以收购黄金为由进行疯狂套现，并在一次次的折腾之后最后宣告珠拉黄金收购失败，从而引发了股价的暴跌。

据了解，早在2005年，另一家资本玩家大连实德以2.9亿元拿下该股股份之后，陆续对公司资产进行处置，并在套现差不多超过9亿元以后，2009年又以5.588亿元的价格将该"壳"转手至上海某资本玩家，短短四年左右的时间赚取了十几亿元。而接盘者也并非等闲之辈，2011年以来以购买珠拉黄金为由陆续套现超过7亿元，不仅实现了回本，即便收购失败，剩余还有市值超过4亿元的2800万股股权，资本玩家炒卖壳资源竟已成为包赚不亏，甚至一本万利的危险游戏。

在这场危险游戏中，普通投资者若不是以投机方式参与该股炒作，在其关键技术位被击穿时退出，而是把它当成一个投资对象，即使以较低的价格买进，长期持有，最后也会论为一个输家（见图474）。

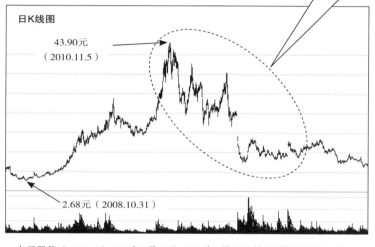

> 该股的资产重组就是一场说故事的游戏。投资者若不以投机眼光看待该股，在该股故事说完，股价大涨见顶后卖出，而是一直把它捂在手里，情况就会非常糟糕。即使低位买进，长期持有该股，日后也很可能是一个输家

日K线图

43.90元
（2010.11.5）

2.68元（2008.10.31）

大元股份（600146）2008年7月25日~2014年2月25日的日K线压缩图　图474

实例二：ST博元（600656），该股早在1990年12月19日就上市了。它是浙江省首家国营大中型股份制企业和全国股票异地上市公司，曾经的名字叫做"华源制药"、"浙江凤凰"。

虽然公司经营不稳，重组一次又一次失败，但一次又一次的故事却让ST博元反复走出令投资者侧目的行情。2011年以来，有关ST博元重组的消息甚嚣尘上，公司股价也彪悍上攻，2011年9月29日，ST博元公布重组预案，拟变身太阳能光伏企业，至2011年10月12日，ST博元已经较这轮行情起步的价格上涨了6倍有余。

但是，由于当时光伏行业进入冰河期，加上市场环境日趋恶劣，ST博元重组遭遇了投资者用脚投票。2011年10月12日该股在15.27元见顶后，ST博元一路下跌，最后跌至3.88元，区间最大跌幅为74.59%，基本上回到了当初起步时价格。

可见，对这个重组后并不是朝阳企业的ST股，投资者在低位买入后，若以投机眼光来看待该股的炒作，在其股价见顶时及时退出，或者在该股双底颈线位（大约在11.40元附近）被击穿时停损离场就能保持大部分盈利，不至于到头

来在该股跌回当初起步价时，最后白忙乎一场（注：截至本书发稿时，该股已正式宣布退市）。

实例三：国海证券（000750）。该股从前叫做"SST集琦"。历经四年坎坷，国海证券借壳集琦之路终于走完。2011年8月9日，同样的代码，SST集琦以国海证券的身份在时隔两年半后复牌，当天涨幅近200%，将ST神话再一次演绎到淋漓尽致。该股重组后，华丽转身变成了一个很有前途的证券类公司。即使如此，一开始投资者仍可以先用投机眼光看待它，在它第一次冲高构筑阶段性头部卖出，在其回落至160日均线[注]，并重

图中画圈处表明双顶颈线位已被击穿，应卖出。若在低位买入的投资者，即使在这个地方卖出，仍然有不菲的收益。但若把它当作投资对象长期持有，那就糟了

日K线图

15.27元

双顶颈线

3.88元

博元投资（600656）2010年12月20日~2012年8月21日的日K线压缩图　图475

瞧！即使资产重组成功了，在其第一次冲高回落时也应该先把它卖出，看看市场究竟是否认可它。若在其回落关键均线——如160日均线处站稳后（说明市场认可其投资价值），此时再买回来也不迟

日K线图

160日均线

国海证券（000750）2004年8月16日~2012年6月25日的日K线压缩图　图476

【注】图476显示，该股长期以来就是围绕160日均线运行的。比如，图中左端处触及160日均线就受阻回落。又如，该股在行情启动前，股价就贴着160日均线向前延伸，因此，可以判断160日均线就是该股的生命线。故而，应该在图中设置160日均线来检测该股走势的强弱。

新站在160日均线上方，确认其上升趋势后再把它买回来。这样操作，既可完成一次漂亮的高抛低吸动作，同时又避免了万一市场不认可其投资价值，股价再跌回原地的风险（见图476）。

上面我们通过3个实例，向大家展示了ST股资产重组后的3种不同的结果。第一种结果是：故事虽然动听，股价也因此涨得很高，但故事仅是空中楼阁，最终资产重组泡汤了，股价从哪里涨上来又跌回到哪里。第二种结果是：资产重组虽然成功了，但重组后新生的公司基本面仍然很差，股价因而出现了过山车的走势。第三种结果是：资产重组成功了，新生的公司是朝阳企业，股价在短期回调后继续创出新高。当然，中小投资者企盼的是第3种结果。但事实上出现第3种结果的情况很少。因此，ST股中因资产重组所引发的行情，大多数都是一个投机行情。既然市场的现状是如此，我们也只能顺势而为，以投机的心态、投机的方式来参与ST股炒作，这样就能防范于未然，少犯错误。

五、问：ST股的机会在重组，重组的前提是ST股不能退市，一旦退市什么机会都没有了。若要ST股不退市，也就是通常说的把壳保住，重组才能进行下去。现在我们想了解ST公司保壳究竟有些什么招数？

答： 按理说，ST公司连年亏损，业绩一塌糊涂，早就应该退市。但事实并非这样，很多ST公司在地方政府支持下，通过种种保壳手段，让其成了不倒翁，进而再咸鱼翻身，乌鸦变成凤凰。中国A股市场有句俗话，"重组是永恒不变的主题"。在这一看似病态的投资理念推动下，ST个股鸡犬升天，就连倡导价值投资的机构投资者也热衷通过"豪赌"ST股以博取超额收益。究其原因是A股市场曾涌现出一大批"不死鸟"，通过重组实现了"涅槃重生"。因此，投资者若要参与ST股炒作，首先就应该熟悉、了解ST公司的保壳招数。据了解，ST公司保壳招数主要有以下4种类型。

保壳招数一：出售资产增收

出售旗下资产获取收益，从而获得盈利是ST公司保壳最常用的招数。而在新的退市规则下，这些公司需要在暂停上市之前让净利润由负转正。

*ST松辽就是这一典型。2009年以来连续两年亏损的*ST松辽，2011年前三季度再度亏损273.11万元。如果不采取措施使2011年度盈利，*ST松辽就将被暂停上市。此后，*ST松辽在2011年11月25日公开拍卖了6台压缩机设备，沈阳来金汽车零部件有限公司出价1940万元拍得。*ST松辽最终得以扭亏为盈主要依靠上述6台设备资产的拍卖所得，该股也因此避免被暂停上市。

保壳招数二：政府财政补贴"续命"

当公司穷得连可出售资产都没有时，向大股东或当地政府伸手获取补贴，就成为*ST公司保壳的另一"不二法则"。

比如，在2011年已经连续两年亏损的*ST昌九，借助一笔巨额财政补贴成功保壳。据了解，当时*ST昌九2011年度实现归属于上市公司股东的净利润1446.94万元，但在扣除非经常性损益后，*ST昌九亏损1.12亿元。公司能够扭亏为盈得益于收到化肥生产经营等一次性财政补贴1.6亿元。

又如，*ST东碳上市18年，亏损10年，其中多年扭亏均依赖于财政补贴等非经常性损益。当财政补贴逐渐演化为"主要收入"以后，这类公司唯一的出路就是等待被合适的企业进行借壳重组。

与之相呼应的是，大量垃圾股借壳重组过程中，"不怕亏、亏不怕、怕不亏"和"特别处理，特别有价值"等雷人雷语成为ST类个股暴涨神话的真实写照。

保壳招数三：定向增发"减负"

沪深交易所都增加了净资产退市指标，一些ST板块公司也开始在净资产上做文章，以防患于未然。根据退市新规，上市公司最近一年年末净资产为负数的，对其股票实施退市风险警示；最近两年年末净资产均为负数的，其股票应终止上市。

比如，*ST宝诚在2012年2月16日停牌，并于2012年2月24日发布增发预案，公司计划以8.83元/股向第一大股东深圳市钜盛华实业和董事及总经理姚建辉全资持有的傲诗伟杰有限公司合计发行6000万股，将总计募集资金5.3亿元全部用于补充流动资金。通过这样增发，该股就神奇地"扭亏为盈"了。可见定向增发也成了ST股保壳的一个重要手段。

当然，ST公司的保壳招数远不止这些。实际上，因连续两年亏损而被实施*ST处理以后，大多数上市公司均在暂停上市之前突击，还可以通过银行免息、债务重组和资产置换等多种手段实现"扭亏为盈"，最终在主营业务持续不振、盈利状况恶化的过程中逐步成为不折不扣的"不死鸟"。

在一次股市座谈会上，一位身份不明的投资者说了一套很另类的观点，他说："股市是个怪胎，最安全之处就是最危险的地方，而最危险之处却是最安全的地方。很多人对这个问题熟视无睹，仍然按照传统思维思考问题，结果选股栽了，炒股赔了……"此言一出，引来一片议论。支持他另类观点的人认为，他的怪胎论似乎有几分道理；反对他另类观点的人认为，他的怪胎论纯粹是无稽之谈，只会把人的思想越搞越乱，是有意在忽悠、误导大家。

请问：你对这位投资者的另类观点是怎么看的？（注意：不论你支持或反对他的观点，都要说出你的理由，并以实例进行佐证。弄清这个问题很重要，它对选股、对平时操作都有重大帮助。）

这个问题很有意思，我先同大家说两个故事。

故事一：2013年春节，某位已退休多年的经济学教授家里来了两位客人，这两位客人都是他以前的学生。学生对老师说，他们在春节前进入了A股市场。因为A股市场已连跌几年，大盘指数在2000点附近徘徊，筑底现象十分明显，况且整个大盘的平均市盈率是历史上最低的，市场风险已充分释放，此时投资是比较安全的。当时其中一位姓王的学生选择了中国石油A股。理由是：中国石油A股从上市48元一路下跌，至今股价只有9元，股价跌掉了8成，无论是其市盈率、市净率都处于很低的位置，投资价值凸现，再加上公司经营状况很好，仍然是亚洲最赚钱的公司之一，所以他买了中国石油A股。另一位姓张的学生选择了*ST中毅。

理由是：虽然该股基本面很差，业绩亏损，但该股有资产重组预期，大股东实力雄厚，股性活跃，股价从高位回落，在2012年底已有探底回升的迹象。教授听了两位学生的投资情况后说：自己年纪大了，虽然不炒股，

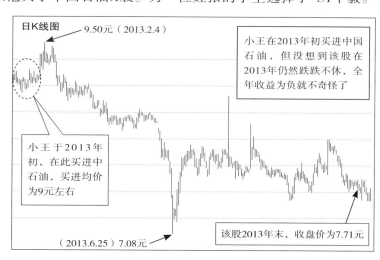

中国石油（601857）2013年1月4日～2014年1月14日的日K线压缩图　图477

345

但投资的原理还是懂的，投资就要投安全边际高的品种。教授认为小王的投资比较妥当，而小张的投资比较冒险，让人担心。但是在2013年结束时，小王、小张的投资结果出来后，却让教授大跌眼镜，小王投资中国石油A股，一年下来大约亏掉15%（见图477），小张投资*ST中毅，一年下来资金几乎翻倍（见图478）。

小张在2013年初买进*ST中毅后，股价一路震荡向上，全年股价涨幅几乎翻番

该股2013年末，收盘价为24.77元

12.38元（2013.1.7）

*ST中毅（600610）2013年1月4日～2013年1月2日的日K线图　图478

　　故事二：2014年5月，A君、B君看到上证指数在2000点附近筑底，于是都选择了他们看好的软件股买入。A君是稳健型的投资者，他投资了东软股份，买进价格在12元多一点。买进该股的理由是：该股是中国第一家上市的软件企业，是软件外包行业的龙头，业绩在软件股中还是靠前的。B君是激进型的投资者，他投资了用友软件，买进的价格也是12元多一点，买进该股的理由是：虽然该股当时的业绩出现了亏损，但该股开发新产品的能力让人刮目相看，主力好像也很青睐该股，这一次又在该股跌至11.88元时发出了底部的锁仓信号（注：在股价探底时，若某天最低价最后两个数字为"88"者，这往往是主力进场做多，锁定底部的一种信号）。因此在软件股中，该股日后上升空间还是很大的。2014年结束时，A君、B君的成绩出来了。B君投资用友软件的收益远大于A君投资东软集团的

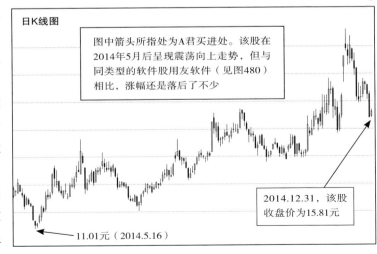

图中箭头所指处为A君买进处。该股在2014年5月后呈现震荡向上走势，但与同类型的软件股用友软件（见图480）相比，涨幅还是落后了不少

2014.12.31，该股收盘价为15.81元

11.01元（2014.5.16）

东软集团（600718）2014年4月30日～2014年12月31日的日K线图　图479

收益（见图479、图480）。

日K线图

图中箭头所指处为B君买进处。与图479中的东软集团股票相比，该股在同一环境下同一个时段内，股价涨幅显然要比前者大得多。B君选择该股的收益大于A君的收益也就不奇怪了

11.88元（2014.5.16）

2014.12.31，该股收盘价为23.49元

用友软件（600588）2014年5月5日～2014年12月31日的日K线图　图480

讲完这两个故事后，我们就可以明白，本题中提到的另类观点："股市是个怪胎，最安全之处就是最危险的地方，最危险之处则是最安全的地方"是有一定道理的。不过，该另类观点用"最"字不太恰当，话讲得太绝对了。应该用"有时"、"往往"进行表述，这样就更加符合事实了。现在我对另类观点作这样的修改："股市是一个很奇怪的市场，有时很安全之处往往就是风险很大的地方，而很危险的地方却往往隐藏着非常好的投资机会。"

股市的"怪"，不深入参与股市的人是体会不到的。就拿选股来说，很多人是看着上市公司的业绩选股票的，因为股票的价格最终是由上市公司的内在价值决定的。由此就在这些人的头脑里形成了一个思维定势，选股就要选业绩好、市盈率低的股票，这是最安全的，选这样的股票买进心里放心，睡得着觉，而一些业绩差（特别是严重亏损的）、市盈率高的股票则被认为最危险的，连碰都不敢碰。但最后的事实却常常让人大跌眼镜，业绩好、市盈率低的股票涨不上去，甚至不涨反跌，而业绩差、市盈率高的股票却不跌反涨，甚至大涨特涨。比如，2008年金融危机后的六七年中，业绩一直很亮丽、市盈率很低的银行股，却是中国A股市场这几年中股价表现最差的一类股票，而与之同期，业绩一直很差（其中多数出现了严重亏损）、市盈率奇高的ST股，却是中国A股市场这几年中股价表现最好的一类股票，其中还涌现出了一批涨幅惊人的黑马。这种结果确实让很多人感到不可思议（当然它也与当时股市处于熊市有关，熊市中股市中资金有限，大盘股很少有人关注，所以像银行这类超级大盘股会被市场冷落在一边），但它却是摆在亿万投资者面前的不争事实。

其实，股市就是一个逆大众化思维的市场，大众认为对的，结果往往就是错；反之，大众认为错的，结果往往就是对。为什么会出现这样的情况呢？因为市场主力在股市中主要通过股价波动（即大家说的差价）来赚钱的，这样主力

的行为自然会出乎大多数人的意料，这也就能解释何以被大多数人看好的业绩优秀、市盈率低的股票往往会表现不佳，而不被大多数人看好的业绩很差、市盈率高的股票却有时会表现得非常出色。

有人会问：难道股价上涨就不需要得到业绩增长的支持吗？答案当然是否定的。因为股票价格归根结底是由上市公司的内在价值决定的，而业绩又是内在价值的核心，所以得不到业绩支持的股票价格上涨就成了空中楼阁。

又有人会问：那么既然如此，业绩优秀的上市公司其股价应该高，业绩差的上市公司其股价应该低。这样的话，根据业绩选股又错在什么地方呢？为什么会出现故事一、故事二的结果呢？这个问题问得尖锐，确实值得我们深思。

对这个问题我是这样看的。首先应该向大家说明的是，按照业绩选股是股市中最重要的一种选股方法。据了解，无论是中国股市还是海外股市，很多股市大师、股市大赢家都是按照业绩选股的。其中，最具有代表性的人物是世界股王巴菲特，他几十年来的选股原则，头一条就是要看上市公司的业绩。因此，按照业绩选股不但没有错，而且值得大力提倡。但为什么在中国A股市场，很多人按照业绩选股却输了呢？据分析，这里面有以下几个重要原因。

原因一：股市大师眼中的业绩和我们普通投资者眼中的业绩不是一回事。股市大师看到的业绩是不带水份的业绩，这个业绩是通过对所在行业景气度的考察，对上市公司销售情况的实地调查研究等而获得的真实数据，而我们普通投资者绝大多数只是简单地看了一下财务报表，甚至只是从证券软件上"F10"一栏中，简单地查阅了一下每股收益就认为这就是上市公司的业绩了。这样获得的数据自然带有很多水份。试想，按照这样有水份的业绩进行选股，差错率自然就非常高。

原因二：业绩中有玄机，只有真正看懂上市公司业绩中玄机的投资者才能辨别业绩真伪，判断出上市公司公布的业绩究竟有无参考价值。但可惜的是，据了解很多中小散户或是对这个问题缺乏研究或是不具备这方面的研究能力，对上市公司的业绩一知半解，因此很容易被市场主力所忽悠，或被一些上市公司公布的虚假业绩所蒙蔽。比如，一些上市公司的业绩并不是靠经营获得的，靠的是变卖资产，或者是靠政府补贴获得的，这样的业绩，即使再优秀也只是暂时的，不具备实质性参考价值。又如，虽然一些上市公司经营状况很好，其优秀业绩也是靠自己做出来的，但是仔细一查后发现，该公司是一个强周期企业，而大环境已出现向下的趋势性变化，这对强周期性行业的上市公司十分不利。结果是：今年业绩好，明年可能就不行了，如2008年前的钢铁股、2012年前的煤炭股，此前业绩都十分亮丽，但此后大环境变了，行业产能过剩了，供过于求，产品没有销路，只能压价出售，上市公司的业绩马上就会一落千丈。还有一种情况，上市公司的业绩虽然优秀，但行业内的竞争十分激烈，这样的话，今年业绩好，明年被别人竞争过去，一旦市场被他人抢了，其业绩即刻就会大幅下降，如手机类、家电类上市公司中很多都出现过这种情况。由此可见，对这些上市公司的业绩也不能完全当真，要多留一份心眼。再如，中国A股市场20多年来出现一种很特殊的现象，一些业绩冒尖的上市公司好像都是捧不起的刘阿斗，业绩一年一变，"第一年绩优、第二年绩平、第三年绩差"。这种现象在一些新股、次新股上表现得十分突出。

原因三：隐形的业绩让人捉摸不透。上市公司的业绩有些投资者是看得到的，有些根本看不到。比如，有一家业绩很优秀的上市公司，经营情况都很好，但突然业绩出现大幅下降，后来一查才知道这家上市公司曾经担保的一家企业破产了，不能偿付的债务都得由这家上市公司偿还，这一下子利润就都赔光了。而在这事情发生前，投资者是根本不知道有这回事的。又如，在中国A股市场上乌鸦变凤凰的事情有很多。一些业绩亏损的上市公司，经过资产重组，马上就可以扭亏为盈，甚至利润出现暴增，瞬间就变成了一家业绩优秀的上市公司。而这一切，在上市公司重组前，普通投资者是无法知道其真相的，此事只有神通广大的主力心里有数。碰到这样的情况，普通投资者如果光看上市公司现在的业绩，而不知晓其后的隐形业绩，是无法通过业绩来分析、判断上市公司价值的。

原因四：从长期看，股价会因上市公司的业绩增减而波动，比如，中国A股市场长期走牛的一些大牛股，如贵州茅台、云南白药等就是因为业绩连年增长，刺激股价不断上涨。但从短期、中期来看，支持股价上涨或下跌的因素很多，如市场供求关系、大资金的偏好、概念题材的冷热变化等等都可以引发股价大涨或大跌，而此时股价的涨跌往往与上市公司本身的业绩没有什么关系。

正因为有这样多的不确定因素存在，所以纯粹依靠一些简单的业绩数据与市盈率数据来选股就很容易栽跟头，如本题故事一、故事二中提到的主角A君、C君都在这个问题上犯了错误，给投资造成了损失。

那么普通投资者如何选股呢？我们认为，除了极少数能确定业绩可持续高速增长，股价不被狂炒，性价比优于其他公司的股票，可长期持有（编注：但要找到这样的股票非常难，没有特别的功力与眼光是做不到的），其他的股票，投资者只能把业绩作为一个参考因素，主要还得根据市场热点、题材、概念、市场主力的进出以及股价运行走势等因素进行综合分析后，拿捏准股价运行方向，顺势做多或做空，最终才能成为赢家，如本题故事一、故事二中的B君、D君就是如此。

股市高手选股各有奇招。某天，一位股市高手在《股市操练大全》培训班上向学员传授他的选股经验。高手说，他的选股方法可以用下面一个公式来概括"××××××+**股价调整基本到位**+××××××"。高手告诉大家，这10年多来，他曾经用这个方法选到了不少涨幅很大的股票。2015年股灾后，在股市大跌，股价调整基本到位的情况下，他又出手选择了2个股票，后来这2个股票又给他带来了丰厚的回报（见图481、图482）。

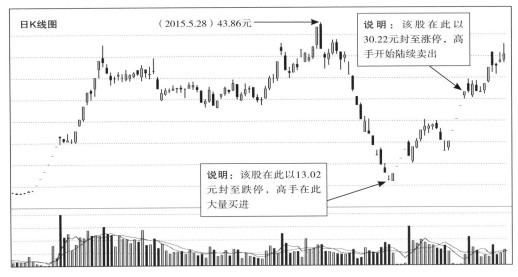

巢东股份（600318）2014年9月19日~2015年11月26日的日K线图　图481

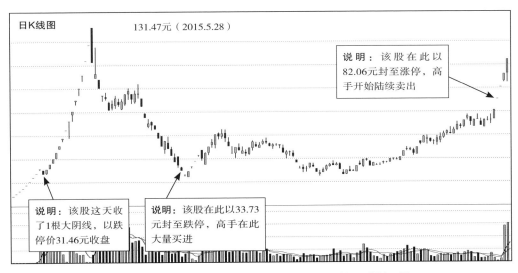

盛洋科技（603703）2015年4月23日~2015年11月30日的日K线图　图482

350

请问：看了上面的情况介绍，你能分析出高手选股公式中那些打"×"的地方究竟是什么内容吗？高手这个选股绝招能给我们带来什么投资启示？

高手的选股公式是：**前期出现过暴涨 + 调整基本到位 + 故事还没有讲完。**

从图483、图484中看，高手买进两个股票后，一开始并不顺利，并没有达到预想的目的。

虽然高手买进这两个股票后股价都出现了反弹，但当初反弹的空间并不大，股价很快见顶回落，并出现了技术上向下破位的现象。比如，图484中的个股在反弹夭折后，几乎又跌到了高手买进价格的原地。当时有人曾问过他，反弹夭折时技术上发出了卖出信号，为什么不卖呢？这位高手回答说，这两个股票在没有看到它们应该到达的反弹目标位时，我不会卖出。至于短线，我做不来，我也不欣赏短线。我坚信，我这个选股方法是经得起考验的，按照这个选股公式挑选出来的股票，一定会给我带来丰厚的投资回报。

高手告诉我们，他以前用这个选股公式选出过很多股票，事后都达到了预期的反弹目标位，所以感到比

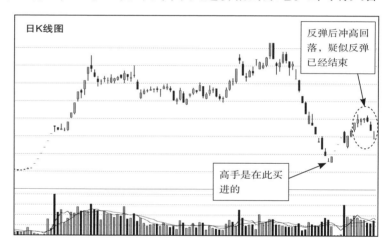

巢东股份（600318）2014年9月22日~2015年7月28日的日K线图　图483

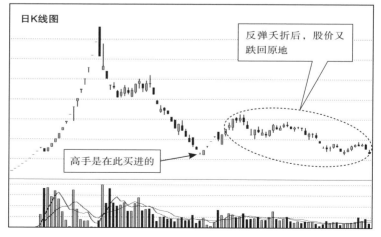

盛洋科技（603703）2015年4月23日~2015年9月15日的日K线图　图484

较有把握。高手说，选股就要选自己有把握的股票，并且买进时要敢于重仓，这样才能赚到大钱。高手认为，像这类股票跌掉70%就是一个理想的买点，越跌越买。日后股价反弹时，反弹的高度至少在其整个跌幅的0.5以上，一般可以达到0.618的位置。在这方面，经过多年来的摸索他积累了很多经验。因此，他把这两个股票的反弹目标位定在其前期股价跌幅的半分位以上，是很有把握的。

高手的判断是正确的，这次又得到了事实的验证。后来，果然如高手所愿，这两个股票从低位上来，股价反弹出现了近两倍的涨幅才出现重大调整。而高手在股价反弹至股价下跌的半分位[注]以上就陆续逢高卖出了。可以说，高手这次又是满载而归。

有人曾问过高手，当时这两个股票在高手卖出后股价继续上涨，既然当时上涨势头很强劲，为什么要急着卖出呢？高手回答说，像这类前期暴涨然后又出现暴跌、故事还没有讲完的股票，一旦见底回升，股价反弹至整个跌幅半分位以上是大概率事情。故而，在反弹至整个跌幅的0.5~0.618处卖出是有把握的，这个区域属于安全区。至于在反弹到前期跌幅的0.618处的上方，后面的股价是否再继续上涨，一要看股市整体走势，二要看该股主力的态度了。因为这些都有很大的不确定性。既然有这么多不确定性，此时再继续持股做多风险就很大，所以还是早一点卖出比较安全。

高手看到大家有些疑惑，就进一步解释说，这些股票是超跌后出现的报复性上涨，本质上并不是新一轮牛市行情的开启，它只是因为跌得太深了，还有故事可讲，所以主力才会去做它。但主力的目标位很明确，他们会在股价涨至前期高点下方见好就收。从经验上说，这种上涨行情性质只能判断为反弹，而不是反转。若是反弹就不要指望股价创新高，主力也会顺势而为，将股价拉到离前期高点不远处就会开始派发。为了保证资金的安全，我要抢在主力派发之前出逃。特别像我这样重仓的股票，更不能因贪小而失大，一定要选择最有把握的时候卖出。

这位股市高手给大家的深刻印象是：无论是其选股理念，还是他的实际操作，都透露出一个关键词——"把握"。即选股要选自己最有"把握"的股票，操作时要选择在最有"把握"的价位买进，然后在最有"把握"的价位卖出。

"做最有把握的事，赚最稳当的钱"，高手的选股理念与其操作得到了很多同学的赞赏。但也有同学听了后不以为然，认为高手的这一番言行会误导其他投

【注】 巢东股份从43.86元最低跌至12.86元，股价跌掉31元。反弹的半分位是：12.86 + 31/2元=28.36元。盛洋科技从131.47元最低跌至29.20元，股价跌掉102.27元。反弹的的半分位是：29.20 + 102.27/2元=80.34元。而高手当时是在巢东股份反弹至30.22元、盛洋科技反弹至82.06元开始陆续卖出的。因为这两个股票，当日都是封至涨停的，很容易卖出。高手卖出后，这两个股票继续上涨。

资者。他们认为，股市风险莫测，不确定因素太多，有什么东西可以事先就确认它有把握呢？

其实，在我们看来，高手选有把握的股票买入，赚有把握的钱，并非是空穴来风，而是有客观事实基础的。这从高手选股公式中可以看出。高手的选股公式是：**"前期出现过暴涨 + 股价调整基本到位 + 故事还没讲完"**。高手认为，只要严格按照这个公式挑选出来的股票，往后反弹空间会很大，投资者操作胜算概率非常高。

下面我们就对高手这个选股公式在此作一番剖析。

一、"前期出现过暴涨"，这是高手选股公式中的第一个要求。那么应该怎么理解暴涨呢？暴涨就不是一般形式的上涨，而是逼空式的往上连续飙升。通俗地说，股价在短时间内就出现了翻番行情，只有达到这个标准才能称之为暴涨。从中国A股市场20多年发展历史看，无论是小盘股还是大盘股中都出现过暴涨的股票，当然，暴涨的股票总体而言数量很小，但这种现象是客观存在的（注：在暴涨过程中小盘股占据的比例最高，中盘股次之，大盘股占据的比例最低）。

真像世界上没有无缘无故的爱的道理一样，凡是出现暴涨的股票，一定是有原因的。或是因为业绩出现了暴增，或是因为出现了亮眼的题材，或是因为市场对其有了强烈的高成长愿景，或是因为有重大资产重组的预期，等等。所以才会导致股价出现暴涨，形成连续逼空的走势。从某种意义上说，暴涨程度越厉害，逼空走势越是强烈的股票，说明市场对其认可的程度越高。很多涨幅惊人的大黑马、大牛股就是从暴涨股中诞生的。

比如，图481中的个股在2015年2月曾经因传出公司转型，主营业务由生产水泥扩展至小额贷款融资性担保、融资租赁、P2P网贷等类金融业务的利好消息，引起了股价暴涨。先是连续拉出6根一字线涨停，然后稍作停顿，股价连拉大阳线，急速往上飙升，仅仅用了18个交易日，股价就从11.20元涨至39.50元，期间最大涨幅为252.68%。

又如图482中的个股，它是2015年4月在沪市主板上市的次新股。股价在连续拉出9个一字线涨停后，第10个交易日突放量跌停（见题目图482方框中的说明）。但让大家没想到的是，跌停后的第二天马上就出现1根放量涨停的大阳线，随后股价连拉大阳，天天涨停，出现了更加疯狂的逼空走势。若从该股涨停板被打开，股价跌停至31.46元这天算起，仅仅用了15个交易日，股价就涨至131.47元，期间最大涨幅达到了317.90%。根据有关资料统计，一个上市不久的次新股，能在这么短的时间，为二级市场的投资者带来如此大的赢利机会（注：新股上市连续一字线涨停，二级市场投资者是根本买不进的，但该股在第10个交易日出现了跌停，想买的人都可以买进），这在中国A股历史上是一种十分罕见的现象。

二、"股价回调基本到位"，这是高手选股公式中的第二个要求。众所周知，强势股在上涨趋势中走势十分强劲，但一旦股价见顶回落，形成下跌趋势后，跌起来也非常厉害，股价出现腰斩是常有的事。从经验看，强势股见顶回落，只有跌幅超过60%~70%，才能找到一个相对安全的买点。因为股价调整到这个位置，再继续大跌的可能性已经很小，而且强势股快速见底后一般都会出现一轮强劲的反弹走势。

高手说，当时他买进的这两个股票的价位，股价从最高点跌下来，跌幅都超过了70%。图481中的个股买进价位是13.02元（注：该股当天跌停，最大跌幅达到70.31%）。图482中买进的价位是33.37元（注：该股当天跌停，最大跌幅达到74.62%），第二天该股继续跌停，高手又增加了一些仓位。

三、"故事还没讲完"，这是高手选股公式中的第三个要求。懂行的人知道，如果某个股票的故事讲完了，那么市场很快就会对它失去兴趣，这样该股即使调整到位，想东山再起也很困难了。因此，有经验的投资者就不会选择这些故事已经讲完的股票进行投资。但是对故事还没讲完的股票情况就不一样了。不仅主力不会放弃它，市场也会特别关注它。一旦股价见底后被炒起来，投机客往往会蜂涌而入，股价反弹的势头比一般股票要强劲得多。

高手说，他选择图481中的个股，前期仅仅是因为有转型、资产重组的预期就出现了暴涨。在股价炒高后突然遇到股灾，当时几乎所有的股票都出现了大暴跌，该股自然也不能幸免。但股灾出现，该股上市公司的转型、资产重组仍然在如火如荼地进行中，这说明该股的故事还没有讲完，后市值得期待。高手认为，他当时在其股价暴跌调整到低位时买入，是因为他坚信，该股一定会重新得到主力的关照，东山再起是很有希望的。

高手说，他选择图482中的股票，是因为该股是一个上市不久的次新股，次新股本来就有很多故事好讲，如市场对次新股都有高成长、高送转的预期，再加上该股是个高科技的小盘股，大股东承诺上市后3年内不会减持股票，这样该股的戏就更有看头了。据了解，该股上市后，很多投资者对它的前景特别看好。正因为如此，在该股上市后第10个交易日，因为新股中签者获利丰厚，大量抛售，致使该股当日跌停，但第二天马上就引来场外投资者蜂涌抢盘，股价很快就封至涨停。此后，该股越涨越凶，仅仅15个交易日，股价就大涨了3倍有余。高手分析，该股前期有如此出色的表现，说明投资者对它期望值很高，也说明该股的题材、概念对市场非常有吸引力。这样该股故事继续讲下去就不愁没有听众。该股对市场的强大吸引力，并不会因为股灾的出现而被泯灭，一旦股灾结束，市场进入正常的自我修复阶段，该股的故事还会继续讲下去，主力还会重点关注它，炒作它。

经过高手这一番解释，打消了大家的疑虑。大家认识到，只要严格按照高手选股公式挑选出来的股票，一般都能经得起考验。高手的选股公式确实具有很高的实用价值。不过要想学好用好高手的选股经验也不是一件容易的事，投资者还要做出很多努力。高手的选股经验给我们的启示是：

第一，机会是留给有准备的人。 按照股市高手的选股公式选股，在大多数时间里是闲着的。因为只要股市不出现暴跌，原先的强势股也很难出现深幅下跌的现象。那么高手这个选股公式中提到的"股价基本调整到位"就无从谈起。可以说，用高手这个选股公式选股，大多数时间是处于持币观望状态。但是平时闲着，只是指买股票的条件还不成熟而已。并不说明平时就不要做功课了，平时该做的功课是一定要做的。比如，要了解在股市中究竟有哪些股票出现了暴涨，暴涨的原因是什么、暴涨期间故事是否讲完了（如资产重组是否已画上了句号、高成长预期是否已完全兑现），等等。这些功课平时一定要认真做好，否则等到股市暴跌时，你怎么知道有哪些股票"前期出现过暴涨"、"故事还没讲完"呢？若什么都不知道，又怎么能按照高手的选股公式挑选好股票呢？

据了解，这位股市高手在2015年股市行情火爆时，一直处于空仓状态。虽然谁也不知道2015年6月中国A股市场会爆发出一轮前所未有的股灾。但高手心里明白，股市暴涨之后一定会出现暴跌，这是股市运行的一个基本规律。因此高手在耐心等待暴跌的机会。在股市火爆时，高手没有闲着，调查研究，寻找线索，积极地做好选股的前期的准备工作。后来股灾发生了，别人出现了重大损失，并被股市连续下跌吓得魂飞魄散，而高手却稳坐钓鱼台，等待着他关注的前期强势股调整到位，开始撒网捕鱼。真可谓在同一市场背景下，出现了冰火两重天的现象。事实证明，股灾暴跌后的投资机会，确实是留给类似高手这样气定神闲，平时作了充分准备的投资者的。

第二、有所失必有所得，做自己最有把握的事情才是取胜之道。 从传统的观念看，高手的操作并不是完美无缺的，甚至有很大的缺陷。比如，在高手买进图484中盛洋科技这个股票后，上涨不久就出现了下跌，股价从下到上再到下，兜了一个大圈子，几乎又跌到了他当初买进的原地，2个月的努力都付之东流。有人认为，该股当时反弹见顶的现象十分明显，对于高手这样的投资者，做一次高抛低吸应该是轻而易举的事。但遗憾的是，高手拿着股票没有动，反而说出了让很多人感到难以理解的话。高手说，我不擅长短线，不做短线高抛低吸，我也不欣赏短线。有人想，明明是反弹见顶了不卖出，这么好的短线差价不做，这难道是高手操作的风格？

其实，大家有所不知，所谓股市高手，也就是在某一方面有特长的投资者，他们决不是样样精通的全能投资者。在股市里，不同的股市高手有不同的玩法，有的靠短线技巧取胜，有的靠中长线投资取胜，有的靠投机技巧取胜，有的靠价值投资取胜。至今，我们还没有发现有哪一位股市高手，既是短线操作的明星，又是中长线操作的王者，既娴熟投机之术，又擅长投资之道。这样的全能型股市高手在股市中是不存在的。如股市里真有这样的高手，那么股市中大大小小机会都给他包揽了，这真的要变股神了。但股市里是没有股神的。中国A股市场运行已有20多年历史，任何人都栽过跟头，又有谁见到过从不犯错误的股神呢？

从严格意义上说，任何股市高手操作都是有缺陷的。他们若专于一，就会疏于二；若专于二，就会疏于一。任何股市高手都不可能成为面面俱到，样样精通的"股仙"。本题中的高手擅长于中长线投资之道，但对短线操作并不在行，这是完全可以理解的。所以，他在短线操作上和很多人一样，是一头雾水辨不清方向。在短线操作上，这位高手并无任何优势可言。

高手深知自己的短板是什么。他告诉我们，他用这个选股方式操作时，从来不关心他买进的股票短期走势如何，但中长期的目标很明确，即股价在低位上来，股价反弹至前期暴跌的半分位之上才会卖出。高手强调，他操作这类股票所要控制的风险重点在他选的股票一定要"故事没有讲完"。只要故事没讲完，不论短线走势如何，他买好股票后，在股价未达到预期目标位之前，他都会耐心地持股待涨。但是，买好股票后，如果突然发生故事讲完的情况，那就要高度警惕了。此时可视盘面现象而定，若股价仍在上涨，他就继续持股观望；若股价出现掉头向下的现象，他就马上卖出。

事实证明，高手放弃短线机会，使他有充分时间研究上市公司的基本面变化，关心所选的股票"故事有没有讲完"，这样就能有效地保证他所选的股票操作成功。据了解，正是高手"一失"（放弃短线机会）、"一得"（紧紧抓住中长线机会），使高手几年来按照此方法选股基本上都获得了成功，而失误的情况很少发生。

第三、看准了，就要集中力量打歼灭战，敢于重仓持有。 我们发现，有的投资者即使选股选对了，但是最后也没有赚到大钱。为什么会出现这种现象呢？原因是这些投资者选对的股票没有重仓持有。试想，如果选对的股票只占你整个资产的1/10，甚至更少，怎么能赚到大钱呢？如果再进一步分析，这些投资者对选对的股票没有重仓持有，归根结底还是对所选的股票存在信心不足的缘故。而本题中的高手，选对股票后能赚到大钱，主要原因就是高手能对所持的股票做到重仓持有。其背后的直接因素，是因为高手对所选的股票作了严格的筛选，只有完全符合选股公式中3点要求的股票，才会收入囊中。在这一点上，高手选股的态度是宁缺勿滥。经过高标准、严要求选出来的股票，使高手信心十足，敢于重仓持有。高手这一选股态度、选股策略是值得大家好好学习与借鉴的。

【又及】本书完稿后在向读者征求意见时，有人就高手的选股方式提出了一些问题，希望予以解答。现答复如下：

问：采用高手选股公式选股，遇到牛市，那不是踏空行情了吗？这样值得吗？

答：高手这种选股方式是不适合牛市的。在牛市中，即使强势股出现短期回调，也用不上它。因为"短期回调"与高手选股公式中"股价基本调整到位"两者相差甚远。条件不成熟，自然不能用此方法选股。若一定要说到它的作用，那么在牛市中，它只有一个用途，即在熊市中用股市高手选股公式选出的股票，在熊市中没有机会逢高卖出，那只有等进入了牛市，考虑如何依据牛市的环境卖出一个好价钱（注：高手认为，牛市来了，大分部股票都在涨，此时在熊市中选择的股票，卖出的目标位可适当提高点）。除此之外，在牛市中是没有任何用途的。说白了，高手这种选股方法只适合熊市，只适合在股市出现大暴跌时使用。

本书既介绍了熊市中选股的方法，也介绍了牛市中的选股方法，另外还介绍了平衡市中的选股方法。介绍诸多选股方法，目的是便于读者选择。但究竟是哪一种选股方法适合你，各人只能依据自身情况来作出选择，别人是不能强求的。

比如，你对资金安全要求很高，希望做一些风险小、成功机会大，比较有把握的事情。那么，高手的这种选股方法就比较适合你。因为根据有关资料统计，只要严格按照高手选股公式中的3个要求选出的股票，成功的概率在8成以上，而且一旦成功，股价翻番是不成问题的，它对投资者的绝对回报值很大，并不输于其他选股方法。当然，你若是一个风险承受能力较强的投资者，想在股市里多抓住一些投资机会，特别是牛市来了，不愿踏空牛市行情，高手这一选股方法就不适合你，你可以选择其他的选股方法来创造赢利机会。

或许有人说，我既不想放弃牛市行情，不做牛市行情的踏空者，也不想放弃高手这一选股赢利方法。如果有这样的要求，那又该怎么办呢？从理论上说，两者兼顾是可能的，但实际上，除一些市场反应特别敏感，能在牛市见顶成功出逃，尔后，又能在熊市开始时坚持持币观望，一直等到股市大暴跌，所看中的股票调整到位后再出手的投资者外（注：这样理想化的炒股达人十分罕见），一般人很难做到。原因是，牛市来了，很多人会把资金都投入牛市中，而牛市见顶时大部分人又会套在牛市顶上，资金根本出不来。试想，如果手中都是一些套牢的股票，即使你用高手选股方式选准了股票，没有钱又怎么去买股票呢？

若真的想两全齐美，实现这个目标，有两种办法可以试一下：一是努力把自己变成对市场特别敏感的投资者，在牛市见顶时成功出逃，出逃后，留着资金等着股价大跌时，再考虑如何依据高手的选股公式捕获下一个猎物。二是一开始就把手中的资金一分为二，一部分资金用于牛市行情炒股获利，另外一部分资金留着专门用于通过高手的选股方式获利。这样的话，即使前面一部分资金被套，也不会影响后面一部分资金的使用。

问：学习高手的这个选股方法，最关键的要注意什么？

答：除了要深刻理解高手选股公式中提到的3个原则外，不符合要求的坚决不选，做到宁缺勿滥。更重要的是要耐得住寂寞，学会坚守。因为只要股市不出现暴跌，高手这个选股方式是无用武之地的。在这个时候你只能持币观望，但股市里的诱惑非常多，如果耐不住寂寞，就很容易被拉过去，一旦被拉过去，将资金用于别处，或许就没有时间、没有资金再来实施高手的选股计划了。因此，耐得住寂寞、抵制诱惑、懂得坚守，是实现高手选股秘笈最重要的因素。

以往的历史告诉我们：中国A股市场，每年至少有一二次暴跌的情况出现，在暴跌中，高手的这个选股方法就能大放异彩。此时耐得住寂寞、懂得坚守，手里握有大量现金的投资者，就可以从容地按照高手的选股方法选到理想的个股，像高手那样赚一些稳当的钱。若是做得好的话，每年只要抓住一次这样的赢利机会，几年累积下来，其收益就非常惊人了。

问：有人说，高手选股公式中的3个内容，第一、第二个内容很重要，第三个内容可有可无，总体上影响不大。请问，这个观点对吗？

答：这个观点是错误的。高手选股公式中的3个内容都很重要，缺一不可。尤其是第三个内容，更不能轻视。因为一旦"故事讲完了"，结果就大不一样。没有故事的股票，主力不再关注它，市场大众也会对它失去兴趣，最后只有少数人在那里小打小闹。小众们玩的股票，即使股价出现上涨，也只是小涨，但是一旦跌起来就是大跌。在这方面是有惨痛教训的，所以我们千万不要把高手选股公式中的第三个内容不当一回事。这里略举几例，大家可以看一个究竟，事实是不是如此。

实例一：北京文化（000802）、全聚德（002186）。这两个股票在2008年都属于奥运概念的股票。它们因奥运概念的兴起而大涨，因奥运概念的结束而大跌。图485中个股在北京奥运会开幕前2个月出现了一轮强劲的反弹走势。股价从2008年6月18日的11.70元，反弹至2008年8月8日的29.79元见顶回落。图486中的个股从2008年6月18日的34.68元反弹至2008年7月9日的59.96元见顶，然后横盘了将近一个月，2008年8月8日出现了破位下跌，拉出了一根跌停大阴线。

为什么这两个股票都在奥运会召开前夕出现反弹（一个反弹力度大，一个反弹力度小，这和当时两个股票阶段性见底的价格有一定关系），而到奥运会开幕这天出现暴跌呢？原因就是这两个股票的上市公司都在北京，一个是搞旅游，一个是管美食。奥运会召开，这两个股票都会受益，所以有故事可讲，因此奥运会召开前夕都出现了反弹。但是，当2008年8月8日北京奥运会正式开幕时，这两个股票的奥运故事讲完了，市场马上就对它们失去兴趣，股价随之就出现暴跌，打

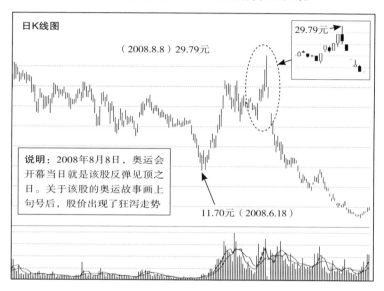

北京文化（000802）2008年1月2日~2008年11月14日的日K线压缩图　图485

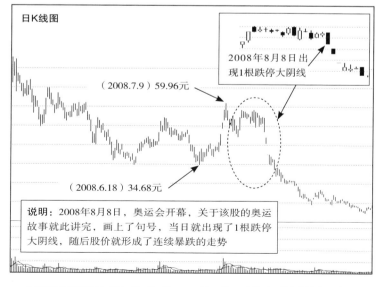

全聚德（002186）2008年1月4日~2008年11月12日的日K线压缩图　图486

这之后，股价就如水银泻地，跌得非常厉害。

实例二：外高桥（600648）。该股是2013年的大牛股。当初因为国家提出要建立上海自贸区，而外高桥是上海自贸区的龙头企业。也正因为如此，该股受到市场青睐，股价出现了连续涨停，仅仅用了17个交易日，股价就涨了3倍有余。但当上海自贸区正式挂牌成立，进入正常运转状态后，该股关于自贸区的故事就画上了句号。市场开始将其淡忘，股价出现了连续下跌的走势（见图487）。

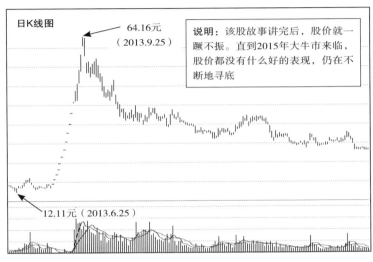

外高桥（600648）2013年6月19日~2014年5月9日的日K线压缩图　图487

实例三：中国中车（601766）。该股曾是2015年中的大牛股，仅仅用了一年，股价就几乎涨了9倍，其背后的故事就是有中国北车与中国南车合并重组的故事，而当中国北车与中国南车正式合并成中国中车后，该股的故事就讲完了，在正式复牌后的第

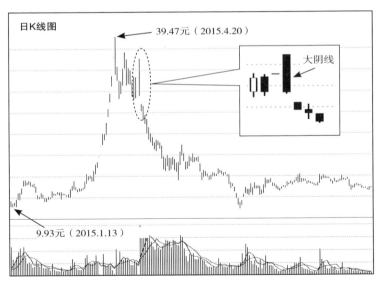

中国中车（601766）2015年1月12日~2015年12月15日的日K线压缩图　图488

二天就拉出了一根超长大阴线（见图488中放大图形箭头所指处），随后就出现了暴跌。即使后来大盘见底反弹，该股也未有好的表现，原因就是该股老故事讲完了，又没有什么新故事可以吸引投资者的眼球，所以遭到了市场的遗忘、冷

落。

由此可见，无论什么股票，也无论它前期有多么风光，股价走势有多么强劲，一旦该股的故事讲完了，它对市场的吸引力马上就会大幅下降，其风险则随之而来。因此，按照高手做最有把握的事，赚最稳当的钱的原则，投资者必须注意，对不符合高手选股公式的要求，"故事已经讲完"的股票，一定要尽力回避，切不可盲目把它们作为选股对象。否则，说不定哪天就会在它们身上栽大跟头，给投资带来巨大损失。

股市操作经验漫谈之七

常言道：股市如战场。股市既然是战场，那么，适合战场上的计谋就一定会在股市中出现。比如，"借尸还魂"是三十六计中的一个计策。这个计策，股市中的主力、庄家都会利用它。如股市中的热门股，若暴涨之后出现了暴跌，在故事还没有讲完的情况下，主力会怎么办？答案是，只要时机成熟，主力一定会在它们身上"借尸还魂"，大炒一把。本题中的高手或许是对主力"借尸还魂"的计谋作了深入研究，才总结出了"前期出现过暴涨 + 调整基本到位 + 故事还没有讲完"这个选股公式，并由此取得了不俗的战绩。

可见，若把股市当成真的战场，并对战场上的计谋多作研究，你就有可能总结出许多新颖、实用的炒股公式，让你在股市中大放异彩！

2014年初，《股市操练大全》培训班举办了一次迎新春茶话会。会上请来了一位民间高手郑老伯，郑老伯是一位有20多年股龄的老股民。郑老伯谈及自己的选股炒股经验时说，他选股炒股一般不会研究股市基本面、政策面，因为这个对文化程度不高的他来说，显得太深奥；另外，他选股炒股一般也不会关注股市技术面、资金面，因为这个变化太多，他看不清楚。郑老伯说，他能弄明白的就是常识，常识会告诉他怎么做，他选股炒股的方法可以用"××学会××"6个字来概括。

郑老伯的这一招很厉害。据了解，他用这一方法赚了很多钱，其投资收益不仅远远跑赢了大盘指数，也超过了许多股市高手，其成绩令人刮目相看。

请问：郑老伯说的常识究竟是什么？"××学会××"是什么意思？从郑老伯的选股炒股经验中我们能得到什么启示？

郑老伯说的常识是——人弃我取，只有大家恐慌性地卖出股票时，才能找到物美价廉的股票，此时就是捡便宜货的时候。捡了便宜货后，就要按照"**弱市学会潜伏**"的方法，耐心持股，等日后股市形势好了，出现大家抢着买股票时，就要"人取我弃"，将股票卖出。

郑老伯认为，只要坚持上面的投资理念、操作方法，就能在股市里赚到钱，甚至大钱。

郑老伯是1992年入市的，当时股市很火爆，他入市后买了一些股票，开始也赚了一些钱，但后来随着股市下跌，他很快由赢变亏，而且亏损额越来越大，在本金亏掉一半以后，他咬咬牙割肉离场了。

痛定思痛，他感到自己用这样的办法炒股不行，得另外找一个法子。此时他正巧从朋友手里看到一份介绍上海早期股市情况的资料，看后很受启发（编者按：这份资料至今仍很有价值，资料全文附在本题后面，供大家参阅）。

经过反复思考后，郑老伯认为依据自己的情况，只有像早期股市那样，在大家恐慌卖出股票时，采取人弃我取、弱市学会潜伏的方法，才能在股市中赚到钱。自此之后的20多年里，他一直坚持这个方法到现在，每次都有不小的收获。

在2014年这次迎春茶话会上，郑老伯告诉大家，每次股市进入弱市（注：郑老伯说的弱市是有标准的，而不是一些人认为的股市跌了就是弱市。什么是弱市，后面有解释），就是选股的最佳时机，买进后耐心持有，等股市回暖后就会有很好的投资回报。

郑老伯说，从自己的粗略统计看，上海股市从1984年11月公开发行第一只股票飞乐音响以后的20多年来，上海股市至少出现过8次重大的投资机会，而且这8次重大的投资机会都发生在弱市最黑暗的时期。

接着，郑老伯向我们详细介绍了这8次重大投资机会。

第一次重大的投资机会出现在上海第一批原始股上柜交易后跌破面值时。时间大约在上海证券交易所成立之前的一两年（注：上海证券交易所是1990年12月成立的，这个时间段大概在1988年~1990年）。这个时期是股票交易的第一个冰冻时期。当时上柜交易的股票只有六七只【注】，它们或是跌破面值，或是在面值附近苦苦挣扎，交易十分清淡。在这段时间关心、问津股票的人非常少，绝大多数人都错过了这个百年难遇的投资机会。这里给大家举一个典型例子。有一个在新闻界工作的朋友，当年他曾经好不容易买进了50股豫园商城股票（编者按：当时豫园商城是按照面值发行的，100元为1股，相当于现在的100股，50股即相当于现的5000股），后来他看见豫园商城股票长期在面值附近徘徊，觉得没有什么希望，就忍不住将这些原始股按面值的价格转让给了别人。就这样，已经到手的大黑马就轻易让给了别人。没想到，这一"让"一下子就让出了几十万元利润（编者按：在上海证券交易所成立后，短短一年多时间，豫园商城就涨到了1万多元，与面值相比足足涨了100倍，其间最高价是10600元，50股就是50多万元）。而这位新闻界的朋友因为割肉，连买原始股的本钱都没捞回来，此事让他一直耿耿于怀，至今想起来仍后悔不已。

第二次重大的投资机会出现在上海证券交易所成立初期，即当时交易的"老八股"，从"白马王子"沦落为"丑小鸭"这一段时期，时间大约在1991年春天。上海证券交易所刚开张时，能交易的股票只有延中实业、真空电子、申华实业等8只股票，人称"老八股"。当时交易时股价也是实行涨跌停板，因为股票供不应求，每天股票一开盘就封在涨停价上，买股票要半夜起来排队，有的人排了几天也买不到一只股票，直急得那些一心想买进股票发财的人干瞪眼。但天有

【注】 关新中国成立后，直至1984年才在上海出现了第一只公开发行的股票——飞乐音响，后来又陆续发行了延中实业（现改名为"方正科技"）、爱使电子（现改名为"爱使股份"）、申华实业（现改名为"申华控股"）、真空电子（现改名为"广电电子"）、飞乐股份等六七只股票。当时的股票不像现在是1元面值一股，而是50元、100元面值一股。比如，真空电子发行时100元一股，每人限购20股（相当于现在的2000股）。发行时都是按照面值发行的，20股就是2000元，没有什么溢价，这是真正的原始股（编者按：股票溢价发行是从上海证券交易所成立后开始的，一直延续至今。现在的股票都是溢价发行，动辄几十元一股）。当时这些原始股在上柜交易后不久，就纷纷跌破了面值，并且长时间在面值之下徘徊，就是这样便宜的股票，那个时候也很少有人问津。上海证券交易所是在1990年12月19日成立的，在它成立前的证券不仅交易品种很少，交易量也极小，一天交易上万元已经是很大的成交量，市场可以说非常冷清。

不测风云，刚开张一个多月的上海股市突然进入了空头市场，有人称之为"小熊市"。此后股价纷纷大跌，延中实业、飞乐股份、真空电子等股票天天撞在跌停板上，就连后来成为申城第一大牛股的申华实业，也变成了人见人弃的丑小鸭。而那些原来排队抢购股票但始终未能如愿的投资者，此时态度出现了180度大转弯，大多数人溜之大吉了。可以说，那时股价非常低，比现在溢价发行的原始股还要便宜好多。当时如果花个8万元、10万元买进一些，一两年后个个都变成了百万富翁。但就是这样的好机会，不少人又放弃了。这次小熊市经历的时间不长，只有4个月，1991年5月下旬股市开始转入牛市，此后，这些"老八股"又变成了人见人爱的"白马王子"。这些在小熊市中无人要的"老八股"，一下子又变得十分吃香了，每天交易都封在涨停板上，这个时候很难买到它们了。我们曾接触到一名投资者，据他回忆，当时在股市走牛后，他连续排了一个月队，但最后一股都没有买到。

第三次重大的投资机会出现在曾引起万人羡慕的30元一张的认购证到最后打对折也无人问津时。人们都会记得上海发行第一批认购证，造就了一批股市新贵的神话。原本30元一张的认购证，被炒到了几千元，甚至1万多元。花3000元买100张认购证，不费吹灰之力就成了百万富翁。第一批认购证发行结束后，没有买进的人懊悔不已。据了解，有一名投资者当时曾说过：下次再发行认购证，就是砸锅卖铁，也不会放过这个机会。但股市也真会和人开玩笑，1992年5月，上海股市在1429点见顶，然后一路向下。在1992年11月上海股市跌到400点附近时，最后一批已经摇号对上奖的认购证一下子变得不吃香了，有的按成本价打对折都找不到买家，有的甚至把中签可买股票的认购证随手撕了扔掉。而那名曾经发誓要砸锅卖铁都不放过购买第一批认购证机会的投资者，此时再也听不到他的响声了。不过这最后一批对奖的认购证贬值时间非常短，凡是那时有魄力趁低收进认购证、买进原始股的投资者，不出两个月个个都赚得盆满钵满，笑得合不拢嘴。

第四次重大的投资机会出现在上海股市第二次跌到300多点时。如果说上海股市1992年第一次跌到300多点，是因为大家缺乏投资经验而错过了一次发财机会的话，那么上海股市1994年第二次跌到300多点，就应该经验丰富了。但面对这样一个发财机会，很多投资者又犹豫不决了，最后眼睁睁地看着这个发财机会离自己远去。据了解，若当时在300多点买进，几年后资产翻上几倍是很容易的事。据了解，在这之后的几年中，股价涨五六倍、七八倍的股票比比皆是。其中，有相当一批股票涨幅都在10倍、20倍以上，甚至更多。因此，有人称1994年的300多点就是上世纪中国A股市场上的一个最佳黄金买点。

第五次重大的投资机会出现在1996年第一季度，上海股市又一次滑落到了

500多点。当时一批每股收益很高的绩优股都跌到了资产净值附近，有的还跌破了资产净值，市盈率最低的已不足4倍，这分明是把金凤凰当成草鸡在卖。虽然有些人在当时看到了里面的投资机会，但想归想，就是不肯动手买。因此，他们又一次与上海股市512点这个历史性大底擦肩而过。（注：据了解，当时市盈率只有几倍的股票，2年后，绝大多数股价都涨了五六倍，高的涨了十几倍。可见，在弱市中耐心潜伏下来，往后的收益肯定十分惊人。）

第六次重大的投资机会出现在1999年四五月份，这是沪深股市历史上著名的"5·19"行情发动的前夜。当时市场因为连续下跌，一片沉寂，再加上这两年全国各地自然灾害（如长江特大洪水）频繁，很多人都不看好后市，卖出股票远离股市。其实，这是黎明前的黑暗，是一个非常好的投资机会。可惜很多人都没有看出这个机会，或者虽然看到了这个机会，但因耐不住寂寞而离场了。可是谁也没有想到，就在股市十分冷落时，以网络科技股为首的"5·19"行情突然爆发了，而且行情启动时就出现了高举高打、连续逼空的走势，股价快速上涨，市场上做多的主力不给低位离场者任何机会，大盘指数出现了火箭式的飙升。短短1个多月，上证指数就大涨了70%。综艺股份、清华同方、广电信息等网络科技股在不到2个月的时间内，股价竟涨了好几倍，这让一些当时在股市十分冷清时潜伏进场的投资者狠狠地大赚了一笔，同时也让当时低位离场的投资者心情十分沮丧，欲哭无泪。

第七次重大的投资机会出现在2005年夏天。当时沪深股市的大熊市已持续了4年，上证指数几年后又重新回到1000点。或许是股市跌得太惨了，有人竟然把股市与毒品联系在一起，"远离毒品、远离股市"成了当时很流行的口号。想想也是，很多股票都跌破了发行价、增发价、资产净值，一元股票大扩容，市场上出现了近百只一元股，股价被贱卖的现象十分严重。但就在投资大众对股市几近绝望时，一些先知先觉的投资者嗅到了市场机会，他们提前埋伏在那里，此后股市就奇迹般地起死回升了。2006年、2007年的2年中，沪深股市涨了5倍有余，个股上涨10倍、20倍都不鲜见，涨了5倍以上的有几百只，这让一些在千点附近进场的投资者，赚得盆满钵满。

第八次重大的投资机会出现在2008年冬季。2008年冬天是一个严寒的冬天，但比冬天更冷的是股市。股市中有一句名言，暴涨之后必有暴跌。2005年6月至2007年10月，沪深股市大涨了500%多，当上证指数攀上6000点高峰后，股市突然出现报复性下跌，其下跌犹如"飞流直下三千尺"，上证指数竟然在一年里，从6000多点狂泻到1600多点。如此凶狠的跌法，大家过去都没有见到过，投资者的财富被快速蒸发，跌到1600多点时很多人神经都快崩溃了，选择轻生者有之，发病卧床不起者有之。但市场就是不可捉摸，就在人们担心股市会继续下跌、出现崩溃时，市场悄悄地见底了，然后慢慢地向上，一轮强劲的反弹就此应运而生，仅半年多时间，上证指数从1664点就涨到了3478点，大盘指数上涨了109%。更令人欣喜的是，一批行业新秀与中小盘个股的股价不仅收回了失地，还创了历史新高（编者按：有的个股在这轮行情中，上涨后的价格比上证指数在6124点时的股价还要高出一大截）。据了解，一些有经验的投资者在上证指数跌破2000点后就开始逢低建仓，预先埋伏在那里，后来这些投资者都获利不菲，在2009年这轮行情中成了大赢家。

郑老伯说，上面说的机会都是重大的投资机会，在20多年的股市发展中，还出现了很多中等的或者比较小的投资机会，这里就不细说了。有人问：重大的投资机会意味着什么？说白了就是发大财的机会。在上面介绍的这八次重大投资机会中，通常只要抓住一次，就可以赚上几倍利润，多的还可能赚上10倍，甚至几十倍利润。一位投资大师说，一个人一生只要抓住一两次重大的投资机会，就可以改变一生的命运了。可见，重大的投资机会对投资者来说是多么重要。

【相关资料链接】

第一，在股市中能赚钱的，尤其能赚大钱的，都是抓住过重大投资机会的。据统计，沪深股市里有一批手握几百万元、几千万元甚至几亿元资金的大户，就是从几千元、几万元做起的。当初他们也是散户，现在变成了手握重金的大户，就是因为他们抓住了重大的投资机会，把自己做大做强了。

第二，股市中的重大投资机会，不会只给别人不给你，只给主力（庄家）不给中小散户。试想，上面说的八次重大投资机会，每一次都是在股市极为冷清的时候出现的，而每一次冷清的时间短则几个月，长则半年、一年，在这么长的时间里，人人都可以从容地去买股票，从容地去选择投资品种。这怎么可以说，股市中重大的投资机会只给别人不给你呢？但问题是，当股市中出现重大的投资机会时，你能不能发现它？发现了又能不能有勇气去接受它、逢低建仓并潜伏在那里？如果你连这些都没有做到，那就不要怨天尤人，要怪只能怪自己。实践已经证明，**在弱市中学会潜伏是赢家制胜的一个法宝。重大的投资机会来了，就要不顾一切地抓住它，这才是硬道理。**

郑老伯说，他20多年来的选股就认定一个死理——股市里最大的投资机会就在弱市中，人弃我取，在弱市中，可以有充分时间去研究股票，选择一些价廉物美的股票藏起来，日后必有大的收获。

有人问郑老伯，弱市中选择什么股票呢？郑老伯说，有人从弱市中挑选一些行业发展前景好、有题材，或者业绩处于高速发展状态的个股，股市回暖时，就有可能成为大黑马、大牛股。但是他认为自己没有这个能耐，因为文化程度不高，年龄大，对很多事情不敏感。因此他选股时主要是选自己以前熟悉的股票。比如，老八股中没有国家股、法人股的飞乐音响、爱使股份、方正科技是他熟悉的，也是他的最爱。其次，他也会挑选一些他熟悉的银行、保险类股票。

郑老伯说，虽然他挑选的股票，未来很难成为大黑马，但它们股本结构特殊，或者业绩相对稳定，没有退市风险，股市一旦回暖，股价涨幅也不小。

郑老伯说，除了选熟悉的股票外，他选股还有一个原则，谁的跌幅深就选谁。郑老伯认为机会都是跌出来的。

郑老伯告诉大家，自己入市20多年来，一直坚持"弱市学会潜伏"的选股与操作原则，买进后短期被套司空见惯了。他买股票时，一般要分二三次买，第一次买进基本上都是吃套的，跌下来以后在股价企稳时再第二次买进，如果再跌，就第三次买进。比如，2004年9月，上证指数跌穿了盘整多年的1300点，市场上出现了一片恐慌，他认为机会来了开始买股票，当时他买浦发银行时，股价在8.30元左右。后来随着指数下跌，2004年末，浦发银行股价跌到了7.30元，他第二次买入，后来浦发银行股价继续下跌，跌破了7元，他第三次买入。最后该股跌至6.41元才见底。2007年大牛市时，浦发银行最高涨至61.97元才见顶回落，但郑老伯在浦发银行涨到30元以后他就陆续把它卖了（平均卖出价为35元）。郑老伯认为，低位买来的股票，涨到一定程度就要卖出，要见好就收，后面再涨就是人家的，自己不稀罕。

（评点：行情回暖时，对弱市中买进的股票，不是看到见顶信号止损出局，而是在行情火爆时止盈出局。郑老伯这种操作方法，既将一段利润留给别人，同时也将后面的风险留给了别人，保证了自己的资金安全。这种操作方法很适合稳健投资者使用，有意者可借鉴。）

有人问郑老伯怎么判断股市进入了弱市呢？郑老伯说他是这样判断的：

第一，在他周围已没有人谈论股票了，因为深度被套，发誓今后不再做股票的人越来越多。

第二，股市报刊、股票书卖不动了。比如，新华书店卖股票书的柜台，很少看到有人在翻看股票书了。

第三，证券公司大厅里已没有什么人了，证券公司大户室要么是人去楼空，要么是留下来的人也不看电脑，围桌打起扑克牌来。

第四，讽刺股市的段子、骂股市的话（比如远离毒品、远离股市）不绝于耳。

（编者按：判断股市是否进入弱市，专业人士往往用市盈率、市净率指标来测量；技术派人士则用K线、均线、成交量、KDJ指标与数浪方式来测量；市场派人士则根据市场供求关系，与盘中"三破发"的现象，即跌破发行价、跌破增发价、跌破净资产的状况来确定股市有无进入弱市。郑老伯则是用直觉与感受来判断股市什么时候进入弱市，这也可以说是一种非专业，但却很有效的另类方法。）

郑老伯的故事讲完了。从郑老伯的选股故事中，我们能得到什么启示呢？

启示一：坚持常识就是赢家。郑老伯炒股致胜的诀窍就是常识。这个常识核心内容是在股市中只买便宜的，不买贵的。试想，如果用3角、4角的价格买进价值超过1元、2元的股票，那日后在股市里赢钱就是大概率的事情了。郑老伯认为，在股市里要真正买到货真价实的便宜货，只有在弱市中。反之，在股市火爆时，股价都涨上去了，就没有什么便宜货好买了。郑老伯是这样想的，也是这样做的，所以他赢了。而大多数股民进股市买股票都是在股市形势好的时候。股市越火爆，买股票的人就越多。虽然，当时买进也可能赚一些钱，但买进的股价肯定要比弱市时高很多。如果后面股市一旦见顶，这些高位买进的股票就成了套牢筹码。

可见，在股市中投资者所犯的错误，大多数不是什么高深玄奥的错误，只不过是违背股市中只买便宜的，不买贵的常识而已。

启示二：量力而行，只赚自己看得明白的钱。看不明白、不靠谱的钱坚决不赚。在股市里有很多赚钱的方法，选股也有很多方法。如有人靠基本面分析赚钱，有人靠技术分析赚钱，有人靠寻找市场信息赚钱。在诸多方法中，自己就要衡量一下，究竟哪一种方法适合自己，适合自己的方法就是好方法。郑老伯依据自身的情况，选择了一种适合自己的方法，这个方法就给他带来了财运。而我们看到很多中小散户，炒股没有一种适合自己的方法，完全被所谓的内幕消息、流言、股评所左右，在股市里追涨杀跌，赚的时候也不知道怎么赚的，亏钱的时候也不知道怎么亏的。总之，一切都是糊里糊涂，这样在股市里就很容易成为输家。

启示三：专注成就梦想，定力铸就成功。成功学上有一个简单的道理，一个人只要专注一件事并保持定力，认真、反复地去做这件事，成功就会向他招手。郑老伯在股市里只专注一件事——弱市学会潜伏，并保持坚强的定力，一心不二用，炒股20多年来就是盯住这件事。从不关注其他的投资机会。所以获得了成功。据了解，因为郑老伯长期研究弱市现象，对股市是不是进入弱市就比常人认识得深刻、全面、透彻，对在弱市中选择买进的时机比一般人要精准。用郑老伯的话来说，虽然股市中有一句谚语，股市进入冬天，股市春天就不远了。因此股市冬天是买股票的时候，但股市的冬天就像中国节气一样，冬天可以分为"一九"至"九九"。"一九"、"二九"为初冬，"四九"、"五九"为中冬，"八九"、"九九"为深冬。一般来说，在股市进入初冬、中冬的时候还不是买进股票的时机，只有进入"八九"、"九九"深冬时，才可以买股票。但是，我们发现很多股民并不是这样做的，他们没有弄明白"股市冬天来了，股市春天就不远了"的道理，在股市刚进入初冬时就忙不迭地买进，但后来在股市漫长的冬天里，随着股价不断下跌，资产会严重缩水，他们就很难熬下去，熬不过去只能被迫割肉出局。可见，弱市学会潜伏，买进时机非常重要。郑老伯对弱市买进时机的把握远胜于其他投资者，原因是20多年来长期在研究它，关注它，所以才有比常人更强的洞察力、把握力，真所谓功夫不负有心人。

启示四：在股市里要想取得成功就要耐得住寂寞。 因为郑老伯坚持"弱市学会潜伏"这条炒股路子，很多时候都是处于休息、空仓的状态。有时一休息就是半年、一年，甚至几年。据了解，郑老伯20多年炒股就坚持一个原则，不到股市进入弱市时他是不会动手的。这件事看上去很简单，但真正做到却很不容易。试想，股市里几乎天天有涨停个股，天天有内幕消息或热点题材飞来飞去，若是投资者没有一个定力，耐不住寂寞，又怎么能抗得住这种诱惑呢？若是抗不住，一旦被这种诱惑俘虏过去，在别的时候买进了其他股票，真的到了弱市就没有钱了。这样的话，弱市学会潜伏就成了一句空话。所以弱市学会潜伏，就要耐得住寂寞，不将钱用在别处，专款专用，这样才能保证弱市学会潜伏获得成功。

其实，不只是"弱市学会潜伏"要耐得住寂寞。在中国炒股，采用其他途径、其他方法炒股也要耐得住寂寞。因为中国股市熊长牛短，很多时候是不适合买股票的，多做多错。有鉴于此，投资者就一定要学会休息，耐得住寂寞。从某种意义上说，股市赢家都是耐得住寂寞的人。

编后说明： 本书完稿后向读者征求意见时，有一些读者对本题很有兴趣，他们认为本题内容对炒股有很大的帮助。不过，他们还想进一步了解上海股市的早期历史，这样会给他们带来更多的投资启示。关于上海股市的早期历史，建议大家查阅《股市悬念扑克谜底解析》第42页~第50页（注：2015年上海财经大学出版了由黎航主编、设计的《股市操练大全（大礼包）》，大礼包内有《股市悬念扑克》、《股市悬念扑克谜底解析》、《股市实战训练卡》等内容）。

马老师说，投资者A君这几年似乎有神人相助，近几年来，他选的股票，后来十有八九都出现了大涨，据了解，他选股时既不看基本面，也不看技术面，甚至连股市的政策面，以及个股的题材、概念都充耳不闻。这就让人感到非常奇怪，这位投资者选股为什么不看基本面、技术面，他到底靠什么方法选股获胜呢？有人找到他，想问个究竟。这位投资者回答说，股市里基本面太深奥，他看不懂，股市里技术面真真假假，他无从把握，所以他放弃了用基本面、技术面选股的念头。但是，天无绝人之路，他找到了一种很另类但很可靠的选股方法，让他在股市中赚了大钱。那么，这是什么方法呢？这位投资者没有露底，仅仅是让我们看了他选的两个股票（见图489、图490）。

请问：你能从这两张图中看出什么名堂吗？为什么A君会选择在图中箭头A处买入，他敢于在此重仓跟进的理由是什么？A君究竟用什么方法选股的？

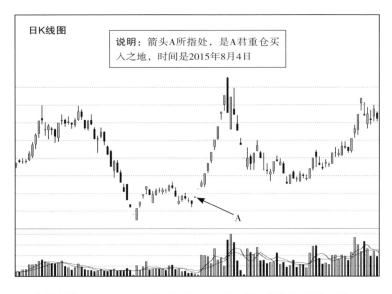

日K线图

说明：箭头A所指处，是A君重仓买入之地，时间是2015年8月4日

A

梅雁吉祥（600868）2015年5月18日~2015年10月30日的日K线图　图489

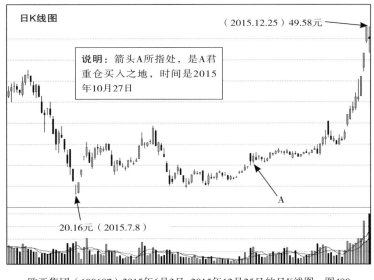

日K线图

（2015.12.25）49.58元

说明：箭头A所指处，是A君重仓买入之地，时间是2015年10月27日

20.16元（2015.7.8）

A

欧亚集团（600697）2015年6月3日~2015年12月25日的日K线图　图490

经分析，A君在图中箭头A处敢于重仓买入，是因为这天他得知上市公司的大股东出现了变更。说得通俗点，投资者A君选股使用的方法是**"看大股东变更选股法"**。从历史经验看，无论是中国股市还是海外股市，个股的大股东发生变化，总会弄出一些名堂来。若是原来的大股东被在社会上影响更大的股东所代替，那么日后股价的上涨概率居多。这种现象在中国A股市场上表现得尤为明显。因此，一些有心的投资者开始尝试看大股东的变更来寻找投资机会。业内人士将这种选股方法称为"看大股东变更选股法"。本题中的A君就是这样一个投资者。

据了解，在中国A股历史上，一旦某个股票的大股东出现更换，原来的大股东被更有实力的大股东所替代，除了大盘走势极端恶劣的情况之外，一般股价在短期内都会有个较好的表现。如果新的大股东实力、影响，在市场中认可度高，股价往往会有非常出色的表现。

比如，本题中图489、图490中的个股，虽然在2015年6月中国A股市场发生股灾时，出现了暴跌。但股灾后，它们的股价不仅很快收复了暴跌失地，还创出了新高。这在当时的中国A股市场上是一种很少见的现象。究其原因，这两个股票都出现了原来的大股东被实力更强，影响更大的大股东所代替的现象。

那么问题来了，A君的"大股东变更消息"是从内幕消息、小道消息中得知的，还是从其他什么地方得知的呢？A君严肃地说，重仓买入一个股票是把自己的身家性命押在上面，千万马虎不得，消息一定要准确、及时、可靠。那些似是而非的所谓小道消息、内幕消息，是不能相信的，相信了十有九错。一旦错了损失会非常惨重，很多人都在这方面吃过大苦头。因此，他是拒绝任何内幕消息、小道消息的，他的消息来源都是上市公司的公开消息。

比如，2015年8月4日，梅雁吉祥对外发布了"关于大股东变更"的公告，他仔细一看，当时国家队救市主力证金公司持有梅雁吉祥736万股，已成为该股的第一大股东。依据他的经验，国家队救市主力成为该股第一大股东，那该股必然会引起市场高度关注，后市可积极看好。于是，他一开盘就大量买入该股。A君说，这天买进该股并不困难，因为该股当日是以4.25元开盘的，开盘后股价先是下跌至4.22元，然后再封至涨停的。

又如，2015年10月27日，欧亚集团公布了2015年第3季度财务报表。报表显示：国家队救市主力证金公司持股434万股，成了其第5大股东；全国社保基金增持股份98万股，持股量上升为451万股，位置从原来的第7大股东晋升为第4大股东；在市场上美誉度很高的基金经理王亚伟，其手下的基金也买入了152万股，成为该股第9大股东。A君得知此消息后，当天就大量买入了该股。

A君认为，梅雁吉祥、欧亚集团的大股东都出现了很大的变化，原来老的大股东被社会影响力更大、资本实力更强的大股东替代，这样它们必然会引起市场的高度关注，股价就会有好的表现，事实也正是这样，在A君买进这两个股票后，这两个股票都获得了大资金的青睐，这也是导致这两个股票在股灾后股价出现大涨的最根本原因。

为什么大股东更换会引起股价大涨呢？因为当某个股票的重要股东变更之后，可能会对相关上市公司经营产生较大影响，进而改变市场参与者对此类个股未来业绩的成长预期。还有重要股东的个人魅力、人脉，均会对上市公司管理层产生潜移默化的影响。所以，前十大股东出现变更信息之后，往往意味着上市公司的未来发展趋势有望发生积极变化。众所周知，股市炒的是预期，当新的更有实力的大股东出现时，市场对其未来就寄托了新的预期，而股价变动的核心驱动力就是市场预期的变更。这就能清楚地解释为什么新的有实力的大股东出现会引起股价大涨，道理就在这里。

有人曾问我们，是不是因为2015年中国A股市场出现了股灾，才出现大股东变更的现象？答案应当是否定的。

其实，中国A股市场很早就出现了大股东变更引发股价大涨的现象。据了解，在中国A股市场最早的股票中，就有一些是上市无国家股、无大小非，全部为流通股的股票，如方正科技（600601）、飞乐音响（600651）、游久游戏（600652）、申华控股（600653）。这些股票上市20多年来，因为股本结构特殊，资本大佬对其控股权争夺非常激烈，而每一次大股东的更迭，都引起了股价的大涨，这也成为中国A股市场的独特风景（比如，方正科技这个股票，它是中国A股市场最早上市的股票之一，其原名叫"延中实业"。1993年9月，深圳宝安集团通过二级市场大量买入该股，最高持股数量达到了该股总股本的15.98%。至此，原来的大股东被其替代，这是中国A股市场通过二级市场大股东变更的第一个案例。此消息公布后，该股股价就出现了暴涨，在不到2个月的时间里，股价从8.75元涨至42.20元，最大涨幅达到382.29%）。

即使在2015年这一个不寻常的年份中，个股的大股东更换现象也并非都发生在股灾中，股灾发生前就有，股灾后股市进入调整、修复阶段时又再次涌现。这里我们再举两个例子，以飨读者。

实例一：龙生股份（002625）。该股是深圳中小板市场的一个老股。它自2011年11月上市后，股价就一直没有什么好的表现。但是到了2015年，股价突然出现暴涨【注】，仅仅用了48个交易日，股价就暴涨了15倍多（见图491），创造了中国A股市场短期内老股快速上涨的最高记录。

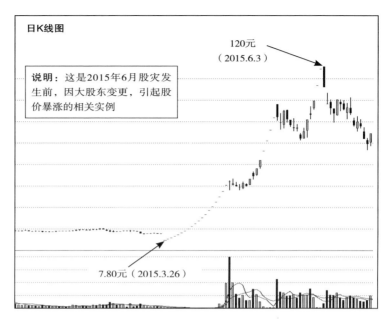

日K线图

120元
（2015.6.3）

说明：这是2015年6月股灾发生前，因大股东变更，引起股价暴涨的相关实例

7.80元（2015.3.26）

龙生股份（002625）2014年10月30日~2015年6月24日的日K线图　图491

作为一个老股，为什么龙生股份能够在这么短的时间里创造出股价火箭式上升的奇迹呢？据悉，当时该股既不是重大资产重组，更非借壳上市，仅仅是要募资72亿元搞其他业务。但是，看上去一个普通的增发实际上隐藏着一个奥秘，就是这次增发之后将造成实际控制人的变更，这是股价出现暴涨的一个最重要原因。

据了解，龙生股份在2015年3月拟定增募资72亿元投向超材料智能结构及装备产业化相关项目。通过本次定增，不仅国内超材料龙头光启科技将成为龙生股份公司控制人（占有该公司44.38%的股份），募投项目资产更将为公司年新增超16亿元的利润。

借此利好，公司股价直线上涨，并连续在4月、5月频频异动上涨创出新高，股价一度触及120元。业内人士预计，在全球"工业4.0"进程持续深化、"智能

【注】 龙生股份2014年12月31日起停牌，停牌前的收盘价为12.06元，2015年3月26日发布拟定向增发募资不超过72亿元的公告后复牌，正好公司实施10股转增7股的分红方案，前一交易日股价除权后变成7.09元，3月26日起股价连续19个"一字线"涨停板，一下子上涨到43.36元，股价上涨了5倍多。这样的涨幅一般人认为差不多了，然而，好戏并没有结束，股价上涨休整几天后，2015年5月6日开始，龙生股份又是连续上涨，最高涨至120元见顶回落。期间，股价最大涨幅高达1592.52%。

由于当时该股大部分时间是停牌，实际上，该股上涨15倍多只用了48个交易日，有句话叫"十年十倍"，就是说，一只股票能够10年涨10倍已经很不容易了。然而，龙生股份在2015年仅仅用了48个交易日就涨了10多倍，这样的纪录，可以称为"空前绝后"，它也成为了2015年股市疯狂的缩影。

+"应用领域不断扩大的时代背景下，超材料智能结构作为战略新兴产业及人工智能革命中的代表产品，将在未来社会经济发展中起到重要推动作用，具有巨大的市场发展前景。

这次龙生股份定向增发，看上去既不是重组也不是借壳，但实际上就是光启科技入主龙生股份。伴随股价暴涨，该股原实际控制人，最大股东俞氏夫妇得以从容退出（注：俞氏夫妇2001年创办主营汽车座椅功能件的龙生股份，持有公司近半股权。长期手握公司近半股份的俞氏夫妇，半年多来通过大宗交易以及协议转让，从大股东位置彻底让位）。

说到底，该股当时如此牛气冲天[注]，一切都是因为大股东变更引起。大股东的变更改变了市场的预期，从而触发了股价的大涨。

实例二：万科A（000002）。2015年末，沉寂已久的万科股票在二级市场演绎了一轮疯涨行情。2015年11月30日至12月18日短短十几个交易日，万科股价便从14.28元涨至24.43元，成交金额高达797.9亿元，期间共出现五个涨停板，涨幅高达71.08%，创七年多来新高（见图492）。

市场人士认为，万科A股股价大涨来自于当时"宝能系"、安邦等资本大举增持的消息刺激，而其中

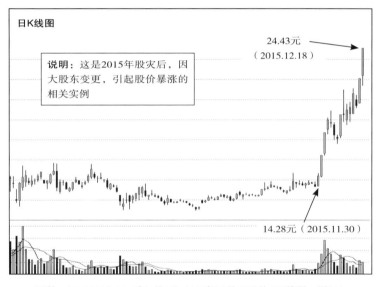

万科A（000002）2015年7月6日~2015年12月18日的日K线图　图492

游资抢筹猛烈。龙虎榜数据显示：2015年12月1日，万科A涨停，一家机构一口气买入10.72亿元。2015年12月2日，又有两家机构专用席位合计买入22.92亿元。2015年12月9日，以深圳、上海等地方营业部为阵地的游资继续抢筹。2015年12月17

【注】2015年6月，中国A股市场暴发了一轮罕见的股灾，龙生股份也出现了暴跌，股价从120元最低跌至26.73元，后来该股出现反弹，年末股价收至48.65元。最终该股以全年586.18%的涨幅，列为2015年中国A股市场的十大牛股之一。

日，标为专用席位的两家金融机构加入抢筹大战之中，合计净买入近26.5亿元。

显然，当时万科股票的疯涨，游资抢筹，与当时一些险资大量买进万科A股票，不断举牌，意欲争夺万科A掌舵人的行为密不可分。换一句话说，因为有人要争夺万科A大股东的位置，争当公司的龙头老大，所以才出现了万科A股票的疯涨。

可见，在股市里无论什么时候都存在着股权争夺的现象。在证券市场上，只要公司上市了，实质上就进入了"待价而沽"的状态，这是一个寻机等待被收购的过程。这个过程既可以是几百股、几千股小散户式的收购，也可以是几千万、上亿股的收购，道理是一样的。当然买进量超过5%，按规定需要举牌公告，这往往意味着大股东的位置要调整了。大股东变更会引起股价大幅波动，从而也给市场带来了一个很好的投资机会。

历史经验反复证明，重要股东变更会成为股价涨升的催化剂。一方面，它会对相关上市公司二级市场筹码供给关系产生实质性影响，买力增强，股价自然迅速涨升；另一方面，它给二级市场股价带来强劲的价值重估能量。因为只要有估值洼地，就会引来市场的关注。如此就很容易形成强劲的价值重估趋势，引导股价节节涨升。

简言之，大股东变局在，机遇就在，各种股市炒作会应运而生，至于投资者如何抓住其中的投资机会，就看各人对此事的认识与敏感程度了。倘若对此事认识深刻准备工作充分、市场敏感程度又很强，就能以此选出一些黑马股、大牛股来，为自己带来丰厚的投资回报。

根据高手的经验，投资者在使用"看大股东变更选股法"时，应该注意以下几个问题：

第一，要重视个股的重要股东变更信息。因为只有及时了解这方面信息，才有可能抓住其中的投资机会。据了解，在当下股市中，重要股东变更信息主要来自3个方面：

一是险资等金融资本的举牌信息。这些险资直接从二级市场大肆买入股票，然后公告已经持有相关上市公司股本比例超过5%，甚至更高。如此变更颇具气场，舆论将险资举牌称为野蛮人登堂入室，这对股价的影响力是迅速、直接的。比如万科A，居然在不到一个月内股价涨升70%。欧亚集团、大商股份、金融街等个股均有类似的K线图形。也就是说，金融资本举牌带来的重要股东变更，对股价影响是直接的、猛烈的，但股价强势行情的时间周期并不是很长久。

二是大股东或高管的积极增持信息。比如在2015年3季度的股灾期间，不少上市公司高管、实际控制人、控股股东均大力增持。欣龙控股等员工持股计划在此周期迅速完成了建仓任务，在随后的市场演绎中，丰华股份等个股出现大股东大举增持的行为。随着市场企稳，此类个股股价缓慢回升，欣龙控股等个股的股价涨幅有一倍左右，时间运作周期长达两三个月。之所以如此，原因是增持之后，市场筹码趋于沉淀，随着市场企稳，新增资金缓慢加仓，驱动股价稳健回升。

三是具有名人效应的重要股东变更信息。比如前些年，电影明星等公众人物成为上市公司前十大股东，进而成为游资发动行情的借口、题材催化剂。近来，具有名人效应的重要股东变更信息出现积极变化的趋势，即"此"上市公司的实际控制人或高管或曾经的高管、控制人，会出现在"彼"上市公司前十大股东名单之列。比如，2015年3季度财报显示，大连圣亚的前十大股东中出现了与综艺股份的实际控制人昝圣达同名同姓的股东。广济药业公告称誉衡药业的实际控制人朱吉满，通过个人账户以及委托理财的方式集中增持了1258万股广济药业股份。与之相对应，个股股价节节走高，坡度渐呈加速态势。

第二，对前十大股东信息变更带来的投资机会，要具体情况作具体分析。因为有的只是短期内对股价涨升有推升作用，但中长期对股价涨升推动作用有限，甚至会出现不涨反跌的现象。比如，2015年救灾期间证金入主梅雁吉祥，以及历史上一些"三无股"被频频举牌后都出现过这样的情况。其原因是，大股东变更并没有给上市公司经营带来实质性的变化，所以热闹了一阵子就会沉寂下来。有鉴于此，投资者在使用"看大股东变更选股法"选股时，要结合上市公司基本面作认真分析，若判断大股东变更不能对上市公司的经营带来实质性变化，就只能采取短期持股待涨策略，切不可盲目采取中长期持股策略，谨防高位吃套。

第三，在获得大股东变更的重要信息后，加入时间要早，越晚加入风险越大。这是因为大股东变更引起股价上涨的情况，大部分是市场的短期行为，而真正因为大股东变更促使上市公司经营出现了实质性的变化，引发股价持续上涨的情况只是小部分。有鉴于此，所以在获得大股东变更信息后，出手要早，这样即使股价上涨是短期行为，因为加入早，在股价快速上涨后也能从容卖出，而加入晚了，风险就相对较大，如股价见顶卖出不及时，说不定还会被套在高位，那就不值得了。下面我们来看一个实例。

实例三：冠城大通（600067）。该股与前面图489中的梅雁吉祥一样，在对外公告证金入股，证金公司成为其第二大股东后，引起了股价暴涨。但从图493中看，该股暴涨时间很短，若不是及时加入，跟进晚了就会存在很大的风险。

该股在公告大股东变更信息后，股价上涨时间很短，因此出手快、加入早就非常关键

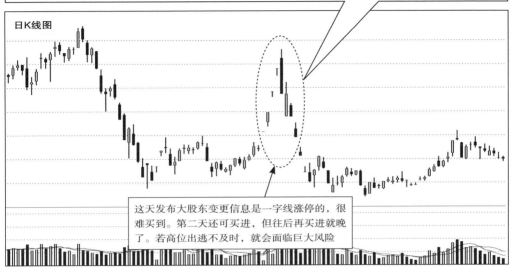

日K线图

这天发布大股东变更信息是一字线涨停的，很难买到。第二天还可买进，但往后再买进就晚了。若高位出逃不及时，就会面临巨大风险

冠城大通（600067）2015年5月22日~2015年11月3日的日K线图　图493

第四，要做有心人，打有准备的仗。"看大股东变更选股法"，看似简单，但真正使用好它也不容易。比如，某个股票大股东变更了，但新的大股东是谁？其实力是否比原有的大股东强？入驻的目的是什么？如果这些情况都不清楚，盲目投资就存在着很大风险。又如，名人效应中的名人，他究竟是哪一方面的名人，他在哪些公司中担任股东，现在又把手伸向哪一家公司。如果对这一切都茫然不知，那么再好的名人效应，到你手里都是"零"，发挥不出什么作用。另外，对新入驻的大股东进行深入了解，我们就能正确判断大股东的变更引发股价上涨是不是短期行为，这对我们制定下一步操作策略会带来很大帮助。

可见，要让"看大股东选股法"出彩，产生出其积极效果，就一定要做有心人，平时就要做好充分的资料积累工作，这样真到用时就能派上用处。

汇集海内外各路高手的选股经验、绝招，涵盖基本面、技术面、市场面、心理面等各层面。

360°选股技巧，助君早日成功

专项练习 29

马老师说，下面两个股票（见图494、图495）走势都很强劲，如果在其行情启动之前就重仓买进，那无疑是大赚特赚了。但这样的好事与大多数人无缘。因为谁能事先就知道什么样的股票日后有如此强劲的走势呢？

不过，这一选股难题被某位高手破解了，他通过多年的研究，总结了一套行之有效的捕捉黑马的方法。

该方法的要点是：紧紧盯住有 ＿＿＿＿＿＿ 的股票，在其＿＿＿＿＿＿前夕，或在其行情启动初期加入。如果你能深入了解高手这种别出心裁的选股方法，或许你也能像高手那样抓住这种天赐良机了。

现在请你先在上面文中空白处填上恰当的字。然后回答下面的问题：①举例说明高手使用的究竟是什么选股方法？②投资者按照这种选股方法进行操作时要注意哪些问题？

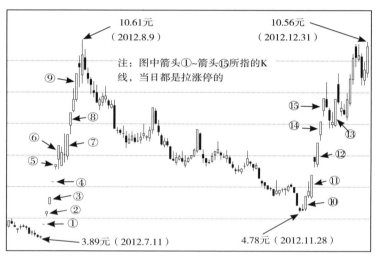

罗顿发展（600209）2012年6月26日～2012年12月31日的日K线图　图494

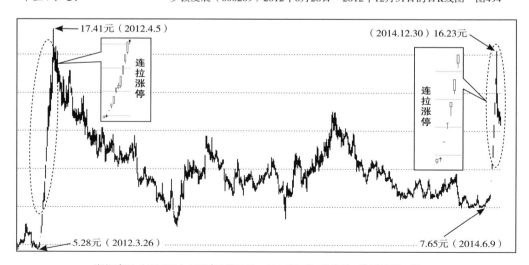

浙江东日（600113）2012年2月20日～2015年1月9日的日K线压缩图　图495

填充：涨停基因、梅开二度。

填充后，高手所说的方法就很清楚了，其名称就是"涨停基因·梅开二度"选股法。高手认为，从短线操作的角度看，最佳的选股方式就是要选前期股价连拉涨停，并在暴涨结束后，股价大幅回落，尔后又在其股价调整到位，即将梅开二度时或新行情启动初期果断地重仓加入，如此操作往往就能逮住一匹黑马，获得丰厚的投资回报。

比如，图494中的罗顿发展，前期股价出现暴涨，仅仅14个交易日，股价就从3.89元涨至10.61元，涨幅达到172.75%。尔后股价经过3个多月的调整，从10.61元跌至4.78元，然后，又出现了一轮快速上涨，23个交易日后，股价冲至10.56元，涨幅达到120.92%。图495中的浙江东日，前期股价出现暴涨，仅仅18个交易日，股价就从5.28元涨至17.41元，涨幅达到229.73%。该股暴涨见顶后，经历了长达3年时间的调整，在股价跌至7.65元后，主力又对该股启动了一轮快速上涨行情，17个交易日，股价就从7.65元涨至16.23元，涨幅达到了112.16%。

这两个股票，前期出现过暴涨，隔了一段时间，再次出现暴涨。显然，从其行情性质来说，属于"梅开二度"。投资者只要在它们梅开二度的前夕介入，短期内都可以获得很大的收益。从其涨幅看，一个月不到涨幅就超过1倍，这个绝对收益是非常可观的。投资者如果想要抓住它们梅开二度的机会：一是要充分认识这些股票的体内有"涨停基因"，因为只有认识到这些股票的"基因"与其他股票不同，你才会注意它；二是要在其股价调整到位，新行情启动前或启动初期及时跟进。

那么，什么是"涨停基因"？为什么要选有涨停基因的个股呢？下面我们看看高手的分析。

首先，高手向大家解释了什么是"涨停基因"？高手说，涨停基因只是一种打比方的说法。大家知道，生命的个体差异是由各自的基因决定的。基因又称DNA，是一种遗传物质，可以理解为一种与生俱来的东西，股票的特性也有遗传性，比如涨停。有些个股似乎具有"涨停基因"，股价动辄出现涨停板，有些个股走势一直是温吞水，缺乏涨停细胞，几年下来也不见涨停出现，更有甚者有的股票因缺乏"涨停细胞"，上市以来从未出现过涨停。所以，我们要寻找能拉涨停的股票，就必须在具有涨停基因的个股中挖掘。

三十六计中第一计是瞒天过海，"备周则意怠，常见则不疑。阴在阳之内，不在阳之对，太阳，太阴"。这是说最最隐秘的事物，往往隐藏在最最公开的事物之中。我们到处去寻找黑马股，不如等它出现涨停之后便一目了然。市场中实力最强的短线手法，无非是连拉涨停板。那么，我们只要把一段时期内出现过连拉涨停板的股票，作为我们的备选对象就可以了。此种股票是市场中真正的强势股，足具王者之风，如飞龙在天，气贯长虹，此种股票天生就具有涨停基因的。说白了，涨停基因的形成就是因为操作该股的主力，操盘手法凶狠所致。只要形势对其有利，他们就敢于对其操作的个股连拉涨停。因此说到底，认识一个股票有无涨停基因，实际上就是认识主力操作手法是温和还是强势、超强势的过程。一般来说，只有主力介入很深的股票，资金实力很强的主力，才能让其操作的个股打上"涨停基因"的烙印，而这些股票大多属于中小盘股。

高手接着说，对有着丰富涨停基因、过去曾经出现过大涨的强势股，其股价见顶回落，股价跌至低位时就应该密切关注。因为这一类股票，只要其炒作题材的故事还没有讲完，就会有梅开二度的表现机会。投资者若在低位时积极介入，说不定就能撞上一匹大黑马。这里我举两个实例。

实例一：天舟文化（300148）。高手说，这是他自己重点操作的一个股票，该股在2011年10月曾经出现过一波上涨行情。当时其走势十分凶悍，低位上来时，一下子拉出了4根涨停大阳线，仅仅两个月，股价就出现了翻番（编者按：有关高手当时操作该股的详细情况介绍，请见《股市操练大全》第10册第32页~39页）。之后该股在31.21元见顶后，就处于跌跌不休的状态，股价最低跌至8.59元，最后股价在8.59元附近挖了一个坑。从技术上看，这个坑就很有可能是"黄金坑"，是股价见底之处（见图496）。考虑到该股是沪深股市文化板块中很有代表性的一个股票，前期股价大涨的主要原因是：因为2011年10月党的十七届六中全会通过了《中共中央关于深化文化体制改革，推动社会主义文化大发展大繁荣若干重大问题的决定》，该股受此政策利好刺激，被市场热烈追捧，所以成为了当时跑赢大势的一匹短线黑

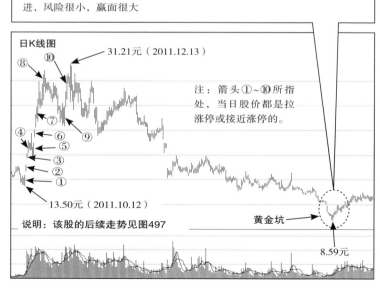

此处的坑，很可能就是构筑底部的一个黄金坑。在黄金坑边缘处买进，风险很小，赢面很大

日K线图

31.21元（2011.12.13）

注：箭头①~⑩所指处，当日股价都是拉涨停或接近涨停的。

13.50元（2011.10.12）

说明：该股的后续走势见图497

黄金坑

8.59元

天舟文化（300148）2011年9月19日~2013年1月29日的日K线压缩图　图496

马。该股股价后来虽然出现了深幅调整，但文化体制改革是一个长期的大政策，这样天舟文化的故事就不可能讲完。另外，它还有一些新的概念、新的题材可以挖掘，主力是不会放过这样的机会的。若时机成熟，该股将来梅开二度，股价再次出现大涨的概率很大。高手说，当时我看到该股在低位挖出"黄金坑"，盘中发出明确的底部信号后，我就知道主力快要动手了。于是我重新重仓杀进，过了不久，该股再次展现了它连拉涨停的凶悍走势。因此我又一次在该股上大赚了一笔（见图497）。

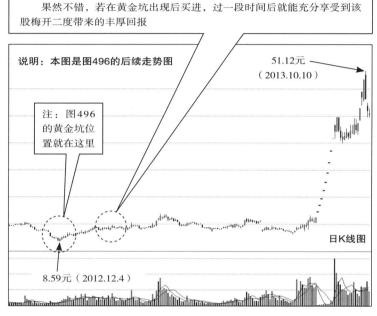

果然不错，若在黄金坑出现后买进，过一段时间后就能充分享受到该股梅开二度带来的丰厚回报

说明：本图是图496的后续走势图

注：图496的黄金坑位置就在这里

51.12元（2013.10.10）

8.59元（2012.12.4）

日K线图

天舟文化（300148）2012年10月30日~2013年10月14日的日K线图　图497

实例二：成飞集成（002190）。该股属于军工概念股。近年来，市场关于其涉及航天军工、试制歼击机、地空导弹等现代化军用产品，以及与该股相关的并购重组的传闻不断，主力也借机对该股进行大肆炒作，炒作时连拉涨停，走势十分强悍。据查，

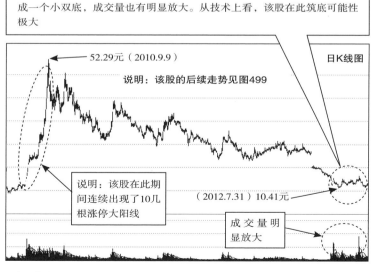

该股下跌到这个位置，股价已比其高峰时跌掉8成，而此时股价已形成一个小双底，成交量也有明显放大。从技术上看，该股在此筑底可能性极大

日K线图

52.29元（2010.9.9）

说明：该股的后续走势见图499

说明：该股在此期间连续出现了10几根涨停大阳线

（2012.7.31）10.41元

成交量明显放大

成飞集成（002190）2012年5月22日~2012年10月10日的日K线压缩图　图498

第一次炒作始于2010年，股价最低从8.45元涨至52.29元，然后股价又一路下跌至10.41元，并在10.41元处构筑了一个小双底。2012年10月，该股已有调整到位的迹象（见上页图498）。因为该股军工概念与重组概念的故事还会重新开讲，所以，成飞集成梅开二度的机会是值得期待的。后来，果不其然，主力又开始狂炒该股，连拉涨停，其走势比前面的一波上涨来得更加猛烈（见图499）。

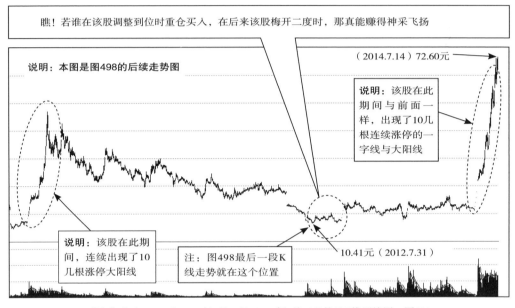

瞧！若谁在该股调整到位时重仓买入，在后来该股梅开二度时，那真能赚得神采飞扬

说明：本图是图498的后续走势图

（2014.7.14）72.60元

说明：该股在此期间与前面一样，出现了10几根连续涨停的一字线与大阳线

说明：该股在此期间，连续出现了10几根涨停大阳线

注：图498最后一段K线走势就在这个位置

10.41元（2012.7.31）

成飞集成（002190）2012年5月21日~2014年7月16日的日K线压缩图　图499

高手说，从我个人的投资经验看，通过涨停基因，寻找梅开二度的投资机会，方法并不难。但真正要做好这件事，并能获得预期的效果。大家需要注意以下几个问题。

一、机会是留给有准备的人的。比如，该方法要求找到涨停细胞多的个股，若你平时不做功课，不去调查个股的以往历史，你怎么知道哪些股票涨停细胞多，哪些股票涨停细胞少呢？又如，对一些题材概念丰富，故事没有讲完的个股，在它们前面强势上涨，冲高回落调整到位后，主力会再次关照它们。这样这些个股就有东山再起，梅开二度的机会。但问题是，你要分析出哪些概念、题材的炒作只是一次性的，并没有持续性，哪些概念、题材的炒作是有延续性的，第一次炒作过后冷了下来，只要时机一到，市场眼球又会被它吸引过去。而主力也是顺势而为的，主力只会关照后者，而不是前者。所以，你只有投资后者才能享受到梅开二度的机会。但是，若要分析概念、题材有无延续性，是不能拍脑袋的，必须学习研究国家的产业政策、股市政策，再联系到个股的基本面，你才能正确判断出哪些个股炒作的概念、题材是一次性的，哪些个股概念、题材的炒作有了第一次后，还会有第二次，甚至第三、第四次炒作机会。可以这样说，谁在这方面做足了功课，下了狠功夫，谁就更容易寻觅到梅开二度、梅开三度的投资机会。

二、不要人云亦云，要学会独立思考。要想抓住梅开二度的投资机会，随大流的人是做不到的。这是为什么呢？因为抓住梅二开度投资机会的过程实际上就是逆大众思维的过程。比如，老股民都知道股市里有见光死的现象，即当利好没有出来时股价在涨，而一旦利好出来后，股价却掉头向下了。这就是业内人士所说的"利好出尽皆利空"。因此，很多老股民一看到某股票利好消息出来后的第一个反应就是"见光死"，马上把股票卖出。这已经成了多数人的一种思维习惯，因为大家都是这样想、这样做的。这似乎没有什么不对。但对一个要想抓住梅开二度投资机会的人来说，就不能随大流了，要理性的看待见光死了。其实，见光死有真死与假死的区别，若股价大涨后出现利好消息，那么这种见光死多半是真死，而股价在低位只是稍微涨了一下出现利好消息，那么这种见光死多半是假死。若把假死当成真死，就会看空后市，根本发现不了它后面梅开二度的机会，而恰恰这些假死的股票，在大众看空其后市后，却是"意外"地出现了大涨。这里我举一个例子。

实例三：太钢不锈（000825）。该股股价几年来一直处于下跌状态，股价从最高33.58元跌至最低2.30元，可谓跌得惨不忍睹。2014年5月，外界传闻其主营产品不锈钢价格已出现见底回升迹像，而当媒体正式公布"市场不锈钢价格上涨促使该股净利润有所增加"的消息后，出现了见光死（见图500中画圈处）。很

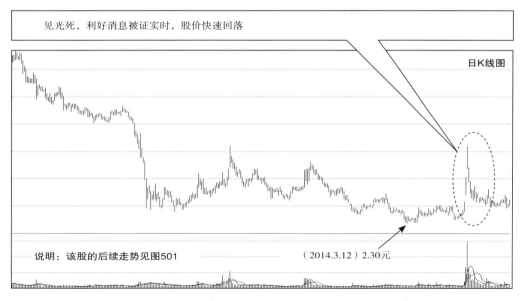

见光死，利好消息被证实时，股价快速回落

日K线图

说明：该股的后续走势见图501

（2014.3.12）2.30元

太钢不锈（000825）2013年2月1日~2014年6月23日的日K线压缩图　图500

多人据此推断该股后市岌岌可危，但没有想到该股的见光死是假死，此后该股出现了大涨（见图501）。

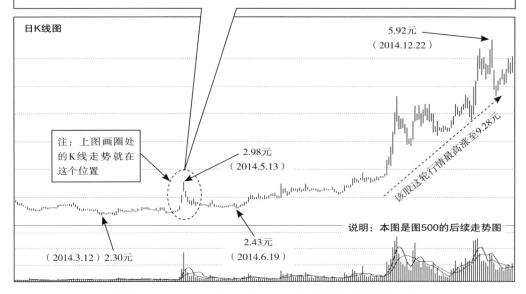

瞧！该股利好出来后的见光死，其实是一种假死。从图中看，该股在所谓的见光死后，最低回探至2.43元，股价并没有创新低（注：这点非常重要，投资者看图时一定要看仔细。否则，就会对行情性质作出误判）。过了不久，该股就出现了大涨，这让一些因为见光死看坏该股的投资者十分后悔

日K线图

5.92元
（2014.12.22）

该股这轮行情最高涨至9.28元

注：上图画圈处的K线走势就在这个位置

2.98元
（2014.5.13）

说明：本图是图500的后续走势图

（2014.3.12）2.30元

2.43元
（2014.6.19）

太钢不锈（000825）2014年1月3日~2015年1月7日的日K线压缩图　　图501

三、看准了就要敢于重仓。有的投资者看准了一个股票但不敢重仓。很多散户投资者本来资金就不多，但买了八九个，甚至十几个股票，这样资金配置是很有问题的，因为股票太分散了，是赚不到大钱的。比如，即使某个股票后来变成了大黑马，但因为它所占整个资金比例不高，这样最后只能赚点小钱，赚大钱就不行了。我认为投资者若看准了某个股票有梅开二度的机会，就要敢于重仓持有。所谓重仓，就至少要占自有资金的1/4~1/3（当然，为了预防万一，一般单个股票不宜超过自有资金的1/2）。如此，即使一年能找准2次这样的机会，每次赚上百分之五十，绝对值就很大。几年下来，就能把自己做强做大。

又及：本书完稿后向读者征求意见时，读者对高手的"涨停基因·梅开二度"选股法颇感兴趣，同时也提出了一些问题。现根据读者的要求，解答如下：

①问：高手这一选股方法，有什么意义？

答：高手这种方法，为投资者发现黑马提供一种新的思路。众所周知，捕捉黑马若获得成功，收益颇丰，但黑马不易发现，寻找难度很大。而按照"涨停基

因·梅开二度"的选股方法，就能将寻找黑马的股票缩小到一个很小范围，这样操作起来就方便多了，选股就会出现事半功倍的效果。

②问：一个股票能否出现梅开二度的机会，是否会成为黑马，与股票涨停有必然联系吗？

答：高手挖掘的梅开二度的黑马股，都是一些走势凶悍的强势股，这些股票不动则已，真正动起来就一鸣惊人，表现在盘面上就是不断拉出涨停。也就是说，强势股上涨离不开涨停。所以昔日经常有涨停记录的股票，比没有或很少有涨停记录的股票往后变成黑马股的机会要大得多。有鉴于此，投资者在选股时对涨停细胞多的股票要密切关注，不要错过其中的投资机会。

当然，慢涨的股票中也会催生出黑马，并非只有强势上涨的股票才能成为黑马。这只能说明股市里的黑马形式是多样化的。但黑马股若以强势上涨形式出现，那就离不开涨停，这是不可否认的事实。从高手的选股思路来看，他预期的那些梅开二度的股票，一般在行情起来后，都不会慢吞吞地上涨，而一定是急风暴雨式的往上攀升，这自然就要看谁的股票涨停基因厉害，厉害者则会更胜一筹。

③问：对具有丰富涨停基因的股票，寻找梅开二度的投资机会，何时买入妥当呢？

答：一般来说，在其股价调整到位时买入最适当，因为这些股票以前都是强势股。强势股见顶后下跌往往是非常厉害的，若股价没有调整到位时过早买入就会买在半山腰，这就不划算啦。但若等其调整到位后行情起来时买，或者会因为行情起来时，连拉一字线涨停，你根本买不着，等一字线涨停打开时股价已经很高了，此时买进往往就会面临较大的风险。故而最好是在股价调整到位，主力建仓进入尾声阶段买入是最妥当的。一是因为这个时候股价不再大跌，买进吃套的风险小了；二是此时股价往往是最便宜的，买进的成本会很低。

那么，如何确定股价调整到位呢？根据经验，主要看调整的空间、调整的时间是否够（通常，从空间上来说，股价下跌的幅度不小于50%；从时间上来说，股价调整的时间不少于6个月。但是，如果短时间内出现急速下跌，幅度超过50%，比如，达到了60%、70%，就不要拘泥调整时间长短，一二个月也可视为调整到位了。），成交量是否出现大幅萎缩，技术指标是否有底背离，等等。当满足这些条件，一旦有新的增量资金入场，买进信号出现，就是跟进做多的良机。

④问：如果无法把握股价是否真的调整到位，那又该怎么操作呢？

答：此时可采用两个办法来解决操作的问题。一是可以在股价大幅下跌后，分批买入，买入后就潜伏在里面。比如，股价跌幅超50%后先买一些，跌幅超过60%后再买一些，跌幅超过70%后再买一些，如此等等。二是可以等到行情启动时再买入（当然，若碰到行情重新启动时，出现连续一字线涨停的情况，那就没有办法了。但好在出现连续一字线涨停情况并不多见，因此，只要不是连续一字线涨停就有机会买进。这个到时候就要看运气了）。

方法是：第一，股价低位横盘后，当5日、10日、30日均线形成多头排列时可考虑跟进。第二，股价在低位突然拉出一根大阳线，且第二天依旧高开高走，特别是跳空向上时可考虑跟进。第三，股价突破重要的阻力位，如突破潜伏底的上边线、双底或头肩底的颈线后，此时可考虑跟进。但这里需要注意的是，在决定是否要跟进时，还要看下面的成交量，只有下面的成交量呈现放大态势才能跟进。因为成交量太小，显示做多力量不足，难以支撑股价上行（注：这里不包括有特别利好消息出现一字线涨停的情况，出现一字线涨停时，通常成交量很小，这可另当别论）。

⑤问：股价跌至低位突然出现先急涨后急跌的现象，高手把它视为是主力在进行火力侦察，那么，会不会出现火力侦察是假，拉高出货是真的情况呢？

答：股价跌至低位突然出现急涨急跌，究竟是主力在股价拉升前的火力侦察，还是主力认为股价还有较大下跌空间或因为资金链断裂等原因在拉高出货呢？关键要看股价急涨急跌后，会不会创新低。若不创新低，就有可能是火力侦察，若创新低就有可能是拉高出货。下面请大家看两个实例。

实例四：山东钢铁（600022）。2011年10月，该股股价在跌至3.50元附近出现了股价异常波动——形成了一波急涨急跌的走势（见图502）。此时该股的股价与其顶峰时的最高价27.30元相比，已跌掉8成以上，显然是一个历史低位。有人认为在这历史低位出现的股价异常波动是主力吸筹后的试盘，理应看好，有人则认为是主力在此利用股价异常波动再一次诱多，目的是要骗大家进来，自己

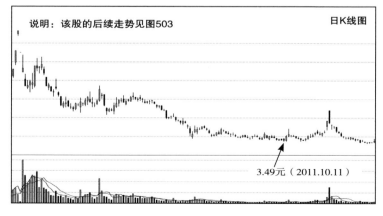

该股在跌至低位时出现了一波急涨急跌的走势。后市应该如何评判，市场意见分歧很大

说明：该股的后续走势见图503

日K线图

3.49元（2011.10.11）

山东钢铁（600022）2011年4月19日~2011年12月8日的日K线图　图502

则可溜之大吉。

其实，真相究竟如何，只要看这之后股价是否创新低，一切就可以明白的。当时该股已经创出了新低（见图503中画虚线处），后市形势自然就不妙了。

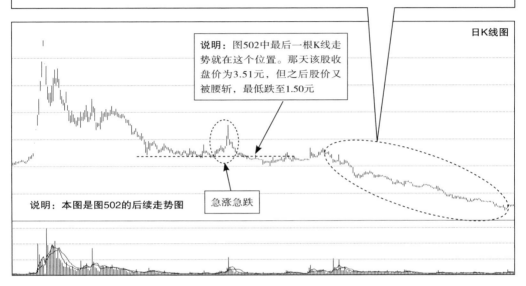

瞧！2011年10月，该股股价跌至历史低位时，出现了急涨急跌的走势，尔后股价回落时创了新低（股价已跌至虚线之下，说明此时股价已创了新低），这显然是主力在拉高出货。故而投资者对急涨急跌后创新低的现象应予以高度警惕，应及早撤退为宜，若继续持股就会出现深套

说明：图502中最后一根K线走势就在这个位置。那天该股收盘价为3.51元，但之后股价又被腰斩，最低跌至1.50元

日K线图

急涨急跌

说明：本图是图502的后续走势图

山东钢铁（600022）2011年1月21日~2012年9月12日的日K线压缩图　图503

实例五：方正科技（600601）。2012年12月4日，该股最低跌至2.13元，这个价格与其上一轮牛市顶峰时15.85元价格相比，已跌掉8成。然后，该股先是缓慢上涨，后又出现了一轮快速上涨，但很快股价就形成了冲高回落的走势，股价几乎又跌回原地（见图504）。

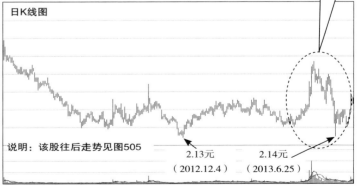

细节决定成败。当你看清该股股价在低位出现异常波动，后面的低点（2.14元）比前面的低点（2.13元）高出一分钱时，你就要想到，该股股价未创新低。说明这样的急涨急跌极有可能是主力在低位进行的一次做多试盘或火力侦察

日K线图

说明：该股往后走势见图505

2.13元
（2012.12.4）

2.14元
（2013.6.25）

方正科技（600601）2012年4月25日~2013年7月16日的日K线压缩图　图504

那么，该股在低位出现的股价异常波动的走势意味着什么呢？是主力在进行火力侦察，还是拉高出货呢？答案只有一个，看股价回落时是否创新低，若不创新低就可以看好该股的后市。后来该股回落时的最低价比前面的2.13元仅高了一分钱，但就这一分钱表明了主力做多的态度。果然不久，该股就出现了大涨（见图505）。

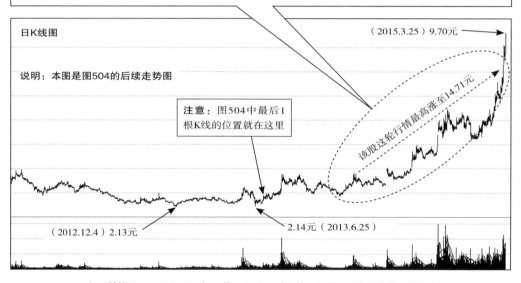

果然，主力在低位进行火力侦察后，股价就开始向上震荡攀升，当时能看清主力做多意图，敢于在低位买进的投资者后来都成了赢家

日K线图

说明：**本图是图504的后续走势图**

（2015.3.25）9.70元

注意：图504中最后1根K线的位置就在这里

该股这轮行情最高涨至14.71元

（2012.12.4）2.13元

2.14元（2013.6.25）

方正科技（600601）2011年10月27日~2015年3月25日的日K线压缩图　图505

⑥问：高手在介绍如何寻找"涨停基因·梅开二度"的黑马股时，没有介绍骑上黑马后何时卖出，这个问题能不能详细给大家说说？

答：每个题目都有侧重点。本书这道题主要是介绍高手如何选股的，至于骑上黑马后何时卖出则是另外一个问题了，与选股已经没有什么关系了。但对这个问题大家也不要急，有关骑上黑马何时卖出与相关技巧，可参见《股市操练大全》第10册第一章（里面有这方面内容的详细介绍）。

汇集海内外各路高手的选股经验、绝招，涵盖基本面、技术面、市场面、心理面等各层面。

360°选股技巧，助君早日成功

马老师说，上一节课，高手用其特有的魅力向大家展示了"涨停基因·梅开二度"选股技巧，引起了一些同学的兴趣，他们认为该方法对短线选股有很高的实用价值。由于时间关系，高手讲课内容还有一个重要部分没有来得及介绍，今天由高手继续开讲。

高手说，我对今天宣讲的主题与选股技巧暂时保密，留一个"悬念"。下面请大家看几张个股的日K线图（见图506～图509）。

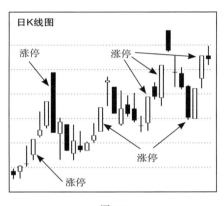

图506

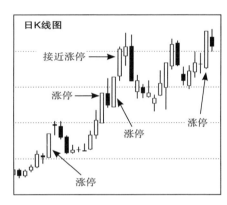

图507

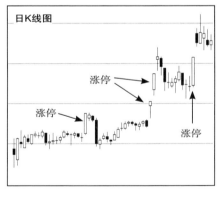

图508

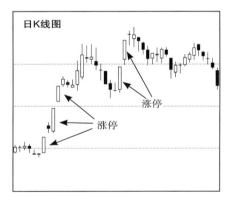

图509

高手说，上面几张图，每一张图代表某一个股票某一阶段的日K线走势。大家仔细观察这些图形后，我这里提几个问题让大家思考：①看了这几张图，你的第一反应是什么？②从这些图中你能嗅到什么重要信息？③这些图与我们选股以及日常操作有什么关系？

等大家图看完后，高手开始讲解。高手说，他发现有的同学看了这些图没有什么反应。另外，也有的同学看了这些图形反应比较敏感，觉得这些图形与平时看到的K线图形不一样，出现了大阳线扎堆（即每张图里至少有3根以上的涨停大阳线）的现象，这里面肯定暗藏着什么玄机。

高手解释说：对这些图形没有什么反应的同学来说，说明他们在看图上还有欠缺。众所周知，看图识图是炒股的基本功。其实，会不会看图，首先就要发现它有什么与众不同之处。如此我们才能通过对图形的仔细观察，发现主力的踪迹，进而可以分析判断出股价的运行方向。比如，本题目中的4张图。如果会看图的人仔细看了这些图，就会发现图中的大阳线特别多，而很多大阳线都是拉高封至涨停的。显然，盘中出现这些现象并不是偶然的，它肯定是有人刻意所为。那么，能刻意所为，也即在刻意做盘的人当然就是主力了。此时，我们就应该按照这个线索顺藤摸瓜，摸清主力的动向。

高手说，看明白上面4张图就知道我今天要讲什么了。我今天讲的主题是：涨停基因的另一种表现形式——**"大阳线扎堆"给我们带来的投资机会与风险**。高手回顾了上一节课的内容。他说，上一节课我向大家介绍了一些有涨停基因的股票，它们在出现涨停时的表现形式是：连续拉出涨停大阳线（包括涨停一字线），导致股价出现快速上涨。我今天请大家看的4张图，这些图里都有好多根涨停大阳线。短期内个股中出现这么多涨停大阳线，显示它们体内也存在着涨停基因。不过这类具有涨停基因的股票，它们的表现形式与前面说的情况截然不同，其形式是：在短期内不间断地拉出涨停大阳线，而股价总体上只是小涨或滞涨。这种现象，业内人士称为"大阳线扎堆"现象。

高手接着说，在股市里，出现连拉涨停最引人注目，若及时跟进短期内就可获得很大收益。毫无疑问，这种类型涨停基因的股票，是短线选股最理想的品种，投资者在选股时应予以高度重视。但本题中提到的具有涨停基因的股票，它们在拉涨停时，只是出现"大阳线扎堆"的现象，但股价只有小涨，甚至滞涨，这是不是值得我们选股时或在实际操作时加以重点关注呢？我认为答案应该是肯定的，因为这对实战有很强的指导意义。它会告诉我们，此时究竟应该是选择做空还是选择做多。说白了，关注它，是因为对这些大阳线扎堆的图形性质，如果判断上出了差错，将会对投资者的输赢产生重大影响。

高手说，历史经验证明，一旦在个股的日K线图中出现大阳线扎堆现象，一是说明主力已深度介入这个股票；二是说明主力将要有大动作。大阳线扎堆只不过是主力采取大动作的前奏。面对这个情况，投资者一定要预先作好准备。积极应对。那么，大阳线扎堆之后，主力会采取什么大动作呢？我这里举几个典型实例，作一些分析与说明。

大动作之一：大阳线扎堆之后，主力大开杀戒，股价出现了大幅下跌

实例一：东方明珠（600637）。该股在2000年见顶时出现了大阳线扎堆现象（见下面图中放大图形）。很显然，当时该股高位出现大阳线扎堆，完全是主力在利用大阳线进行诱多，待其高位出货的目的达到后，股价就出现了破位下跌的走势。

据了解，当初该股从2.28元起步，最高涨至29.16元，股价涨了10倍有余。当时该股在见顶时，一连拉出7根涨停大阳线，大阳线扎堆现象十分突出，不久股价就出现了狂跌走势

东方明珠（600637）1998年9月2日~2005年10月21日的日K线压缩图　图510

实例二：联创节能（300343）。该股是在2012年8月上市的，上市后不久，主力就将股价从26元多炒至90多元。该股在冲顶时出现了大阳线扎堆的现象。虽然当时K线走势很强，大阳线引领着股价创出新高，但这都是假象，主力暗中不断用大阳线作掩护在大量出货。待主力目的达到后，股价就见顶回落，出现了大跌（见图511）。

该股从26.74元涨起，涨至92.60元见顶，股价在赶顶时出现大阳线扎堆现象（见本图中放大图形）。但这些大阳线都成了主力诱多出货的诱饵。在主力货出完后，股价就往下走了

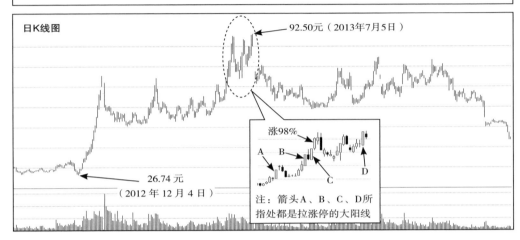

联创节能（300343）2012年9月18日～2014年4月29日的日K线压缩图　图511

大动作之二：大阳线扎堆之后，主力奋力做多，股价出现了大涨

实例三：同花顺（300033）。该股是创业板的一个股票，因为它是从事互联网金融信息的开发，当时很被市场看好。该股在低位时出现了大阳线扎堆的现象，主力做多态度十分坚决，股价在后面表现得非常出色（见下面图512）。

这是马年的一个大牛股，它从11.80元涨至181.87元，只用了不到1年的时间。该股行情刚开始时，低位出现了大阳线扎堆的现象。我们把图形放大，可以看出该股在低位出现大阳线扎堆现象时，出现了4根涨停大阳线。若当时有谁见到该股在低位出现大阳线扎堆现象，积极跟进做多，日后就赚得大发了

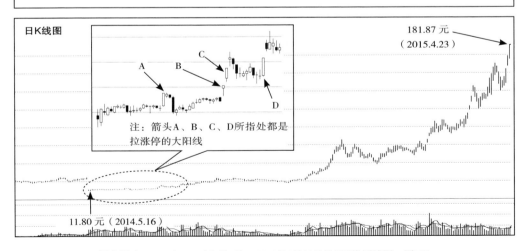

同花顺（300033）2014年1月7日～2015年4月23日的日K线压缩图　图512

实例四：石基信息（002153）。该股是深圳中小板中的一个股票。2008年3月股价最高攀至184元，然后一连几年下跌，在2013年6月最低跌至18元，股价跌掉了9成。尔后，股价在18元处向上回升时出现了大阳扎堆的现象（见图513中放大图形），主力开始积极做多。之后股价就一路上涨，最高涨至223元才见顶回落。

> 该股经历了长时间调整，股价跌至低位时出现了大阳扎堆现象，一下拉出了5根涨停大阳线。虽然从放大图形上看，当时K线走势很难看，但这是假象，主力还在吸筹。等主力把筹码吸足后，股价就出现了震荡向上，大幅上涨的走势

石基信息（002153）2012年1月6日～2015年6月23日的日K线压缩图　图513

高手说，大家看了上面几张图，是不是发现图中的放大图形，其实与我开始给大家看的几张图是同一图形。比如。图510中的放大图形就是题目中图506这张图，图511中的放大图形就是题目中图507这张图，图512中的放大图形就是题目508这张图，图513中的放大图形就是题目中图509这张图。经过对照，大家就会观察到，大阳线扎堆现象，出现在不同的位置结果是完全不一样的。

高手说，通过上面几个案例的分析，大家了解到只要盘中出现大阳线扎堆的现象，日后主力必有大的动作。这个大动作，或是主力在利用大阳线诱多出货后，把股价砸下来，造成股价大跌；或是主力在利用大阳线蓄势吸筹后，把股价打上去，造成股价大涨。那么，接下来的问题是，我们应该如何来分析大阳线扎堆的后续走势，判断股价是上涨还是下跌呢？以前的做法是，根据当时大阳线扎堆的K线走势与均线、成交量、MACD等指标的变化，从技术上对其作出研判，从而来确定大阳线扎堆后的后续走势。虽然这种做法有一定效果，但它的缺点是，对一些不擅长技术分析，或对实战经验欠缺的投资者来说，预判的误差率就

很大。另外，即便对一些技术分析在行的人来讲，也常常会因为主力从中制造骗钱，被主力忽悠，从而对行情的发展作出错误的判断。

高手说，其实从实际效果来看，我认为判断出现大阳线扎堆现象的后续走势，最有效的方法要看当时大阳线扎堆是在什么地方出现的。是在股价大涨后的高位这个地方出现的，还是在股价大跌后的低位这个地方出现的。如果是前者，那么基本上以主力拉大阳线高位诱多出货居多，后市将岌岌可危；如果是后者，那么基本上以主力拉大阳线低位蓄势吸筹居多，后市将可看好。所以，观察大阳线扎堆的图形，重点是看它出现在股价运行的什么位置上。抓住了这一点，就是抓住了分析大阳线扎堆图形的牛鼻子。这样分析的结果准确率就会显著提高。

比如，我们拿题目中的图507与图509进行比较，如果只看K线走势，显然图507的K线走势要强于图509的K线走势。但最后的事实却作出了相反的结论。看上去走势较强的图507，因其是在股价大涨后的高位处出现的，最终被证明为主力在利用大阳线进行诱多，不断地向外出货，等货出完了，股价就出现了大跌，而被看上去走势并不是很强的图509，因其是在股价大跌后的低位处出现的，最终被证明为主力在利用大阳线进行蓄势，不断地在吸筹，等低位筹码吸足，建仓目的达到后，股价就出现了大涨。由此可见，观察大阳线扎堆的图形，观察的重点必须放在大阳线扎堆图形究竟出现在股价运行的什么位置上，这样分析得出的结论就相对比较可靠。

高手说，明白了上面这个道理后，我们在选股时就可以充分利用股价在低位出现大阳线扎堆现象，积极进行中线布局，抓住其中的投资机会。高手说，我把它称为"涨停基因·低位大阳线扎堆"选股法。下面我再请大家看两个典型实例。

实例五：
二三四五（002195）。图514是该股在2011年4月至2013年10月的日K线走势图。从图中的放大图形看，该股在图中尾端部分，出现了大阳线扎堆现象，股价出现了5个涨停（其中，拉出了3根涨停大阳线，2根一

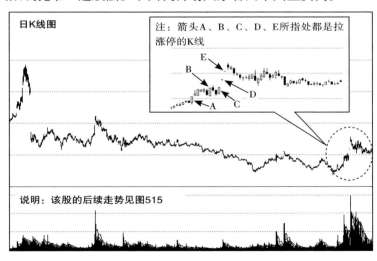

二三四五（002195）2011年4月7日~2013年10月30日的日K线压缩图　图514

394

字线涨停）。

　　该股在低位出现大阳线扎堆现象，说明主力低位建仓已到了后期，并开始做股价拉升前的"火力侦察"工作了。主力这样做的目的，是要摸清市场对该股突然上涨究竟有何反应。此时，股价在连续涨停后的回落，就是投资者进行中线布局，积极做多的良机。那么，买进后该股未来的走势又会怎么样呢？现在请大家再看另外一张图（见图515）。看了这张图，大家就会明白其中的奥秘。果然，主力在该股低位出现大阳线扎堆现象后不久就来了一个大动作，采取连拉涨停的手法，把股价打飞了，然后股价经过震荡，又一次出现了连续上涨。这样当时一些在股价跌至低位出现大阳线扎堆现象，尔后股价冲高回落时买进潜伏在里面的投资者，后来就充分享受了该股大涨的机会，赢利是非常丰厚的。

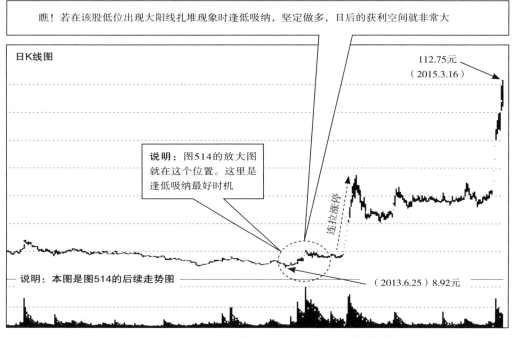

二三四五（002195）2013年4月16日~2015年3月16日的日K线压缩图　图515

　　实例六：鸿博股份（002229）。该股股价跌至低位进入横盘震荡时，隔一段时间来一个涨停，但涨停后股价又很快回落下来，股价始终没有什么好的表现（见图516）。其实，有经验的投资者心里明白，股价在低位频繁出现涨停，也可以视为一种大阳线扎堆现象。这说明主力已深度介入该股。一旦主力在低位吸足筹码后，就必然会把股价推升上去。故而，投资者可在主力拉升前就预先埋伏在里面，或在出现向上突破信号时及时跟进。

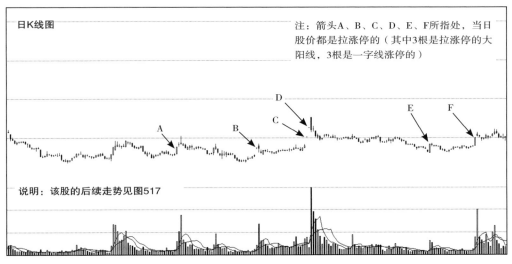

说明：该股的后续走势见图517

注：箭头A、B、C、D、E、F所指处，当日股价都是拉涨停的（其中3根是拉涨停的大阳线，3根是一字线涨停的）

鸿博股份（002229）2012年6月21日~2013年6月7日的日K线图　图516

事实是最好的证明，果然不出所料，该股在低位横盘震荡时拉出这么多涨停大阳线，主力的目的就是蓄势做多，在低位筹码吸足后，主力就开始把股价推了上去。当时凡是看见该股出现低位大阳线扎堆的现象而积极做多者，此后都获得了很好的投资回报（见图517）。

　　该案例说明一个道理，股价跌至低位时出现大阳线扎堆现象，说明主力志存高远，把股价推上去的决心很大。这样的股票就是中线选股一个较理想的品种

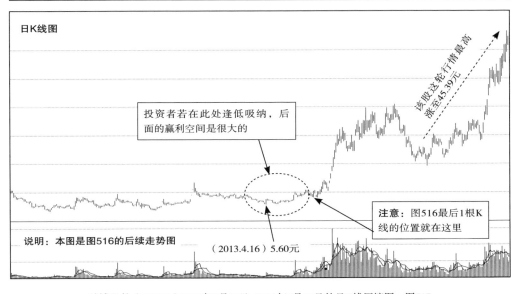

投资者若在此处逢低吸纳，后面的赢利空间是很大的

该股这轮行情最高涨至45.39元

注意：图516最后1根K线的位置就在这里

说明：本图是图516的后续走势图

（2013.4.16）5.60元

鸿博股份（002229）2012年6月23日~2014年2月18日的日K线压缩图　图517

高手说，关于大阳线扎堆现象给我们带来的投资机会与风险就说到这里。下面我就今天讨论的内容作一个总结。

第一，投资者一定要记住：无论什么股票，也无论在什么情况下，一旦发现盘面上出现大阳线扎堆的现象就一定要引起高度重视，因为接着主力就会采取大动作。此时投资者必须就此现象作深入分析，及时制定好相应的对策，做多或做空要当机立断，不要贻误战机。

第二，分析、研判大阳线扎堆的图形时，重点要注意的问题是：大阳线扎堆的图形具体形态并不重要，关键是它出现处在什么位置上。其道理是：主力可以把K线走势"画"出来，在盘中制造骗线，这是常有的事。但大阳线扎堆的图形出现在什么位置上，主力是无法在里面做手脚的。是高位还是低位，这可以暴露出主力拉抬大阳线的真实意图。说得再明白一点吧，假如本题目中的4张大阳线扎堆的图形均出现在股价大涨时的高位，那么，它们就都会被主力利用为一种诱多出货的手段；反之，假如本题目中的4张大阳线扎堆的图形均出现在股价大跌的低位，那么它们则都会被主力利用为一种蓄势做多的手段。总之，投资者在看大阳线扎堆图形时，首先要把观察重点放在这些图形出现在股价运行的什么位置上，其次再来研究大阳线扎堆图形的K线走势、量价关系等等，这样就不会发生本末倒置的错误。

第三，经验证明，低位出现大阳线扎堆现象是一个重磅的做多信号。打个比方，低位出现大阳线扎堆现象就是选择牛股的一个"抓手"，紧握"抓手"，及时跟进做多的投资者，日后一般都能获得丰厚的回报。所以，大家要重视与运用好"涨停基因·低位大阳线扎堆"选股法，多为自己创造一些赢利机会。

从操作层面上说，若发现股价大跌后在低位出现大阳线扎堆现象时，此时先不要忙着马上买进。因为在低位出现大阳扎堆现象时，主力利用大阳线震荡吸筹的可能性较大。由此可以判断，行情不会马上启动，投资者可以从多方面去观察该股，综合各方面因素后，再考虑怎么介入，该不该重仓。另外，介入时可采取分批买进、逢低吸纳的方式，这样投资就更加安全了。

专项练习 31

某日，一位股市高手再次被请到《股市操练大全》培训班向学员授课。他说："上一期培训班，我被校方请来向大家讲解捕捉黑马的技巧，当时我在课堂上出了一道题，题中有4张个股的走势图，我要求学员仔细观察图后回答问题[注]，效果非常好，事后很多学员向我反映，这堂课的印象特别深，后来听说有的学员把学到的知识与技巧运用到实战中，取得了很好的成绩，我听了非常高兴。今天，根据校方的安排，本堂课讨论的内容仍然与捕捉黑马有关。

现在我按照上一次授课的方法，先请大家看4张图。这4张图选自创业板与中小板，它们几乎都是在2010年下半年上市的，图形结束的日子都是2013年12月31日。为什么要选这4张图呢？因为它们都是在差不多时间里上市的，可以说，它们都处于当时同样的大环境中，谁优谁劣就能作一个比较。我希望大家仔细看图后再来回答下面的问题：①哪张图中的个股是涨幅最大的黑马？②这种黑马有何特征？③投资者如何去发现、捕捉它？

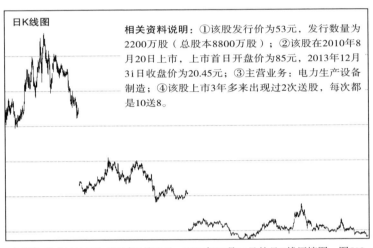

日K线图

相关资料说明：①该股发行价为53元，发行数量为2200万股（总股本8800万股）；②该股在2010年8月20日上市，上市首日开盘价为85元，2013年12月3i日收盘价为20.45元；③主营业务：电力生产设备制造；④该股上市3年多来出现过2次送股，每次都是10送8。

龙源技术（300105）2010年8月20日～2013年12月31日的日K线压缩图　图518

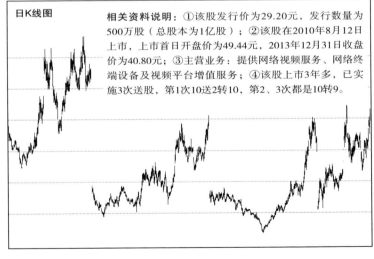

日K线图

相关资料说明：①该股发行价为29.20元，发行数量为500万股（总股本为1亿股）；②该股在2010年8月12日上市，上市首日开盘价为49.44元，2013年12月31日收盘价为40.80元；③主营业务：提供网络视频服务、网络终端设备及视频平台增值服务；④该股上市3年多，已实施3次送股，第1次10送2转10，第2、3次都是10转9。

乐视网（300104）2010年8月12日～2013年12月31日的日K线压缩图　图519

【注】关于高手在上一次课堂上讲课的详细内容，详见《股市操练大全》第10册第49页～第60页。

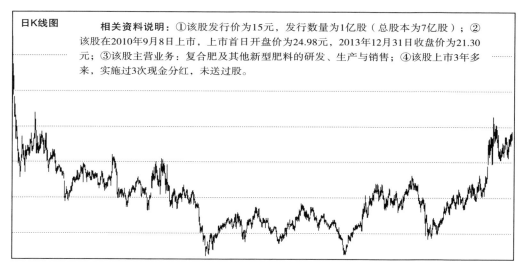

日K线图　　**相关资料说明**：①该股发行价为15元，发行数量为1亿股（总股本为7亿股）；②该股在2010年9月8日上市，上市首日开盘价为24.98元，2013年12月31日收盘价为21.30元；③该股主营业务：复合肥及其他新型肥料的研发、生产与销售；④该股上市3年多来，实施过3次现金分红，未送过股。

金正大（002470）2010年9月8日～2013年12月31日的日K线压缩图　　图520

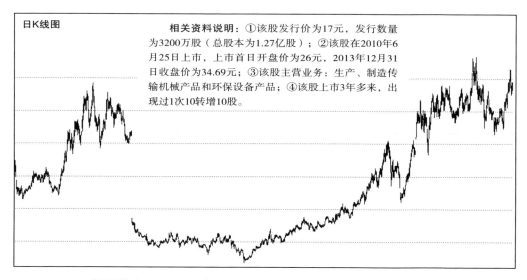

日K线图　　**相关资料说明**：①该股发行价为17元，发行数量为3200万股（总股本为1.27亿股）；②该股在2010年6月25日上市，上市首日开盘价为26元，2013年12月31日收盘价为34.69元；③该股主营业务：生产、制造传输机械产品和环保设备产品；④该股上市3年多来，出现过1次10转增10股。

盛运环保（300090）2010年6月25日～2013年12月31日的日K线压缩图　　图521

　　看了这4张图后，我们发现，同在一个大环境中上市，前后差不多都运行了3年多时间的股票（编注：每张图截止的时间都是2013年12月31日），其表现却大不相同。有的成了黑马，为投资者带来赢利，有的跑输大盘，为投资者带来了亏损。其中，图518中的股价（按复权价计算，下同）下跌21.11%；图519中的股价上涨565%；图520中的股价下跌13.43%；图521中的股价上涨168%。由此可以看出，投资者若在它们上市首日以开盘价买进，一直持股至2013年12月31

日，有2只股票是亏的，有2只股票是赢的。其中，在这4张图中涨幅最大的是图519中的乐视网（300104）。虽然该股在2010年8月12日上市第一天的开盘价是49.44元，而2013年12月31日的收盘是40.80元，股价好像是跌的，但该股上市之后的3年中历经三次高送转，一次是10送2转增10，两次是10转增9股，现在总股本扩大为7.98亿股，当初的1股现在已变成了8股，按送股后的复权价计算，该股在3年多时间里（截止2013年12月31日），股价实际涨了近6倍。这样的涨幅也够厉害的。因为当时股市处于熊市环境中，大多数股票都是下跌的，而该股有如此大的涨幅实属不易，是一匹名副其实的远远跑赢大盘的大黑马。

那么，该股为何会成为一匹大黑马呢？其中有什么经验值得我们去总结呢？我们认为该股之所以能成为大黑马，主要有下几个特征：

第一，该股是一个新兴产业股，在政策上得到国家的大力支持，其主营业务：提供网络视频服务、网络终端设备及视频平台增值服务，其发展前景可佳。

第二，上市时就是一只袖珍股，总股本仅1亿股！流通盘仅2000多万，可谓是个"小不点"。

第三，该股业绩并不出众，市盈率高企，每股收益只有3毛多，按2013年12月31日40.80元收盘价计算，市盈率已有100多倍！依照传统的估值分析，这样高的市盈率是没有投资价值的。

第四，该股特别爱送股，从它上市后的3年多时间里，已进行过3次大规模的送股，而每次送股后股价都填满了权，这样，持有该股的投资者几乎在每一次送股后都享受到了股价翻番的欢乐。

综观中国A股市场20多年来的发展历史，我们可以发现，在市场中脱颖而出的很多大黑马几乎都具有上面的四个特征。这说明大黑马具有普遍的共性，这为我们寻找未来的大黑马提供了非常不错的思路，这就是：

（1）寻找黑马就要选择有国家产业政策支持的股票。比如，上世纪90年代国家产业政策支持家电类企业大发展，就在这个行业中涌现出四川长虹、青岛海尔等涨幅惊人的大黑马。进入本世纪初，国家产业政策支持汽车、房地产大发展，尔后就在这个行业中涌现出上海汽车、深万科等大黑马。现在国家产业政策支持新兴产业大发展，这样自然就会从新兴产业中涌现出掌趣科技、中青宝、乐视网等涨幅惊人的大黑马。

（2）寻找黑马就要选择盘子小且有能力送股的个股进行投资。因为股本扩张是股市赚钱的最大秘诀，只要买入的个股能"生蛋"（送股），你就能够获得越来越多的筹码，即使股价不涨，我们都能赚钱了，三次10送10，1股就变成8股，即使股价在原地踏步，一直持有该股的投资者，就可以赚到8倍的利润！因此，"生蛋"能力是一个股票能否变成大黑马的一个非常重要的条件。国内外股市有大量实例可以证明，小股本公司有天然的扩张优势，所以，要想在股市中捕捉到大黑马，建议大家把目光锁定在总股本低于2亿的小盘股上。当然，读者或许会说总股本为11亿的外高桥（600648）、百视通（600637）也出现了惊人的涨幅，它们也是大黑马啊，用这种方法选股不是漏掉了很多大黑马吗？是的，在股市中没有绝对的事情，一些股本大的公司也能涨，我们这样做，无非是缩小选股范围，将目光锁定在把握性更强的个股上。

（3）寻找黑马就要通过总市值进行筛选。一般来说，总市值低于50亿，其扩张潜力就比较大，向上空间无限而向下空间有限。如果业绩、规模做大了，市值就可以迈向200亿的台阶，甚至更高（编者按：通常，总市值在50亿以下的个股，若其主营业务受到国家产业政策支持，其股价向下的空间则会被封闭。要知道在当下的中国A股市场，一个壳资源都值二、三十亿，所以，选择有发展前景的，总市值在50亿以下个股进行投资，风险小、机会大）。

（4）寻找黑马就要选择业绩有明显增长的股票。因为只有业绩增长了，才有股本扩张的要求，股本扩张之后才不会导致每股收益的下滑。大家可以通过一些专业的研究机构，对公司未来的业绩进行合理的测算，如果有大幅增长的潜力，这样的个股十有八九就会被有实力的大主力相中，它们未来很可能就是一匹涨幅惊人的大黑马。

又及：本书完稿后，向读者征求意见时，读者向我们提出两个问题：①本题所介绍的4个股票，运行3年多后，依据其现在成绩，根据涨幅大小认定谁是大黑马，有事后诸葛亮的味道，但对于投资者实际操作来说，最重要的是要做事前诸葛亮，而不是做事后诸葛亮。比如，一开始怎么知道乐视网是这几只股票中的大黑马呢？若不知道又怎么能保证选中这个股票，而不会去选择其他股票买进呢？②除乐视网外，高手对其他3个股票都不看好，所以没有投资它们，是不是高手在其股票上市之初就看出它们不可能成为大黑马？

收到读者信息反馈后，我们对读者提出的问题作了研究，现答复如下：

关于第一个问题，有人认为，在乐视网已经成为大黑马后，再分析它为什么会成为大黑马，是在做事后诸葛亮，这个观点并不正确。大家可以想一想，我们日常工作中每一次总结经验大会不都是在做事后诸葛亮吗？因为历史总有惊人的相似之处，总结经验，做事后诸葛亮，目的就是要告诫世人，往后做人做事，要吸取前面的教训，不要重蹈覆辙，避免犯同样的错误。

其实在股市里，做事后诸葛亮很有必要。因为参与股市的人必须明白一个道理：市场总是重复相同的一幕。现在股市中每发生一件事，每一种图形走势，几乎在历史上都能找到它的影子。因此投资者只有记住以往重要事件的经验与教训，重要图形的特征，才能知道现在该怎么操作，这样就可以少走很多弯路，提高投资的成功率。比如，我们通过对乐视网上市3年多来的总结，弄清楚大黑马形成原因的基本特征，那么以后在实战中选股时就可以多留一个心眼，不会盲目选股，乱打乱撞啦！这会对投资者的实际操作提供很大帮助。请问，这有什么不好呢？

有人提出，对于实际操作，重要的是要做事前诸葛亮。这个观点我们完全赞成。所谓事前诸葛亮，说白了就是对所选的个股与行情的变化，事前就能作出一个正确的预判。比如，乐视网与其他3个股票刚上市时，我们应该选择谁进行投资呢？此时，若没有一点实战经验，选股就会乱选一气。有了实战经验与相关知识，选股就可以做到有的放矢。从我们与高手的谈话得知。他当时挑选乐视网进行投资有5大理由：①在图518～图521这4只个股中，图519乐视网经营的业务受到国家产业政策支持的力度最大。因为信息、网络是我国产业发展的重中之重。②乐视网上市之初的流通盘、总股本很小，容易受到大资金的青睐。③受到国家产业政策大力支持的企业，公司在市场上立足后，发展速度会很快，业绩就有可能快速增长。④乐视网是小公司。小公司成长为在市场上有影响的大公司离不开股本扩张。财务报告显示它有充足的资本公积金，高送转是可以期待的。⑤乐视网上市之初股价并没有被过度炒作，开盘价不高，然后股价呈现一路下跌的态势（见图512）（编者按：这一点很重要，若一个新股上市之初股价被狂炒，那就透支了以后的行情。这样的股票就不宜选，盲

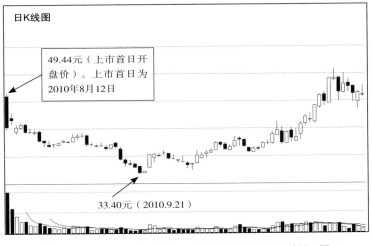

该股发行价是29.20元，上市首日开盘价仅为49.44元，且当天高开低走，收了一根大阴线，之后股价就呈现绵绵下跌的走势。这说明当初市场并没有认识其投资价值，股价上市不但没有被恶炒，反而是一路走低，这就为类似高手那样的聪明投资者提供了低吸该股的良好投资机会

日K线图

49.44元（上市首日开盘价）。上市首日为2010年8月12日

33.40元（2010.9.21）

乐视网（300104）2008年8月12日～2010年12月8日的日K线图　图522

目买进就会被套在高位）。

当初，高手通过预判，选了乐视网进行重点投资，高手所说的5大理由使他对该股的前景充满了信心。果然不出所料，乐视网上市3年多来的高速发展证实了高手当初的预判是完全正确的。我们换一种角度想，倘若高手当时不是通过精确的预判，而是稀里糊涂地盲目挑选了图518、图520、图521中其他个股进行重点投资，投资3年下来，可能有的是亏的，即使有盈利的（如投资图521中的股票），其盈利程度也远不如乐视网。这个事实充分证明，投资者在选股时做好事前诸葛亮，提高预判的正确性是非常重要的。

但是话要说回来，高手的正确预判本领并不是天生的，而是通过平时不断学习、不断地总结经验获得的。我们曾问过高手，"在你当初买进乐视网的5大理由中，有一条是说该公司有强烈的股本扩张愿望，高送转是可以期待的。那该公司刚上市不久，你是怎么知道它会连续高送转的呢？"高手回答说："这是我通过对以前中小板上市公司发展历史总结得出来的经验。比如，当初苏宁电器（002024，现更名为苏宁云商），刚上市时也是一个小公司。但它的主业是当时最热门的家电联锁，发展速度非常快，在其高速发展的过程中，几乎每年都实施大规模送转股，送转股后股价不断填权，该股成了当时名副其实的大黑马，给投资者带来了丰厚的回报（编者按：现在该股已过了高速发展期，小公司已变成大公司。公司股本比当初要大几十倍，暂时已无送股的条件，且现在业务受到电商的严重冲击，公司正处于转型期，业绩、股价都出现了大幅下滑。可见，现在的苏宁与上市之初的苏宁已不能相比）。根据苏宁当时由小公司通过不断送股发展成有影响的大公司的经验，我相信乐视网也会这样做。我认为只要其业务在高速发展，它也一定会走股本扩张之路，所以我对其高送转有热烈的期待。

从我们与高手的谈话中了解到，高手对乐视网的所有预判，都是建立在以往的经验基础上。由此我们可以得出一个结论，高手若没有对前面发生的事进行经验总结，就不会有对后面乐视网股票的正确预判。换一句话说，任何人，哪怕像高手那样聪明的投资者，如果没有之前的"事后诸葛亮"式的总结，以后也就不会有"事前诸葛亮"的事情发生。可以说，这就是事前诸葛亮与事后诸葛亮两者之间的辩证关系。

关于读者提出的第二个问题，我们认为，高手预判乐视网将来一定会有所作为，所以重点投资了乐视网，而没有投资其他3个股票。这样做，资金的效用就能做到最大化，用一句古话来说，这叫做力气用在刀口上了。

高手为什么不对其他3个股票进行投资呢？因为高手比较下来，首先是其他3个股票得到国家产业政策的支持力度不如乐视网，行业发展前景以乐视网为最佳。第二，有的公司股本太大。比如图520中的金正大股票，上市之初流通盘就有1个亿，总股本有7个亿。盘子太大，将来送股的可能性就不大，即使有，也远不如乐视网这样股本小的公司那样慷慨。第三，担心它们业绩跟不上。正因为这些公司行业前景不是最好，公司发展就会受到牵制；公司不发展，将来的业绩提升就有很大问题；业绩上不去，送股就没有条件，勉强送了，股价也以贴权的方式居多。这样，投资者非旦得不到送股的好处，还要承受股价因贴权带来的下跌风险。显然，投资这样的公司是得不偿失的。

尔后的事实证明，高手当时对这3个股票没有进行投资是对的。其中2个股票3年多运行下来，业绩出现下滑，股价不涨反跌。另有一个股票，业绩是增长的，股价除权后得到了填权，3年运行下来，股价涨了168%，其表现虽不如乐视网，但还是不错的（不过，从高手的高要求来看，这样的股价涨幅是不满意的，所以高手只投资乐视网而没有投资该股）。

【相关资料链接】

巴菲特选股名言（二）

寻找超级明星股是我们通向真正成功的唯一机会。

对于投资者来说，关键不是确定某个产业对社会的影响力有多大，或者这个产业将会增长多少，而是要确定所选择企业的竞争优势，更重要的是这种优势的持续性。

我们买入公司或股票时，不但要坚持寻找一流的公司，同时我们坚持这些一流的公司要有一流的管理。

马老师说，下面两张图是创业板中两个股票自上市以来至2015年3月的走势图。从图中看，这两个股票的走势都有一个共同的特点。

请问：①这个共同特点是什么？②这两个股票的走势给我们带来了什么重要启示？投资者在操作时需要注意什么问题？

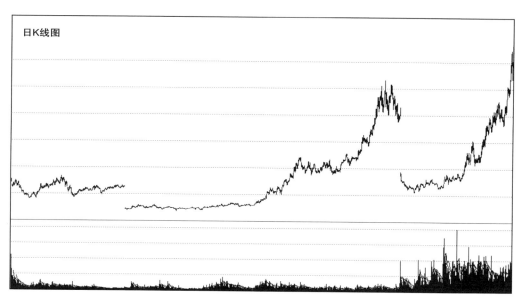

卫宁软件（300253）2011年8月18日~2015年3月30日的日K线压缩图　图523

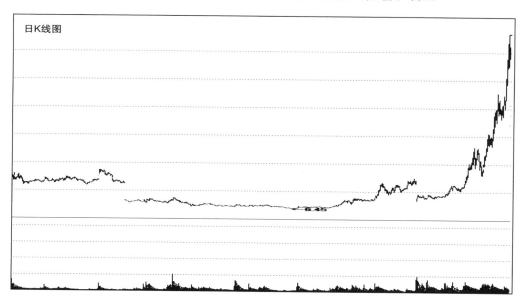

银之杰（300085）2010年5月26日~2015年3月30日的日K线压缩图　图524

这两只股票走势的共同特征都是不断地推出了高送转（两次都是10送10），而每次高送转后都充分填满了权。这样这两只个股的实际涨幅就远远不是现在我们看到的价钱了，它们在这四年中股价究竟涨了多少呢？让我们看看它们日K线复权走势图（编注：复权走势图将送股与现金分红的因素都考虑进去了，能反映出股价实际涨了多少，或跌了多少，是数据统计中经常使用的一种图形）。

大家从上面两个股票的复权走势图可以发现，卫宁软件自2011年8月上市后至2015年3月的3年多时间里，股价涨幅是非常厉害的。若从其上市的首日开盘价42.68元算起，至2015年3月30日的最高价668.45元，涨幅为1466%；若从其上市后不久，股价就出现了一路下挫的走势，以它下跌后最低价28.20元算起，至2015年3月30日的最高价668.45元，涨幅为2270%。

银之杰自2010年5月上市后至2015年3月的4年多时间里，股价实际涨幅更是惊人。若从其上市的首

卫宁软件日K线复权走势图

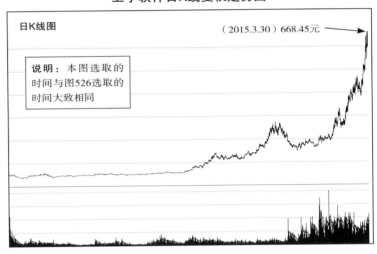

（2015.3.30）668.45元

说明：本图选取的时间与图526选取的时间大致相同

卫宁软件（300253）2011年8月18日~2015年3月30日的日K线压缩图　图525

银之杰日K线复权走势图

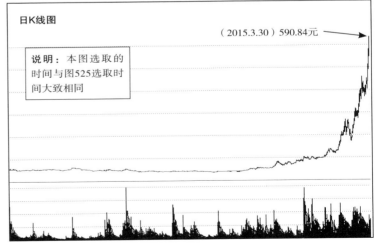

（2015.3.30）590.84元

说明：本图选取的时间与图525选取时间大致相同

银之杰（300085）2010年5月26日~2015年3月30日的日K线压缩图　图526

日开盘价30.50元算起，至2015年3月30日的最高价590.84元，涨幅为1837%；若从其上市后股价跌至13.80元算起，至2015年3月30日的最高价590.84元，涨幅为4181%。

为什么它们的股价会有如此大的涨幅呢？关键是它们在上市后的几年中出现了两次10送10的高送转，而且每次高送转后，股价都填满了权，并且创了新高，所以实际股价才有如此大的涨幅。这两个股票的走势，给了我们一个重要启示，股市中最大黑马实际上就是不断进行高送转，且高送转后能充分进行填权的股票。投资者在选股、寻觅黑马时，首先就要把目光盯住有能力进行高送转，并且有能力充分填权的股票上。

那么，作为普通投资者，对高送转股票应该有怎样的认识，如何来挖掘其中的投资机会，操作时要注意什么问题呢？

下面讲几点意见：

一、怎样看待高送转？

大家应该认识到，高送转题材的炒作，是股市中永恒不衰的题材。由于有高送转的预期，行情好时，很多个股走出翻倍的行情。比如2013年创业板中的华谊兄弟，由于有高送转的预期，股价从2013年4月最低点15.88元上涨到2013年10月的最高价81.80元，涨幅高达4倍。因此，每到年报公布期，由于市场对于高送转的预期，高送转概念往往会成为市场主题投资的热点。

二、什么样的个股才具有高送转的潜力呢？

一般来说，高送转的个股普遍都具有高公积金、高未分配利润，以及总股本相对偏小等几个特点。

一般来说，投资者在选择高送转个股时，应该注意以下几个条件：

①每股未分配利润≥1.5元（未分配利润越大越好）

②每股资本公积金≥2元（资本公积金越高越好）

③总股本≤2亿股（股本越小越好）

④股东人数环比变化≤0%（股东人数越少越好）

⑤行业前景处于上升发展期

⑥连续几年业绩都处于增长状态（关于这个问题，本书附录中制作了一份"2015年部分高送转＋业绩连续3年增长情况一览表，请参阅）

（编注：①～⑥这些条件都可以从F10资料中查阅到）

当然，一个股票能不能进行高送转，除了上面几个条件外，还有大股东自身决策的考虑。虽然大股东的态度局外人很难揣摩，但通常情况下，大股东只要有将公司做强做大的愿望，就会进行股本扩张，这样公司在年末，甚至年中都会推出高送转的预案。从中国A股市20多年的运转历史看，一些新上市的小公司具有强烈的股本扩张愿望，因此次新股中高送转的个股较多。所以大家选择高送转个股时，应把重点放在次新股上。

三、何时可以参与高送转行情呢？

按照市场的热点表现，每年在年报公布前，选择符合高送转预期的股票，就有可能跑赢大盘，甚至会获得意想不到的超额投资收益。那么，这是为什么呢？因为主力会在这个时候对有高送转预期的股票进行炒作，而往往此时的股价较低。而一旦年报公布，正式确定有高送转时，股价往往已炒得很高，这个时候再加入风险就比较大（当然，在高送转预案公布后，对一些未经大幅炒作，股价处于相对低位的个股仍可加入）。

四、高送转除权后的个股，要不要再参与？

一般来说，预期有填权行情的就可参与，反之就不应该参与。因为送股除权后，并不都会出现填权上涨的走势，出现贴权下跌的走势也不在少数。

那么，股票除权后，怎样判断它会出现填权走势还是贴权走势呢？一般得考虑以下几个因素：

①俗话说："牛市除权，火上浇油；熊市除权，雪上加霜。"也就是说，当整个股市形势向好时，股价除权后会向上走，填权的概率较大；但整个股市形势不好，特别是大盘指数处于跌跌不休状态时，股价除权后会向下走，贴权的概率较大。

②在送股除权前，股价被大肆炒作，涨幅过大的股票，一旦送股除权后，股价下跌的可能性就较大；反之，股价在送股除权前未被炒作，送股除权后，股价上涨的可能性就较大。

③上市公司行业前景光明，公司业务处于扩涨时期，送股除权后股价上涨（填权）的机会大；反之，送股除权后股价下跌（贴权）的可能性就较大[注]。

最后需要向大家说明的是，上面说的几条，是一般的原则，例外情况也是有的。其实，除了上面几条外，一个股票送股除权后，究竟是否值得参与，更重要的还是要看当时的股价表现。因此，根据其实际走势来确定投资策略是最恰当的。

【注】 关于股价除权后贴权情况的深入剖析与相关实例的介绍，详见《股市操练大全》第七册第314页～第335页。

2015年部分个股"高送转＋3年业绩连增"情况一览表

表2　　　　（本表制作时间：2015年3月28日）

股票名称	送转总数（每10股）	2013年业绩增长%	2014年业绩增长%	2015年业绩增长%
超图软件	10	12269.68	38.67	42
西泵股份	20	3387.09	87.58	60.06
华星创业	10	128.58	48.97	24.37
亿晶光电	10	109.25	68.73	101.38
京新药业	10	84.61	96.22	35.12
信雅达	10	62.27	4.35	18.67
汤臣倍健	10	50.3	11.42	29.54
众信旅游	10	42.04	21.86	71.6
万孚生物	10	35.66	105.39	34.9
拓维信息	10	29.09	42.49	180.61
杭电股份	20	28.53	9.05	23.36
晨光文具	10	27.4	17.29	24.56
三峡水利	20	26.36	36.61	59.53
中航资本	10	20.99	122.51	27.78
金雷风电	10	19.04	77.97	52.55
国恩股份	20	16.47	20.84	15.91
东方网力	15	15.22	50.86	82.66
胜宏科技	15	13.38	17.24	19.24
航天信息	10	4.14	4.74	38.89
万润科技	20	3.83	5.3	39.4
三环集团	10	2.37	18.92	26.42
康拓红外	10	0.85	11.88	14.43

　　（说明：从这张表中可以给我们两点启示：①业绩连年增长盈利的股票，上市公司最有可能推出高送转分红方案；②业绩增长幅度最大的股票，送股除权后，将来填权的可能性最大。）

你关注过除权【注】个股吗？一般来说，在什么情况下，参与除权个股的胜算较大；在什么情况下，参与除权个股的风险较大？另外，参与除权个股还要注意什么问题？

通常，每年6月至10月是上市公司忙于股票除权的时候。对市场来说，股票除权往往就是一个炒作题材。在很多时候，主力（庄家）都会利用这个题材，借题发挥大炒一把。所以，我们普通投资者也不妨予以积极关注。

但是关注不等于参与，能不能参与还要看当时的市场环境。股谚云："牛市除权，如同火上烧油；熊市除权，如同雪上加霜。"从一般规律来说，在涨势中，在强势市场里，除权个股多半会出现填权的机会，所以值得参与。但是在跌势中，在弱市里，除权个股多半会出现贴权的风险，所以就不要参与。

当然，市场大环境好的时候，参与除权个股的炒作是有积极意义的。不过，为了提高操作的成功率。一般来说，中小散户参与除权股票行情时最好从以下几个方面去考虑，这样成功的概率就会大很多。

第一，要选择除权后缺口大的股票。比如，每10股送10股、20股甚至送30股（一般来说，送股越多，图形上留下的缺口就越大）。通常，如果缺口不大，就难以产生股价除权后的"摊低效应"，不能引起想进场抢筹码人的兴趣。

第二，要选择容易被市场关注的股票。比如，行业景气度高，概念、题材多的股票。这样，股价送股除权后，往往会得到市场的特别注意，日后股价填权的可能性就很大。

第三，要选择除权后股价特别低的股票。股价低，一旦炒作起来跟风的人就多，这在散户众多的中国A股市场尤为明显。

第四，要选择除权后的流通股绝对数不大的。比如，原来只有二三千万的盘子，送股后仍然在五千万以内的，这样除权后填权的可能性就较大。而如果除权后股本猛增至几亿，股性就会变差，除权后填权就比较困难，甚至还有可能贴权。

第五，要选择在除权前未经爆炒的个股。一般来说，如果除权前因送股利好

【注】所谓除权个股，一般是指实施了送红股（包括资本公积金转增股本）的和进行配股的公司股票。由于这类股票在除权时会留下一个除权缺口，而在多头行情中，股票除权后会摊低股价，这样就很可能成为场外踏空资金觊觎的对象（被视为"涨幅不大"的股票）。故而在大盘走势向好时，这种除权缺口很可能会在短期内被填补，所以很值得投资者重点关注。

传闻或分配预案公布后股价出现了大涨，此类股票除权后，贴权的多，盲目参与风险很大，投资者应以观望为宜。

第六，在同等情况下，宁可选配股除权的，不要选送（包括转增）股除权的。因为前者说明上市公司通过配股拿到了真金白银，从而获得了新鲜血液，这样即便买入后该股不涨而被套，问题也不会很大。一般来说，通过配股而获得资金补充的公司很可能当年就会发生化学反应（即经济效益有可能会有所提升），而不像送（转增）股的公司，只是发生了物理变化，它们对提升公司的经济效益不会有什么实际意义。

从理论上说，我们在选择除权个股进行投资时，找到以上几个条件都符合的股票择机买入，这是最理想的。但事实上很困难，因为所有条件都符合的除权个股很难找。那么怎么办呢？此时我们不妨换一种思路，只要有几个条件符合的股票就可关注，尤其是某个条件特别突出的除权个股更应该引起重视。这里向大家举两个典型例子。

实例一：营口港。2014年6月16日，该股10送20进行了除权，除权后留下了一个很大的缺口（见图527）。该股原来就是个中型股，在这次送股前其流通盘就有10.97亿股，10送20后，流通股一下子激增到32.92亿股，变成了一个名副其实的大盘股。显然，从盘子大小的角度这个条件去衡量，这样的大盘股是不应该考虑的。但如果从除权缺口大小与股价很低这两个条件去衡量，它的优势又非常突出，因为10送20创造了沪深A股市场10多年来送股的最高记录（注：这是指2014年前的情况，2015年后出现了10送30股的情况，这个纪录就被打破了），除权后的缺口特别大，特别醒目，这在当时是其他除权个股所不具备的。另外，该股除权后股价只有2元多，股价很低。虽然该股送股后流通股有30多亿股，但其流通市值也就和一般中小盘股差不多（2元多股价乘以30多亿股，流通市值不满100亿）。这样一比较，该股除权后很可能会受到大资金的关注。果然该股除权后不久，填权行情如期而至。

另外，该股的营口港位于环渤海经济圈与东北经济区的交界点，是东北地区最重要的出海口，也是我国与韩国贸易交往最重要的港口，有中韩自贸区的概念在身。因此，该股除权后，市场主力会借助自贸区概念，并利用其除权后"缺口大、超低价"的优势，对其进行炒作的可能性就大大增加了。果然，该股除权后仅在短时期内出现了一段横盘走势，然后就在中国国家主席习近平访问韩国的利好消息刺激下，股价发力向上，启动了一波向上的填权行情。

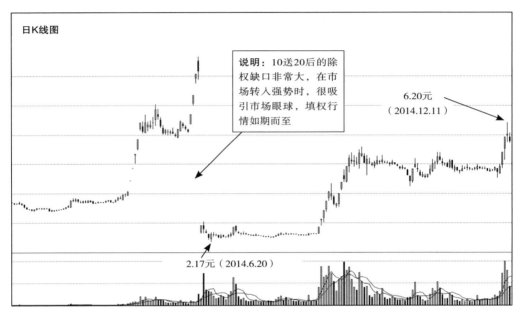

2014年8月20日，该股主力在大盘指数开始走强之际，对该股发动了一波凌厉的向上攻势，仅仅10几个交易日，股价涨幅就超过了100%，这让低位买入而预先埋伏在里面的投资者大赚了一把

日K线图

说明：10送20后的除权缺口非常大，在市场转入强势时，很吸引市场眼球，填权行情如期而至

6.20元（2014.12.11）

2.17元（2014.6.20）

营口港（600317）2014年2月17日~2014年12月12日的日K线图　图527

实例二：机器人。2014年6月12日，该股10送6转增6进行了除权。除权后留下了一个比较大的缺口（见图528）。该股是创业板中的一个股票，公司主要从事工业机器人、物流与仓储自动化成套装备、自动化装配与检验生产线及系统集成。公司已被列为"国家八六三计划智能机器人主题产业化基地"、"国家高技术研究发展计划成果产业化基地"和"国家高技术产业化示范工程"。据了解，该股的主营业务是制造工业机器人。工业机器人技术已达到国际先进水平，机器人单元产品已进入汽车整车、零部件等工业机器人的主要应用行业，打破了国外大型工业机器人在该领域的垄断局面。正因为如此，该股题材、概念特别多，市场对其行业前景甚是看好。该股送股除权的时间是2014年6月，此时市场正处于熊转牛的时期。2014年7月，市场渐入佳景，随着大盘指数不断往上攀升，该股送股除权后，股价就一路上行，不仅完全填补了送股除权的缺口（此现象，俗称填满权），而且股价连连创出新高。这为一些看好该股送股除权后前景的投资者带来了丰厚的投资回报。

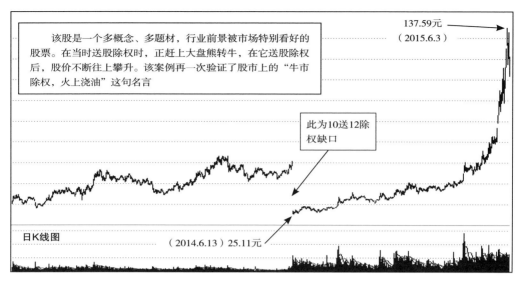

该股是一个多概念、多题材，行业前景被市场特别看好的股票。在当时送股除权时，正赶上大盘熊转牛，在它送股除权后，股价不断往上攀升。该案例再一次验证了股市上的"牛市除权，火上浇油"这句名言

137.59元
（2015.6.3）

此为10送12除权缺口

日K线图

（2014.6.13）25.11元

机器人（300024）2013年2月22日~2015年6月8日的日K线压缩图　图528

股市操作经验漫谈之八

　　每个看过电影《阿甘正传》的人都会沉思：自己远比那个阿甘聪明，却为何一事无成？关键是阿甘充分认识到自己的能力局限，只在自己的能力圈范围之内把能做的事情做到最好。而很多人却总是不屑于做那些能做会做的普通事，总想去做那些超出自己能力圈范围的不平凡的事，最后栽了大跟斗。

　　其实，做股票也是这个道理，很多股市大赢家并不比别人特别聪明，也没有什么特别高的智商。他们的成功说到底就在于他们能坚持做投资中的阿甘——固守在自己的能力范围内去选股、去操作，而不在自己能力范围之外去选股、去操作。如习题28中的A君，对基本面分析、技术分析都不在行，于是就选择了一种比较有把握的"大股东变更选股法"，照样取得了成功。又比如一些习惯于中长线布局，而不擅长短线操作的投资者，就应该放弃短线操作，对日线的波动不予理会，把注意力引导到对股市中长线趋势的关注与研究上。总之，正如巴菲特的搭档查理·芒格所说："每个投资者必须找出你的长处，然后你必须运用你的优势。如果你试图在你最差的方面获得成功，我敢肯定，你的投资最后一定会一团糟！"

专项练习 34

马老师说，下图是神火股份（000933）2008年12月1日至2009年8月4日的日K线走势图。图529中显示，该股在2009年6月19日每10股送5股后，股价一路狂飚，从17元多一口气涨至34元。仅一个多月，股价不仅充分填了权（指股价上涨将之前送股除权留下的缺口完全填补），还出现了翻番。

请问：当时该股除权后为何股价会一路狂飚？该案例能给我们带来什么启示？

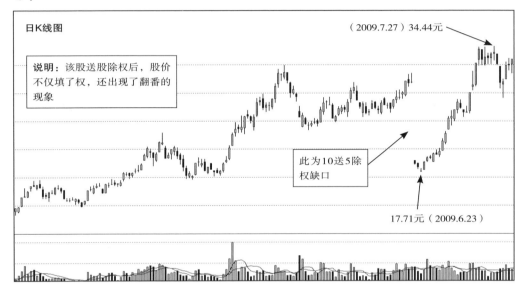

日K线图

说明：该股送股除权后，股价不仅填了权，还出现了翻番的现象

（2009.7.27）34.44元

此为10送5除权缺口

17.71元（2009.6.23）

神火股份（000933）2008年12月1日～2009年8月4日的日K线图　图529

解答

股价上涨要有推动力，正如汽车跑路要靠引擎一样。股价的推动力：一是靠大盘，当时大盘走势处于强势。俗话说："牛市除权，火上烧油。"如果大盘处于强势，此时个股送股多为佳音，除权后股价填权向上的可能性就很大。二是靠个股自身内在动力，这个内在动力或是来自个股的题材刺激，或是公司估值吸引，或是行业复苏，或是启动新项目等等。一般来说，内在推动力越大，股价上涨的动力就越足。

据了解，当时推动神火股份除权后快速填权的主要有两股内在力量：一股是当时煤炭股低估值的优势[注]，煤炭板块本身就是2009年以来市场的热门板块，

【注】当时煤炭行业的景气度仍处于上升阶段，故煤炭股股价低了就会显示出其低估值优势，后来，煤炭行业景气度急速下降，煤炭股的低估值优势就不存在了，但这已是另外一件事了。两者不能混淆。

神火股份作为国家重点的煤炭企业，自然深受机构的喜爱；另一股力量则是当时电解铝行业的复苏，该公司的铝产品业绩有望大幅改善，两股力量形成合力，推动股价快速上涨。

说白了，"大盘走势好＋个股潜在的利好消息多"，才使当时神火股份的股价有如此出色的表现。该案例给我们的启示是，一个股票送股除权后，能不能填权，值不值得加入，就要看它当时有无"大盘走势好＋个股潜在的利好消息多"的双股推动力。若分析下来，答案是肯定的，就可以积极跟进；若分析下来，答案是否定的，就不宜跟进，即使因某种原因特别看好它，也只能持有少量筹码，谨慎做多。

又及：本书完稿后向读者征求意见时，有一位读者截了一张图发给我们。他说：这也是神火股份送股除权后的走势图。从该图走势看，神火股份这次送股除权后，股价是一路下跌的，而且跌得很厉害。这位读者问：为什么同一个股票，前面一次送股除权后，股价会出现大涨，而后面一次送股除权后，股价却出现大跌。内中究竟有什么奥秘？

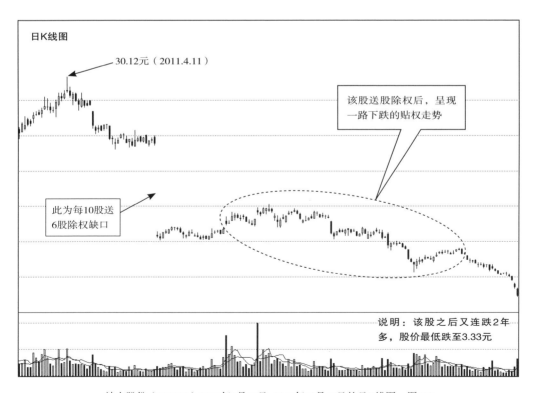

神火股份（000933）2011年3月15日~2011年12月15日的日K线图　图530

收到读者信息反馈后，我们进行了研究，现答复如下：

神火股份在前面送股除权后，股价出现大涨，短短一个月，股价就出现了翻番。原因就是题中所述，当时该股送股除权时，大盘处于强势，再加上公司本身基本面很好，如当时煤炭行业的景气度处于上升周期，煤炭产量供不应求，煤炭价格在不断上涨。所以在大盘、个股的双重利好的推动下，股价除权后出现了大涨。

但图530中神火股份送股除权时的景况已不能与前面送股除权时的景况相比。一是当时大盘指数在不断走熊（编注：在大盘趋势向下时，个股送股除权后的股价，以下跌贴权的居多，这是股市中的一个规律）。二是当时煤炭行业的景气度已拐头向下，煤炭产量供过于求，煤炭价格连连走低。所以，在大盘、个股的双重利空打击下，神火股份这一次10送6，股价除权后出现了大跌，而且跌得非常厉害（编注：如果以最低价3.33元计算，该股除权后，股价跌幅超过了8成）。

由此可见，神火股份两次送股除权后出现完全截然相反的走势，并不是偶然的，它完全是由当时大盘、个股所处的不同环境、不同状况所决定的。这个案例告诉我们一个道理：分析送股除权后的个股，究竟会出现填权走势还是出现贴权走势，不能想当然，一定要根据当时大盘的强弱、个股的利好或利空进行仔细研究后，才能作出正确的判断，这样投资就会少犯很多错误。

股市操作经验漫谈之九

孙子曰："夫未战而庙算胜者，得算多也；未战而庙算不胜者，得算少也。多算胜，少算不胜，而况于无算乎？吾以此观之，胜负见矣"。这段话引自《孙子兵法》开篇，它的意思是：凡开战之前就预计能够取胜的，是因为筹划周密，胜利条件充分；凡开战之前就预计不能取胜的，是因为筹划不周，胜利的条件缺乏。能取胜的条件多的就能获胜，能取胜的条件少的就不能获胜，更何况没有任何取胜条件的呢？我们依据这些来观察分析，那么胜负的结果也就显而易见了。

其实，做股票也是这个道理。就像本题中神火股份这个案例，若一开始考虑周密，就会知道该股在第一次送股时，天时、地利、人和条件都具备，可跟进做多；而第二次送股时，情况发生了变化，天时、地利、人和条件都不具备，此时就不能跟进做多。这样选股时就不会出错。可见，"多算胜，少算不胜"是非常有道理的，这个经验值得投资者铭记在心。

专项练习 35

马老师说，《股市操练大全》培训班在对学员进行选股能力的测试中，有一个特别考评项目，即想象力测试。因为中国A股市场20多年来的历史证明，选股高手一定是具有丰富想象力的高手。

比如，上世纪九十年代初期，中国A股市场还属于初创期，此时正赶上浦东改革开放的大潮，一些具有丰富想象力的投资者，早早就瞄准了陆家嘴、外高桥、金桥这几只股票，因为这几只股票当时正处浦东改革开放前沿，它们最具有新浦东概念的形象。果然不久，这些股票就出现了大涨，成了中国A股市场初创时期的大黑马。

又如，2011年10月，党的十七届六中全会通过的《中共中央关于深化文化体制改革、推动社会主义文化大发展大繁荣若干重大问题的决定》，引起了一些思维敏捷的投资者广泛关注，他们依据这个大政策，联系到中国A股市场，从中找出了具有新文化概念的股票，如天舟文化、华谊兄弟、光线传媒、中青宝、掌趣科技，早早埋伏在里面，后来这些股票个个都成了涨势惊人的大牛股。

再如，以习近平为总书记的党中央提出了"一带一路"战略规划，首次表示要启动中国大型优势企业对沿途国家进行实质性的大规模投资。一些对政策敏感的投资者马上就想到了中国北车、中国南车，因为"一带一路"中最叫得响的品牌是中国高铁，中国高铁技术在全球处于领先地位，而高铁的龙头就是中国北车、中国南车。当时中国北车、中国南车股价很低，只有几元钱，且长期横躺在那里很少有人问津，一些联想能力很强的投资者则开始大量建仓，逢低买进，仅仅一二年功夫，这些投资者就在它们身上赚了五六倍、七八倍的利润，收获非常丰厚（编者按：根据有关资料，中国北车在2014年6月9日最低价为4.26元，但到了2015年4月20日其股价最高已见到了42.31元，也就是说，仅仅10个月，该股股价就涨了近9倍，这是同期中国A股主板市场中涨幅最大的一个股票）。

可见，要选好一个股票，骑上一匹大黑马或大牛股，没有丰富想象力是绝对做不到的。但想象力不是天生的，它主要通过后天的刻苦训练才能获得。据了解，《股市操练大全》培训班想象力训练有自豪的独门绝活——从"悬念扑克"中找到灵感，通过对"悬念扑克"中问题的解析来丰富学员的丰富想象力。这种特殊的训练方式效果非常好，大凡经过"悬念扑克"训练过的学员，想象力都有了很大提高，选股的成功率也有了显著增加。

下面我们就从"悬念扑克"中挑选出两张牌考考大家，看看谁能最早把"悬念扑克"中的答案说出来，答题后再说说这方面的感受。

Q♠

一只猫导致法国惨败

在第一次世界大战的一次战役前夕，德军一位参谋天天拿着望远镜观察法军阵地的情况。他连续4天都看到，法军阵地后方的一块坟地上，每到早晨八九点钟，总有一只猫在那里晒太阳。但是，谁也没想到，就是这只猫导致了法军的惨败，使德军轻易取得了胜利。

请问：这是怎么回事，你能分析出来吗？

K♠

邓子恢巧释"空城计"

有一天，邓子恢（中国人民解放军中的杰出军事家）在听完汇报后，忽然问起部下廖卓之是否读过《三国》中诸葛亮"空城计"的故事，司马懿为什么退兵？廖解释说是因为害怕诸葛亮在城内有埋伏。邓摇摇头说不是。因为司马懿是个绝顶聪明的人，他知道当时城里并无伏兵，但是司马懿又为何不进军，活捉诸葛亮呢？邓解说是因为诸葛亮在空城上弹了一首曲子，致使司马懿放了诸葛亮。

请问：当时诸葛亮在空城上弹了一首什么曲子吓退司马懿的？这其中有何奥秘？

首先我们来解答"Q"牌的题目。

答案是：德军指挥官对这只猫进行了深入分析：是家猫还是野猫？如果是野猫，它的行踪是不定的，而这只猫行动很有规律。根据这一特征，他们断定这是一只家猫。据此，他们做了如下推断：附近没有人家，也没有其他房屋，猫的主人肯定是居住在地下，由此推知地下一定有法军的掩蔽部，又因为士兵和一般军官是不能把猫带到阵地前沿的，由此推知，这一定是个高级指挥所，驻有高级军官。于是德军集中了六个炮兵营的火力对坟地进行了猛烈的轰击。最后得知，一个法军指挥所被摧毁，掩蔽部内的法军官兵全部丧命，其中最高指挥是一名旅长。对于细节的一个小小的鉴别分析，使德军获得一次重大的胜利，而法军却为了一只家猫，付出了生命的代价。这个教训是极为深刻的。

接下来，我们再来解答"K"牌的题目。

答案是：诸葛亮在司马懿大军压阵时，坐在空城上弹的是一首《十面埋伏》的曲子，正是这一曲子深深地触动了司马懿的隐痛，致使司马懿不得不退兵放过了诸葛亮。

《十面埋伏》讲的是韩信包围项羽于垓下的故事。当项羽强大的时候，刘邦重用韩信；当韩信灭了项羽之后，刘邦就把韩信杀了。特别是诸葛亮唱道："这厢里只有琴童人两个，既没有埋伏又没有兵，只是缺少个知音！""知音"这两个字，引起了司马懿的深思，诸葛亮显然是要他考虑从琴中所传递给他的信息，要他考虑考虑韩信的下场。这样，就使他自然地联想起自己在曹营的处境。司马懿深感自己的处境跟韩信差不多，曹睿重用他是迫不得已的，是在诸葛亮收降姜维、骂死王朗、连拔三城、曹军大败、长安岌岌可危之际，才起用他司马懿的。曹睿对他根本不信任。在这以前，司马懿坐了很长时间的冷板凳。现在他又掌了军权，如果现在捉了诸葛亮，自己的地位也就保不住了。更为可怕的是，没了诸葛亮这样的强劲对手，自己也就成了一个无用之人，很可能被别人按上一个莫须有的罪名，像当年韩信一样遭来杀身之祸。司马懿强烈意识到，兔死狗烹，自己决不能做冤大头。"保住"诸葛亮，就能保住自己性命。所以他以城里有伏兵为由，下令退兵，放了诸葛亮。这就是历史上"空城计"的真相。在座的人听了邓子恢的这一番解释，都感到十分新鲜。

邓子恢接着说："诸葛亮设空城计的高明之处，不在军事上的疑兵之计，而在政治上他对敌人营垒内部的矛盾了如指掌，分析得精辟入微，充分利用了敌人的矛盾。现在我们打仗就是要认真分析敌人营垒内部的矛盾，学习诸葛亮善于攻心、善于分析敌人内部矛盾的做法，使自己处于更主动的地位。"

读了这两则故事，然后再深入地想一想，我最大的感受是，成功只会降临在善于观察、善于想象的人身上。炒股人若不懂得观察、不懂得想象，在鱼龙混杂，到处布满陷阱的高风险股市中，要想胜出几乎是不可能的。

比如，第一则故事说的是当时德国人仅仅是仔细观察战场上的一只猫，然后通过一系列联想，最终锁定了胜局。这是一个透过现象看本质的典型案例。它带给人们很多重要的启示。其实做股票也是这个道理。这里举一个典型例子，索罗斯是公认的世界级投资大师，他在股市中挖到的第一桶金就来自于他的观察与联想。据报道，20世纪60年代爆发了第一次中东战争，他观察到以色列人面对阿拉伯国家的联合进攻，最紧缺的就是高精尖武器。这使他联想到美国是以色列的最大盟国，以色列人日后必定会向美国提出要求，订购他们需要的新式武器。于是，索罗斯把资金重点投入了在美上市的一些军工企业。当时这些军工企业尚未启动，股价很低，等索罗斯买进后不久，以色列大量订单就飞过来了，这些军工企业因业务大增被市场看好，股价出现连续飙升，索罗斯也因此大赚了一笔。

又如，股市中一些重大事情发生都会通过一些现象表现出来，股市见顶、见底，或黑马启动前，都会有无数个"一只猫"的现象出现，投资者只要仔细观察，就能顺藤摸瓜，比别人抢先一步，成为赢家。

其实，股市高手与一般投资者的最大区别是：他们的观察能力与想象能力比众人棋高一着。

第二则故事告诉人们一个道理：在战场上，只有知己知彼者，才能百战不殆。人们常说：股市如战场。既然股市就是一个战场，那么，普通投资者要想成为赢家，就一定要学会"知己知彼"。中小散户的"彼"就是主力（庄家）。但遗憾的是，大多数中小散户根本不了解自己的对手——主力（庄家）在想什么、做什么。比如，有的人炒股看股评、看电视，打听消息忙得不亦乐乎。但很多散户忘了主力（庄家）会通过媒体、股评，或是故意散布一些"内部消息"来推销他们的货色，诱使散户在高位追涨。

这里再举一个典型的例子。当年中石油A股上市时，主力（庄家）先是以巨量资金购得大量中石油新股（注：当时发行新股时拼的是资金，谁的资金多谁购得新股的份额就多）。然后通过媒体、股评家之口，大造舆论，说什么中石油是亚州最赚钱的公司。另外，主力（庄家）还通过一些公关人员，向外散布"内部消息"，说什么中石油上市后，主力（庄家）要把它的股价炒到100元。当时，很多散户对媒体宣传的"中石油是亚州最赚钱的公司"深信不疑，对"内部消息"传过来的主力（庄家）要把中石油股价炒到100元寄予很大希望。于是乎，中石油A股在沪市主板上市第一天，众多散户疯狂地抢购中石油（注：当日中石油以48.60元价格高开，最高冲至48.62元，然后一路下行，首日以43.96元收盘，当天成交699.9亿元），而主力却在这天大量卖出。据事后有关资料统计，48元以上的高价，99%买家都是散户，主力在中石油上市首日一下子就赚走了上百亿元，亏的只是盲目跟进的散户。这个事实清楚地说明，很多散户的恶运从中石油上市第一天就开始了。说白了，这些在高位吃进中石油，深受世纪之套灾难的中小散户，最大的错误就是不懂炒股一定要知己知彼。试想，作为一个普通的投资者，如果不了解自己的对手——主力（庄家）在想什么、做什么，那最后只能被主力（庄家）牵着鼻子走。这样，在股市中亏钱甚至亏大钱就是必然的结果了。

常言道：功夫在诗外。虽然炒股需要了解很多知识、技巧，但更重要的是要学会观察、善于联想，知己知彼。这就是高手向我们传授的炒股成功秘诀。这是一条非常重要的要验，我们一定要铭记于心。唯有这样，中小散户才能在股市中少犯错误，早日成为赢家。

命题考核

作文（一）：我是怎样捕捉大黑马的，或我是怎样挖掘大牛股的。

作文（二）：XXX怎样选错股票遭受灭顶之灾的

主讲人：彭老师

说明：命题考核是难度较大的一种考试形式。但是，为了贯彻"平时训练从严，实战时少受损失"的教学原则，我们对本期《股市操练大全》培训班的学员期末考评采用了命题考核的方式。

这次命题考核，我们要求每个学员写两篇命题作文。一篇是从正面阐述如何选股成功成为股市大赢家的，一篇是从反面讲述如何选股失败成为股市大输家的。我们认为，投资者只有经过正反两方面事实的比较与深入思考后，选股的水平、技能才能趋向成熟。

命题作文考核后，彭老师结合范文作了专门点评，解析了许多鲜为人知的炒股技巧与经验，这对投资者选股与股市实战都会带来很大帮助。

作文：如果你是趋势型投资者，请以"我是怎样发现与捕捉到这匹大黑马的"为题，撰写一个选股的故事；如果你是价值型投资者，请以"我是怎样挖掘与骑上这只大牛股的"为题，撰写一个选股的故事。

说明与要求：①可以是自己经历的事情，也可以是别人经历的事情。总之，故事一定要以事实为基础。

②文章以第一人称进行表述，全文不少于2000字。

③作文中的叙述与描写，以及对整个事物发展过程的分析都必须合情合理，让人感到这个故事是真实可信的。同时文中要详细说明选股的理由、买点如何设置、买进后应该怎么操作、风险如何规避等等。力求写出来的文章，读起来既是一篇生动有趣的财富故事，更像是一篇选股经验的总结。

④要做到图文并茂，关键之处要用图形走势说明，增加故事的可读性、真实感。

⑤故事写得好不好，可以检验出当事人的选股思路与投资理念是否正确，这对实际操作会有很大帮助。所以大家对这篇作文应高度重视，力求写实写好。

命题考核范文选（一）

作文：我是怎样发现与捕捉到这匹大黑马的

时间回到10年前，在股市低迷时，我选择了东方金钰（600086）这个股票。此后这个股票在股市回暖时变成了一匹涨幅惊人的大黑马，让我享受到了骑大黑马的快乐。

那么，我为什么要在熊市非常低迷的时期挑选这个股票呢？我主要看中它有两个方面的优势：一是股性活跃；二是会讲故事。

第一，先向大家介绍我是怎么看出该股的股性很活跃呢？秘密就在图531上。这是一张该股1998年6月至2008年11月的日K线压缩走势图。从这张图中可以看出，该股已经经历了几次牛熊轮回，特别是第二次牛熊轮回，股价从最高价26.97元最低跌至1.04元，跌幅超过了95%，这个跌幅是相当厉害的。但在第三轮熊牛转回时，该股又从1.04元涨至19.80元，足足上涨了18倍，这个涨幅也是很厉害的。现在它在2008年这轮大熊市中，股价最低跌至2.30元。当时我盯着该股时，上证指数已在1664点见底有一段时间了，大盘指数见底，应该是我选择股票

的时候了。我当时
看中东方金钰这个
股票，是因为该股
10多年来的走势表
明，其每次牛熊轮
回，股价落差都很
大，跌时跌得很厉
害，涨时涨得也很
厉害。这说明该股
弹性很好，股性十
分活跃，这样的个
股很容易得到主力
的青睐。

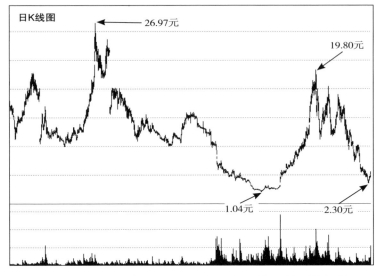

瞧！该股每次牛熊轮回时，股价上下落差都很大，这说明该股的股性很活跃

东方金钰（600086）1998年6月18日~2008年11月26日的日K线压缩图　　图531

　　第二，我是怎
么发现该股会讲故
事的呢？这就要从
该股基本面进行分析了。从该股的F10资料中，我得知该股是国内首饰行业中目前唯一一家以经营翡翠产品为主的上市公司。该公司的业务涉及矿山开采、研发设计、加工制造、批发零售、加盟经营等多个方面，具有原料采购优势、品牌优势、工艺优势（拥有一批顶尖的宝石鉴定专家和雕刻大师，雕刻技术在业内首屈一指）、管理优势、渠道优势。

　　我分析，随着我国经济发展和人民收入水平的提高，人们的文化品位在提升，珠宝消费市场会保持较高的增速。东方金钰作为中国A股市场唯一一家从事翡翠产品的上市公司，且具有多方面的经营优势，主力一定会在炒作该股时编写出许多动听的故事，而这些动听的故事会像身价不菲的翡翠产品那样让人听得津津有味，深信不疑。

　　我经过仔细分析后，了解了该股的行业属性与其独特的产品优势，让我确信它是一个会讲故事的股票。

　　第三，作为一个趋势型的投资者，选择的股票主要不是看重它的价值，而是看它适合不适合投机。要适合投机，除了前面说的两个条件外，还有一个条件，即股票流通盘的市值不能太大，主力才会青睐它。流通市值太大的股票，炒作起来有难度，主力一般就不会关照它。所以，在我选股条件中还加了一条就是"股价要低、盘子不大"，这样股票市值就不会很大，比较适合投机炒作。我查看了东方金钰的股本，发现当时该股的总股本为3.5亿股，流通的股本仅为1.6亿股。1.6亿股虽然不属于小盘股，但也不属于大盘股（大盘股最起码流通盘要在5亿股以上），它可以说是一个小型中盘股，在股价见底时流通市值不足4个亿，与一般的小盘股流通市值差不多，稍有实力的主力都能炒动它。它与我确定的"股价要低、盘子不大"的选股要求基本符合。

该股在我选股的3个条件中，二个符合，一个基本符合，最后我就打算把该股作为自己当时的重仓股。

第四，我认为选好股票后，还要选准买进时机，即要确定股价走出下降趋势才能动手，否则就会存在很大的风险。

那么，怎么判断该股已经走出下降趋势呢？我的方法是：

①观察好K线的变化。该股在2.30元见底后，一连拉出7根阳线，其中两根是涨停大阳线（见图532中箭头A、B所指处）。我查了该股以往的走势，发现这种现象在以前还没有出现过，现在是第一次出现，这引起了我的高度重视。股市里有一句俗话："低位七连阳，中线当走强。"更何况这七连阳中出现了两根低位大阳线。从技术上说，低位大阳线连续出现，是强烈的做多信号，因此我在该股七连阳出现后的第二天就试着买了一些东方金钰的股票。

②观察好成交量的变化。该股在七连阳后，股价重心在不断地上移，后来该

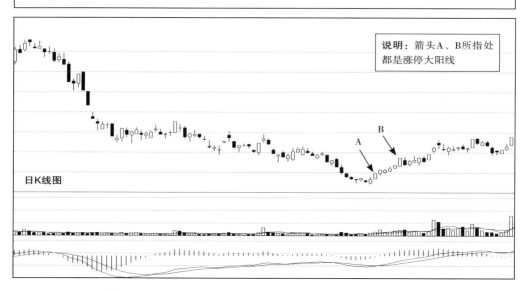

该股在低位一连拉出罕见的7根阳线。俗话说："低位7连阳，中线当走强。"该股见底的特征十分明显

说明：箭头A、B所指处都是涨停大阳线

日K线图

东方金钰（600086）2008年7月21日～2008年12月18日的日K线图　图532

股第一次出现了冲高回落的走势。在这期间，我发现该股上涨时成交量是在放大的，而回落时成交量明显地出现了萎缩。上涨放量，下跌缩量，表明该股此时已经形成了价升量增、价跌量缩的良性循环状况，这是股价向好的一种表现。

③观察好MACD的变化。在该股拉出七连阳后，当时该股的MACD红柱状线不断出现，MACD低位出现金叉，它向市场发出了积极做多信号。

④观察好均线变化。我在该股见底后设置了30日、60日两条均线，在我第二次重仓买进该股时，当日又拉出了一根涨停大阳线（见图533中箭头所指处）。同时，该股已站在30日、60日均线上方，且30日均线与60日均线形成了黄金交叉，下面的成交量显示比往日放大了数倍。我感到该股上升趋势基本确立，所以在此大量买进。然后我就一直捂住该股，持股待涨。

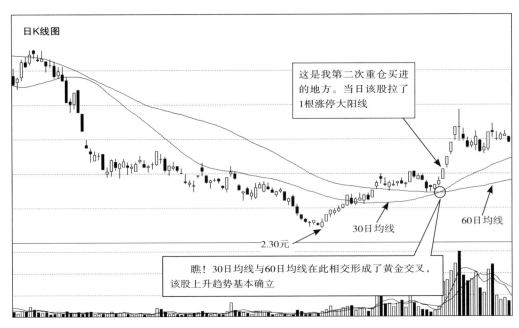

东方金钰（600086）2008年7月17日~2009年1月13日的日K线图　图533

我持有的东方金钰这个股票，一直在该股摸高32.77元，出现了明显的头部信号后才全线清仓，清仓的价格是28元多。为什么在这个时候卖出呢？因为该股在32.77元见顶之前拉出了一根涨停大阳线，涨停大阳线的第二天股价冲高至32.77元，当天拉出了一根阴线，随后连续2天拉出了阴线，而且阴线实体一根比一根大（见图534）。这3根阴线在技术上称为下跌3连阴，是一个典型的头部信号，再加上前面这根涨停大阳线，性质属于高位大阳线，也是一个重要的见顶信号。另外，下面的成交量、MACD与股价走势早就出现了顶背离，发出了离场警报。

該股在32.77元見頂後，一連拉出了3根陰線，形成下跌3連陰走勢，再加上前面的高位大陽線，以及成交量與股價的頂背離走勢，頭部信號已十分明顯

日K線圖

涨停，高位大陽線

32.77元（2010.12.7）

下跌三連陰

頂背離（股價上行，但成交量卻呈現下降態勢）

东方金钰（600086）2010年7月29日～2011年1月25日的日K線圖　图534

除此之外，我还考虑到该股这轮行情是典型的三段式上涨行情，若以浪形来分，就是3浪式上涨，第2浪调整浪是以横盘震荡方式出现的，第3浪为主升浪（见图535）。主升浪的高度明显大于第一浪的高度，但在冲高时，成交量出现萎缩，与股价形成了顶背离走势。这说明主力对该股的运作已近尾声，

該股这轮上涨行情形成明显的3段式上涨走势，且其第3浪上涨高度与第2浪调整长度相等，主力获利目标位已达到，故而该股在摸高32.77元后就见顶了，见顶后股价出现了深幅下挫

日K線圖

32.77元（2010.12.7）

第3浪·主升浪

第2浪

第1浪

2.30元（2007.11.7）

东方金钰（600086）2008年9月1日～2012年1月6日的日K線压缩图　图535

主力再把该股继续做上去的可能性不大。由此推断，该股这轮上升行情很可能已经在32.77元处画上了句号。

综合以上几方面分析，我在该股见顶后的第3日，即出现下跌3连阴的当天下午将该股全部卖出。现在看来虽然我当初没有在该股见顶的第一时间卖出，但也卖了一个次高位。我持有这个股票2年时间，获利七倍有余。这是我在这几年中操作最成功的股票之一，我感谢上苍对我的眷顾，以后我还要加倍努力，争取更大的胜利。

命题考核范文选（二）

作文：我是怎样挖掘并骑上这只大牛股的

古人说得好：不谋全局者不足谋一域，不谋万世者不足谋一时。我们要想在资本市场分一块蛋糕，抓到一个股价翻上几番的大牛股，就要从全局考虑，制定好相应的策略，然后坚定地去实施。其实，要想在风险很高的股市中，挖掘到并能稳稳地骑上一个大牛股是很不容易的事。如要实现这个目的，投资者应该问自己几个问题：第一，挖掘大牛股究竟靠什么？第二，如何才能发现大主力正在建仓的重点品种？第三，怎样才能不被主力忽悠，踏准股市涨跌的节拍？

首先，我们来分析挖掘大牛股究竟靠什么？这里先要搞清楚一点，即大牛股与黑马股是有区别的。区别在大牛股的诞生必须是靠货真价实的业绩高增长来实现的，而黑马股的出现往往靠概念、靠讲故事、靠重组来实现的。

投资者若想在股市里挖掘到一个大牛股，就要依靠价值投资的思路来选股，而不是靠听什么内幕消息、小道消息或靠什么概念来选股，这样是挖不到大牛股的。

历史经验告诉我们，大牛股只能从业绩处于稳定、高速增长的行业中寻找。那么，什么样的行业才是大牛股的诞生地呢？从国内外证券市场统计资料来看，涨幅惊人的大牛股多半出自大消费板块。在国内A股市场中，大消费板块中的医药股表现最为抢眼。随着我国经济高速发展，人民群众对医疗与自身保健需求越来越高，这也是促使国内的医药行业进入了一个黄金发展期，而一些优秀的医药股投资价值正等待市场发掘，它为有眼光的投资者提供了挖掘大牛股的极佳机会。

行业选对了，这只是挖掘大牛股的第一步，更重要的一步是要找到一些受到大主力特别关照的正在建仓的重点品种。因为只有大主力积极建仓的重点品种，将来股价才会有出色的表现。据了解，主力运作一只大牛股，一般都要经历建仓、洗盘、拉升和派发等阶段。普通投资者都希望在大主力建仓的重点品种上，自己也能沾上光，逢低埋伏在那里，日后可以充分享受股价拉升时的快感，最终跟着主力一起高位派发筹码达到股价翻几番，轻松获大利的目的。但问题在于，普通投资者很难发现主力正在建仓的重点品种。那么，主力正在建仓的重点品种究竟有什么特点和规律呢？

经过大量的实证分析，我发现主力刚开始建仓的品种，一般不会引起市场的广泛关注，显得比较冷清，不像冲在一线的强势股那样显得十分"张扬"和"高调"。此时，多数投资者不看好该股票，买进的人不多，但卖出者不少。

值得注意的是，很多中小散户在这一阶段表现得比较急躁，尤其是当大盘企稳反弹和其他个股行情此起彼伏时，多数散户会产生止损换股的冲动。另外，主力正在建仓的重点品种，多数表现得不温不火，涨也涨不上去，跌也跌不下来。有时股价会随着吸筹数量的增加和速度的加快出现连续小幅上涨，正当一些投资者充满希望之时，股价突然又来了个急转弯，呈长阴破位的"吓人"走势；有时则会出现连续小跌走势，但当不少投资者担心、绝望时，股价又会被大阳线拉起，甚至在大盘和个股跳水时也表现得极为抗跌。所有这一切，实际上都是主力在低位建仓时，采用"打、拉、压"的结果。

这样说可能还很抽象，大家对主力怎样建仓的印象不会很深。下面就以我近年来挖掘到的一个大牛股，细细道来主力是如何在该股上低位建仓的。让大家与我一起分享这方面的经验。现在我先请大家看一张图（见图536），这是深圳主板市场中的一个医药股的走势图，时间是2008年大熊市最后一个阶段的日K线走势，当时整个股市都走熊了，该股也随着大盘一起下跌，股价从最高点跌到最低点，跌幅近八成，跌得也够惨的。该图中有4根涨停大阳线，这4根涨停大阳线把主力在低位建仓的意图与行为表现得十分充分。

那么，怎么知道主力是利用这4根涨停大阳线在低位建仓呢？首先，大主力建仓，股价不可能在高位，一定会在低位。通常，股价跌掉大半主力才会建仓。就以上图为例，该股跌幅近七成时，主力才开始建仓。但此时主力手中并没有该股的多少筹码，而被高位套牢的股民在一般情况下是不愿意在这个价位割肉离场的。面对这种情况，主力会怎么做呢？他们会先拉1根涨停大阳线（见图536中箭头A所指处），让一些套得浅的股民看到涨停逢高卖出，骗得一些筹码。然后第二天再来一个冲高回落，主力就会把昨天涨停大阳线骗到的筹码往下砸，这样会在盘中产生极大的震动，一些在该股上被套牢的中小散户会被吓得不轻，他们当

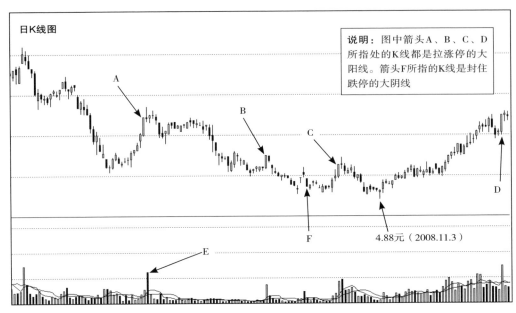

说明：图中箭头A、B、C、D所指处的K线都是拉涨停的大阳线。箭头F所指的K线是封住跌停的大阴线

日K线图

4.88元（2008.11.3）

长春高新（000661）2008年5月8日~2008年12月30日的日K线图　图536

中有些人为了避免股价继续下跌带来的损失，此时只能被迫割肉离场，因为卖出的人较多，所以成交量出现了急剧放大（见图中箭头E所指处）。如此一来，主力一下子就能吃进不少低位筹码。然后，主力开始采用磨的办法，慢慢地收集一些零碎抛出来的筹码。

当主力拉出第二根涨停大阳线时（见图536中箭头B所指处），当日成交量比往常放大了好多倍，说明很多被套的投资者看到大阳线赶快出逃了，这样主力又从散户中骗到了不少筹码。此后，股价又慢慢处于阴跌状态，然后，主力又在低位突然砸出一跌停大阴线（见图536中箭头F所指处），刻意制造一种恐慌情绪，主力的目的就是要逼使持股投资者割肉离场。主力这一招果然奏效了。

当主力在低位处拉出第三根涨停大阳线（见图536中箭头C所指处）的当日与后面几天，成交量出现了明显放大现象，这说明当时已有很多深套的股民被迫把筹码割了出来。主力拉第3根涨停大阳线的手法与拉第1根、第2根涨停大阳线的手法相同，涨停大阳线之后第2天冲高回落，然后就是慢慢下跌。主力这样做的意图很明显，他们就是要在这些深度套牢的投资者中制造一种思维定势，即该股只要上涨，特别是拉涨停大阳线之后就要"逃命"，如果不卖出，随后股价就会再次下跌，让持股者的资金再次缩水。经过主力这样精心"调教"，一些深套的股民也开始"学乖"了，在股价上涨时就会主动抛出一些深套的筹码。从图536中后半部分看，该股在见底回升时，成交量比前面出现了明显放大的现象，这说明主力打压吸筹的目的达到了。

该股是在股价下跌至4.88元见底的。但当时仍持股深套的散户已被主力打压吓怕了，根本不敢相信股价见底了，所以见到股价上涨就赶快"逃命"，散户不断地抛，主力不断地买，成交量比前面出现了明显的放大现象，主力象海绵吸水一样吸纳散户在低位抛出的筹码，到了主力拉出第4根涨停大阳线时（见图536中箭头D所指处），说明主力在该股上的低位建仓任务基本完成了。

有人会问，作出这样判断的依据是什么呢？据了解，在中国A股市场上，很多主力在低位建仓时，喜欢采用一种"双柱中间挖坑"的方式建仓。所谓双柱就是在股价见底的左右两侧的上方差不多的价位上拉出两根大阳线（请注意：图536中第1根涨停大阳线收于8.97元，第4根涨停大阳线收于9.04元，两者价格相差无几），作为两根"柱子"，然后在这两根"柱子"中间再挖一个大坑。如此一来，主力低位建仓的目的就实现了。因此，只要"双柱中间挖坑"的形式出现，我就知道主力在这个股票上的低位吸筹任务完成了，基本上是满载而归了。主力接下来的行动就是要对股价进行拉升、洗筹了。于是，我当机立断，将手中的剩余资金全部买入这个股票。另外，将我手中走势较弱的几个股票全部卖掉也换成了这个股票。这样长春高新这个股票就成了我的第一重仓股。

在我重仓买入长春高新后的两个晚上，一夜无眠。虽然我当时下了狠心，几乎花了我一半资金买入这个股票，但在结果未出来之前，心里还是非常忐忑不安的。我深知，自己的这一举动对我日后炒股，甚至对我一生的影响都会很大。如果我这次投资，把宝押对了日后会受益无穷，甚至可以跳出穷窝，进入富人的行列；如果我这次投资，把宝押错了且止损不及时，那损失就非常大，甚至一蹶不振。所以这两天晚上，我在反复思考自己这次决策究竟有无失误。

第一，我想到了依据行业选股，在医药股中找有成长潜力个股的选股思路没有错。而且长春高新这个股票的基本面我也反复作了研究，该股是以生物制药、中成药生产及销售为主导产业的，财务状况良好，未来的发展前景是乐观的。前期股价大幅下跌是因为2008年是一个大熊市，它是属于大熊市中错杀的股票，现在正是价值投资者对它逢低吸纳的时候。

第二，我想到了主力用"双柱中间挖坑"在该股上建仓，是花了大力气的。主力费时费力吸筹后，不会无所作为。除非有特殊原因，比如主力资金链突然发生了断裂而就此撤庄，这样该股暂时就无戏可唱了，但这种可能性很小。

第三，该股在这轮熊市打击下，股价连连下跌，但跌至4.88元就跌不下去了，4.88元就是其谷底价。熟悉主力操盘习惯的人会注意到，"88"是一个吉利数字。从以往经验看，大凡以吉利数字作为底部价格的股票，都是主力有意为之，日后股价都出现了大涨，这次应该也不会有什么意外。

第四，我仔细查看盘面，当时该股短期均线为多头排列，成交量温和放大（见图537）。这些都是做多信号。我是在该股出现第二根"柱子"，即涨停大阳线的第二天重仓买进的。虽然现在股价没有上涨，但是我这样操作并没有错。

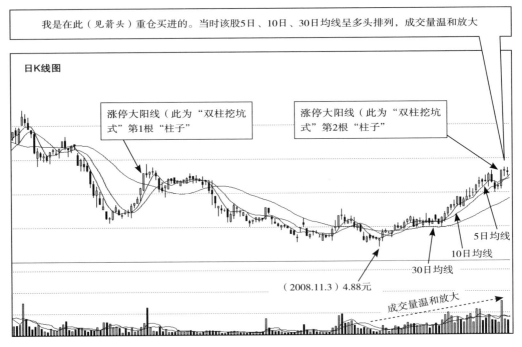

我是在此（见箭头）重仓买进的。当时该股5日、10日、30日均线呈多头排列，成交量温和放大

日K线图

涨停大阳线（此为"双柱挖坑式"第1根"柱子"）

涨停大阳线（此为"双柱挖坑式"第2根"柱子"）

5日均线
10日均线
30日均线

（2008.11.3）4.88元

成交量温和放大

长春高新（000661）2008年5月8日～2008年12月30日的日K线图　图537

第五，当时大盘在1664点见底后正处于筑底阶段，大盘趋势有向好迹象，在大盘总体趋势回暖之际，做多个股的风险相对较小。只要1664点这个底部守住，大盘趋势向上就是大概率事件。若大盘走好了，我买进的长春高新也就有了上涨的机会。

另外，我当时也作了最坏的打算，如果日后出现多头排列被破坏，股价跌穿30日均线的现象，我就马上止损离场，这种事我当然不希望发生。但万一形势发生了变化，及时止损是必须的，否则损失会更大。

我反复思考了上面5个问题，想来想去都没有发现自己操作上有什么纰漏，但在结果还没有出来之前，心里总是感到不踏实，夜不能眠。或许是自己做股票10多年来，第一次用这么大的资金押宝在一个股票上，心里负担特别沉重的缘故。直到我买进该股一个多星期后，我看到该股连连收阳，特别是又拉出一根大阳线后（见图538），我才感到自己这次操作成功了，心里总算松了一口气。

我是在这儿重仓买进该股的，在我买进该股后的第8天，盘中又拉出了一根大阳线，这时我心里的石头才落了地

日K线图

大阳线

涨停大阳线

4.88元

长春高新（000661）2008年6月3日～2009年1月9日的日K线图　图538

　　股票买对了，特别是像我这样花大价钱买的重仓股出现了上涨，我心里感到特别高兴。但我知道，主力现在需要跟风盘，因为众人拾柴火焰高，会把股价推上去。但在股价有了一定涨幅后，主力很快就会对跟风者痛下杀手，把跟风者赶出去，主力是不希望跟风者与他们一起分享胜利成果的。更重要的是，主力的洗盘与出货有时很难区别，如把出货当成洗盘，我持股不抛就会被主力晾在山顶上；反之，如把洗盘当成出货，我把股票抛了，低位若没补进，就会踏空，被主力赶下车。

　　那么，该怎么办呢？我反复思考后，决定参考该股上一轮牛市，看看用什么办法才能锁定该股过去的中长期走势，然后再把这个办法移植到该股现在的中长期走势上来。我发现，在该股上一轮牛市中，若采用60日、120日均线就比较容易区别该股究竟是在走牛还是在走熊。股价在高位震荡，主力究竟是在洗盘还是在出货等，都能通过60日、120日均线的变化进行鉴别（见图539）。

該股上一輪牛市，股價從2.70元起步，最高漲至23元，股價漲了7倍多。瞧！只要在圖中加60日、120日均線，何時可以持股待漲，積極做多，何時應該拋股離場，持幣觀望，則一目了然。大的投資方向就不會出現差錯

長春高新（000661）2005年5月26日～2008年11月10日的日K線壓縮圖　圖539

　　據了解，大資金運作都有連續性，由此可以判斷，現在操作該股的主力即便不是上一輪操作該股的主力，也一定會與上一輪主力有某種關聯。所以，我認為在該股上一輪牛市操作時的一些成功經驗仍然可以用於當下。於是，當時我就用60日、120日均線來拴住該股，進行高拋低吸，把握好做多、做空的時機，實踐下來效果非常好。

　　另外，我發現該股主力操盤時非常迷戀吉利數字，股價打壓到最低處都留下"88"、"99"、"66"這樣的數字。這就是說，只要盤中出現這些吉利數字就可以確定主力已將底部鎖定，這是一個重要的買進信號。我在操作時利用這些買進信號進行高拋低吸獲得了很大成功。

　　經過幾番精心操作，在主力的震倉洗盤中，我不但沒有被主力洗盤出局，還適時利用60日、120日均線與盤中出現的吉利數字進行高拋低吸，賺取了一些差價，在該股的上升途中，始終重倉持有，直到該股竄上100元高位，60日均線與120日均線在高位出現死亡交叉後，我才全部清倉出局。從我當初重倉買進該股，到最後將它完全賣出，我在這個股票上一下子賺了10多倍利潤，由於我是重倉，所以賺得特別多，它一下子讓我脫貧致富，從散戶晉升為大戶。由此我

从图中看，该股从4.88元涨至123.50元，涨幅非常惊人。投资者若要操作好这只大牛股，只要用上60日、120日两条均线，就可以踏准市场涨跌节拍，高抛低吸则成了一件简单、容易操作的事情了

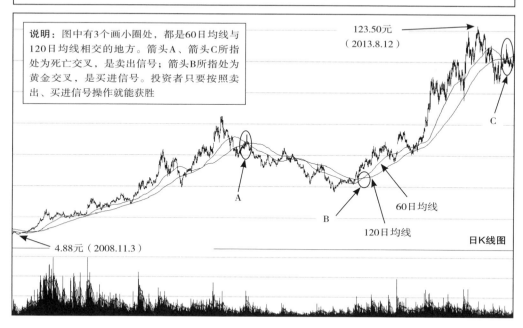

说明：图中有3个画小圈处，都是60日均线与120日均线相交的地方。箭头A、箭头C所指处为死亡交叉，是卖出信号；箭头B所指处为黄金交叉，是买进信号。投资者只要按照卖出、买进信号操作就能获胜

123.50元
（2013.8.12）

60日均线

120日均线

日K线图

A

B

C

4.88元（2008.11.3）

长春高新（000661）2008年10月14日～2013年12月24日的日K线压缩图　图540

感到，在低位重仓持有大牛股，一直坚持到高位卖出，是散户彻底翻身，走向大赢家的必由之路。现在我把自己挖掘大牛股的经历讲给大家听，希望有更多的散户能分享我的经验与喜悦，在股市中早日获得成功。

瞧！图中3个低点的价格尾数都标有"88"、"99"、"66"吉利数字。这给了解主力使用吉利数字做盘的投资者，寻找最佳买点带来了极大的方便

日K线图

123.50元
（2013.8.12）

31.99元（2010.7.5）

29.66元（2012.1.19）

4.88元（2008.11.3）

长春高新（000661）2008年10月14日～2013年12月23日的日K线压缩图　图541

彭老师评点（一）

彭老师说：这两篇作文，一篇是说如何捕捉黑马的，一篇是说如何挖掘牛股的。总的说来写得很好，对大家很有启发。下面谈谈我读了这两篇文章后的一些感想。

有人说，熊市很可怕，熊市是不能做股票的。但这两篇作文中介绍的黑马、牛股都出自熊市，这说明会做股票的人在熊市中也能捕捉到一些涨幅惊人的股票。当然，熊市做股票比牛市里做股票风险要大。但熊市做股票，也有一个有利条件，股价会杀得很低。比如，东方金钰在2008年大熊市中股价最低跌到2.30元，长春高新在2008年大熊市中股价最低跌到4.88元。若不是大熊市，试想，它们的股价会跌得这么低吗？也正因为它们股价跌得这么低，所以才会给这些股票提供了在熊市反弹中的巨大上升空间。据了解，东方金钰从2008年11月7日的2.30元涨至2010年12月7日的32.77元，期间股价最大涨幅达到了1324.78%。长春高新从2008年11月3日的4.88元，涨至2014年1月16日的131.50元，期间股价最大涨幅达到了2594.67%。要知道，2008年11月~2014年1月，中国A股市场整体上还处于大熊市环境中，如2008年10月上证指数最低跌至1664点，2014年1月上证指数最高只有2113点。也就是说，东方金钰、长春高新是从大熊市中跑出来的大黑马、大牛股。

大熊市中能够跑出涨幅在10倍以上的大黑马、大牛股让人感到不可思议，但事实就是如此。

通过这两个案例，我们能悟到一些深刻的道理。这些道理对我们日后选股与股市实战都会带来很大的帮助。

道理一：选股一定要弄清市场资金的性质。

因为什么样的市场就会有什么样的资金，什么样的资金就决定什么样的股票有投资机会。在基本上没有外面增量资金加入，而只能靠场内存量资金运作的市场，若要捕捉到黑马，挖掘到牛股，一定要从小块头股票中寻找投资机会，而大块头股票中是没有这样的投资机会的。

这个道理看似很简单，但很多人就是弄不明白。所以他们在大熊市中输得很惨。我们发现一些投资者在大熊市期间选股，专门挑选一些估值低、盘子大的股票，如银行、钢铁、煤电等个股进行投资，认为这些股票安全，但最后却输得很厉害。其原因就是这些投资者没有弄清楚市场主流资金的性质，盲目选股造成的。倘若投资者弄清楚了市场主流资金的性质，知道这个市场是以存量资金为主的市场，就必须"抓小放大"。

为什么在存量资金为主的市场中不能选择大盘股进行投资呢？是因为股市一旦进入熊市后，整体上资金处于流出状态，主力手中的资金捉襟见肘，顾得了东，顾不了西。因此，主力只能用有限资金在局部范围里对一些块头小的个股与板块进行炒作。而那些块头大的大盘股，主力是炒不动的，只能被市场边缘化，股价会越跌越低。由此可见，有的放矢选一些匹配的小块头股票进行投资，这样在熊市里就能赚钱，甚至能赚到大钱。

下面我们就以数据说话。资料显示：2007年10月16日，中国A股的牛市步伐在6124点戛然而止，随后7年，A股市场进入了熊市，上证指数跌幅高达61.78%，中国A股市场总市值更是蒸发了14.5万亿元【注】。

据了解，这七年熊市里，增量资金基本没有进场，做股票的都是一些留存在股市里的资金，所以大盘股的市值损失惨重。以2014年10月16日收盘价（后复权）计算，2007年10月16日以来，股本超过100亿股的工商银行、中国银行、中国石化等18只个股，平均股价下跌了59.56%；股本在10亿~100亿之间的中国远洋、西部矿业、白云机构等148只个股（只有复星医药、长江证券等13只个股上涨），平均跌幅为41.24%；股本在5亿~10亿之间的227只个股中，平均下跌了13.14%，下跌个股有164只，占比为72.24%。

这些数据表明，在2007年10月上证指数在6124点见顶后的7年熊市中，大盘股的损失非常惨重，那么中小盘股表现又怎么样呢？我们这里也有一组数据。

股本规模为3亿~5亿股的635只个股中，7年时间股价平均上涨33.68%，其中包括广弘控股、国中水务、平潭发展等涨幅超过10倍的大牛股。股价下跌的只有297只，占比为46.77%。

股本规模为1亿~2亿股的349只个股中，只有85只出现下跌，占比为24.36%。这349只个股平均涨幅竟然达到了103.3%，其中有112只个股涨幅超过100%，占比达到32.09%。也就是说，如果有哪一个投资者7年前买入的都是股本1亿~2亿的

【注】 14.5万亿！这是一个什么样的概念呢？数据统计显示，2007年10月16日沪深两市共有1470只股票，总市值35.6万亿元。整整七年后，在沪深A股市场上市交易的个股已达2558只，总市值约29.29万亿元。如果单纯从数学上计算，7年总市值蒸发6.31万亿元。不过，自2007年11月之后，先后有中国石油以及创业板等1088只个股上市，目前A股数量已经比6124点之时多了74%。扣除2007年10月16日之后上市的新股之后，现在这1470只股票总市值为21.07万亿元，比7年前少了14.53万亿元。也就是说，过去7年的熊市，几乎蒸掉了一个上海主板市场的总市值或8个创业板的总市值（注：截至2014年10月16日，397只创业板个股的总市值为1.87万亿元。以此核算，七年的亏损几乎等于8个创业板的总市值），这是一件多么可怕的事情啊！

个股，将有1/3的概率收益翻倍。

股本不到1亿的93只个股，7年熊市平均涨幅为119.42%，只有东方锆业、国兴地产、贵研铂业、方圆支承、西部材料等13只个股目前还被套，占比仅13.98%。却有金螳螂、国睿科技、同方国芯等38只个股涨幅超过100%。

从上面的统计数据可以看到，自2007年10月上证指数在6124点见顶后股市走熊的七年中，中国A股市场上演的就是大盘股探底，小盘股升天的结构性多头行情。由此我们就可以得出一个结论：在熊市里，资金总体上是流出的，不可能有增量资金入市，留在股市里的都是存量资金。这个资金的性质一定要搞清楚，存量资金青睐的是小盘股而不是大盘股。因此，在2007年10月股市进入熊市之后，把宝押在大盘蓝筹股上的投资者，多数是输家。相反，如果把宝押在小盘股上的投资者，有相当一部分人是赢钱的。这就告诉我们：在存量资金为主的市场，只有选择小盘股才有赚钱的机会，而选择大盘股是选错了对象，陷入了赔钱的漩涡。

话说到这里，有人会问，自2007年10月16日上证指数在6124点见顶，中国A股市场进入熊市后的七年中，把宝钾在小盘股上就一定是赢家吗？

答案是：未必。因为这七年熊市中，上市后不涨反跌的小盘股也不在少数，尤其是股价炒得很高的时候追进去者，损失也很大。所以在熊市中，不选大盘股选中小盘股，只是做好选股的一个条件，若要选好股进行投机，后面还有两个条件，即股性要活跃，要会讲故事。

道理二：在以存量资金为主的市场中，选股的第二个条件是，股性要活跃。

从投机的眼光看，大起大落的股票最适合投机，最容易爆出黑马来。对投机者而言，股票出现大跌不要紧，但大跌之后要能弹得起来，所谓股性活跃，也就是说这个股票经常会出现暴涨暴跌的走势。这样的股票最受主力青睐。前面案例中介绍的东方金钰，就是一个股性很活跃的股票。自它上市后股价波动幅度一直很大，涨起来会疯涨，跌起来会狂跌，大起大落成为常态。这也是它被市场青睐的一个重要原因。可见，股性活跃是能不能成为黑马的一个重要条件，这就很容易理解了。

据了解，早在中国A股市场开张初期，市场主力就对股性活跃的股票予以特别的关注。早期中国A股市场中，股性最活跃的股票当属爱使股份、延中实业、申华股份等几个"三无股"（即整个股本全部为个人持有的流通股，这里没有什么国家股、法人股、大小非股票，其股本结构在深沪股市中非常特殊）。由于这些股票一上市所有的股票都是个人流通股，场外一些想上市的企业就可以通过在二级市场购买一定数量的流通股达到对该股进行控股，从而达到借道上市的目的。而当时看中它们，想借道上市的企业很多，所以在这些股票上收购竞争十分激烈，股价也因此出现了激烈的上下波动（编者按：这些"三无股"后来随着借道上市的大股东地位稳固，收购竞争逐渐平息，再加上这些股票不断送股后股本越来越大，股性活跃程度明显降低，主力也逐渐对这些股票失去了兴趣）。

道理三：在以存量资金为主的市场中，选股的第三个条件是，会讲故事。

为什么一定要会讲故事呢？因为只有会讲故事才能吸引市场眼球，才会有跟风盘蜂涌而入。否则，市场主力炒作这个股票就唱独角戏了。若一个股票投机炒作不能吸引市场眼球，无人跟风，主力单凭蛮力把股价炒上去那是很可怕的。此时主力只能自拉自唱。这种股票行业内称为"死庄"，死庄的结局是很惨的，因无人跟风主力在高位出不了货，最后只能靠主力自己死扛着，当有一天主力资金短缺，扛不下去的时候，就会形成高台跳水，出现连续跌停的情况，这样主力资金就会深套其中，甚至导致被清盘出局。死庄的例子在股市上已出现多起。所以，现在主力炒作个股，一定会选择会讲故事的股票，吸引跟风盘，避免孤军作战。因此，普通投资者在以存量资金为主的市场中，选择股票进行投机时，也一定要选择会讲故事的股票。

选择会讲故事的股票，就一定要了解主力究竟是怎么在个股中讲故事的？散户投资者对待会讲故事的股票，应该怎么去把握其中的机会，规避掉它的风险呢？

在中国A股市场中，主力最早拿讲故事来吸引跟风盘的案例发生在上世纪九十年代初期浦东开发刚起步那段时间。其中故事被讲得最多的股票是陆家嘴（600663），当时市场流传着"陆家嘴就是中国的曼哈顿"、"陆家嘴的股票是用金砖垒成的"、"陆家嘴地区的高楼盖得多高其股价就会涨得多高"，这些故事制造者当然是主力了。主力通过媒体、股评家之口，让这些子虚乌有的故事在中小散户中广泛流传，随着相信的人越来越多，主力掀起了一轮又一轮对陆家嘴的炒作，该股在1996年11月1日攀升至48.99元这个历史最高位见顶后，一连跌了9年，直到2005年7月18日跌至4.11元，才走出这轮熊市。在这漫长的9年下跌途中，所有关于陆家嘴的"美好故事"都蒸发了，而一些相信陆家嘴美好故事在高位追涨该股的投资者都遭受了巨大损失。

如果说，20年前市场主力拿陆家嘴说故事来忽悠投资者，演了一场"好戏"，那么20年后，市场主力拿外高桥（600648）说故事来忽悠投资者，更是达到了登峰造极的地步。据悉，早在2013年8月国务院批准设立中国（上海）自由贸易试验区之前，先知先觉的主力就在外高桥股票上埋伏了重兵。该消息公布后，在短短的17个交易日里，股价从13.50元一口气拉至64.16元，涨幅高达3.75倍，创造了那个时候中国A股市场10多年来连续上涨的最高纪录。而之所以股价涨得这么快、这么高，一切都是因为该股当时有了非常动听的故事，如"中国（上海）自由贸易区设立，外高桥就成了新一轮改革开放的火车头"、"外高桥的投资潜力无限，它必然会成为中国A股市场第一高价股"、"外高桥就是中国的可口可乐"等等。这些故事的编造者也是市场主力。市场主力把这些美好的故

事通过各种渠道广泛地散发出去，相信的人越来越多，从而造成了该股在连续12个涨停板被打开后，跟风盘蜂涌而入，此后又接连拉出3个涨停板，摸高至64.16元才见顶回落。在五六十元上方追进去的投资者没有想到，64.16元就是该股这轮行情的最高价，他们期望该股能攀上中国A股市场第一高价股的梦想彻底落空了，其损失可谓非常惨重（见图542）。

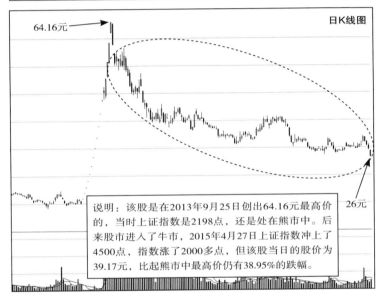

瞧！在中国（上海）自由贸易试验区消息公布之前，先知先觉的主力已在该股上布下重兵，而一等利好消息公布，美丽动听的故事就会满天飞，此时主力把该股快速推至高位等跟风盘来接盘了。主力这一招果真厉害，最后听到美丽动听的故事而追高跟进的中小投资者都被套在高位，吃了大苦头

说明：该股是在2013年9月25日创出64.16元最高价的，当时上证指数是2198点，还是处在熊市中。后来股市进入了牛市，2015年4月27日上证指数冲上了4500点，指数涨了2000多点，但该股当日的股价为39.17元，比起熊市中最高价仍有38.95%的跌幅。

外高桥（600648）2012年5月23日~2014年4月28日的日K线图　图542

从陆家嘴、外高桥这两个案例中可以看出，这两个股票之所以能成为当时的大黑马，是因为从他们身上可以编出许多动听的故事。如果缺乏"题材"，编不出什么动听的故事，也就不会被主力关注，不能成为大黑马。主力在对它们进行投机炒作时，重点关注的是会讲美好动听故事，能吸引市场眼球，引发众多跟风盘的个股，而作为我们普通投资者只能跟着主力选股思路顺势而为。具体来说，大家可以在故事开讲初期，即主力还没有对个股进行拉升前就跟进去，等着主力拉升后，故事广为流传，达到高潮时，跟着主力一起逢高退出，这样我们就能在股市中胜出，成为一个赢家，甚至是一个大赢家。但是大家一定要记住，无论什么股票，在其故事讲到接近尾声时，千万不要再追高买进了，若盲目跟进，就会

吃大苦头，陆家嘴、外高桥就是很典型的例子，大家一定要引以为鉴。

彭老师说，在以存量资金为主的市场中，选股要考虑盘子大小，选小不选大，还要考虑股性是否活跃，会不会讲故事。但是，即使具备了这3个条件，也不是万事大吉了。这里特别要注意的是，真正到选中某个股票，在实际操作时还要讲究一些技巧，这样才能保证选股最终获得成功。

技巧一：选小盘题材股进行投机一定要把握好时机。时机选错了，买进股性活跃，会讲故事的小盘股，照样会失败。比如，熊市初期，大盘股、小盘股都会下跌，甚至跌得很惨。此时选股做多显然是不合时宜的。因此，在熊市里只有持币而不是持股才能规避市场风险。

那么既然如此，为什么在熊市环境中，一些选择有概念、有题材的小盘股进行投资的股民能成为股市赢家呢？这是因为熊市中也有反弹（有时反弹力度会很大），若参与反弹，选择跌得深的小盘题材股赢的几率就很大。另外，在熊市后期，随着大盘指数大幅下跌，大盘平均市盈率跌到一定低位后，大部分股票会处于上涨无动力，但继续下跌也无动力的状态。此时，市场主力就会利用存量资金在盘子小的股票上做文章，故而这个时候也往往是小盘题材股的活跃期。用俗话说，这个时候股市进入了"大盘股搭台（指大盘股在低位横盘不再下跌），小盘股唱戏（指市场主力不再担心指数下跌，趁股市筑底时拉抬小盘股）"的阶段，故而此时跟着主力选择被主力关照的小盘股进行投机，胜算率就很高。由此我们可以得出一个结论：

在以存量资金为主的市场中，特别是在熊市环境里，把宝押在小盘股上总体思路是对的，但最终能否获得成功，一是要看选择的股票股性是否活跃，是否会讲故事，二是要看选择在什么时机买进。这两个方面都做对了，才有可能成为赢家。

技巧二：注意一些特殊数字。一个股票是不是被主力关注了，股价是不是见底了，往往可以从一些特殊数字中看出端倪。比如，长春高新这个股票，2008年11月3日，股价见底价格为4.88元；2010年7月5日，股价阶段性见底价格为31.99元；2012年1月19日，股价阶段性见底价格为29.66元。

这3个见底价格的最后两个数字，"88"、"99"、"66"都是一些特殊数字，是主力操作时在屏幕中留下的特殊数字标记。

那么，主力为何在操作时会留下"66"、"88"、"99"的特殊数字标记呢？要弄清这个问题，就要从中国传统文化谈起。因为在中国传统文化中，66、88、99都是吉利数字。88喻意是"八八大发"，"99"喻意是"久久好运"、"66"喻意是"六六大顺"。据了解，在社会上利用吉利数字保佑自己，希望不断交上好运的人群中，最多的有两种人：一是达官贵人；二是生意人。尤其是一些做生意的商人，对数字非常挑剔。比如，开店之日的选择，或者喜庆活动日子的选择，都会特别看重"88（8月8日）"、"99（9月9日）"这样的日子，这已成了生意场上的一种潜规则。

其实，炒股票就是做生意。不过这个生意与众不同，它做的是股票生意，几乎每个炒股人想的都是既能做好股票，又能在股票赚钱时图个吉利，好好地庆祝一下。这个思想在主力（庄家）身上表现得非常突出。因为他们认为自己运作的是大资金，是股市中呼风唤雨的"达官贵人"，做的是股票大生意，所以对"88"、"99"、"66"等一些吉利数字就非常敏感。正因为他们有了这种想法，所以买卖股票时，往往会选择其中一个吉利数字，有意留在电脑屏幕上。据了解，沪深股市20多年来，特别是最近几年，个股在见底或见顶时，最低价或最高价的末端拖上"88"、"99"、"66"这些特殊数字，就成了主力操盘时的一种习惯动作。

这里给大家说一个真实的故事。这几年有一本很热门的书，叫《大败局》，这本书推出后曾在中国企业界引起了巨震。《大败局2》中曾记录了这样一个细节：2000年2月18日，当时中国A股市场中的第一大庄家、中科创业的实际控制人吕梁新婚大喜，他的操盘手们用"科学而精密"的手法控制股票起伏，硬是让中科创业的收盘价恰好停在了72.88元。操盘手们用自己的方式给老板送上一份别人看来瞠目结舌的礼物。

一位伟人说过："习惯的力量是最可怕的力量。"大量事实证明，要让主力改变在股价见底或做头时使用吉利数字的习惯是很难的。故而我们对这个问题必须有一个清醒的认识。可以说，今后不管股市会出现怎么变化，主力玩弄吉利数字的现象不会绝迹，说不定随着时间的推移，这种现象会愈演愈烈。

主力操盘时喜欢用吉利数字的习惯、心理癖好，也为聪明的投资者判断股价何时见底，何时见顶带来了很大的帮助。既然主力在股价筑底，或高位出逃时经常用"88"、"99"、"66"等吉利数字来炫耀，我们就让他们去炫耀吧。但是，我们不能光做看客，而是要充分利用主力这种习惯动作、心理癖好，把自己的股票做好，这又何乐而不为呢？

为了证明主力用"88"、"99"、"66"吉利数字并不是一种偶然现象，而是中国A股市场经常会见到的一种现象。下面我请大家看一些相关的实例。

 想不到吧！主力操盘还藏着这个秘密。若见到低位出现"88"、"99"、"66"，先买一点，埋伏在里面，或许后面真会大发啦！

一、以末位"88"数字作为见底价格的部分个股案例

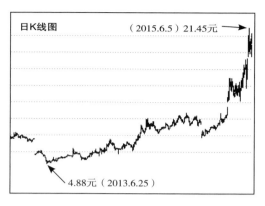

日K线图　　（2015.6.5）21.45元

4.88元（2013.6.25）

山东威达（002026）2013年1月11日~2015年6月18日
日K线压缩图　图543

日K线图　　（2015.6.12）21.97元

6.88元（2014.4.29）

同洲电子（002052）2014年3月24日~2015年6月18日
日K线压缩图　图544

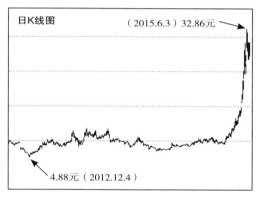

日K线图　　（2015.6.3）32.86元

4.88元（2012.12.4）

远望谷（002161）2012年9月3日~2015年6月10日
日K线压缩图　图545

日K线图　　（2015.5.22）52.27元

7.88元（2012.12.4）

科新机电（300092）2011年11月10日~2015年5月22日
日K线压缩图　图546

日K线图　　（2015.6.5）80.39元

10.88元（2012.12.3）

上海科阳（300236）2011年8月29日~2015年6月23日
日K线压缩图　图547

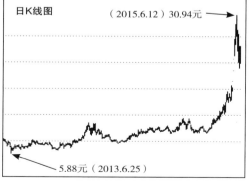

日K线图　　（2015.6.12）30.94元

5.88元（2013.6.25）

南都电源（300068）2013年5月28日~2015年6月26日
日K线压缩图　图548

二、以末位"99"数字作为见底价格的部分个股案例

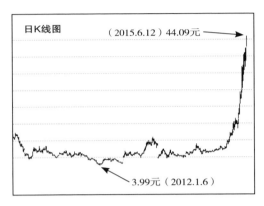

华信国际（002018）2010年2月25日~2015年6月12日
日K线压缩图　图549

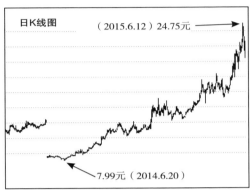

黔源电力（002039）2014年2月24日~2015年6月17日
日K线压缩图　图550

金智科技（002090）2011年1月21日~2015年6月30日
日K线压缩图　图551

三峡水利（600116）2004年5月17日~2007年9月24日
日K线压缩图　图552

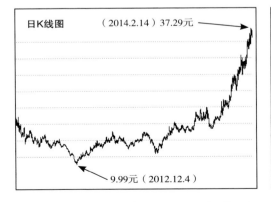

佐力药业（300181）2012年7月10日~2014年2月18日
日K线压缩图　图553

天银机电（300342）2014年9月24日~2015年6月3日
日K线压缩图　图554

三、以末位"66"数字作为见底价格的部分个股案例

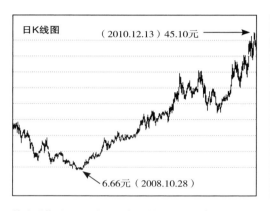

烽火通信（600498）2007年12月26日~2010年12月15日
日K线压缩图　图555

视觉中国（000681）2008年2月21日~2015年6月11日
日K线压缩图　图556

德美化工（002054）2008年3月7日~2009年9月17日
日K线压缩图　图557

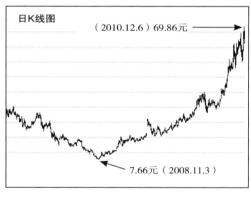

中工国际（002051）2007年8月8日~2010年12月6日
日K线压缩图　图558

鼎龙股份（300054）2013年12月27日~2015年6月15日
日K线压缩图　图559

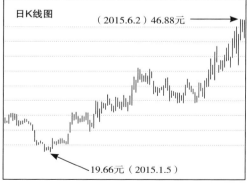

中青宝（300052）2014年12月1日~2015年6月3日
日K线压缩图　图560

看了这么多例证，大家应该相信，在股价大幅下跌，低位出现这些"88"、"99"、"66"特殊的吉利数字，之后股价不再创新低，新一轮牛市行情就此起步。这个现象决不是偶然的，它已成了中国A股市场一种规律性现象。

发现、了解这种规律性现象，聪明的投资者就能利用这种规律性现象，为选好股，抓到黑马、牛股，寻找到一条重要的线索。这在实战中是很有实用价值的。下面我们来举一些例子。

比如，众所周知，中国股市在2015年6月后突然出现了一次股灾。股价断崖式的暴跌，几乎让所有的投资者都措不及防，损失十分惨重。股灾发生后，国家出手救市，反弹也如期而至。那么，反弹中什么样的股票最有潜力，最能帮助投资者减少股灾中发生的损失。此时，仔细观察低位出现特殊数字的投资者就捡了大便宜。在发现某些股票低位出现"88"、"99"等吉利数字及时跟进，持股待涨的投资者，不仅将股灾中的损失全部弥补了，还额外地赚上了一笔大钱，其成绩真让世人刮目相看。下面我们来看几个实例。

实例一：梅雁吉祥（600868）。该股是股灾后反弹中的一个名星股。股价先是从9.31元跌至2.99元，然后又从2.99元升至10.84元（见图561），若投资者看到该股低位出现"99"吉利数字，由此判断主力已重点关注该股，该股底部已被锁定，及时跟进者后面都能获得丰厚的盈利。据了解，该股这一轮反弹，股价最大涨幅达到262.54%。这个涨幅不仅创了该股股

梅雁吉祥（600868）2015年4月1日~2015年8月20日的日K线图　图561

灾后的新高，而且也创了当时股灾后短期内股价涨幅之最。

实例二：特力A（000025）。该股是股灾后反弹中涨幅最大的一个股票（股价从9.88元最高涨至108元，最大涨幅达到993.12%），称其为股灾反弹期间的超

级大黑马，可谓名副其实（见图562）。因为该股涨幅太大，且走势怪异，当时被人称之为"妖股"。但不管妖股怎么妖，若当时看到该股低位出现"88"吉利数字，就能判断主力极有可能在重点做多该股，及时跟进持股待涨的投资者，日后都发了大财。

特力A（000025）2015年4月29日~2015年12月16日的日K线压缩图　图562

实例三：浪潮软件（600756）。该股也是股灾后反弹期间的一个名星股，股价从15.88元涨至56.45元，最大涨幅达到255.48%。这个涨幅在当时也是十分可观的。因为很少有什么个股在股灾后反弹中能达到这么大的涨幅。其实，当时选择该股进行投资也是一件很容易的事。

从下面图563的放大图形中可以看出，该股在低位出现"88"吉利数字后，股价没有马上涨上去，而是在低位徘徊了许久。想买者可有充分时间去买。而最关键的问题是，你信不信在低位出现"88"吉利数字，就极有可能是主力重点做多的股票，若你相信买进了，你日后就是大赢家。

彭老师说，有人问我，是不是低

浪潮软件（600756）2014年12月22日~2015年12月31日的日K线压缩图　图563

位出现"88"、"99"、"66"特殊吉利数字的股票,将来就一定是大黑马、大牛股呢?我回答他,在股市中没有什么绝对的东西,"一定是什么大黑马、大牛股",这个说法本身就是不科学的,是伪命题。对任何人来说,谁都无法预计什么股票将来就是大黑马、大牛股。

大黑马、大牛股的最终形成,需要"天时、地利、人和"三个条件。所谓天时,就是指整个大盘的走势,即股市形势如何。如果当时股市整个趋势都在向下,个股就不会有戏,而只有当股市回暖,处于上升或反弹周期,个股才有戏可唱,这就是市场上所说的"大盘搭台,个股唱戏"。试想,前面介绍的梅雁吉祥、特力A、浪潮软件的股票都是在股灾后大盘整体上出现反弹时,才有所表现的。

所谓地利,是指个股本身的情况如何。比如,它的基本面有无什么特殊利好,有无什么特别题材。如果这些都没有,它们也成不了什么黑马、牛股的。

所谓人和,一个股票要成为黑马,它一定要成为市场的热点。"众人拾柴火焰高",此时主力再顺水推舟,股价才能顺势大涨。试想,一个缺乏亮眼题材,不能成为市场热点的股票,怎么能成为跑赢大盘的黑马呢?

大家一定要知道,"天时、地利、人和"这3个条件都是动态的,因此就不能事先设定谁是黑马,谁不是黑马。作为操盘主力,他们也没有把握,一切只能顺势而为。

比如,主力在作一番考察后,选择某个股票决定做多,用"88"、"99"、"66"吉利数字锁定了底部,但后来发现"天时"条件不够(如大盘走势不佳),"地利"情况异常(如个股基本面出现了黑天鹅事件),"人和"与预想的有很大差异(如无人响应,或者涌进来的短线投机客人数太多),这都会促使主力改变初衷,进行撤庄或暂时放弃这个股票,甚至反手做空。这样原先被"88"、"99"、"66"吉利数字锁定的底部就会被瓦解,股价会创出新低,甚至大跌。

所以,投资者在低位看到"88"、"99"、"66"吉利数字,只能判断该股底部有可能被主力锁定,主力准备对它积极做多(而不能肯定这个底部就牢不可破,主力一定会对该股积极做多了)。致于"88"、"99"、"66"这个信号是否可靠,还需要观察,还需要后面的K线走势进行验证(一般来说,在低位出现"88"、"99"、"66"数字后,连续3天股价在此上方运行,股价涨幅比它高出3%,才能算作初步有效了)。

投资者操作时可以采取以下策略:①若你是激进型投资者,看到低位出现"88"、"99"、"66"吉利数字,可先试探性买入,等3天后被确定有效后再加仓跟进;若你是稳健型投资者,可等其信号被确定有效后再积极跟进。②可将低位出现的"88"、"99"、"66"吉利数字,与当时的股价走势(如K线、均线、成交量等指标)结合起来,进行综合分析,提高判断的准确性。③低位出现的"88"、"99"、"66"吉利数字,应视为最低价。这个最低价是不能被跌破的。一旦跌破,说明主力很可能已经撤庄,改变注意。此时投资者应及时止损离场。

　　技巧三:"双柱中间挖坑建仓式"。这是"我是怎样挖掘与骑上这只大牛股"范文中提出的一种技巧。这个技巧实用价值很高,对投资者选股会带来很大帮助。我在此对主力如何使用"双柱中间挖坑"达到低位打压吸筹,并完成建仓过程给大家作一个揭示(见图564),并就如何运用该技巧进行选股作一些补充说明,希望能引起大家的重视。

　　看了右边的这张示意图,我不解释大家也会明白大概是什么意思了。我们发现,有很多股票在大幅下跌,或低位盘整时都会出现示意图中的类似图形。这个图形说明什么呢?这个图形把主力从低位打压吸筹到完成低位建仓的整个过程作了一个形象的描绘。

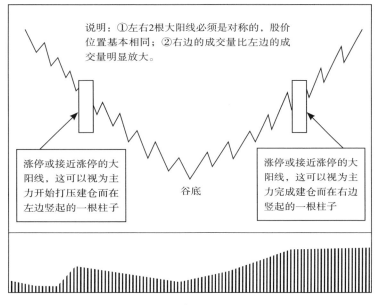

双柱中间挖坑建仓式示意图

说明:①左右2根大阳线必须是对称的,股价位置基本相同;②右边的成交量比左边的成交量明显放大。

涨停或接近涨停的大阳线,这可以视为主力开始打压建仓而在左边竖起的一根柱子

谷底

涨停或接近涨停的大阳线,这可以视为主力完成建仓而在右边竖起的一根柱子

图564

　　股价大幅下跌后(一般是跌掉50%以上),出现了图564中左边这根涨停或接近涨停的大阳线,表明市场主力开始关注这个股票了。当时,主力手中并没有这个股票的筹码(注:主力要炒作一个股票,手里必须要有该股的大量筹码)。因此,对主力来说,当务之急就要尽快想办法收集到大量廉价筹码。而图中左边的这根大阳线就是为主力收集筹码服务的。

　　据了解,主力在低位吸筹不会每天慢慢去收集,因为主力买进的量相对较大,如果每天选择主动性买进,一方面会促使股价上涨,这样主力收集筹码的成本就会越来越高,另一方面散户看到有人在不断买进就不愿再低位割肉了,这样

主力反而难以收到足够的筹码。所以主力在低位收集筹码，最常用的形式就是打压吸筹，主力在打压吸筹时，先要进行砸盘，这样才能控制好盘面。但新进场的主力一开始手中是没有筹码的，要砸盘就必须先拿到一些筹码。

那么，如何才能拿到这些用来砸盘的筹码呢？主力惯用的手法就是通过在盘中突然拉出涨停大阳线来实现这个目的。

通常，在股价连续下跌的情况下，突然拉出涨停或接近涨停的大阳线，套得深的投资者是不会卖出的，但套得浅的投资者生怕机会再失去会选择卖出。当然在这个当口卖出的筹码不会很多，但对主力来说，这些筹码已经足够了。因为此时主力收集的筹码不是用来低位建仓的而是用来砸盘的，砸盘不需要太多筹码，只要亮剑，就足以使拿着筹码不放的投资者感到害怕，在盘中就能制造出恐慌情绪，这样主力砸盘的目的就达到了。

有人会觉得奇怪，主力在盘中突然拉出涨停或接近涨停的大阳线，通过它收集到一些筹码后怎么进行砸盘呢？砸盘后就能收集到大量低位筹码吗？关于这个问题，我在这里剖析一个实例，大家就会明白的。

实例四：成飞集成（002190）。下图展示的是当时该股上市后近两年半的日K线压缩走势图。

从图565中可以看出，该股上市短暂冲高后就一路下跌，从23.96元最低跌至

成飞集成（002190）2007年12月3日~2010年4月13日的日K线压缩图　图565

4.75元，然后出现了V形反转，股价再一路震荡向上。我们说，主力是在图565中箭头A所指处开始打压吸筹的，在图565中箭头B所指处完成了低位建仓任务的。这样说，很多人可能会不相信。现在我把图形放大了，请大家仔细观察（见图566），然后再来分析。

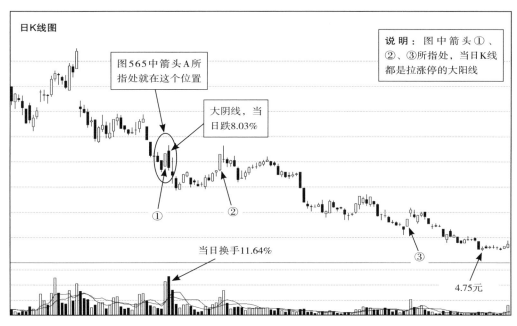

成飞集成（002190）2008年4月14日～2008年11月6日的日K线图　图566

图566显示，该股当时从23.96元跌至4.75元过程中，一共出现过箭头①、箭头②、箭头③3根涨停大阳线。箭头①、②这两根涨停大阳线都是在股价跌掉一半以后再出现的（箭头①涨停大阳线收盘价是10.34元，它与该股当时的最高价23.96元相比，股价跌掉了56.84%），这显然不是主力在拉高出货。据了解，该股上市时正处于大盘见顶走熊时，随着大盘指数下跌，该股也一起跟着下跌。当时盘中根本就没有什么主力，股价下跌是持股者相互多杀多，多翻空造成的，没有主力参与，自然就不会有什么涨停大阳线。所以该股当时从23.96元（2008.1.21）跌至9.26（2008.6.16）这一时间段，没有出现过涨停大阳线。直到图566中箭头①处，才刚看到第1根涨停大阳线。由此可以判断，主力拉出这根涨停大阳线是有它特殊用途的。

有人问，是什么特殊用途呢？请大家不要着急，随着我们对盘面现象的解析，大家很快就会明白这个"特殊用途"是什么。我们看到图566中箭头①涨停大阳线出现后，第二天就出现了冲高回落的现象，当天盘中出现了1根跌幅达到了-8.03%的大阴线，这一天该股的换手率达到了11.64%，成交量出现明显放大现象，接着股价又连跌了两天，盘面上出现了3连阴。

那么，为什么会出现这种现象呢？因为此时主力利用涨停大阳线收集到一些筹码后，并不准备获利，而是要通过低卖把股价打下去，同时主力还要让看见涨停大阳线以为股价要涨上去而跟风进来的短线客认赔出局，这些短线客认赔出局客观上也帮着主力砸了盘。反之，如果拉涨停大阳线后，第二天、第三天股价都是上涨的，那结果就不一样了，这样就很容易让这些短线客获利（短线客今天买进，只要明天上涨卖出就能获利）。一旦短线客获利了，他们就会在此与主力抢筹，这显然对主力低位建仓是不利的，所以主力一定要让这些短线客吃苦头——你敢跟风买进，我就让股价连跌3天，从而逼使这些短线客认赔出局。

新进场的主力在拉出箭头②涨停大阳线时，股价已小幅上涨了三四天。此时盘中突然出现1根涨停大阳线，似乎又激起了投资者做多的热情，让套牢者看到了希望，短线客又开始跟风追涨，但这根大阳线后，股价又是几连跌，这下子使所有看多做多的人都感到了极度失望，尔后股价即便再出现上涨，大家都认为是逃命的机会。如此一来，持股者的筹码就开始松动了，主动低位割肉开始增多，主力在散户纷纷割肉时则不断"逢低吸纳"，实现他们低位建仓的目的。

一位操作过该股的高手说，当时他看到箭头①、②两根涨停大阳线，接着股价就出现下跌的情况，心里已经明白，主力已开始深度介入这个股票了。从图形上看，主力在盘中边砸边托，高抛低吸，一是为了降低建仓成本，二是短线获利后可以腾出资金，然后再把股价砸下去，在盘中制造更大的恐慌，这样低位割肉的散户越来越多，主力就会得到更多的廉价筹码。

彭老师接着分析说，箭头③所指的是一根涨停大阳线（见图566），是该股这轮下跌趋势中的第3根涨停大阳线，也是这轮下跌趋势中的最后一根涨停大阳线。主力在拉出这根涨停大阳线后又使了一个阴招，第二天股价跳空向上，留下了一个向上跳空缺口，这让一些技术派人士、短线客以为股价见底了，忙不迭地冲了进去。但该股随后的走势让他们大跌眼镜，缺口不仅很快被封闭，而且股价又不断往下创出新低。看到这个情况，那些盲目冲进去的技术派人士与短线客只能缴枪投降、止损离场。至此，技术派人士、短线客都被主力玩得团团转。因此，以后当股价跌到很低的位置时，基本上就没人和主力抢筹码了。主力在打压建仓的过程中，通过不断地高抛低吸，不断地大幅度振荡，将大部分抄底的、抢反弹的投资者都套在下跌途中，或者叫他们亏损怠尽，使其不敢再来涉足这个股票，这样主力就能独吃这些低位廉价筹码。换一句话说，主力的低位建仓，就是在不断地制造恐慌，不断地使阴招让别人出现亏损的前提下实现的。

彭老师说，经过对成飞集成下跌途中涨停大阳线的解析，我相信，大家会明白主力打压吸筹、低位建仓究竟是怎么一回事。

有人问，怎么知道主力低位建仓任务完成了呢？彭老师说，我们仍以成飞集成为例，作进一步分析。下面请大家看图567（注：这张图将前面图565右边部分进行了放大处理）。

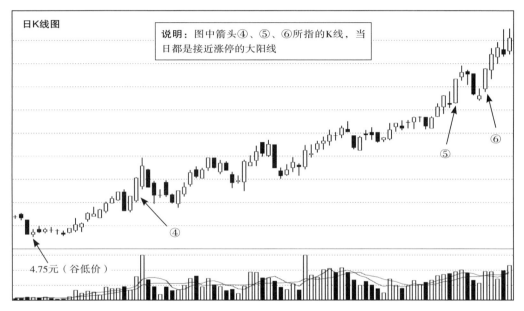

说明：图中箭头④、⑤、⑥所指的K线，当日都是接近涨停的大阳线

日K线图

4.75元（谷低价）

成飞集成（002190）2008年10月22日~2009年2月25日的日K线图　图567

彭老师说，在上面这张图中，也有3根接近涨停的大阳线，我分别用箭头④、⑤、⑥箭头作了表示。从图567中看，该股拉这些接近涨停大阳线的情况与前面图566中拉涨停大阳线的情况完全不同，前面图566中每拉一次涨停大阳线后，股价重心就下一个台阶，而现在每拉一根大阳线后，股价重心就上一个台阶。这说明现在的大阳线已被主力用于积极做多，吸引市场人气的手段了。再看图567下面不断放出的成交量（它与前面图566中不断萎缩的成交量形成鲜明的对比），更加可以看出该股已进入多头上升趋势中。盘中出现这些情况，证明主力建仓任务已经完成。

彭老师说，为了让大家更加清楚地看明白当时主力在成飞集成这个股票上打压建仓的整个过程，我再请大家看一张图（见图568）。

彭老师说，在下面的图中，我把前面两张图中出现的6根涨停或接近涨停的大阳线都标在图568中了。这个时候大家就会发现，图568中右边的箭头④、⑤、⑥所指的3根接近涨停的大阳线，与左边的箭头①、②、③所指的3根涨停大阳线

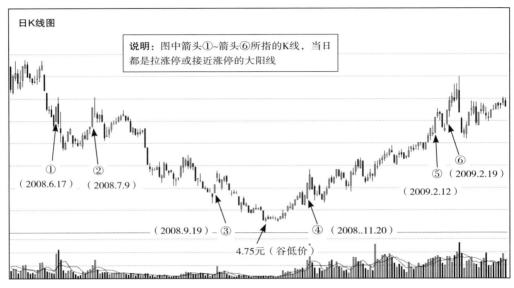

日K线图

说明：图中箭头①~箭头⑥所指的K线，当日都是拉涨停或接近涨停的大阳线

① （2008.6.17）　② （2008.7.9）

（2008.9.19）~③

4.75元（谷低价）

④ （2008..11.20）

⑤ （2009.2.19）

（2009.2.12）

⑥

成飞集成（002190）2008年5月20日 ~ 2008年3月25日的日K线图　　图568

正好形成一个对称格局。大家仔细看了就能判断出，箭头①、②与箭头⑤、⑥这4根涨停或接近涨停的大阳线，基本上处于相同的价位；箭头③与箭头④ 这两根涨停或接近涨停的大阳线也基本上处于相同的价位上。大家要知道，盘中出现这样的现象，这绝不是什么巧合，而是主力刻意为之的"杰作"。从我长期观察中发现一个很重要的现象：当一个股票股价跌至半山腰下方，出现第1根涨停或接近涨停的大阳线，尔后股价继续下跌，跌至低位后拐头向上，上升到前面第1根涨停或接近涨停的大阳线差不多的价位，再次拉出1根涨停或接近涨停的大阳线时，说明主力打压建仓任务已基本告一段落，此时就是一个很安全的买点。业内人士将这种现象称为**"双柱中间挖坑式"**。**"双柱中间挖坑式"**为投资者早期发现大黑马、大牛股提供了一个重要的参考依据。

彭老师说，有人问**"双柱中间挖坑式"**，应该是左、右各有1根"柱子"，即左、右各有1根涨停或接近涨停的大阳线。图568中怎么会出现6根涨停或接近涨停的大阳线呢？这个问题我给大家作一个解释。所谓"双柱"，是指主力开始打压建仓出现的第1根涨停或接近涨停的大阳线，可视为第1根"柱子"（即图568中箭头①指的涨停大阳线），到股价见底回升，出现与第1根"柱子"相近的位置上，再出现1根涨停或接近涨停的大阳线（即图568中箭头⑥指的接近涨停的大阳线），可视为第2根"柱子"。一般来说，如在这两根"双柱"中间，出现的大阳线越多，表明主力介入该股的程度越深，往后该股的上升空间就越大。

彭老师说，为了让大家熟悉"双柱中间挖坑式"这个技术图形，我在这里再举一些实例。先请大家看低位出现"双柱中间挖坑式"时的图形。

实例五：美欣达低位出现"双柱中间挖坑式"时的图形

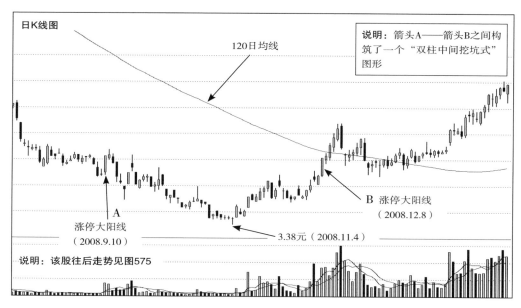

美欣达（002034）2008年8月8日~2009年2月23日的日K线图　图569

实例六：金智科技低位出现"双柱中间挖坑式"时的图形

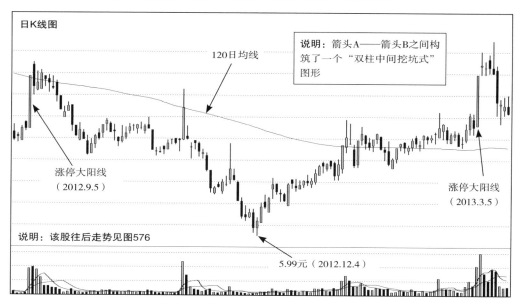

金智科技（002090）2012年8月30日~2013年3月15日的日K线图　图570

实例七：特锐德低位出现"双柱中间挖坑式"时的图形

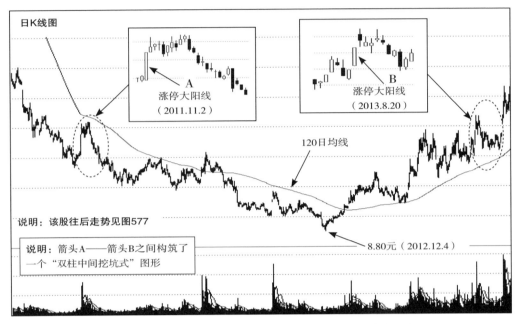

特锐德（300001）2011年7月7日~2013年10月21日的日K线压缩图　　图571

实例八：海信电器低位出现"双柱中间挖坑式"时的图形

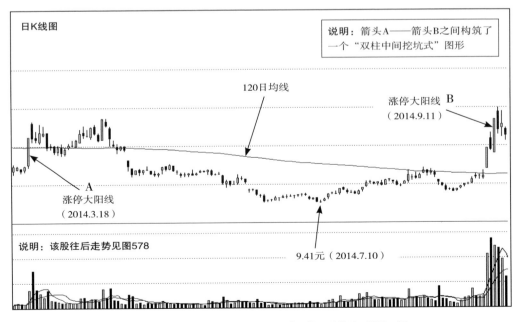

海信电器（600060）2014年3月12日~2014年9月18日的日K线图　　图572

实例九：万邦达低位出现"双柱中间挖坑式"时的图形

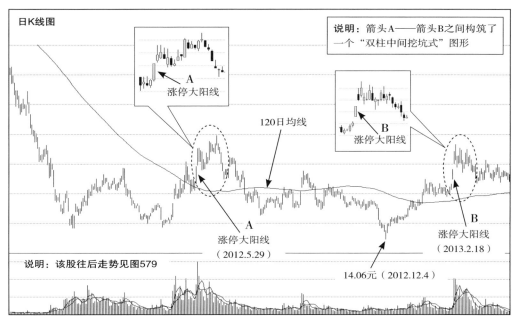

万邦达（300055）2011年11月15日~2013年4月16日的日K线压缩图　图573

实例十：中国中车低位出现"双柱中间挖坑式"时的图形

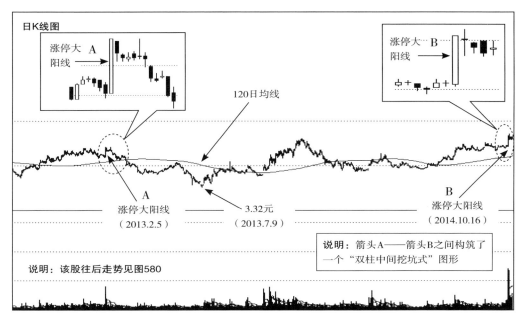

中国中车（601766）2012年9月14日~2014年10月22日的日K线压缩图　图574

彭老师说，看了上面几个实例的图形后，大家对低位出现"双柱中间挖坑式"的图形会留下一个比较深的印象。因为每张图中围绕最低价的左右两边都有1根涨停或接近涨停的大阳线。它们所处的位置基本相同，并且右边的涨停或接近涨停的大阳线出现时的成交量，比左边涨停或接近涨停的大阳线出现时的成交量要大。也就是说，看了这些图后就会发现"双柱中间挖坑式"的图形是很好辨认的。但关键是要静下心来仔细寻找，不仔细寻找，就不知道什么股票在什么地方出现了这样的图形。因此，要发挥出这个技巧的作用，当事人一定要做好复盘查找的功课。

那么，低位出现了"双柱中间挖坑式"的图形后，该不该对它们积极看多做多呢？要了解这个问题的答案，最好是看这些低位出现"双柱中间挖坑式"图形后的股票，它们后面的K线走势究竟是怎么走的，因为事实最能说明问题。下面就请大家看看这些股票在低位出现"双柱挖坑式"图形后的后续走势（见图575~图580）。

实例五：美欣达低位出现"双柱中间挖坑式"的后续图形

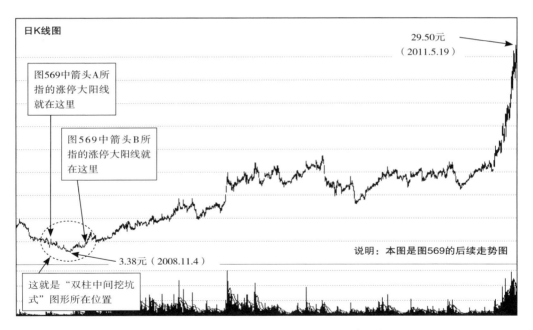

美欣达（002034）2008年7月16日~2011年5月20日的日K线压缩图　　图575

看仔细了，这个"双柱中间挖坑式"技术图形很重要，它能帮助我们挑选出很多黑马！

458

实例六：金智科技低位出现"双柱中间挖坑式"的后续图形

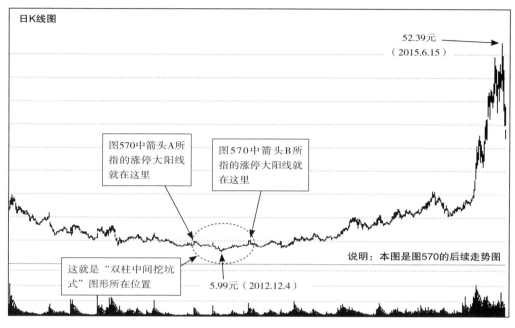

日K线图

52.39元
（2015.6.15）

图570中箭头A所指的涨停大阳线就在这里

图570中箭头B所指的涨停大阳线就在这里

这就是"双柱中间挖坑式"图形所在位置

5.99元（2012.12.4）

说明：本图是图570的后续走势图

金智科技（002090）2010年10月21日~2015年6月26日的日K线压缩图　图576

实例七：特锐德低位出现"双柱中间挖坑式"的后续图形

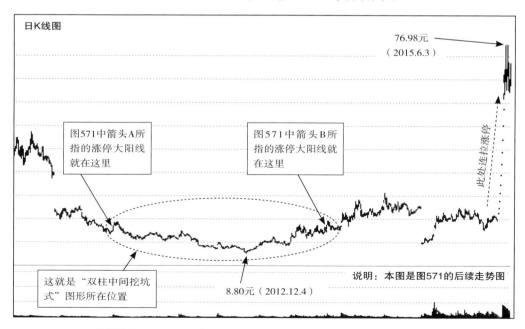

日K线图

76.98元
（2015.6.3）

图571中箭头A所指的涨停大阳线就在这里

图571中箭头B所指的涨停大阳线就在这里

此处连拉涨停

这就是"双柱中间挖坑式"图形所在位置

8.80元（2012.12.4）

说明：本图是图571的后续走势图

特锐德（300001）2010年12月29日~2015年6月11日的日K线压缩图　图577

实例八：海信电器低位出现"双柱中间挖坑式"的后续图形

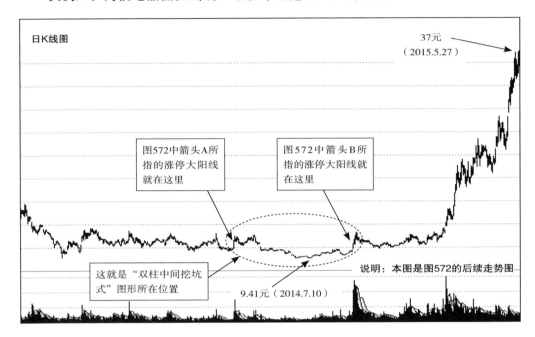

日K线图

37元
（2015.5.27）

图572中箭头A所
指的涨停大阳线
就在这里

图572中箭头B所
指的涨停大阳线就
在这里

这就是"双柱中间挖坑
式"图形所在位置

9.41元（2014.7.10）

说明：本图是图572的后续走势图

海信电器（600060）2013年4月17日~2015年5月27日的日K线压缩图　图578

实例九：万邦达低位出现"双柱中间挖坑式"的后续图形

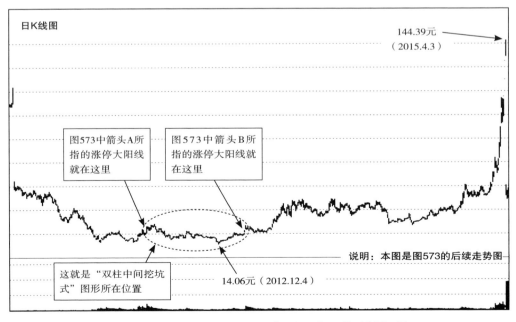

日K线图

144.39元
（2015.4.3）

图573中箭头A所
指的涨停大阳线
就在这里

图573中箭头B所
指的涨停大阳线就
在这里

这就是"双柱中间挖坑
式"图形所在位置

14.06元（2012.12.4）

说明：本图是图573的后续走势图

万邦达（300055）2011年5月20日~2015年4月8日的日K线压缩图　图579

实例十：中国中车低位出现"双柱中间挖坑式"的后续图形

日K线图

39.47元
（2015.4.20）

图574中箭头A所
指的涨停大阳线
就在这里

图574中箭头B所
指的涨停大阳线就
在这里

这就是"双柱中间挖坑
式"图形所在位置

3.32元（2013.7.9）

说明：本图是图574的后续走势图

中国中车（601766）2012年12月12日~2015年4月28日的日K线压缩图　图580

彭老师说，看了这些低位出现"双柱中间挖坑式"个股的后续图形后，当时该不该对它们积极看多做多的答案已经不言自明了。前面我解剖了成飞集成这个股票，此后又举了一些相关实例。其目的，一方面是要让大家了解主力是怎么打压吸筹，完成其低位建仓任务的。因为普通散户的对手是主力，只有充分了解主力打压建仓的全过程，我们才能知道如何去对付主力；另一方面是要让大家认识"双柱中间挖坑式"这一技术的实用价值，它对普通投资者选好股票，乃至捕捉黑马、挖掘牛股都会带来很大帮助。

彭老师说，接下来，我与大家谈谈具体应该怎么操作。

第一，当某个股票的股价在跌幅超过50%以上的情况下，突然出现涨停大阳线，尔后接着股价继续出现下跌，这多半是新进场主力在进行打压吸筹。此时，投资者千万不要见到涨停大阳线就跟风买进，因为主力打压吸筹会有一个很长的过程，股价往往还有一个较大的下跌空间。

第二，持有该股的投资者，在判断主力利用拉大阳线打压吸筹时，可顺势逢高卖出。尔后等到股价下跌有了一定空间后再把它补回，这样可以降低持股成本，或者是看到股价连续下跌，成交量极度萎缩时，再将先前卖出的股票重新买回来。

第三，相信左侧交易的投资者，可在股价连续打压成交量极度萎缩时，适量逢低吸纳。最好是在重要低点探明之后，成交量开始温和放大，股价重心开始上移，短期均线出现多头排列时，再适量买进。这样安全系数会更高，持股做多的风险会更小。

第四，相信右侧交易的投资者，应在看到"双柱中间挖坑式"第二个"柱子"出现后，再考虑买进。

第五，在实例五至实例十的图形里，介绍"双柱中间挖坑式"这一技术形态时，图中都加了一根半年线（120日均线）。我们会发现，第二根"柱子"出现时，有的股票股价还在半年线之下，有的股票股价已站在半年线之上。半年线在技术上称为牛熊准分界线。股价若站在半年线上运行，做多胜算的概率则更大。因此，为了减少投资风险，稳健型投资者在第二根"柱子"出现后，再看看股价是否已经站上了半年线，若股价站上半年线此时可买进，若股价没有站上半年线就继续持币观望。

第六，采用"双柱中间挖坑式"方法选股，着眼于中长线，而不是短线。因此，只要判断主力已深入介入该股，中长线趋势向上，就需要耐心持股。从上面几个实例中可以看出，当时在低位耐心持股者，日后都获得了丰厚的投资回报。

第七，左右两边的两根"柱子"之间的距离越长，则往往向上的力度就越大。比如，实例十的中国中车，左边的1根"柱子"——涨停大阳线出现在2013年2月5日，而右边1根"柱子"——涨停大阳线出现在2014年10月16日。两根"柱子"相隔的时间超过1年半。尔后，我们看到在右边这根"柱子"出现后，股价经过短期横盘后就展开了一轮凌厉的上攻走势（见下页图581）。

有鉴于此，投资者对两根"柱子"之间时间跨度大的个股要重点关注（时间跨度越大，说明洗盘越充分，日后上涨概率就越大）。投资者在操作时应该注意，在第2根"柱子"出现后应及时跟进做多，以免错过日后股价大涨带来的赢利机会。

第八，在使用"双柱中间挖坑式"技巧选股时，可与其他技术指标结合起来使用。如第2根"柱子"出现时，可以观察此时是否放量，是否突破了颈线，是否站稳了半年线等。另外，还可以观察当时个股下方的最低价是否出现了特殊数字。如实例六的金智科技（见图570）。当时该股最低价是5.99元。"99"是特殊数字。这说明该股的底部已被主力用"99"吉利数字锁定。

当图中其他技术指标（包括特殊数字）都出现了买进信号。此时，积极做多就更有把握了，胜算率会大幅提高。

第九，虽然经验告诉我们，出现"双柱中间挖坑式"的图形时，基本上可以

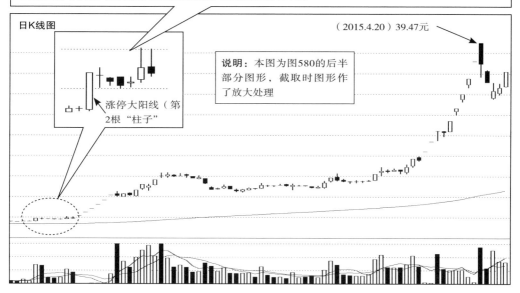

瞧！该股第2根"柱子"出现的时间，晚于第1根"柱子"1年半之久，但在第2根"柱子"——涨停大阳线出现后，仅仅横盘6个交易日，股价就出现了连续涨停，强行上攻的走势。另外，大家还可注意到，"第2根柱子"出现时，当日拉出的涨停大阳线，收盘价仅为5.82元。若在这根大阳线后及时买进，后面的收益非常可观。若以这根大阳线的收盘价至该股这轮行情的最高价39.47元计算，最大涨幅可达到578.18%。6个月，股价就有如此大的涨幅，着实让人惊叹不已

日K线图

（2015.4.20）39.47元

说明：本图为图580的后半部分图形，截取时图形作了放大处理

涨停大阳线（第2根"柱子"

中国中车（601766）2014年10月10日~2015年4月24日的日K线图　图581

确定主力在积极做多了。但是需要注意的是，股市里有很多不确定的因素，当某种情况发生时，也会改变主力的计划与行为。比如，大盘形势突然恶化，上市公司基本面突然出现黑天鹅事件、主力操作违法违规突然被上面追查等，都会使主力态度发生逆转，从积极做多变成积极做空。此时主力就会进行撤庄、逃离。因此，投资者在确认"双柱中间挖坑式"的图形后跟进做多时，也要留一个心眼，防止主力突然撤庄、逃离。比如，在第2根"柱子"出现后，某日股价突然跳空向下，出现放量下跌的现象，特别是关键均线被击破。此时投资者就应该马上引起警觉，及时止损离场，规避风险，而不应该继续持股做多。

作文：俗话说，只有经历痛苦，触到痛处的学习才是最好的学习。因为痛苦会让人清醒、让人懂得珍惜。其实，炒股也是如此。如果一个人没有在选股中栽过大跟头，他是很难体会到选股的重要性的。当然，这并不是说，一个人要懂得选股的重要性，就非要自己在选股上有一个惨败的经历（这个代价太大了）。我们也可以通过别人的惨败经历，把它当作自己的惨败经历来不断地警示、提醒自己，这样同样可以达到在痛苦中学习的目的。

有鉴于此，请你以"XXX怎样选错股票遭受灭顶之灾"为题，写一篇作文。要求是：

①以真人真事为素材，撰写一个选错股票，输得一无所有的故事。全文不少于2000字。

②主要情节不得虚构，做到有据可查，其他部分可进行适度艺术加工，增加文章的可读性。

③选股与买卖过程要交代清楚，要图文并茂，让人清晰地看到当事人是如何一步步滑向深渊的。

④所说的故事要有震撼力，发人深省，并要根据该故事总结出几条深刻的教训，避免其他人再犯重复错误。

命题考核范文选（三）

作文：张博选错股票遭受灭顶之灾，11个交易日5500万资金就灰飞烟灭

2015年7月9日深夜，天阴沉沉的，下着淅淅沥沥的小雨。某小区广场上，窜出来一位衣衫凌乱的中年男子，他跌跌撞撞的在广场上徘徊，不时对天空大喊一声："老天！你为何这样对我，你叫我怎么活下去啊！"喊声特别凄凉。

这一天，是这位中年男子张博一生中遭遇最大灾难的日子——5000多万资产瞬间归零。他从一个千万富翁一下子沦落为身无分文的穷人。这个剧变，让他实在无法接受。但现实是残酷的，输掉的钱再也回不来了。那么，张博钱输在什么地方呢？原来是输在融资买股上。有人形容他是在最错误的时间，买进了一只最错误的股票，最后输得一无所有。

据了解，张博是一位有20多年股龄的老股民，他给旁人的印象是一位精明、大胆、果断的炒股达人。

1993年，他下岗后，怀揣5000元进股市，经过20多年打拼，他从一个小散户成长为身家有几千万的超级大户。但他怎么也没有想到，自己数千万的资金，竟会在2015年初夏的短短11个交易日里化为灰烬。现在张博手里钱没有了，股票也没有了，实际上他已成了股市中的无产者。

不客气地说，目前他的状况，连一个普通的小散户都不如。这是让张博最难接受的事实。

张博的噩梦要从2015年6月15日那天说起。这天，中国A股市场轰轰烈烈的一轮牛市行情突然熄火，大盘指数掉头向下，开启了暴跌之旅。短短6个交易日，上证指数就从5178点跌至4264点，跌幅达17.65%。其实，张博早就预料到了大盘这次暴跌，并且在大盘见顶前夕把股票卖了。这时的张博踌躇满志，在这轮股市暴跌中，他不但没有输钱，而且还在股市中赢了不少钱。当时他正在以一个胜利者的眼光关注着大盘走势，与股友们一起探讨大盘暴跌的原因。当时张博卖出股票的理由是：因为他发现大盘指数冲上5000点后，技术指标超买现象十分严重。更使他担心的是，大盘指数出现了翻倍，但尚没有出现过一次象样的调整。于是，他在大盘摸高5178点见顶前将股票全卖了。这次逃顶非常成功。在张博卖出股票后，大盘很快就见顶回落。

大盘突然出现连续大跌，让很多投资者感到措手不及。大家都在思考一个问题：大盘为何暴跌？后市会怎么发展？此时，有人看空，也有人看多，市场分歧非常严重。张博认为，当时大盘暴跌，属于牛市中的深幅回调。回调的原因就是因为股市前面涨得太快了，使盘中积累了太多获利盘，市场需要作一次大规模的洗盘。洗盘后，股价夯实了，大盘就会继续往上涨。

张博认为，支持这轮牛市上涨的两大因素：资金与改革都没有发生变化。从资金上说，国家几次降准降息，市场无风险利率下降，会吸引大量资金进入股市。因此，这轮牛市也被人称为"资金牛"。而现在场外资金非常多，一旦大盘指数调整到位，场外资金就会蜂涌而入。从宏观上说，股市中关于改革的题材炒作，此起彼伏，势头正旺，而且正在向纵深方向发展，因此，这轮牛市又被业内人士称为"改革牛"。虽然这几天大盘指数出现了暴跌，但风雨过后就是彩虹，"改革牛"的因素还在持续发酵。

另外，张博还认为，当时2015年6月12日至2015年6月24日的上证指数走势与2007年4月18日至2007年6月7日的走势十分相似（见图582、图583）。

瞧！这两张图的走势很相似。但正是这"很相似"，让张博对当时股市形势作出了严重误判

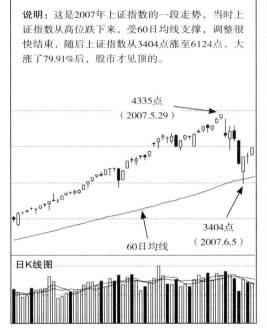

说明：这是2007年上证指数的一段走势，当时上证指数从高位跌下来，受60日均线支撑，调整很快结束，随后上证指数从3404点涨至6124点，大涨了79.91%后，股市才见顶的。

4335点
（2007.5.29）

60日均线

3404点
（2007.6.5）

日K线图

上证指数2007年4月18日~2007年6月7日的日K线图
图582

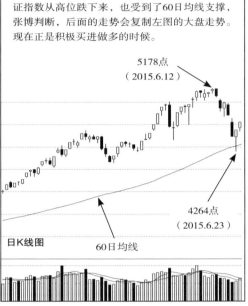

说明：这是2015年上证指数的一段走势，当时上证指数从高位跌下来，也受到了60日均线支撑，张博判断，后面的走势会复制左图的大盘走势。现在正是积极买进做多的时候。

5178点
（2015.6.12）

60日均线

4264点
（2015.6.23）

日K线图

上证指数2015年3月27日~2015年6月24日的日K线图
图583

　　张博将上面两张图对照后，判断当时上证指数从5178点下来的这轮调整已经到位，新的上涨行情即将开启。张博作出这个判断的理由是：因为2007年6月的上证指数经过一番大幅调整后，牛市仍在继续，尔后大盘又继续上涨了50%以上才见顶的。那么，2015年6月的上证指数经过一番大幅调整后，牛市也会依旧，尔后也将有一个较大的上升空间。

　　张博觉得大盘指数一旦调整到位后，接下来很快就会出现一轮报复性反弹。此时就是选择个股做多的最好时机。于是，张先生开始积极备战，正巧当天晚上，张博看到新闻里播放出来一条消息：国务院会议出台"互联网+行动指导意见"。他认为，这是一个重要的政策信号，在股市里必然会有强烈反应。张博还认为，第二天股市里一些具有互联网概念的个股，在股价调整到位后，会在这个消息刺激下，出现一轮逼空式的大涨行情。而他先前就看好的高鸿股份（000851），就是一个具有"互联网+"、"大数据"、"创投"、"央企国资改革"多重概念、题材于一身的潜力股。该股一定会在该利好政策推动下，在股

价调整到位后暴发出强烈向上的做多能量。张先生甚至想到了，是不是在明天开盘后，该股会出现连拉一字涨停的现象。

这天晚上，张博特别兴奋。为了不错失这次千载难逢的投资良机，张博将自己和妻子名下的5500万资金都集中起来购买这个股票，另外他还准备向所在证券公司融资3800万，共计9300万资金猛攻高鸿股份。张博兴奋地对妻子说："这是老天赐给我们的一次大好机会，我们一定要抓住。如果这次行情做好了，我们的身家就会上升为亿元大户了。"

第二天，即2015年6月25日，张博在忙不迭地向证券公司融资3800万后，连同自己的5500万，在集合竞价时全部买入高鸿股份，当时买进的价格是21.60元。当天，该股在开盘后稍微往上冲了一下，最高涨到21.70元，然后就开始掉头下行。其趋势并不如张先生开始想象的那样，这天该股大跌6.47%，收了1根大阴线。更糟糕的是，大盘指数这天也收了1根跌幅达3.46%的中阴线。

自己的预见与实际走势有如此大的差别，张博以前还没有遇到过，这让他心情很沮丧。这天收盘后，他复盘又仔细地看了看大盘与高鸿股份的走势。张先生看到它们都没有跌破60日均线，心里稍微松了口气。张先生认为，只要60日均线守住，后面就有希望。

2015年6月26日，这是张博买进高鸿股份的第2天。这天股市走势让张先生心情更加忐忑不安，不仅大盘指数与高鸿股份双双都跌破了60日均线，高鸿股份当天还收出了1根跌停大阴线。张先生看了看盘面，发现大盘与高鸿股份的日K线下面，还有一条120日均线横在那里。120日均线是半年线，被业内人士视为准牛熊分界线。从以往经验看，120日均线对股价会有强烈支撑作用。张博多么希望股价跌至120日均线受到支撑后出现反弹。若有反弹，张博决定先退出观望再说。

2015年6月27日、28日是休息天。鉴于股指连续大跌，管理层开始出手救市，推出了一些利好措施，这让张博看到了希望。

2015年6月29日，这是张博买入高鸿股份的第3天。他认为国家救市的利好政策会让今天的股市有好的表现，至少高鸿股份盘中会出现反弹，有反弹就是逢高减仓的机会。但让他又一次没想到的是，这个利好政策几乎一点作用也没有起到，股市又出现了千股跌停的现象，除了大盘权重股在主力资金护盘下稍微表现得抗跌外，而一些中小盘题材股都被直接打到跌停板，他根本没有什么逢高减仓的机会。

2015年6月30日，这是张博买入高鸿股份的第4天。股市在管理层连续推出的救市政策与国家队买盘推动下终于出现了一次久违的反弹，当天上证指数拉出了1根涨幅达5.53%的大阳线，成交量也比前面明显放大（见图584、图585）。

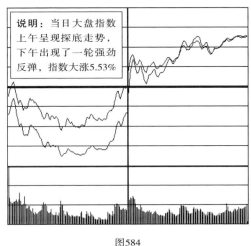

2015年6月30日上证指数分时图

说明：当日大盘指数上午呈现探底走势，下午出现了一轮强劲反弹，指数大涨5.53%

图584

上证指数日K线图（截至 2015 年 6 月 30 日 ）

（2015.6.12）5178点

（2015.6.30）3847点

120日均线

图585

同样，高鸿股份也被从跌停板拉了起来，收出了1根涨幅达5.71%的中大阳线（见图586、图587）。

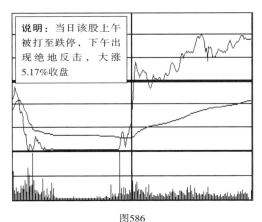

2015年6月30日高鸿股份分时图

说明：当日该股上午被打至跌停，下午出现绝地反击，大涨5.17%收盘

图586

高鸿股份日K线图（截至 2015 年 6 月 30 日 ）

（2015.6.11）27.79元

120日均线

（2015.6.30）17.21元

图587

收盘后，张博与大户室几个股友仔细分析了盘面，认为大盘指数在触及120日均线拉出1根大阳线，并且成交量也有所放大，这说明大盘指数受到了120日均线的强有力支撑。另外，因为大盘指数连续暴跌，各项技术指标都到了超卖区，再加上，国家救市政策不断推出，因此，无论是技术上，还是政策上都会促使大盘产生一波强有力的反弹。张博认为，只要大盘出现反弹，就不愁他买的高鸿股份不会出现强有力的反弹，因为高鸿股份毕竟有那么多的概念、题材，会吸引市

场的眼球。

主意打定后，张博决定继续观察两天，看看情况后再决定是不是要减仓。

2015年7月1日，这是张博买进高鸿股份的第5个交易日。当天上证指数上午稍微有了一些冲高动作，下午就出现了高台跳水。这天大盘指数又跌掉了5.23%。而高鸿股份走势似乎更弱，最后以跌停价报收。张博看到盘中出现这种状况，吓出了一身冷汗。因为在他买进高鸿股份的这5个交易日，已经亏损了2600多万，这个损失太大了。此时，张博已经方寸大乱，不知道下一步该怎么操作了。晚上，他一夜无眠。他妻子安慰他说，大跌后总归会有反弹的，以前你也碰到过这样的情况，坚持一下都挺过去了。这次国家已经出来救市了，希望一定会有的。确实，此时要他止损离场，巨大的亏损已使他下不了手。更重要的是，他担心自己贸然止损离场，股市大反弹却出现了。这样他就成了倒在黎明前的牺牲者了。他相信股市不会一直这样跌下去，大反弹会马上来临，他咬了咬牙，准备继续观望，等待反弹出现后再减仓。

但令张博极度失望的是，在他资金爆仓前，大反弹始终没有出现。2015年7月1日以后的几个交易日，大盘指数继续下跌，高鸿股份则天天以跌停价收盘。此时，他已完全被吓呆了，因为在他20几年的炒股生涯中，从来没有遇到过这样可怕的情况。他已经吓得不敢再看自己账户的资金了。他不知道究竟输了多少，自己还能坚持多久。张博的妻子说，这是她与张博相识后第一次看到他整天寝食难安，目光呆滞，仿佛天就要塌下来了。张博的行为，让她也感到非常害怕。

2015年7月7日，这是张先生买进高鸿股份的第9个交易日。证券公司通知张博赶快补充保证金，因为他的股票临近了平仓线。但此时张博拿不出什么钱了，他已经倾其所有，把能找到的资金都投入股市了。

2015年7月8日，这是张博买进高鸿股份的第10个交易日，证券公司正式对张博的账户进行平仓，但当天该股一开盘就被封在跌停板上，根本卖不掉，证券公司对张先生股票的平仓只好暂时作罢。

2015年7月9日，这是张博买进高鸿股份的第11个交易日。国家队救市终于出现了效果，大盘从10点开始绝地反击，很多个股也因此从跌停板被拉上了涨停板。但遗憾的是，张博所有的高鸿股份股票在早上9点半开盘时都以跌停价被强制平仓卖掉了。

证券公司这一强制平仓，让张博这位昔日千万级超级大户，瞬间变得一无所有。对证券公司这天的强制平仓，张博忿忿不平，甚至感到非常愤怒。张博认为证券公司对他太无情无义了。因为证券公司对他的股票实施强制平仓后，当天该股就从跌停被拉到涨停。而且整个下午，该股都封在涨停板上。张博认为，如果证券公司手下留情，将他的股票留在下午强制平仓，他的高鸿股份，每股就可以多卖1.83元。他手里有高鸿股份400多万股，算下来就是一笔很大的数目。这样的话，即使被强制平仓了，最后还能给他留下七八百万资金。今后，他还有东山再起的希望。但是，证券公司对张博一早就进行强制平仓也有他们的理由。证券公司认为，将张博的400多万股在早上开盘时就以跌停价挂单卖出，也是不得已的办法，并非是他们有意在为难张先生。因为昨天张博的股票已经到了平仓线，但是由于该股全天都封在跌停价上，所以平仓无效，没有卖掉。在股灾期间，谁又知道，股市何时出现绝地反击。证券公司解释说，如果张博的股票不及时平仓处理掉，股价再继续往下跌，那么，每天的巨大损失就要由证券公司来承担。为了保护证券公司自身的利益，避免国有资产的损失。当时唯一的办法，就是每天集合竞价时把客户中需要强制平仓的股票，以跌停价挂单卖出。这已经成为每家证券公司处理平仓的惯例。这样做不是针对某一个客户的，对张博是这样，对其他客户的平仓也是如此。至于张博的400多万股高鸿股份被强制平仓后，当天该股从跌停拉至涨停，出现这个情况，他们事先是没有办法预料的。这只能说，张博的运气不太好，强制平仓后损失比较大。

> 瞧！张博的几百万股高鸿股份被证券公司强制平仓卖掉后，该股就出现了强劲反弹，但一切已与张博无关了。短短的11个交易日，张博的5500万资金都化为灰烬，这个教训实在太惨痛了

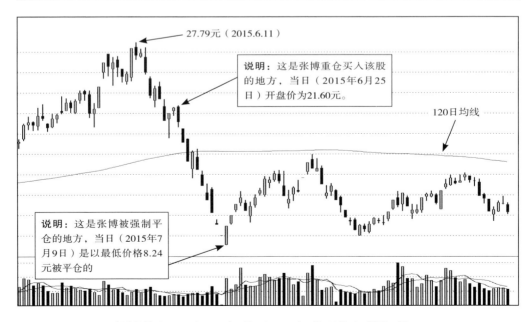

高鸿股份（000851）2015年5月7日~2016年3月4日的日K线图　图588

当然，张博对证券公司的一番解释是很不满意的，认为证券公司太自私自利了。更让张博感到恼火的是，在证券公司对张先生的股票强制平仓后，证券公司又通知他，当天他被强制平仓，在扣除融资本金与利息等有关费用后，证券公司将张博的400多万股高鸿股份卖掉，实际回收的资金，与证券公司融资给张先生的资金还相差330万元。也就是说，这次强制平仓后，除了张博原有的本金5500万归零外，张博还倒欠证券公司330万元。证券公司要求张博尽快将330万元归还。否则，证券公司将通过法律程序强制张博归还。

当天，张博接到证券公司的催款通知后，他与妻子关在门里大哭了一场。他们哭得昏天黑地，痛不欲生。这一场惨败，让他们20多年奋斗下来的积蓄全部化为乌有，他们一下子仿佛从天堂掉进了地狱。他们不知道自己一无所有后，未来会怎么样；他们也不知道，现在到哪里去找钱，去归还证券公司的330万元欠款。这天正是盛夏，外面骄阳似火，但张博与妻子在发抖，浑身冰凉。他们感到极端的恐惧、无助、失望，他们非常后悔当初的举动，但这一切都已经晚了。

这个故事太凄惨了，让人痛心疾首，但事实是不能改变的。为了避免张博的悲剧重演，我们必须坐下来冷静地分析，这个悲剧发生的原因是什么，它给我们带来什么深刻的教训。我们只有把张博的悲剧的来龙去脉弄清楚，找到应该吸取的教训，才能避免此类悲剧重现。也只有这样，我们才能在选股与操作中立于不败之地。

下面我从张博的故事中，总结出几条教训，供大家参考。

教训一：炒股要尊重历史经验，但不要迷信历史经验。 否则，就很容易犯经验主义的错误，给投资带来严重后果。作文中的主人公张博就是因为迷信历史经验，选错了股票，遭到了惨败。

比如，张博认为，以前的历史经验告诉他，只要政府出台有利于某些个股的特别利好政策，第二天相关的股票必定闻风而涨。正是基于这样的投资理念，张博在2015年6月24日晚上听到国务院出台"互联网＋行动指导意见"的政策后，第二天早上就迫不及待地将9000多万资金全部买进了高鸿股份。但最后证明是买错了，并为此付出了巨大的代价。

其实，张博忘了一条重要原则：利好政策对相关个股的作用是有条件的。一般来说，这个利好政策是第一次推出，以前没有出现过，它才会对相关个股起到推动作用。比如，2012年3月28日，晚间新闻发布了一条重要消息：当日，国务院总理温家宝召开国务院常务会议，决定设立温州市金融综合改革试验区。第二天，与之相关的个股浙江东日（600113）闻风而涨，市场上就冒出了一个炒"金改概念"的题材。"金改概念"是市场上的新题材，所以在市场上引起了很大的反应，浙江东日等相关股票也出现了连续暴涨（注：有关这方面的详细情况，可参见《股市操练大全》第10册第3页~第48页）。但是，当时高鸿股份所处的情况与之有很大不同，"互联网+"的利好政策，在前面就出现过，并不是什么新政策，主力对"互联网+"的题材炒作已进行了很长时间。2015年6月24日，国务院出台"互联网＋行动指导意见"，只是对"互联网+"的政策作进一步补充与完善，并非是什么新政策，所以，该政策对相关个股的利好作用非常有限。用一句时髦的话说，政策的利好作用出现了递减效应。

另外，这个利好政策推出时，还要看股价是处于低位还是高位。通常，只有股价处于历史低位时，利好政策才能对相关股票上涨起到正面的推动作用。如2011年10月国家推出了大力发展文化产业的利好政策，与之相关的个股出现了大涨。当时有一个股票天舟文化（300148），短期内股价就从13.50元涨至31.21元。其中，一个重要原因是，当时股市中属于文化板块股票的股价都处于历史低位。而高鸿股份的情况就不同了，张博买高鸿股份时，高鸿股份股价前期已被大炒过，它刚从顶部回落，股价还处于相对高位。此时出利好政策，会被市场解释为"利好出尽就是利空"，反而会促使股价进一步下跌。

可见，利好政策对相关个股有无正面的推动作用，一是政策要有新鲜感，二是政策推出时，相关个股的股价要处于历史低位。而当时的高鸿股份，在利好政策推出时，这两个条件都不符合，所以张博错用了历史经验，导致惨败也就不可避免了。

又如，张博当时对大盘走势的误判，也是因为错用了历史经验造成的。张博在决定大量买入高鸿股份之前，对大盘走势作了研判。张博把2015年6月上证指数在5178点见顶后一开始的暴跌走势，与2007年5月上证指数在4335点见顶后一开始的暴跌走势作了对比，认为两者的情况十分相似的。如：①它们都是在见顶后出现快速下跌，短时期内指数就跌掉了近两成；②暴跌后，管理层都发出了维稳的声音；③在连跌1周后，股指短期内都出现了止跌，拉出了反弹阳线。张博还认为2007年上证指数在4335点见顶后的暴跌，最终被证明是牛市上涨途中的阶段性调整。由此，张博依据这个历史经验，判断2015年6月15日上证指数在5178点见顶后一开始的暴跌走势，也属于牛市上涨途中的阶段性调整。张博还据此作出推断，既然当时大盘在5178点见顶后的下跌走势属于上升途中阶段性的调整，牛市还在继续，那么在阶段性调整即将结束之际，选择一些潜力股买进就是理所当然的。这就是当时张博的真实想法。但这个想法的结果是大错特错。2015年6月15日上证指数在5178点见顶，并非是牛市上涨途中的阶段性见顶，而是这轮牛市结束的见顶。

那么，当时张博对大势分析为什么会出现了如此大的错误呢？关键是他只是简单地把以往的历史经验与当时的大盘走势作了一个对比，就得出2015年6月上证指数在5178点见顶仅仅是牛市上升途中阶段性见顶，调整到位后，牛市行情将继续，大盘指数还会创出新高的结论。

其实，这是一种本末倒置的研判大势的方法。正确分析大势的方法，首先应该从2015年这轮牛市走势的本身去寻找线索。例如，这轮牛市成交量在不断放大，在5178点见顶前夕，屡屡放出天量，动辄每日交易就是一二万亿的成交量。这个天量曾经使沪深交易所的机器瘫痪（因为这么大的成交量超过了当时设计所容许的最大成交量）。更让人吃惊的是，创出了全球300多年股市最大的成交量。股市中有一个名言：天量天价。中国A股市场几次大牛市的顶部都是在创出天量后见顶，然后就进入熊市。而2015年中国A股市场创出的天量已经远远超出以前中国A股市场历次大牛市顶部的天量。当时，张博只要冷静地想一想，以前每次天量发生，牛市就见顶进入熊市，难道2015年创出史无前例的天量后大盘指数在5178点见顶，仅仅是牛市上升途中的阶段性见顶，这个逻辑推理能成立吗？如果答案是否定的。张博就根本不应该在2015年6月25日去买股票，因为股市已进入了熊市，熊市做股票输多赢少，为什么一定要做呢，而且是融资大量买入，这不是犯傻吗？

其次，研判大势判断股市见顶的性质，要看大盘指数的位置。2015年6月上证指数见顶的位置是5178点。众所周知，5000点是个整数关。整数关见顶，往往就是一个大牛市的顶部，这在全球股市中都有先例。

例如，美国纳斯达克综合指数，2000年3月在摸高5132点后见顶，这个顶就是牛市大顶（见图589）。

又如，奥地利ATX指数2007年在攀上5010点后，牛市就画上了句号，随后股市就进入了熊市，出现了大跌（见图590）。

可见，张博当时仅凭股市上的一些表面现象，依据

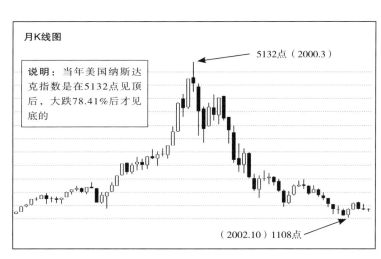

美国纳斯达克综合指数1997年4月~2003年2月的月K线图　图589

所谓的历史经验，就盲目判断2015年6月上证指数在5178点的见顶，是牛市上升途中的阶段性顶部，短期调整后仍将创新高，牛市还在继续。张博对大盘走势作出这个结论是很草率的，它经不起推敲。

月K线图

说明：当年奥地利ATX指数在5010点见顶后，大跌72.48%后才见底的

5010点（2007.7）

（2009.3）1379点

奥地利ATX指数2003年8月~2009年3月的月K线图　图590

教训二：对形势不明朗的个股，不要盲目重仓。因为，一旦做错了，损失是非常大的。但令人遗憾的是，张博在没有看清高鸿股份走势前，仅凭感觉就轻率重仓，以致造成了无可挽回的严重后果。其实，当时张博决定对高鸿股份重仓时，并没有看清它的走势。比如，2015年6月11日，高鸿股份在27.79元见顶。但这个顶究竟是什么性质呢？张博没有对它作过任何实质性的分析与研究。在此情况下，张博对该股的未来走势心里是没有底的。既然胸中无数，按理说，就不能贸然把资金全部押在这个股票上。但让人不可思议的是，张博不但把自己的5000多万资金押在该股上，另外还向证券公司借了3000多万买进该股。这就像盲人走山路，让自己处于一个非常危险的环境中，这个风险是非常大的。

如果当时张博能坐下来，认真分

日K线图

（2015.6.11）27.79元

涨停大阳线

高鸿股份（000851）2015年4月29日~2015年6月25日的日K线图　图591

析一下高鸿股份在27.79元见顶属于什么性质，或许就能看清该股未来走势，不会去重仓高鸿股份了。

下面我们就来分析当时高鸿股份的顶部结构（见图591）。图591中显示该股是在27.79元见顶的。大家仔细观察后就可以发现，高鸿股份见顶前1天拉出的是1根涨停大阳线。但是，这根大阳线并不是看多做多的信号，而是主力用它来诱多、掩护高位出货的信号。技术上，把它称为"高位大阳线"。果然，高位大阳线出现后的第二天，股价往上冲一冲就见顶了。当天的最高价27.79元就是该股这轮牛市的见顶价格。有经验的投资者知道，这种"高位涨停大阳线 + 后面1根K线拉高见顶"的形式，是典型的主力高位出货图形。关于这个问题，《股市操练大全》第八册作过专门介绍（见该书第47页~第50页，第544页~第548页）。我们这里不妨再重温一下这方面的知识，再看一看相关实例，大家就会对这种见顶形式有更加清晰的认识，下面先请大家看这方面的示意图（见图592）。

"高位涨停大阳线 + 后面1根K线拉高见顶"示意图

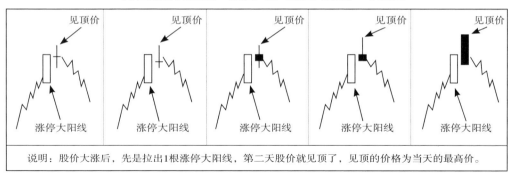

说明：股价大涨后，先是拉出1根涨停大阳线，第二天股价就见顶了，见顶的价格为当天的最高价。

图592

如果大家能静下心来细细观察就可以发现，该股在构成顶部的前面，已经拉了3根涨停大阳线（见图591中箭头所示）。这说明主力利用涨停大阳线掩护出货是早有预谋的。既然主力大量出货了，那么，这个顶部一般就不可能是牛市上升途中阶段性顶部，而很有可能是该股牛市行情走完，牛市见顶转入熊市的一个大的历史顶部。如果情况确实如此，那么在其见顶下来不久就买进的投资者都会被套在高位。换一句话说，即使当时没有股灾，撇开大盘指数不说，单就这个股票而言，在其见顶下跌后以为股价调整到位，会创出新高，牛市会继续而对该股看多做多的投资者，最后都会输得很惨。这方面的例子可以说非常多。

下面我们请大家来看一组"高位涨停大阳线 + 后面1根K线拉高见顶"的相关实例，情况就更加清楚了。

神奇制药见顶图形

神奇制药（600613）2001年5月28日~2001年7月17日
的日K线图　图593

紫鑫药业见顶图形

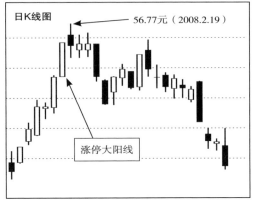

紫鑫药业（002118）2008年2月1日~2008年3月17日的
日K线图　图594

沃尔核材见顶图形

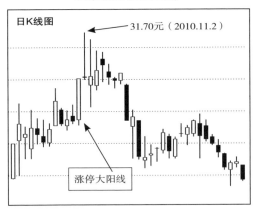

沃尔核材（002130）2010年10月15日~2010年12月9日
的日K线图　图595

智慧能源见顶图形

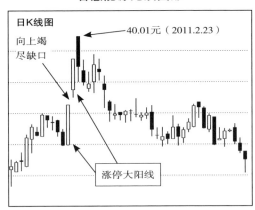

智慧能源（600869）2011年1月28日~2011年4月13日
的日K线图　图596

　　上面这几个股票见顶的实例，都是一轮牛市行情结束大的顶部图形。它们的
共同特征是：在股价冲顶时，先是出现1根高位涨停大阳线，第二天股价拉高后
就见顶了。后面行情即转入熊市，然后股价越跌越低，跌幅最多的个股，最大跌
幅超过了8成，跌得非常厉害。其中，图593中的神奇制药。2001年5月31日，先
是出现1根涨停大阳线，接着第二天将股价拉高至35.50元就见顶了，然后股价即
一路下泻。2005年7月22日，该股最低跌至5.09元。图594中的紫鑫药业。2008年
2月18日，也是先出现了1根涨停大阳线，接着第二天股价冲高至56.77元就见顶
了，然后就开始了它的寻底之旅。2008年11月4日，该股最低跌至7.18元。图595

中的沃尔核材。2010年11月1日，同样先是出现1根涨停大阳线，接着第二天股价拉高至31.70元就见顶了，然后股价即开始掉头下行。2013年6月25日，该股最低跌至5.20元。图596中的智慧能源见顶的形式与前面几个股票如出一辙。2011年2月22日，先是拉出1根涨停大阳线，接着第二天股价拉高至40.01元开盘，开盘价即为该股这轮行情的见顶价格。然后股价就出现了不断下跌的走势。2013年6月25日，该股最低跌至5.36元。

可见，类似高鸿股份的顶部结构图形，在以前早就出现了。而且这种"高位涨停大阳线 + 后面1根K线拉高见顶"的顶部形态，往往都是一轮牛市行情结束的大的顶部图形。股价一旦以这种形式见顶，跌起来都非常厉害。张博竟然选择这样的股票重仓。确实在选股上犯了大错误。退一步说，即使没有出现2015年6月的股灾，张博同样会因为选错股，并且是重仓，最后输得一无所有。图593~图594的这些相关实例，就是有力的证明。

还有一个问题也必须说一下。当时，高鸿股份在见到27.70元顶部价格前，曾经在下方出现过一个向上跳空缺口。后来股价回落时，将这个向上跳空缺口封闭了，这是一个非常严重的问题。因为该缺口被完全封闭，证明它就是一个向上竭尽缺口（注：关于缺口知识，详见《股市操练大全》第一册第274页~第277页）。向上竭尽缺口被封闭是股价见顶的一个重要标志。这方面实例很多，如图593、图596中的个股都在股价见顶时出现过这样的情况。但遗憾的是，张博在重仓买入高鸿股份时，这个向上竭尽缺口早已被完全封闭。如此重要的见顶信号，张博竟然视而不见，仍然大量融资买入该股。这对一个熟悉技术的老股民来说，是犯了一个不可原谅的严重错误。对这个问题，我们也要吸取教训，引以为鉴。

教训三：孤注一掷，是兵家大忌，它迟早会让人翻船。 张博这次投资高鸿股份就是犯了这个严重错误。有人会说，如果这次张先生买进的高鸿股份涨了，张先生就大赚了。或许张先生以前也是这样做的，把宝押对，资金很快就做大了。但常识告诉我们，孤注一掷式的投资，前面对9次，赚上百分之几百，甚至几千，只要最后1次做错了，前面对的9次都归零，更可怕的是连本金都会归零。张博这次孤注一掷大量买入高鸿股份就证明了这个问题。20多年来，张博可能用这个方法做对了9次，甚至做对了99次，从几千元做到了几千万元，资金翻了几千、上万倍，但他最后1次做错了，原有的一切都化为乌有。所以，孤注一掷的投资，无疑是一场豪赌。即使是赌神也不可能每次必胜，但只要输一次，就彻底完蛋。

有人说，股神巴菲特不也是主张集中投资吗？但股市大师眼中的集中投资只是说投资不要过于分散，对有把握的，能够看准的股票多投入一些资金而已。而且这个多投入是有限度的，最多是自有资金的1/3。可见，真正意义上的集中投资并不是叫你把所有的资金都押在一个股票上。若把所有的资金都押在一个股票上，这不是集中投资而是孤注一掷了。孤注一掷的风险是致命的，做错了就会全军覆没，无可挽回。而集中投资的风险相对就要小很多，做错了还可以弥补（因为手里还有资金），并非是致命的，不可挽回的。

一般来说，投资者在采用集中投资策略炒股时，每一个股票投入的资金不要超过自有资金的1/5。这样就能做到进退自如。若把所有的资金押在一二个股票上，特别是押在一个股票上，风险就非常大。所以，投资者要抛弃这种风险极大的做法，避免犯张博孤注一掷，导致全军覆没的错误。

教训四：犯了错就要及时改正，尤其是重仓股，方向做反了，及时改正非常重要。张博在这方面也存在严重缺陷。比如，张博重仓高鸿股份后，发现行情做反了，但仍心存幻想，不及时改正错误，让亏损不断扩大，以致一错再错造成无可挽回的局面，最终被淘汰出局。

其实，每一个人都会在股市中犯错误，犯错误不要紧，只要及时改正，不让错误扩散，就不会出现大的风险。

有人问，张博买入高鸿股份，仅仅过了10个交易日就出现爆仓。难道在这之前的9个交易日中，就没有逃命的机会吗？答案是否定的。我们查看了当时高鸿股份的日K线图与其每天的分时走势图，除了2015年7月8日那天，也即证券公司要对张博的股票进行强制平仓的这天（注：当天该股一开盘就被封至跌停，全天都无法卖出）外，其余的交易日，要想卖都可以卖出。那么，既然如此为什么张博会一直拖着不卖，直到把5000多万本金亏光了被证券公司强制平仓出局呢？这里面关键的问题是：张博犯了错误后，没有及时改正错误的意识与勇气。因为张博是重仓持有高鸿股份，高鸿股份连续下跌每天都会给他带来巨大亏损，因此使他难以下手斩仓止损。但不止损的结果就是被彻底消灭。这只能说明，张博存在着严重的心理障碍——患得患失，知错不改，一拖再拖，终于酿成全军覆没的悲剧。倘若张博在其暴仓前，无论那一天改正错误，止损离场，都能保住本金的一大部分，至少也是一小部分（注：对当时的张博来说，一小部分可能就是上千万资金，若保住了，日后就有东山再起的本钱），不致于输得一无所有。

最让人感到可惜的是，2015年6月30日这天的减仓机会被错过了。大盘与高鸿股份都拉出了一根涨幅超过5%的中大阳线，此时张博若能趁势卖出（注：当天该股收盘价是17.21元，而张博当初买进的价格是21.60元，两者仅相差4.39元。张博买进该股400多万股，损失也就1700多万元）。不足2000万的损失，对有5000多万本金的超大户张博而言，这个损失是能够承受的。但因为当时张博心存幻想，希望有更大的反弹出现，结果一股未卖，白白错失了这个逃命的机会。放弃了这个改正错误的良机，会让张博后悔一辈子。

事实告诉我们，在股市中发现投资出现重大失误，要及时改正，该止损就马上止损，越拖窟窿就越大，结果一旦塌方了，就会弄得无可收拾。张博知错不改最后全军覆没的案例，给大家的教训实在太深刻了，投资者一定要引以为鉴。

教训五：尽量不要借钱炒股，即使借钱炒股也要贯彻"少、短、稳"的原则。融资做股票，通俗地说就是借钱炒股。股市本来就是一个高风险的市场，借钱炒股又会把这个风险放大N倍。一旦行情突然逆转，借钱炒股就会输得非常厉害，甚至会彻底破产被清洗出股市。

据了解，2015年6月中旬中国A股市场出现断崖式的下跌，仅仅是2015年6月15日~2015年7月8日这17个交易日中，股市上就有212773个50万~500万中大户，以及3万个以上的500万超大户，因融资而遭到平仓，彻底地离开了股市。这个数字是非常惊人的。借钱炒股风险之大，确实超出了很多人的想象。

有人说，难道说以后就不能借钱炒股了。当然话不能说死。我们认为，风险承受能力较差的投资者，千万不要借钱炒股。而对一些风险承受能力强，经验丰富的投资者来说则另当别论。不过，即使后者借钱炒股也要量力而行，贯彻"稳、少、短"的原则，控制好风险。

所谓"稳"，即在股市出现下降趋势时，坚决不融资，而只有在股市处于上升趋势时才可适当融资。说得具体一点，大盘指数未站上5月均线之前是不宜借钱炒股的，只有站上5月均线才能考虑借钱炒股。

所谓"少"，融资的金额一定要少。要考虑到，万一股市出现最坏的情况，自己也能扛得住风险，不致于像2015年6月大盘出现连续暴跌时被平仓出局。

所谓"短"。融资炒股，只可偶而为之，不可常态化。借钱后，不管输赢，要尽快地归还。不要老是背着融资炒股的包袱，把心态搞坏，影响投资决策。

彭老师评点（二）

彭老师说，现在是改革、创新的时代，让学员将学到的炒股知识、技巧，用作文形式表现出来，是我们股市培训教学在改革、创新上所作的一次尝试。这次尝试得到了学员们的大力支持，我感到非常高兴。上面我挑选了几篇作文，向大家作了展示。这几篇作文既有从正面讲选对股票如何获得超额投资收益的，也有从反面讲选错股票如何遭受巨额亏损，被平仓出局的。大家获得了正反两方面的经验教训后，我相信对日后选股与股市操作都会带来很大的帮助。

不过，从我个人感觉来说，第三篇作文关于张博的故事，对大家的教育与帮助的意义更大，更值得大家认真阅读与思考。

我要对大家强调的是，张博的故事是真人真事。除了张博是化名外，其他都是真的。据2015年8月16日上海电视台新闻综合频道"七分之一"栏目的消息报道：一位有20多年股龄的陈某某投资者，在2015年6月25日用自有资金5500万，加上融资款3800万，全部买入高鸿股份这个股票。2015年7月9日被所在证券公司强制平仓，最后5500万本金归零，另外还倒欠证券公司330万元。

毫无疑问，张博的故事应该引起大家高度重视。其亏损速度之快（仅仅11个交易日）、亏损额之大（5000多万）、造成后果之严重（全军覆没），在中国A股市场上十分罕见。这不仅是选股中，也可以说是整个股市实战中难得一见的反面典型。大家一定要用这个反面典型，时时刻刻提醒自己，不要犯故事中张博的那种错误，因为付出的代价实在是太大了。

关于张博的故事这篇作文，我最欣赏的是故事后面总结出来的几条教训。这些教训分析得很有道理，对大家有很强的警示作用。不过，除了这些教训外，我觉得还有一条教训也非常重要，应该把它总结出来告诉大家。那么，这是什么教训呢？这个教训是：做股票一定要有一个好的投资策略。

张博的故事再一次告诉我们，在股市中要选好股票，做好股票，必须坚决执行赢家的投资策略，抛弃输家的投资策略。

张博选股惨败，其中一个重要的原因是，张博自始至终都在执行一套输家的投资策略。

下面我就张博的投资策略作一些分析。

①"买进很果断，卖出非常谨慎"。这是张博选择高鸿股份重仓，直到他爆仓的整个过程中所采取的投资策略。但这个策略是错的，是输家的投资策略。20多年中国A股市场的历史表明，很多投资者在股市中亏钱，甚至亏大钱，往往都是使用了这个糟糕的投资策略。

比如，某个投资者听到一个什么"内部消息"，或者股评家推荐什么股票，一冲动就把某股票买进来了，表现得"买进很果断"。买进后，却发现股价在不断地往下跌，但自己又迟迟不肯止损。如20元买进的，股价跌到18元，心里在想，等股价回到19元再割肉，这样可以少亏一点。但后面股价并不如自己想象的那样。过后，股价跌到了16元。此时心里又在想，等到股价反弹到18元再卖吧。但是，股价继续下跌，这个希望落空了。当股价跌到了14元，这时又会幻想等到16元再割肉。在要不要割肉止损的问题上，投资者很犹豫，表现得"卖出很谨慎"。

不过一次次幻想，会一次次落空。事实很残酷，在股价形成下降趋势后会跌跌不休。最后股价跌到了 2、3 元。这会让迟迟不进行止损的投资者亏得非常厉害。故事中的张博不就是因为卖出"很谨慎"，没有及时止损而导致全军覆没的吗？

很显然，"买进很果断，卖出非常谨慎"，是让投资者不断走向失败的输家策略。股市中的高手，股市赢家是不会采取这种策略的。那么他们又是怎么做的呢？他们会把输家的策略作一个180度大调整，将其改变成"买进要谨慎，卖出要果断"。这是赢家的投资策略。

比如，股市高手买进一个股票，特别是重仓持有一个股票，都会表现得非常谨慎，基本面、技术面、市场面一个不落的逐条分析，并且会对其盘面走势进行仔细观察与跟踪，只有发现几方面条件都符合后，才会考虑选择它。在准备买进时，还会严格筛选买点，只有在有较大把握时才会出击。在买进后，如发现情况不如自己所料，买进后股价不涨反跌，一旦下跌达到预先设定的止损价位，就会果断卖出，及时止损离场，不让亏损扩大。

大家不要小看这个赢家投资策略，正是这个赢家投资策略，帮助一些投资者躲过了选股中许多陷阱，规避掉了股市中很多风险，并让这些投资者抓住了一些重大的投资机会，实现了股市致富的梦想。

事实的结论是：什么样的投资策略就会带来什么样的投资结果。

正因为如此，《股市操练大全》很早就在书中以特别提醒的方式提醒大家；希望大家对这个问题予以高度重视。

下面请大家重温一下《股市操练大全》在书中所作的提醒：

股市操作特别提醒之四

提醒！

"买进要谨慎，卖出要果断"，这是股市赢家的一贯思路。但是，有很多投资者却采取了与之完全相反的操作思路，即"买进很果断，卖出非常谨慎"。这是一种吃套思路，是中小散户输钱的一个重要原因

专家对按此提醒进行操作的安全系数评定等级：AAA级

以此提醒进行操作的胜负比例估计：9：1

此提醒适合操作对象：普通投资者

"股市操作特别提醒之四" 的解析与操作建议……（略。具体内容详见原书）

（注：以上一段文字，摘自《股市操练大全》第四册第13页）

②"一次买断，不留后路"。这是张博买高鸿股份时所采取的又一个错误的投资策略。这个策略具有极大的冒险性，输钱的概率很大。

赢家的做法与之相反，在选择好某个股票后，在买进时会采取"分批买进，逐步建仓"的投资策略。

据了解，股神巴菲特在买入可口可乐、中国石油H股时，都是分批买入的。试想，连世界顶级投资高手为了规避风险都会采取分批买入的策略，而普通股民投资水平比起巴菲特的水平自然要差多了，那就更应该分批买进了。但是，有一些人就不是这样，明明自己水平很差，却采取非常冒险的"不留后路，一次买断"的方式去买股票，其结果就可想而知了。

我们可以设想一下，如果张博当时不是一下子将9000多万资金全都买入高鸿股份，而是将资金一分为三，采取分批买入的策略，结果就会大不一样。假如，该股在2015年7月9日跌至8.24元时，此时张博由于采取分批买入的策略，手里还剩下一批资金能在这个时候抄底买进，等到在该股后面大幅反弹时卖出，这样还能狠狠地赚上一笔。细算下来，即使前面做亏了，但后面赚了，总账一核计，亏损的程度就会大幅降低，根本不会发生强制平仓的事。张博也就能逃过一劫。但是，股市中没有什么"如果"、"假如"，发生了的事情是不能改变的，股市里是没有后悔药可吃的。

③"先发制人，争抢第一"。这是张博操作高鸿股份所采用的又一个错误投资策略。在股市中没有强大的资金实力与控盘能力是不能当"第一"的。如果哪个投资者贸然当"第一"，结果只能成为主力的盘中餐。虽然张博拥有9000多万资金，但这个资金量与主力的资金相比还是太小，更何况张博根本没有能力进行控盘。所以，当时张博扮错了角色，争当了本来该由主力担当的"第一"，悲剧就注定了。从张博的故事中我们得知，张博用9000多万资金一次性买断后，在股价下跌时，他除了不断被斩杀外，没有任何能力来阻止股价下跌。

普通的投资者一定要明白一个道理，"第一"的角色只能由资金实力强大的主力担当。在选择某个股票时，特别是要重仓它时，一定要看看主力是不是在这个股票上积极做多了（注：主力是否积极做多，可以从成交量，股价走势上进行分析、判断）。在主力担当"第一"做多的角色被确定后，此时普通投资者才能扮演跟随者的角色，跟在主力后面做多，获取一定的投资收益。当然，在确定主力做多后，跟得早的，将来的收益会大一点，跟得晚的，将来的收益就会小一点。所以在主力做多的第一位置排定后，跟随者就要尽量挤在前面，争当第二的角色，可多分一杯羹。

故而，正确的投资策略应该是"不争第一，只当第二"，这就是赢家的策略，遵循这个策略就能在股市中赚到钱，甚至赚到大钱。

但遗憾的是，张博操作高鸿股份时，违背了只能跟着主力做多才能获胜的原则，采取了"先发制人，争抢第一"的策略，大量买进，从而犯下了一个严重的错误。其实，当时主力根本没有在该股上做多，图形中也没有显示出任何买进信号。这时候，张博却冒冒失失开始了大规模地做多该股，将9000多万资金全部投入高鸿股份。试想，主力不做多，单凭你张博一个人做多有用吗？主力在大量出货，张博却在不断接货，最后等他资金用完了，股价继续暴跌，张博就成了瓮中之鳖。

所以投资者在操作时，千万要记住，主力不做多，自己就不能做多，角色不能搞错。在股市里能鼎力做多的"第一"角色应该是主力，而不是普通投资者，主力做多了，图形上就会有买进信号出现。故而，一般情况下，不看见买进信号出现，是不能买进股票的，尤其是重仓股，操作时更加要谨慎小心。不要因为角色错误，让投资遭到失败。

彭老师说，炒股是要讲究策略的，没有一套好的投资策略是很难在股市中赚到钱的。如果策略全都错了，比如像张博那样，采取了一套"买进很果断，卖出很谨慎"、"一次买断，不留后路"、"先发制人，争抢第一"的错误策略，输钱就是一个必然的结果。因此，我希望大家要从张博这个反面典型上，吸取教训，抛弃类似张博那样的输家策略，牢牢地把握住赢家的投资策略，积小胜为大胜，在股市中实现自己的致富梦想。

股市操作经验漫谈之十

若想成为真正的投资高手，一定要铭记：任何实际能力的具备都必须经历刻苦严格的训练，绝对没有第二条路可走。如果你没有花功夫来训练自己，投资失败就怪不了别人，而且就算你一时取得了成功也绝对是因为运气和偶然。因为全球股市的历史已经证明，从来没有靠运气能够在资本市场常胜不败的先例。

《股市操练大全》丛书特色简介

《股市操练大全》丛书是上海三联书店出版的重点品牌书。它全面系统、易学易用，是国内图书市场中首次将股市基本面分析、技术面分析、心理面分析融为一体，并兼有学习、练习双重用途的炒股实战工具书。作为学习，它全面地、详尽地介绍了炒股的各种知识、运用技巧，以及防范风险的各种方法；作为练习，它从实战出发，设计了一套有针对性，并具有指导性、启发性的训练题，引导投资者走上赢家之路。

《股市操练大全》丛书无论从风格与内容上都与其他股票书有很大的不同。因此，大凡阅读过此书的读者都有耳目一新之感。很多读者来信、来电称赞她通俗、实用、贴近实战。有的读者甚至说：他们看了几十本股票书都不管用，但自从看了《股市操练大全》丛书就被迷上了，天天在读，天天在练，现在已经反败为胜了。他们认为，《股市操练大全》丛书是目前图书市场上最有实用价值的股票书。其实，有这样感受的读者不是少数，而是相当多，这可以从全国各地读者寄给出版社的大量来信中得到证明。

也许正因为如此，沪深股市连连走熊时，证券图书市场也进入了"冬眠"状态，但《股市操练大全》丛书却一版再版，各册图书累计重印次数已超过300次，总发行量超过了300万册（注：国内一般的股票书发行只有几千册，多的也只有几万册，发行量超过5万册的已属凤毛麟角．目前，《股市操练大全》丛书发行量已远远超过了其他股票书），创造了熊市中股票书旺销的奇迹。

《股市操练大全》丛书是市场上少见的一套完整的炒股学习、训练工具书。迄今为止，《股市操练大全》丛书一共出版了13个品种。12个品种是股票书（每册书都有一个专题），另有一个品种是装帧精美的《股市操练大全》大礼包。

下面，我们对《股市操练大全》丛书的各个品种作简要介绍。

1.《股市操练大全》第一册——K线、技术图形识别和练习专辑

【内容简介】本书对股市中最重要的K线形态与技术图形作了全面、简洁、清晰的解析。书中首先对K线与技术图形的起源、作用、图形类别作了介绍，然后将常见的75种K线与K线组合以及常见的23种技术图形的特征、技术意义与操作策略用表格形式作了展示。

本书在介绍K线与技术图形的操作技巧时，采用了做练习题与正反对照的方式，结合实例，详细地解释了每一种K线形态与技术图形的技术意义、使用技巧，及其实用价值，这会给读者留下深刻印象。

此外，本书还设计了大量有关K线和技术图形识别与运用的综合练习，每章结束都安排了专项测验题，这对提高读者使用 K 线、技术图形技巧与操作股票，将带来很大帮助。

2.《股市操练大全》第二册——主要技术指标的识别和运用练习专辑

【内容简介】本书特点：一是把股市中常用的几十种技术指标压缩到几种，并将最有实用价值的指标（如移动平均线、趋势线）列为一类指标，作了深入剖析和详细的论述，设计了大量有针对性的练习题和自考题，对读者作由浅入深的强化训练。二是针对主力利用技术分析制造骗线的行为，书中各章都增加了"难题分解练习"一节。读者通过该节学习和训练，就能识别和抵御主力反技术操作中的诱多或诱空行为，从而达到有效保护自己的目的。三是用股市操作经验漫谈形式，将心理分析、技术分析、基本分析融为一体，以此来加深读者对技术指标的要点和难点的理解，真正做到印象深、记得住、用得上、学有所获。

3.《股市操练大全》第三册——寻找最佳投资机会与选股练习专辑

【内容简介】本书设计了大量场景式的对话，把原本枯燥无味的选股理论学习，变成了生动有趣的知识讨论。读者可以通过边学习、边练习、边讨论的方式，来深入了解选股方面的知识与技巧，诸如，国家的经济政策、行业发展前景、上市公司的经营业绩，以及企业的成长性与选股究竟有什么内在联系等等。

此外，书中还详细阐述了如何运用市场炒作题材、市场热点、股本结构、股东人数的变化等方面的选股要素，来寻找与把握市场的最佳投资机会。

总之，本书是读者了解中国 A 股市场的选股知识与技巧的入门向导。读者通过该书的学习与练习，会真正知晓并掌握选股中的一些必备知识与技巧，这对做好股票与规避市场风险将起到很重要的作用。

4.《股市操练大全》第四册——股市操作特别提醒专辑

【内容简介】本书针对投资者在股市操作中容易疏忽、容易出差错的问题，以及操作上的技术难点作了一次全方位、多层次、多角度的特别提醒。

全书共分 10 章，总计 121 条"特别提醒"。内容包括：关于投资理念问题的特别提醒、关于投资策略问题的特别提醒、关于识底与抄底问题的特别提醒、关于识顶与逃顶问题的特别提醒、关于选股问题的特别提醒、关于避免炒股深套问题的特别提醒、关于股市战术技巧问题的特别提醒等等，几乎涵盖了股市操作的各个方面。

5.《股市操练大全》第五册——股市操作疑难问题解答专辑

【内容简介】本书将股民在炒股中碰到的最棘手的问题，从理论和实践结合的高度上进行了详尽的解剖。全书共分上下两篇，上篇为技术篇，重点解答了 K 线、均线、趋势线等运用中的疑难问题；下篇为综合篇，重点解答了选股、识底炒底、识顶逃顶中的疑难问题。本书在选择和解答疑难问题时，坚持三个原则：①一般问题不选；②不能给读者启发、没有悬念的问题不选；③缺乏实战意义，缺少操作性的问题不选

6.《股市操练大全》第六册——技术分析、基本分析主要技巧运用实战强化训练专辑

【内容简介】本书根据当前股市实战要求，设计了 100 多道新颖、具有挑战性的题目，这些题目均来自股市实战第一线，实用性很强。全书分为上、下两篇。上篇为技术篇，下设五章：第一章，K 线主要技巧运用实战强化训练；第二章，技术图形主要技巧运用实战强化训练；第三章，均线主要技巧运用实战强化训练；第四章，其他技术、多项技术主要技巧运用实战

强化训练；第五章，技术难点辨析技巧运用实战强化训练。下篇为综合篇，下设四章：第六章，大势分析主要技巧运用实战强化训练；第七章，选股主要技巧运用实战强化训练；第八章，投资理念主要技巧运用实战强化训练；第九章，投资策略主要技巧运用实战强化训练。

7.《股市操练大全》第七册——识顶逃顶特别训练专辑

【内容简介】本书是一本具有学习、训练双重用途的识顶、逃顶专著。全书分为上、中、下三篇。上篇为战术篇，主要介绍盘口技巧中各种识顶、逃顶的技法（比如，如何运用K线、均线、技术图形技巧进行识顶、逃顶）；中篇为战役篇，主要揭示主力（庄家）忽悠中小散户，诱多出货、震荡出货的各种手段与阴谋；下篇为战略篇，主要介绍一些股市高手运用基本分析、技术分析、心理分析成功识顶、逃顶的各种经验。应读者要求，本书还增加了"主力震荡出货与震荡洗盘的鉴别及应对策略"的内容（见本书附录），它从八个方面详细解析了两者之间的区别和投资者操作时应该注意的事项。

8.《股市操练大全》第八册——图形识别技巧深度练习专辑

【内容简介】本书深度练习不同于一般练习，它犹如对大案、要案的侦破，具有全新创意之特点。表现在图形更典型，技巧性更强，训练方法更新颖，买点、卖点及操作注意事项一目了然。经验证明，经过对重点图形识别技巧的深度练习后，看盘能力与股市操作水平都会有显著提高。全书由"大阳线、巨阳线图形识别技巧深度练习"；"常见图形识别技巧深度练习"；"大势分析图形识别技巧深度练习"三部分内容组成。读者翻阅本书一定会有耳目一新之感。

9.《股市操练大全》第九册——股市赢家自我测试总汇专辑

【内容简介】本书是一本全方位、高密度、大容量的股市实战强化训练题库（目前市场上尚无此同类书）。本书的出版，一方面是为了对《股市操练大全》一至八册中有关图形知识进行一次总复习，读者通过本书的全面复习——自我考核，可以消化、巩固前面的学习成果，为日后的成功打下扎实的基础；另一方面，本书也为投资者搭建了一个全面检测自身炒股水平的平台，投资者通过这个平台的检测，可以发现自己在看图识图、逃顶炒底、选时选股上究竟存在什么问题，今后该怎么努力。

本书在编排时采用了由浅入深、循序渐进的方式，从最基础的K线图形识别开始，一直延伸到高端的股市实战演练，对股市实战训练中的重点、难点图形几乎进行了全覆盖。全书分为上中下三个部分。上篇是K线与技术图形的基础知识自我测试；中篇是K线与技术图形一般实战技巧的自我测试；下篇是K线与技术图形实战难点的自我测试。

10.《股市操练大全》第十册——捕捉黑马关键技巧特别训练专辑

【内容简介】捕捉黑马是股市中难度最高的一种实战技巧。与其高收益相伴的是高风险，投资者如稍有闪失就会折戟沉沙。无数事实证明，当事人如事先缺乏严格的、有针对性的强化训练，在实战中就会处处受挫。

为了普及捕捉黑马的知识与技巧，加强这方面的训练，作者精心编撰了这本贴近股市实战的捕捉黑马的特别训练专辑。全书分为上、中、下三篇。上篇为捕捉短线黑马关键技巧专题练习；中篇为捕捉中长线黑马关键技巧专题练习；下篇为捕捉黑马疑难问题解析专题练习。

11.《股市操练大全》习题集——熟读炒股七字经，圆你股市赢家梦专辑

【内容简介】全书分为四个单元：第一单元"熟读炒股七字经，圆你股市赢家梦"，将股

市中的操作技巧，编成朗朗上口的顺口溜，读来令人印象深刻；第二单元"赢家操作示例"，汇集了沪深股市、美国股市、香港股市、国际汇市赢家操作的成功范例，读者阅读这些示例题后可以大大开拓自己的投资思路；第三单元"股市操作实战强化训练系列练习，设计了一百多个练习题，读者通过这些练习，可以体会到遵守"股市交通规则"是投资者趋利避险的根本保证；第四单元"股市游艺会"，能让读者在轻松、愉快的股市游戏中学到许多股市知识和操作技巧。

12.《股市操练大全》特辑——360°选股技巧深度练习

【内容简介】（略，见本书首页）

13.《股市操练大全》大礼包

（一）出版宗旨

由上海财经大学出版社推出的《股市操练大全》（大礼包）这一全新产品是专门为《股市操练大全》广大读者开展"不用老师的自助式股市培训"而设计的。大礼包内容十分丰富，有《股市操练大全实战训练卡》、《股市操练大全悬念扑克》、《股市操练大全悬念扑克谜底解析》等。实践证明，用这些新产品开展自助式股市培训，不仅可以达到寓教于乐的目的，其效果还可以与市场上高端的优秀股市培训班的教学效果相媲美。

（二）大礼包内容说明

①精美的《股市操练大全实战训练卡》全套。200多张形式新颖、效果奇特的训练卡，让你从零起步，经过N次训练，练成一个视野开阔并具有丰富实战经验的股市高手。②特制的大号《股市操练大全悬念扑克》一副。54张牌中有52个股市中的精彩故事，52个发人深省的股市悬念。在扑克游戏中，每破解一个悬念，炒股技艺就会前进一大步。③《股市操练大全悬念扑克谜底解析》新书一本。纵览20多年的股市风云，对中国A股市场历次牛市的顶部与熊市底部的重要特征作了深入剖析。为投资者逃顶抄底，准确判断大盘趋势提供了很大帮助。

（三）大礼包的作用

①可作为股市自助培训的工具反复使用。《股市操练大全》大礼包中的实战训练卡与股市悬念扑克能让没有参加股市培训的读者，有无数次（因卡片可以重复使用）参加股市培训班的学习机会，直至完全学懂弄通为止。②收藏与送礼佳品。因国内无同类产品，且本品制作数量少，设计精巧，装帧精美，因而具有一定的收藏价值。也可作为走亲访友的送礼佳品，具有一定的新颖感。

（四）用大礼包进行股市自助培训的优点

①灵活、方便、实用。②可以模仿股市培训班老师的真人教学场景，使用时能使当事人真实地体验到老师就在身边作指导的那种感觉。③训练有序，针对性强，成效显著。④"学费"（指书价）低廉，只及市场上股市培训班学费的百分之几（现在市场上股市培训班的学费动辄几千元甚至数万元），性价比极高。

说明：《股市操练大全》大礼包由上海财经大学出版社出版发行。该社地址：上海市武东路321号乙，邮编：200434，电话（发行部）：021-65904895；

网址：http：//www.sufep.com；电子邮箱：webmaster@sufep.com.

图书在版编目（CIP）数据

《股市操练大全》特辑 / 黎航编著. ——上海：上海
三联书店，2024.4 重印
ISBN 978-7-5426-5256-0

Ⅰ．①股… Ⅱ．①黎… Ⅲ．①股票投资—基本知识
Ⅳ．①F830.91
中国版本图书馆CIP数据核字（2015）第169183号

《股市操练大全》特辑

主　　编 / 黎　航
责任编辑 / 陈启甸　陆雅敏
策　　划 / 朱美娜
装帧设计 / 上海今申企业形象策划有限公司
监　　制 / 姚　军
责任校对 / 李　莹

出版发行 / 上海三联书店
　　　　　（200041）中国上海市静安区威海路755号30楼
邮　　箱 / sdxsanlian@sina.com
联系电话 / 编辑部：021-22895517
　　　　　发行部：021-22895559
排　　版 / 逗句设计
印　　刷 / 上海普顺印刷包装有限公司

版　　次 / 2016年9月第1版
印　　次 / 2024年4月第5次印刷
开　　本 / 710mm×1000mm　　　1/16
字　　数 / 600千字
印　　张 / 31
印　　数 / 21001-23000
书　　号 / ISBN 978-7-5426-5256-0/F·720
定　　价 / 68.80元

敬启读者，如发现本书有质量问题，请与印刷厂联系：021-36522998